重庆文化研究

（2020年卷）

重庆市文化和旅游研究院 编

中国文史出版社

图书在版编目（CIP）数据

重庆文化研究. 2020年卷 / 重庆市文化和旅游研究院编. — 北京 : 中国文史出版社, 2021.8

ISBN 978-7-5205-3139-9

Ⅰ. ①重… Ⅱ. ①重… Ⅲ. ①地方文化 - 研究 - 重庆 - 2020 Ⅳ. ①K297.19

中国版本图书馆CIP数据核字(2021)第180702号

责任编辑：赵姣娇

装帧设计：欧阳春晓

出版发行：**中国文史出版社**

社　　址：北京市海淀区西八里庄69号院　邮编：100142

电　　话：010-81136606　81136602　81136603（发行部）

传　　真：010-81136655

印　　装：廊坊市海涛印刷有限公司

经　　销：全国新华书店

开　　本：787×1092mm　1/16

字　　数：340千字

印　　张：29.5

版　　次：2022年1月北京第1版

印　　次：2022年1月第1次印刷

定　　价：80.00元

《重庆文化研究》（2020年卷）编辑委员会

目录

HONGGUAN WENHUA

宏观文化

我国社会主义核心价值观研究进展与热点分析[①]

周　鹏[②]

社会主义核心价值观植根于中华文化沃土，熔铸于中国共产党领导人民长期奋斗的伟大实践，是社会主义先进文化的精髓，是中国精神的集中体现，凝结着全体人民共同的价值追求，昭示着中国特色社会主义发展方向和光明前景。坚持以社会主义核心价值观为引领，才能确保文化建设制度朝着正确方向、沿着正确轨道发展和完善，才能推动发展面向现代化、面向世界、面向未来的，民族的科学的大众的社会主义文化。党的十九届四中全会通过的《中共中央关于坚持和完善中国特色社会主义制度　推进国家治理体系和治理能力现代化若干重大问题的决定》强调，要"坚持以社会主义核心价值观引领文化建设制度"[③]，党的十九届五中全会形成的《中共中央关于制定国民经济和社会发展第十四个五年规划和二〇三五年远景目标的建议》提出，要推进"社会主义核心价值观深入人心"[④]。党的十八大以来，社会主义核心价值观所蕴含的重大理论意义和实践价

---

① 基金项目：国家社会科学基金重点项目"地方治理中党的执政方式创新研究"（14AZZ002）。原载于《重庆大学学报（社会科学版）》2020年11月。

② 周鹏（1980— ），河北唐山人，博士后，陕西科技大学马克思主义学院副教授，硕士研究生导师，主要从事思想政治教育研究。

③中共中央关于坚持和完善中国特色社会主义制度推进国家治理体系和治理能力现代化若干重大问题的决定［N］. 人民日报，2019-11-06（001）.

④中共中央关于制定国民经济和社会发展第十四个五年规划和二○三五年远景目标的建议［N］. 人民日报，2020-11-04（001）.

值深刻地激发了学术界研究讨论的热情，相继形成了一批颇为丰硕的理论成果。鉴于此，笔者运用Cite Space软件对相关学术成果进行文献计量学和可视化分析，以整体把握我国社会主义核心价值观研究的学术热点与理论动态，并期待学术界深化相关学理研究与实践创新。

一、研究方法与样本选择

（一）研究方法

本文借助可视化分析工具，对文献数量、机构共现、期刊特点、高产作者、关键词共现、关键词突现等进行统计与描述；在此基础上绘制多元、分时、动态的知识图谱，并结合相关文献对知识图谱进行深度挖掘与解析，以期探讨并呈现我国社会主义核心价值观研究的学术进展与热点。

（二）样本选择

数据的真实性、充足性、代表性是绘制知识图谱的前提性条件。为了提供高质量的数据样本，本文选取中国知网的CSSCI 期刊为数据库，文献分类目录涉及所有学科，以“社会主义核心价值观”为篇名、以2019年为时间节点进行检索，得到2196 篇有效论文，大体涵盖了该主题各个时期、各个领域具有影响力和代表性的研究成果。

二、我国社会主义核心价值观研究进展分析

（一）文献脉络解析

文献数量及其变化是评价某一领域研究热度的重要参数，对相关文献的发展趋势进行统计和分析不仅能够

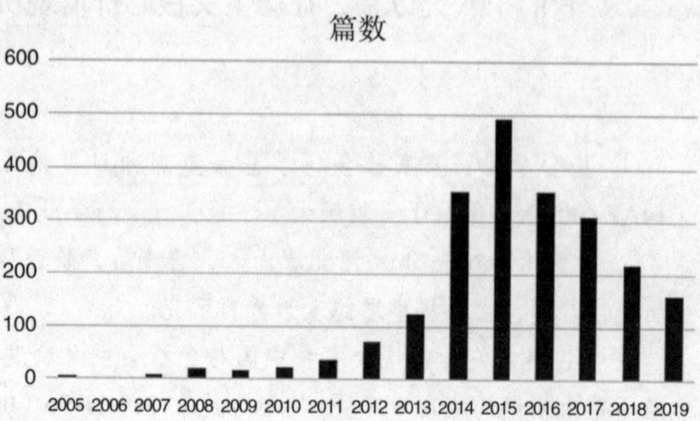

图1 社会主义核心价值观研究相关论文历年发文量

勾勒出该领域研究的发展脉络，而且能够预测其未来趋势和发展前景。为此，笔者绘制了社会主义核心价值观相关研究论文历年发文量图表（图1）。

从图1可以看出，我国社会主义核心价值观研究大体经历了三个发展阶段：（1）初始阶段（2005—2011），此阶段对社会主义核心价值观的研究缺乏必要的理论基础，发文量较少，尚处于理论准备阶段；（2）泉涌阶段（2012—2015年），这一阶段经历了前期的准备之后发文量急速飙升，学界对社会主义核心价值观展开了多维度研究，形成了社会主义核心价值观研究的高潮；（3）沉淀阶段（2016年至今），该阶段发文量虽有所回落，但仍维持在一个较高水平，表明社会主义核心价值观研究进入沉淀阶段，正在寻求新的理论生长点。

（二）研究机构分布

本文借助Cite Space 软件对研究机构进行分析，生成机构合作知识图谱。该图谱显示共有230 个节点，126 条连线，网络密度仅为0.0048，表明我国社会主义核心价值观相关研究机构多处于单打独斗状态，相互之间缺乏沟通合作，尚未形成密切的合作研究圈。以发文频次为序，得到发文量超过10 篇的研究机构共计14 家，分别为武汉大学马克思主义学院（37 篇）、中国人民大学马克思主义学院（32 篇）、东北师范大学马克思主义学部（23 篇）、东北师范大学思想教育研究中心（19 篇）、清华大学马克思主义学院（18篇）、兰州大学马克思主义学院（14 篇）、福建师范大学马克思主义学院（13 篇）、西南大学马克思主义研究中心（13 篇）、清华大学高校德育研究中心（12 篇）、华中师范大学马克思主义学院（11 篇）、河海大学马克思主义学院（11 篇）、吉林大学马克思主义学院（11 篇）、南开大学马克思主义教育学院（10 篇）、中南大学马克思主义学院（10 篇）。这14 家机构都来自高校。通过对二级机构进行合并可知，东北师范大学发文量最多（42篇），其次为武汉大学（37 篇）、中国人民大学（32 篇）、清华大学（30 篇），剩余机构则在10—14 篇之间。从地域来看，北京的发文量最高，是社会主义核心价值观研究最具学术影响力的城市。

（三）期刊特点分析

论文的来源期刊在一定程度上反映了该领域研究的学术水平和学科特点。分析发表在CSSCI 期刊上的文献，有助于研究者敏锐捕捉该领域的研究热点和学术增长点。从期刊的载文量来看，表1列出了载文量排名前10 的期刊。其中，《思想理论教育导刊》居于首位，载文167 篇，占发文总数的7.60%；《思想教育研究》次之，载文134 篇，占发文总数的6.10%。排名前10 的刊物载文量累计757 篇，占发文总数的34.43%，表明国内对社会主义核心价值观的研究已经初具规模，形成了一批集中刊发该领域研究成果的核心期刊群。

表1　文献期刊分布

序号	刊物名称	载文篇数	百分比	累计百分比
1	思想理论教育导刊	167	7.60	7.60
2	思想教育研究	134	6.10	13.7
3	学校党建与思想教育	95	4.33	18.03
4	思想政治教育研究	79	3.60	21.63
5	中国高等教育	67	3.05	24.68
6	广西社会科学	57	2.55	27.23
7	思想理论教育	56	2.55	29.78
8	黑龙江高教研究	38	1.73	31.51
9	学术论坛	34	1.55	33.06
10	中国特色社会主义研究	30	1.37	34.43

（四）高产作者分析

高产作者特指在同一领域内具有高生产能力的作者。对高产作者进行分析，有利于了解我国社会主义核心价值观研究者的学术贡献和学术影响力，进而为深入挖掘该领域的研究热点提供更加便捷的文献平台。依据普赖斯定律，m≈0.749（nmax1/2）（其中m 为核心作者最低发文篇数，nmax 为发文最多作者的发文篇数），发文量超过4 篇的即为高产作者。本文利用CNKI 的计量可视化分析功能对发文量4 篇以上的高产作者进行统计，如表2 所示。发文量最多的为黄蓉生，发文量为11 篇，其《社会主义核心价值观的提炼与表达》一文被引频次最高，该文认为社会主义核心价值观可表达为爱党爱国、人民为本、自强进取、公正和谐。陈延斌、浦玉忠、韩震三人次之，发文量均为10 篇，被引频次最高的论文分别为《传承优秀家风：涵育社会主义核心价值观的有效路径》《地域文化视阈下社会主义核心价值观“跟进式”培育研究》以及《“民主、公正、和谐”体现了社会主义的核心价值追求——兼论社会主义核心价值观的凝练及其原则》。

表2 社会主义核心价值观研究高产作者情况

序号	高产作者	发文数量	序号	高产作者	发文数量
1	黄蓉生	11	10	李萍	5
2	陈延斌	10	11	孙兰英	5
3	浦玉忠	10	12	石中英	5
4	韩震	10	13	吴潜涛	5
5	田旭明	7	14	刘峥	5
6	袁久红	7	15	柳礼泉	5
7	田海舰	7	16	孟轲	5
8	杨兴林	6	17	左亚文	4
9	杨建义	6	18	陆树程	4

三、我国社会主义核心价值观研究热点分析

（一）研究热点梳理

为了能够将研究热点从看似杂乱无章实则内含规律性的关键词中梳理出来，本文借助Cite Space 软件绘制了研究热点知识图谱，对兼具高频性和高中介性的关键词进行统计。

经统计，出现频次大于30 次的高频关键词有：社会主义核心价值观（1770）、大学生（238）、核心价值观（233）、践行（175）、社会主义（93）、培育（93）、社会主义核心价值观教育（76）、高校（53）、认同（48）、路径（42）、教育（41）、中华优秀传统文化（39）、社会主义核心价值体系（37）、价值观（36）、马克思主义（35）、中国特色社会主义（34）、新媒体（30）。中介中心性大于0.1 的关键词有：社会主义核心价值观（0.47）、马克思主义（0.30）、践行（0.25）、社会主义（0.23）、大学生（0.22）、价值观（0.20）、核心价值观（0.16）、路径（0.15）、中国特色社会主义（0.15）、培育（0.14）、中华优秀传统文化（0.14）、高校（0.12）。对高频关键词与高中介中心性关键词进行整合可以得知，我国社会主义核心价值观的研究热点主要集中在大学生、践行、中

华优秀传统文化、社会主义核心价值体系、中国特色社会主义、高校、路径、马克思主义、创新、价值观、社会主义、思想体系等领域，如表3所示。

表3 社会主义核心价值观研究热点核心关键词

核心关键词	频次	中介中心性	核心关键词	频次	中介中心性
社会主义核心价值观	1770	0.47	核心价值观	233	0.16
马克思主义	35	0.30	路径	42	0.15
践行	175	0.25	大学生	238	0.22
社会主义	93	0.23	培育	93	0.14
中国特色社会主义	34	0.15	价值观	36	0.20
中华优秀传统文化	39	0.14	高校	53	0.12

（二）研究热点聚类

运用Cite Space软件的聚类功能勾勒出我国社会主义核心价值观研究的大致轮廓，再辅之以相关文献的具体分析便能够凝练其研究热点。本文经Cite Space软件聚类和相关技术处理分析，得到大学生、社会主义核心价值观教育、中华优秀传统文化、践行四大研究热点聚类。

1. 大学生研究聚类

该聚类包含高校、路径、思想政治理论课、融入、引领、培育、新媒体等子聚类。新时代大学生是我国“两个一百年”奋斗目标和实现中华民族伟大复兴中国梦的生力军，是新时代中国特色社会主义事业的建设者和接班人①。受到社会大环境、校园环境、家庭环境以及大学生自身因素的影响，大学生的价值目标从理想主义趋向关注现实、价值手段从顺从隐忍趋向叛逆开拓、价值评价从集体主义趋向关注个人②、价值取向多元渐趋理性、价值主体凸显并呈现分化、价值行为复杂且

①钟瑞添，江玲．当代大学生社会主义核心价值观培育有效性探索［J］．广西社会科学，2018（12）：217-221．

②汪立夏，李曦．当代大学生社会主义核心价值观内化机制的创新［J］．思想教育研究，2012（12）：15-18．

表现分离①。就培育过程而言，社会主义核心价值观的培育需要经历社会价值观的"内化"（从"公共价值观"到"神秘价值观"的转变）、社会价值观的"转化"（从"神秘价值观"到"成熟价值观"的转变）、社会价值观的"外化"（从"成熟价值观"到"个人价值观"的转变）、社会价值观的社会化（从"个人价值观"到"公共价值观"的转变）四个阶段②。就培育原则来说，社会主义核心价值观的培育需要坚持核心价值观和多元价值观相统一、价值理想与价值现实相统一、社会价值与个人价值相统一、价值观的民族性与全球性相统一的原则③。就培育的着力点来看，需要以社会主义核心价值观培育融入大学生活为立足点，以实现自觉认知、自觉改造和自觉发展为关键点，以惩戒教育为支撑点④。就培育机制来讲，需要创新教育解读机制，创设符合大学生需求的教育形式，实现核心价值观的认同；创新实践转化机制，开展多样化社会实践活动，丰富大学生个体的体验；创新制度保障机制，建立强制性制度，保障社会主义核心价值观内化的正确方向⑤。总体来看，新时代大学生核心价值观培育具有主导性、丰富性、开放性等特点，体现鲜明的时代要求、贯穿共同的价值目标、突出强烈的人文关怀、反映时代的道德诉求⑥。

2. 社会主义核心价值观教育研究聚类

该聚类包含大学生、践行、习近平总书记、培育践行、创新、教育、生活化等子聚类。我国社会主义核心价值观教育形成于党的革命、建设、改革、发展的

---

①徐柏才. 论大学生社会主义核心价值观构建的主要原则［J］. 理论月刊，2011（10）：174-176.

②翟小满，杨宗友. 大学生社会主义核心价值观培育论：机理、过程与路径选择［J］. 重庆大学学报（社会科学版），2018（4）：215-223.

③徐柏才. 论大学生社会主义核心价值观构建的主要原则［J］. 理论月刊，2011（10）：174-176.

④朱景林. 大学生社会主义核心价值观培育的三个着力点研究［J］. 思想理论教育导刊，2015（5）：81-83.

⑤赵果. 创新大学生社会主义核心价值观培育机制的路径探析［J］. 思想教育研究，2013（11）：67-70.

⑥冯刚. 着力培育大学生社会主义核心价值观［J］. 高校理论战线，2012（9）：4-8.

实践中[①]，经历了初步形成期（1949—1956）、全面探索和曲折发展期（1956—1976）、转折期（1976—1992）、深化期（1992—2002）、确立期（2002年至今）五个重要发展阶段[②]。研究者运用内隐学习、接受美学、现象学、体验学习等理论对社会主义核心价值观教育的主体、客体、场域、载体、方法、影响因素、话语表达、原则、路径等进行了多视角研究。教师、辅导员是主要的教育主体，中小学生、青少年、国企、医院、研究生、大学生是社会主义核心价值观教育的客体，在诸多客体中大学生群体最受关注。社会主义核心价值观教育以红色资源、历史文化资源、志愿服务、体育活动、微文化为教育载体，覆盖公益活动、学生社团、思政课堂、校园文化等教育场域。外部环境和内部教育均对社会主义核心价值观教育具有影响。外部环境的影响主要表现为市场经济冲击核心价值观教育的有效性，价值观多元化消解核心价值观的主流地位，网络快速发展背景下现实核心价值观淡化[③]；内部教育的影响主要表现为核心价值观教育受来自实际学习情境中多重因素的共同影响，感知课程纯粹接触效应、课程设计适合度是影响核心价值观教育的原发性因素，在众多的影响因素中，课堂信任是影响核心价值观教育的重中之重[④]。本着贴近大学生思想特点、贴近大学生现实要求、贴近大学教育精神诉求的基本原则[⑤]，高校社会主义核心价值观教育需要重视德育育人，牢牢把握高校社会主义核心价值观教育的先导性、科学性、实效性、生态性[⑥]。

---

①高地.中国共产党社会主义核心价值观教育的历程、规律与经验［J］.思想教育研究，2011（8）：21-25.

②洪明.论社会主义核心价值观教育的历史演进［J］.中国青年研究，2014（12）：25-32.

③范洁波.大学生社会主义核心价值观教育的困境及对策［J］.高教探索，2014（2）：168-171.

④朱俊奇，田甜.社会主义核心价值观教育的影响因素及模式创新研究：基于35 所高校5000 名学生“思政课”学习意愿的调查分析［J］.思想政治教育研究，2017（3）：7-13.

⑤陈必华，王鹏.论大学生社会主义核心价值观教育的原则与方法［J］.华南师范大学学报（社会科学版），2007（6）：155-157.

⑥费拥军.高校社会主义核心价值观教育路径探究：基于人的自由全面发展思想的视阈［J］.学术探索，2012（12）：167-169.

3. 中华优秀传统文化研究聚类

该聚类包含文化自信、践行、培育、文化、核心价值观、涵养、困境等子聚类。社会主义核心价值观与中华传统文化相契合是历史逻辑的必然发展，其内在本质为二者的契合奠定了科学性基础、价值性源泉和开放性前提，并使二者的契合体现出民族性与世界性相统一、先进性与大众性相统一、现实性与超越性相统一、理论性与实践性相统一、传承性与创新性相统一等特点[①]。以中华优秀传统文化涵养社会主义核心价值观，面临着历史虚无主义肆意解构传统文化的价值认同，西方普世价值颠倒是非的动向不断，国民教育在文化传承中的主渠道作用未完全彰显，新媒体在提升文化软实力中的舆论导向和支撑不足等现实困境[②]。培育社会主义核心价值观必须借鉴传统社会培育价值观的基本经验，一是确立行政保障机制，对民众实行价值引导；二是构建儒学教育体系，对民众实行价值教育；三是鼓励儒生学术发扬，推动民众价值传承。我国传统社会培育核心价值观的做法给我们的有益启迪是：其一，植根于本民族传统文化有助于社会核心价值观赢得民众的广泛认同。此外，政府行为对社会主义核心价值观的确立具有权威效应。当然，核心价值观的选择、凝练必须适应社会发展要求、符合广大人民群众的意愿[③]。为此，依托中华优秀传统文化培育社会主义核心价值观可以通过建设国家制度平台、国民教育平台、媒介传播平台、社会示范平台等“四大平台”得以展开[④]。

4. 践行研究聚类

该聚类包括中华民族、中国民族、中国特色的社会主义、中国特色社会主

---

①房广顺，隗金成.社会主义核心价值观与中华传统文化的契合性［J］. 马克思主义研究，2015（10）：98-109.

②李春山，何京泽. 中华优秀传统文化涵养社会主义核心价值观的现实困境与多维路径研究［J］. 思想教育研究，2016（1）：44-47.

③田海舰，田雨晴.中国传统文化价值观与社会主义核心价值观的培育［J］. 河北大学学报（哲学社会科学版），2015（2）：48-50.

④顾萍，袁久红. 以中华优秀传统文化涵养社会主义核心价值观的前提与路径思考［J］. 思想理论教育导刊，2015（10）：73-75.

义、伊斯兰教界、宗教界、穆斯林等子聚类。积极培育和践行社会主义核心价值观是抵制资产阶级核心价值观渗透的迫切需要，是实现全面建成小康社会宏伟目标的内在要求，是全面深化改革、实现国家治理体系和治理能力现代化的题中应有之义，是全面推进依法治国、建设社会主义法治国家的根本要求①。学术界将培育践行社会主义核心价值观的路径总结为“一个着眼点”“两大关注”“三个着力点”和“五个具体方法”。“一个着眼点”就是要把培养“时代新人”作为培育和弘扬社会主义核心价值观的根本着眼点②。“两大关注”即关注老百姓生活中出现的意识形态问题和关注社会发展中出现的个体化现象③。“三个着力点”体现在思想层面，将培育和践行社会主义核心价值观融入国民教育全过程，坚持马克思主义在意识形态领域的指导地位，用社会主义核心价值观引领当代社会思潮；在制度设计和社会治理层面，始终将人民群众的切身利益作为制度设计、社会治理和政策选择的出发点和落脚点，确保制度的供给与变迁符合社会主义核心价值观的基本原则；在实际生活层面，推动社会主义核心价值观向广大人民群众的实际生活靠拢，尊重人民群众的主体地位，保障人民群众的基本权益④。有研究者认为，通识教育方法、价值澄清方法、价值附载方法 、价值反省方法以及隐性课程方法是培育践行社会主义核心价值观的五个具体方法⑤。

（三）研究热点演进

知识图谱视域下研究热点的演进可以从主题词的依次转换与文献被引频次在

①吴潜涛.培育和践行社会主义核心价值观重要意义的几点思考［J］．思想教育研究，2015（2）：7-9．

②王易，田雨晴.习近平对培育和践行社会主义核心价值观的新贡献［J］．马克思主义研究，2019（11）：40-47，163．

③刘淑艳，魏晓文.践行社会主义核心价值观要关注两个重要问题［J］．理论视野，2016（7）：78-80．

④袁银传，田亚.培育和践行社会主义核心价值观的基本路径［J］．思想理论教育，2014（10）：10-14．

⑤佘双好.以文化人与社会主义核心价值观践行培育的方法研究［J］．思想教育研究，2015（12）：17-19，23．

某一时间段内的急剧变化情况两个方面加以研究。关键词时区视图（Time zone）是一种侧重于从时间维度上来表示知识演进的视图，它可以清晰地展示出文献的更新和相互影响[①]；关键词突发性图谱着重检测文献被引频次在某一时间段内出现的突增或突减情况，反映了在特定时间段内研究热点的迁徙与转向。

我国社会主义核心价值观研究热点的演进可以划分为三个阶段：第一阶段（2005—2011），此阶段出现了社会主义核心价值观、核心价值观、社会主义、大学生、社会主义核心价值体系、和谐社会、马克思主义、教育、个人主义、集体主义、中国特色社会主义、思想政治教育、核心价值体系等关键词。其中社会主义、核心价值观、社会主义核心价值体系、马克思主义、核心价值体系、中国特色社会主义等关键词具有突现性，代表了此阶段的研究热点。第二阶段（2012—2015），该阶段出现了践行、培育、认同、价值观、价值认同、创新、社会主义核心价值体系建设、社会主义核心价值观教育、高校、中华优秀传统文化、中国民族、新媒体、融入、思想政治理论课、依法治国、长效机制等关键词。其中中华民族、社会主义核心价值体系建设、学校等关键词具有突现性，代表了此阶段的研究热点。第三阶段（2016—2019），这一阶段出现了文化自信、培育路径、红色文化、引领、法治建设、生活化、实现路径、新时代、社会主义核心价值观思想等关键词。其中文化自信、红色文化、实现路径、少数民族大学生、法治建设等关键词具有突现性，代表了此阶段的研究热点。比较而言，第一阶段属于基础理论研究阶段，重点研究社会主义核心价值观的内涵、提炼、本质、教育等，虽然出现的新词汇较少，但具有突现性的关键词最多，表明学术界高度重视社会主义核心价值观基础理论的研究且不拘于一点，形成多点开花的格局。第二阶段属于理论应用阶段，重点研究社会主义核心价值观、社会主义核心价值体系的培育与践行。这一阶段出现的新词汇最多，但出现的突现性关键词仅有三个，表明学术界的研究视野非常开阔、涉及的研究领域众多，但始终没有偏离社会主义核心价值体系建设这一主题。2016年以来，文化自信研究受到了学

①陈悦，陈超美，刘则渊等．Cite Space 知识图谱的方法论功能［J］．科学学研究，2015（2）：242-253．

界的高度关注，并与社会主义核心价值观研究形成了共振。受此影响，在社会主义核心价值观研究中文化因素备受研究者的青睐，成为新的学术增长点。总体来看，社会主义核心价值观的研究热点经历了一个从“内涵、提炼、本质、教育”到“社会主义核心价值体系建设”再到“文化自信、实现路径”的演绎历程。文化自信、少数民族大学生、法治建设以及培育路径是最新的研究热点，将成为后续社会主义核心价值观研究的学术前沿。

四、我国社会主义核心价值观研究展望

（一）丰富研究方法

国内对于社会主义核心价值观的研究主要运用了文献分析法、政策解读法、定性研究法。这一系列研究方法在研究初期具有易于形成统一的研究范式和规范的话语体系的理论优势，但随着对于社会主义核心价值观研究的不断深入，单一的研究方法便会呈现出研究内容同构、研究视域难以拓展、研究层次难以深入的理论缺陷。为了弥补这样的理论不足，后续研究应更加注重比较研究法、跨学科研究法以及实证研究法等研究方法的运用。

1. 社会主义核心价值观比较研究

自由主义、社会民主主义、市场社会主义、生态社会主义、西方马克思主义等是当代世界所流行的几大社会思潮。他们所蕴含的价值理念大多通过民主、自由、公正、法治等与社会主义基本价值相类似的词汇加以表述。如此一来就很容易因为表达方式的趋同而遮盖社会主义核心价值观所蕴含的社会主义本质。因此，必须加强社会主义核心价值观同其他主义或学派价值观的比较，在比较中凸显社会主义核心价值观的科学性和价值性以增强社会主义核心价值观的理论说服力和实践引导力。社会主义核心价值观中的民主、自由、平等、公正是以公有制为基础的，而其他理论思潮的上述理论则是以资本主义私有制为理论前提的。所依托的经济基础不同决定了二者具有实质性的分歧。社会主义的民主是多数人的民主，资本主义的民主是少数人的民主；社会主义的自由强调自由发展，资本主

义的自由强调自由竞争；社会主义的平等注重实质平等，资本主义的平等注重程序平等；社会主义的公正关注“人与物的关系对人与人关系的支配”，资本主义的公正关注物质财富的分配是否公正。

2．社会主义核心价值观跨学科研究

研究社会主义核心价值观的根本目的在于把社会主义核心价值观融入社会发展各方面，转化为人们的情感认同和行为习惯。这就意味着社会主义核心价值观本身是一个多学科交叉融合在一起的概念，它不仅与思想政治教育、高等教育有关，而且涉及政治学、经济学、社会学、历史学、心理学、行为学等与人类生活息息相关的多种学科。因此，国内社会主义核心价值观的研究应打破单一学科的理论壁垒，与多种学科相结合，进行多维度、多视角的研究。在与其他学科相结合的过程中，国内社会主义核心价值观的研究需要找准相结合的理论契合点，形成研究社会主义核心价值观的独特视角；需要综合运用其他学科的经典理论，为社会主义核心价值观的研究提供坚实有力的学理支撑；需要积极借鉴各门学科的研究范式，丰富社会主义核心价值观的研究方法。

3．社会主义核心价值观实证研究

实证研究是研究社会主义核心价值观的一种重要方法，对于增强社会主义核心价值观研究的前瞻性、现实针对性有着重大的意义。然而，在社会主义核心价值观研究中实证研究应用甚少，所检索的2196 篇论文中，真正具有实证性质的论文仅有16 篇。实证研究的缺失极易割裂理论与实践的关联，导致理论与实践的错位。这样既不利于社会主义核心价值观理论体系的构建，也不利于社会主义核心价值观的培育和践行。运用实证的方法进行社会主义核心价值观研究，首先要细化社会主义核心价值观的研究对象，依据各个群体的学历、职业、年龄、地域、收入等特征对研究对象进行分门别类地划分；其次，在选取的对象中进行典型案例分析，重点分析研究对象对于社会主义核心价值观的认同度、影响因素、对策建议等；再次，对相关案例进行数据统计分析，发现培育和践行社会主义核心价值观的一般规律并将其上升到理论层面，形成具有指导性的对策建议；最后，将对策建议应用到社会主义核心价值观的培育和践行当中，并接受实践的检验和修正。

（二）拓展研究方向

尽管学界关于社会主义核心价值观的研究取得了丰硕的成果，但是也必须看到既有的研究成果还存在着对社会主义核心价值观的科学性研究不足、研究内容不够系统以及研究视域狭窄等诸多不足，还有着较大的理论提升空间。针对社会主义核心价值观研究的上述不足，笔者认为应该从以下三个方面拓展研究方向。

1. 社会主义核心价值观科学性的学理研究

此研究方向主要从学理层面论证社会主义核心价值观的科学性。社会主义核心价值观是科学性与价值性的有机统一。科学性是价值性存在的前提，只有建立在科学性基础上的价值观念才能真正彰显其所代表的特定群体的价值理性意蕴。然而现有的绝大多数的研究成果都是以社会主义核心价值观是一种科学的价值理论为立论前提的，至于社会主义核心价值观为什么是科学的、其科学性体现在哪些方面却很少有人论及。而正是这一点成为西方资本主义或其他理论学派质疑、责难甚至攻击的一个薄弱环节。因此，社会主义核心价值观必须加强科学性的学理研究，从理论而非经验层面、系统而非零星地论证其科学性，唯有如此才能为社会主义核心价值观的研究提供一个真正科学的立论前提。论证社会主义核心价值观的科学性需要坚实而完备的理论体系作为支撑。社会主义核心价值观归根结底是一种关于“客体属性与主体需要效用关系”的理论，它的科学性取决于对人、人的本质、人的需要的理解与把握。就此意义而言，社会主义核心价值观的科学性源自马克思人学思想。马克思人学思想是研究在实践基础上人的本质及其自我实现的历史的科学。其中，人的本质是马克思人学思想的核心；追求自由是马克思人学思想的价值取向；人的解放是马克思人学思想的理论主题①。马克思人学思想从人的自我生成、自我实现的维度确证了社会主义核心价值观的科学性。因此，要加强社会主义核心价值观的研究就必须注重其科学性论证，就必须深入挖掘马克思人学思想中所蕴含的科学理性资源。

---

①周鹏．马克思人学思想层次论及其当代价值［J］．理论月刊，2014（5）：28-34．

2. 社会主义核心价值观的系统性研究

社会主义核心价值观是一个动态的发展过程，是不同历史时期的马克思主义者在回答时代课题的过程中所建构的开放的价值体系。而国内对于社会主义核心价值观的研究多是以2012年社会主义核心价值观正式提出以后为研究视域的，带有着明显的时政色彩。这样的研究视域偏于狭义化，不利于系统梳理社会主义核心价值观所蕴含的价值思想，不利于总结社会主义核心价值观形成发展的历史规律，不利于理性把握中国特色社会主义核心价值观与经典作家价值观的继承发展关系。我们应当把社会主义核心价值观视为一个开放的理论体系，把自马克思、恩格斯以来不同国家的历代马克思主义者的价值观都纳入这个理论体系当中，应该从马克思主义价值观发展史的角度认真梳理不同时代马克思主义者的价值观，在时代的变迁中把握其共性，在历史的统一中认清其个性，在共性与个性的辩证统一中理顺其继承发展关系。

3. 社会主义核心价值观的大众化研究

社会主义核心价值观的大众化可谓整个研究体系中最为关键的一环。因为社会主义核心价值观只有被广大民众所认同、接受、掌握才能真正实现其价值引领、凝聚共识的理论皈依。加强社会主义核心价值观大众化研究需要做好两个方面的工作。一是拓展研究群体，实现研究群体的大众化。从研究群体的维度看，国内社会主义核心价值观的研究对大学生这一特殊群体给予了密切且持久的关注，而对其他群体的观照明显不足。虽然大学生这一群体颇具典型性，但从群体数量的层面看，将其作为研究重心是不足以满足社会主义核心价值观大众化需求的。为了实现社会主义核心价值观大众化，后续研究需要将研究重心逐步转移到领导干部、教师、工人、农民、改革开放以来出现的社会新阶层等群体上来。只有把不同的群体纳入社会主义核心价值观研究的理论视野，不断地扩大研究群体的类型与基数，才能逐步把握社会主义核心价值观培育、生成、践行的一般规律，才能更好地实现社会主义核心价值观大众化。二是深化研究内容，实现研究内容的大众化。作为一种观念性的存在，社会主义核心价值观是随着我国社会情况和实际价值关系的运动而不断演化发展的。中国特色社会主义进入新时代，我国社会主要矛盾已经发生了重大变化。在这样的时代背景下，如何运用社会主义核心价值观引领人民在民主、法治、公平、正义、安全、环境等方面实现美好生活需要，又如何在这一过程中更好地培育和践行社会主义核心价值观为国内社会主义核心价值观的研究提供了时代课题和理论生长点。总之，拓展深化社会主义核心价值观的大众化研究，需要洞察不同群体不同阶层真实的生活状况，以满足不同群体的切身利益为切入点，切实探究社会主义核心价值观的认同、内化、践行机制。

五、研究结论

本文以我国社会主义核心价值观研究的2196 篇C 刊文献（2005—2019）为研究对象，以Cite Space 软件为研究工具，对相关文献的发展脉络、研究机构、期刊特点、高产作者、研究热点等进行了文献计量学和可视化分析，得出如下三条基本结论。

（一）社会主义核心价值观是备受学界关注的热点话题

从发文量来看，国内社会主义核心价值观的研究大体经历了初始、泉涌、沉淀三个发展阶段。当下社会主义核心价值观的研究在批判吸收已有研究成果的基础上，正在寻求新的理论生长点，为实现再次的理论跃迁积蓄力量。从文献期刊分布来看，《思想理论教育导刊》发文量居于首位，是国内刊发该领域论文最为重要的期刊。从发文机构来看，高校是社会主义核心价值观研究的生力军，在该领域研究中占有极大的比重。其中，东北师范大学、武汉大学、中国人民大学、清华大学是最主要的发文机构。黄蓉生、浦玉忠、韩震、陈延斌等是高产作者的典型代表，对社会主义核心价值观的研究做出了重要的学术贡献，具有较大的学术影响力。研究机构之间、研究者之间交流合作贫乏，尚未形成密切的合作研究圈，在后续研究中应该打破地域、机构的学术壁垒，营造交流合作的学术生态，以拓展和深化国内社会主义核心价值观的研究。

（二）社会主义核心价值观的研究热点隐藏于具有高频性和高中介性的关键词之中

通过Cite Space 软件分析统计，社会主义核心价值观、马克思主义、践行、社会主义、中国特色社会主义、中华优秀传统文化、核心价值观、路径、大学生、培育、价值观、高校等关键词兼具高频性和高中介性。这些词汇的相互连接、相互渗透生成了国内社会主义核心价值观研究的知识图谱，大致勾勒出该领域的研究热点。

（三）研究热点聚类与研究热点演进是探究社会主义核心价值观研究热点的两大维度

研究热点聚类在空间层面揭示了社会主义核心价值观的研究热点分布。通过聚类分析可以发现，国内社会主义核心价值观的研究主要集中在大学生、社会主义核心价值观教育、中华优秀传统文化以及践行四大领域。研究热点演进在时间层面演绎了社会主义核心价值观研究热点的迁徙与转向。通过关键词时区图谱可以发现，社会主义核心价值观的研究热点经历了一个从“内涵、提炼、本质、教育”到“社会主义核心价值体系建设”再到“文化自信、实现路径”的演绎历程。随着社会主义核心价值观研究的深入发展，其研究重心逐步地由基础理论转向理论应用。文化自信、少数民族大学生、法治建设以及培育路径将成为后续社会主义核心价值观研究的学术前沿。

可以认为，我国学术界关于社会主义核心价值观的研究确实已经取得丰硕成果，但也同时存在研究方法单一、研究视野狭窄的理论缺陷。建议后续研究在研究方法层面，应更加注重比较研究法、跨学科研究法以及实证研究法的运用；在研究方向层面，应对社会主义核心价值观的科学性、系统性、大众化等内容进行拓展和深化。

重庆市“十四五”文化和旅游发展思路的初步思考[①]

侯　路[②]

“十四五”时期是我国全面建设社会主义现代化强国新征程的重要开端，是我国实现第二个百年奋斗目标的重要时期，也是重庆努力建设具有全国影响力的重要经济中心、科技创新中心、改革开放新高地、高品质生活宜居地和奋力推进重庆文化强市和国际知名旅游目的地建设的重要时期。同时，重庆市文化和旅游“十四五”发展规划是文化和旅游机构改革后的第一个五年发展规划，发展依然是重点，不仅是文化发展和旅游发展，还要充分彰显文化和旅游高质量的融合发展。在分析重庆“十四五”文化和旅游发展基础和发展环境的基础上，充分把握重庆文化和旅游发展的规律，依据重庆市情，按照“智慧、融合、生态、高质量”的规划理念，制定“十四五”期间公共服务、文化遗产、文艺创作、广播电视、旅游业、文化和旅游产业等任务；处理好文化和旅游、文化旅游、旅游文化之间的辩证关系，秉持“智慧城市和高质量服务”的工作理念，策划“十四五”期间的重点项目，为构建重庆市成为文化强市和国际知名旅游目的地的目标呈现高质量的文化、旅游服务和高度的文化自信。

一、对“十四五”时期重庆文化和旅游发展的现状分析与“十四五”时期的发展预测

（一）对“十三五”文化和旅游发展的基本评价

《重庆市“十三五”文化发展规划》制定了6类19项量化指标和《重庆市建

---

①原载于《重庆文化研究》庚子春。

②侯路，重庆市文化和旅游研究院规划工作部主任，副研究员，研究方向：重庆地方文化研究和非遗保护传承研究。

设国际知名旅游目的地“十三五”规划》制定了3类18项量化指标，据重庆市统计局数据显示：2018年全市共有博物馆100个，文化馆41个，公共图书馆43个，艺术表演团体13个。广播综合人口覆盖率99.04%；电视综合人口覆盖率99.27%。全年生产电视剧3部、故事影片19部、电视动画片702分钟。出版各类报纸26737万份，各类期刊4466万册，图书15270万册（张）。公共图书馆人均图书拥有量0.58册（张）。全年旅行社组织出境旅游人数201.66万人次，全年接待入境旅游人数388.02万人次，旅游外汇收入21.90亿美元，分别增长8.3%和12.4%。年末全市拥有国家A级景区239个，其中5A级景区8个，4A级景区92个。全年文化产业实现增加值632亿元，同比增长6%；全市旅行社新增27家，总数达到580家，实现旅游总收入4343.5亿元，增速达31.3%。

总体看来，重庆文化和旅游在“十三五”时期前三年发展的总体进度符合预期。从量化指标体系的预期值和约束值来看，三年的完成率都比较高，大部分指标均已如期完成，甚至有指标超量完成，如均新创排演舞台艺术剧目指标的完成情况已经超出指标绝对值2台、广播人口综合覆盖率指标完成数超出约束指标值0.1%、电视人口综合覆盖率指标完成数超出约束指标值0.31%；珍贵文物藏品建档率和珍贵文物藏品环境达标率两项指标进度已提前完成；接待国内外游客数量超出约束值指标0.16亿人次；精品特色旅游线路数量超出约束值23条。有少量指标完成进度不够理想，文化产业增加值632亿元，按照增长比例6%计算，文化产业增加值指标届时要突破1000亿元，还有300多亿元的缺口，差距较大；市级文物保护单位“四有”完成率指标依然保持在“十二五”期末的53%，与约束值还有一定的差距。

（二）当前文化和旅游发展的现状分析

“十四五”时期重庆文化和旅游还面临着一些不平衡和不足：

1. 文化和旅游公共服务供需不平衡现象，公共文化服务均等化尚有提高的空间，偏远区县依然面临着公共文化服务整体上落后、基层仍然薄弱、乡镇（街道）和村（社区）设施还不完善等不均衡问题，文化的有效供给和人民群众对文化的需求尚处在不平衡状态。

2. “一区两群”旅游业发展不均衡，“一区”的都市核心区旅游如火如荼，

“一区”外围的旅游知名度和品牌效益还不够突出，渝东北和渝东南两群的旅游发展相对“一区”都市核心区滞后，旅游收入和旅游产业对当地的GDP贡献略显不足。

3. 文化和旅游产业发展的内生动力不均衡，文化和旅游产业发展存在严重的“跛脚”现象，新型产业发展动力不足，提供的文化和旅游产品缺乏市场竞争力，文化和旅游产业“智慧化”服务发展在科学技术、互联网信息技术运用方面存在滞后，全市拳头文化和旅游产品还不够强，产品供给还不够丰富，文化和旅游资源利用不充分。

（三）“十四五”发展的初步预测

从我国社会经济发展环境和“十三五”向“十四五”时期转变过程来看，文化和旅游在“十四五”期间会表现以下几个方面的阶段特征：

1. 坚持高质量发展。深入推进文化和旅游业的供给侧结构性改革，高质量推进文化艺术创作生产、高质量发展文化和旅游产业、高质量建设文化和旅游公共服务体系、高质量保护和利用文化遗产、高质量打造文化和旅游精品，加快文化旅游产品、业态、开发模式、管理体制及市场监管机制创新，推进文化旅游各要素向新业态聚集，以大数据、智能化赋能，壮大新供给，高起点、高规格打造具有国际影响力的文化旅游产品。

2. 坚持美好生活需求。营造良好的文化氛围、提升高质量的文化含量和提高人民的文明素养，为重庆市民提供更加丰富、更加有效的文化和旅游供给，呈现良好、优质的文化和旅游载体，开展丰富多彩的文化和旅游活动，开展实施有效的文化和旅游宣传，以提高人民享受生活的文化品质，更好地满足人民日益丰富的精神文化需要。

3. 坚持文化和旅游协调推进。深化文化和旅游领域体制机制改革，加大文化艺术创作和传播力度、提升文化和旅游公共服务品质、加强文化和旅游产业的高质量发展、着力打造文化和旅游精品，协调推进文化事业、旅游业、文化和旅游产业发展。

4. 坚持文旅融合发展。深刻把握文化和旅游发展规律，促进文化事业、文物事业、广播影视与旅游协调发展，充分发挥文化经济属性，大力发展文化和旅游产业，进一步促进文化、文物、广播、影视与旅游吃、住、行、游、购、娱各要素相嵌整合，宜融则融、能融尽融，以文促旅、以旅彰文。

（四）处理好文化和旅游的相互关系

随着国家机构改革，文化和旅游部的成立，使文化和旅游融合发展成了一个新的课题，也为“十四五”规划提出新的规划整合要求，为重庆的文化和旅游业规划范围带来了新的变化。从十二五、十三五来看，由文化发展规划、旅游发展规划合并为了文化和旅游发展规划，为制定规划内容带来了新的理论挑战，解决好文化和旅游、旅游文化和文化旅游之间的辩证关系，也是文化和旅游融合发展的首要理论基础。

1. 文化和旅游的相互关系。文化和旅游是两个相互包容和协作统一的辩证关系，文化是人类在社会历史实践过程中所创造的物质财富和精神财富的总和。旅游是文化的衍生，是人类为了满足一定时间内前往非惯常环境而进行的观光、休闲等经济社会活动的总和。从文化的概念和范畴来看，可以将旅游的这种经济社会活动的总和看成是文化的一种表现形态，从而便有了“旅游文化”的提法。

2. 旅游文化与文化旅游的包容关系。从文化和旅游的辩证关系引申出来的“旅游文化”，即是以人类的旅游行为而形成的以旅游主体、客体以及发生的一种文化传播和发展的行为方式，是一种文化行为的具体表现形态，是旅游者旅游而引起的一种文化现象。而旅游文化根据人类出行目的和社会行动的不同又分为了众多种类，其中以满足游客的文化需求而选择的社会活动又称为“文化旅游”。“文化旅游”即是以旅游为范畴，是人类在实行旅游行为过程中，为了以满足文化需求为目的而进行的一种社会活动，是旅游文化中的一个门类。

基于文化和旅游的辩证关系，以及旅游文化和文化旅游的界定，在制定十四五期间文化和旅游发展规划时要充分考虑文化和旅游所形成的行业规则，尊重旅游在文化范畴内的发展规律，将旅游文化和文化旅游所形成的特点充分融合起来，真正形成文化和旅游的整体性发展和高质量的融合发展。

二、“十四五”时期重庆文化和旅游发展面临的机遇与挑战

“十四五”时期，重庆文化和旅游发展以习近平新时代中国特色社会主义

思想为指导，全面贯彻党的十九大和十九届二中、三中、四中全会精神，深入落实市委五届六次全会精神，紧紧围绕习近平总书记对重庆提出的“两点”定位、“两地”“两高”目标、发挥“三个作用”和营造良好政治生态的重要指示要求，朝着重庆文化强市和国际知名旅游目的地的战略目标稳步迈进，重庆文化和旅游发展将面临一系列的战略机遇和挑战。

（一）机遇

“十四五”时期是全面建成小康社会、实现第一个百年奋斗目标之后，乘势而上开启全面建设社会主义现代化国家新征程、向第二个百年奋斗目标进军的第一个五年，全市文化改革和高质量发展面临的机遇与挑战随着文化繁荣发展面临新形势新任务新要求。伴随着世界百年未有之大变局和社会主义现代化新征程开局起步，我国正在由中高速增长转向高质量发展，由全面建成小康社会转向全面建设社会主义现代化，正逐步形成以国内大循环为主体、国内国际双循环相互促进的发展新格局，全国文化建设在正本清源、守正创新中取得历史性成就、发生历史性变革，为新时代坚持和发展中国特色社会主义、开创党和国家事业全新局面提供强大正能量。统筹推进“五位一体”总体布局、协调推进“四个全面”战略布局，文化是重要内容；推动高质量发展，文化是重要支点；满足人民日益增长的美好生活需要，文化是重要因素；战胜前进道路上各种风险挑战，文化是重要力量源泉，“十四五”时期，文化建设将摆在更加突出的位置。习近平总书记视察重庆重要讲话精神和关于宣传思想文化工作的重要思想，为文化建设提供了根本遵循和行动指南；国家深入实施共建“一带一路”、长江经济带建设、新时代西部大开发等重大战略部署，有利于更好地保护传承弘扬长江文化和持续提升重庆文化发展水平；在新发展阶段，全面深化改革系统集成、协同高效，互联网、智能化加速融入生产生活，有利于增强文化改革新动力、拓展文化发展新空间；建设成渝地区双城经济圈，推动“一区两群”协调发展，为全市文化改革发展围绕中心、服务大局提供了广阔天地；市委、市政府高度重视文化建设，将文化强市作为“八大行动计划”之一，各级党委、政府把促进文化发展摆上重要位置，全市人民精神文化需求更加强烈，为高质高效推动文化发展改革注入了源源不断的强大力量。

重庆文化和旅游资源禀赋，是世界最大的内陆山水都市，是山清水秀美丽之地，有“三峡、山城、人文、温泉、乡村”五个方面的独特优势，随着国家乡村振兴战略、全域旅游战略、振兴传统工艺战略的全面实施，为重庆更好地发挥区域优势提供了重要抓手，为统筹城乡文化一体化发展提供了保障，为旅游业全面升级发展提供了重要元素，为重庆旅游发展打好“三峡、山城、人文、温泉、乡村”五张牌的旅游精品开发提供了重要源泉，为重庆建设成为“山水之都·美丽重庆”“行千里·致广大”为统领的国际知名旅游目的地提供了更加美好的愿景。

（二）挑战

“十四五”期间，挑战不容忽视，从外部看，新冠肺炎疫情对国际格局产生深刻影响，世界百年未有之大变局加速演进，国内国际环境继续发生深刻复杂变化，各种社会思潮交流交锋更加激烈，思想舆论生态磁场更加复杂，迫切需要做大正面宣传、弘扬主流价值；我国经济进入新发展阶段，全面深化改革纵深推进，社会利益格局变化深刻影响社会思想舆论，迫切需要加强思想引导、价值引领；新一轮科技革命和产业变革蓬勃发展，社会信息化持续推进，信息传播方式发生革命性变化，迫切需要更好运用先进技术发展传播先进文化，发展壮大网络思想文化阵地；国内发展环境深刻变化，社会主要矛盾已经转化为人民日益增长的美好生活需要和不平衡补充的发展矛盾，迫切需要增加更高质量、更高品位的文化产品供给。从自身看，全市文化发展还存在一些短板问题，“一区两群”之间、城乡之间公共文化服务供给不平衡，文化产业生产结构与市场需求结构还不完全对称，文化新业态、新产业发展还不充分，文旅理念融合、产业融合、服务融合层次不够深入，文化对外开放度仍需提高，全市高端文化领军人才还不够多，影响文化高质量发展的制度障碍还需大力破除。在全市文化建设和旅游发展过程中，与中西部唯一直辖市、国家中心城市和人民群众日益增长的精神文化需求还不相适应；文旅融合深度不够，在资源挖掘、产品开发、公共服务、宣传交流等方面仍大有潜力可挖；文旅产业规模不大，没有形成企业间联系紧密的产业链；文旅产品供给不足，文艺创作有高原无高峰现象突出，旅游中高端产品不多；文旅设施配套不全，大型文化设施数量少、展示度不高，旅游交通集散能力有待提升；公共服务水平不高，公共文化设施使用率偏低，旅游配套设施和服务不够完善等系列挑战。

三、“十四五”时期重庆文化和旅游发展的主线思考

“十四五”时期，重庆文化和旅游发展应深入贯彻新发展理念为主线，以满足人民日益增长的文化需求与深化文化和旅游供给侧结构性改革相结合为主题，更进一步推动文化和旅游的高质量发展和满足人民对文化和旅游的高品质文化生活需求。

1. 高质量文化和旅游发展。社会主义现代化强国建设目标要求和中国社会主义进入新时代的基本特征，我国经济由高速发展转向高质量发展，文化和旅游发展也不例外，从十三五发展成效来看，我市文化和旅游产业的发展增速正在逐步放缓，进入高质量发展阶段。重庆自2018年开始，文化和旅游开始进入融合发展阶段，在以后的一定时期内，高质量的文旅融合发展将成为文化和旅游发展的主题，从文旅融合的体制机制开始，进一步摸索文旅融合发展规律和特点，探索具有时代特色的文旅融合发展的路径，更加有效地优化和培育文旅融合发展的产业链和文旅市场，创新文化和旅游的生产、经营和管理机制，完善文化和旅游的经济政策，依托高新技术和互联网信息技术与文化和旅游进行深度融合，不断重构文化和旅游产业的全新业态、内容形态以及产业生态，不断增强文化和旅游产业的内生动力和活力，不断催生文化和旅游高质量发展的新模式。

2. 高品质文化和旅游需求。习近平总书记在党的十九大报告中指出：“中国特色社会主义进入新时代，我国社会主要矛盾已经转化为人民日益增长的美好生活需要和不平衡不充分的发展之间的矛盾。”社会矛盾发生的变化，对文化和旅游发展提出了新的要求，要求我们更加关注高品质的民生需求。因此，在“十四五”期间，重庆文化和旅游发展应更深入地从供给侧结构性改革入手，时刻关注文化和旅游的需求侧，为民生需求提供更加有效的供给产品和服务，使供

需两端趋于平衡。

四、“十四五”时期重庆文化和旅游发展的总体目标设想

（一）总体目标

坚持建设“重庆文化强市”“国际知名旅游目的地”的中长期发展总体目标。通过深化改革和创新发展，到2025年，重庆的文化和旅游发展水平和质量显著提高，构建起城市气质鲜明突出、文化和旅游艺术精品迭出、文化和旅游活动丰富多彩、文化和旅游设施功能完备、文化和旅游公共服务普惠优质、文化和旅游产业充满活力、文化和旅游形象开明开放、媒体全面融合、文化和旅游人才群英荟萃、文化和旅游发展环境明显改善的格局，努力建设与内陆开放高地、山清水秀美丽之地和推动高质量发展、创造高品质生活相匹配的文化强市现代化国际化创新型城市相匹配的文化强市。

——繁荣文化艺术生产体系。重庆市艺术创作选题不断丰富，创作质量不断提高，创作队伍不断壮大，创作人才储备更加科学，创作机制不断完善，创作环境不断优化。创作一批艺术精品力作，打造一批品牌演艺项目，推出一批优秀艺术人才，整体提升重庆市的艺术创作水平，位居西部前列。

——构建文化和旅游现代化公共服务体系。公共服务供给更加充足、资源布局得到优化、服务质量明显提高，覆盖全民、普惠共享、城乡一体的基本公共服务体系不断健全，建成与“两点”定位、“两地”“两高”目标、巴蜀文化旅游走廊、国际知名文化旅游目的地相适应的结构完善、标准规范、均等普惠、智慧高效的文化和旅游公共服务体系。

——文化和旅游产业成为全市支柱性产业。初步形成产业结构合理、主体优势明显、新兴业态强劲、集聚效应突出、创新氛围浓郁的现代文化产业体系。文化产业增加值1300亿元，GDP占比8%以上。旅游业发展实现总收入5500亿元，旅游产业增加值占GDP的比重超过8%，成为名副其实的支柱产业。

——旅游业发展在国内和国际上更加知名。重庆旅游业发展在大都市、大三

峡、大武陵三大核心区合理布局的基础上，打好“三峡”“山城”“人文”“温泉”“乡村”五张牌，深入推进全域旅游建设，打造丰富的旅游产品体系、构建独具个性的旅游精品线路，促进重庆旅游经济的稳步增长，增强重庆旅游的知名度，建设国际知名旅游目的地。

——文化遗产保护、传承与利用更加有效。基本建成全国一流的革命文物保护传承体系、全国一流的文物博物馆公共服务体系、全国一流的文物旅游融合发展体系，建设科学严谨的非遗记录和认证体系、完善的非遗项目和传承人传承体系、卓有成效的非遗传播体系、富有活力的非遗实践活动和实现方式体系。

——构建广播电视和网络视听行业优质发展、融合发展新格局。显著增强全市广播电视和网络视听行业舆论引导能力、内容生产能力、公共服务能力、产业发展能力、融合发展能力、文化传播能力，推动全市文旅广电行业高质量发展，初步形成布局合理、规范有序、特色鲜明、形态多样、可持续发展的“智慧广电”新格局，为全市经济社会发展提供强大精神动力，智力支持和文化支撑。

——建成全国文化和旅游融合发展高地。坚持“宜融则融、能融尽融”的原则，注重“以文塑旅、以旅彰文”，实现文化和旅游在生态环境、发展理念、规划实施、保障体系、产品供给、产业体系等方面全面深度融合。

（二）指标体系

主要发展指标体系的设计，是依据重庆文化和旅游发展的主要目标和发展主线为基本，充分彰显重庆文化和旅游的高质量发展，同时也基于历次五年规划的成功经验，与“十三五”文化和旅游业规划进行衔接，延续性地保持了文化事业、旅游业高质量发展的各项指标。根据我市文化和旅游发展的新趋势、新特点，构建起“十四五”期间重庆文化和旅游融合发展的指标体系，共计42个指标，其中约束性指标为10个，预期性指标有32个。

“十四五”时期重庆文化和旅游发展主要指标

分类	指标	单位	属性	2020年	2025年
文化和旅游公共服务	万人拥有“三馆一站”面积	平方米	预期	640	700
	人均享有“三馆一站”服务	次	预期	2.25	3.5
	星级标准饭店总量	家	预期	350	300
	市级旅游集散中心	个	约束	—	15
	旅行社	个	预期	—	700
	导游外语普及率	%	约束	75	85
文化和旅游产业	文化产业增加值	亿元	预期	1000	1300
	文化产业增加值占GDP比重	%	预期	4	8
	规模以上文化企业	家	预期	1000	1200
	旅游业总收入	亿元	预期	4500	5500
	旅游业增加值占GDP比重	%	预期	4	8
	城镇居民文化娱乐消费支出比重	%	预期	5.4	6.0
	农村居民文化娱乐消费支出比重	%	预期	2.5	2.8
文艺创作生产	年均新创排演舞台艺术剧目	台	约束	3	8
	年创作文艺作品	部	约束	—	20
	年打造文艺精品	部	预期	—	5
	影视剧年均出品	部	预期	25	25
旅游业升级发展	接待国内外游客数量	亿人次	预期	5.26	8
	旅游直接从业人员总量	万人	预期	70	350
	国家4A级以上旅游景区数量	个	预期	120	100
	五星级标准游轮数量	艘	预期	30	30
	市级以上全域旅游示范区县创建单位	个	约束	—	20
	市级以上旅游度假区	个	预期	17	30
	建成营运温泉旅游景区	个	预期	60	60
	精品特色旅游线路数量	条	预期	120	170
广电和网络视听发展	广播综合人口覆盖率	%	约束	99	99.2
	电视综合人口覆盖率	%	约束	99.2	99.6
	国家应急广播城乡综合覆盖率	%	预期		87
	有线广播电视传输节目高清化率	%	约束		100
	行政村光纤通达率	%	约束		100
	新建市级4K超高清电视频道	个	预期	0	3~4
	区县融媒体中心电视频道高清化率	%	预期		99
	IPTV内容高清化率	%	预期		90
	广播电视节目制作总量（动漫除外）	小时			60
	十四五期末广播电视行业年总收入	亿元	预期	54	65
	十四五期末广电传输产业年均收入	亿元	预期		35
文化遗产保护与利用	传统工艺振兴名录	个	预期	100	300
	市级以上非物质文化遗产名录	个	预期	707	1000
	市级以上文物保护单位开放	个	预期	—	150
	市级以上文保单位“四有”完成率	%	预期	100	100
	全市博物馆数量	个	预期	100	130
	区县公共博物馆覆盖率	%	约束	—	100

五、“十四五”时期重庆文化和旅游发展的主要任务

“十四五”期间，在重庆文化和旅游发展总体目标的指引下，为实现阶段性目标，重点任务需要从文化和旅游公共服务、文化艺术精品创作、文化和旅游产业高质量发展、文化遗产的创造性转换和创新性发展、文化旅游精品、现代融媒体等方面进行全方位规划和系统谋划，实现我市文化和旅游的高质量发展和文旅融合发展，确保我市为全面建设社会主义现代化强市开创良好局面。

（一）建设文化和旅游现代化公共服务体系，提升高质量服务载体

“十四五”时期要处理好文化和旅游两个行业之间公共服务的关系，紧紧围绕为人民群众提供高质量服务为载体的目标出发，构建起符合现代化建设的文化和旅游公共服务体系。一是持续完善公共文化和旅游基础设施，加快推进公共服务的均等化建设。加快推进各项重大文化和旅游基础设施建设，完善全市国家A级景区基础配套设施建设等。二是优化公共服务的内容生产，提供高质量的文化和旅游服务产品。加大对公共服务内容的创作生产力度，因地制宜提供有效的文化和旅游服务，在完成标准化建设的基础上，根据各地实情提供特色的文化和旅游服务。深入开展免费开放，保障人民群众享有的文化权益。三是举办丰富的文化活动，提升人民群众享受文化的高品质生活。针对全市不同地区、不同民族，根据各民族的重要节庆，举办一系列的民俗文化活动，构建起文化活动品牌体系。四是依托新技术与互联网信息技术的运用，丰富公共服务手段，以现代技术增加公共服务资源的数量、提高质量，全力打造智慧文旅公共服务平台，提供一站式、多渠道的访问模式，实现线上线下互联互通。五是增强文化和旅游公共服务的互联互动。深挖地标性文化基础设施的文化内涵，丰富文化和旅游设施的文化形象，开发公共文化服务设施的旅游价值，丰富旅游资源，促进公共服务的文旅融合发展。

（二）完善文化艺术创作生产体系，提供高质量文艺精品

文艺事业是党和人民的重要事业，是丰富人民群众精神食粮的重要基础。随

着人民对美好生活向往的需求呈现多样化和高质量的变化，这就对文艺精品创作的质量和形式提出了新的要求。一是要坚持以习近平新时代中国特色社会主义思想指导创作，高质量提升文艺精品创作。习近平总书记关于文艺工作的系列重要讲话中深刻阐述了文艺在党和人民事业中的重要地位，鲜明指出了当代文艺发展的重要使命，是指导新形势下文艺工作的纲领。要充分领会习总书记关于文艺工作的系列重要讲话精神，营造浓厚的创作氛围，创新创作形式，大力鼓励文艺工作者和创作者，创作更加丰富多样的文艺作品和精品。二是要坚持以人民为中心的创作导向。以人民为中心就是要把满足人民精神文化需求作为文艺和文艺工作的出发点和落脚点。坚持以人民为中心的创作导向，是文艺创作和文艺工作的基本前提，坚持为人民服务、为社会主义服务，坚持百花齐放、百家争鸣的原则，始终把人民群众作为创作的表现主体，要反映人民群众在实现中华民族伟大复兴过程中的生动实践，要反映人民群众喜怒哀乐的真情实感，努力创作出更多反映时代呼声、展现人民奋斗、振奋民族精神、打动观众心灵、引起情感共鸣、人民群众喜闻乐见的优秀文艺作品。三是要建立“深入生活、扎根群众”的创作机制，人民生活是一切文学艺术取之不尽、用之不竭的源泉，要创作出高质量的文艺精品，就需要建立起创作人员深入生活和扎根群众的保障机制，确保创作人员能做到沉心静气和专心致志的创作。四要努力创作一批文艺精品。结合重庆本土特色，深入挖掘重庆巴渝文化、抗战文化、三峡文化、革命文化、移民文化、统战文化等题材资源，用重庆地方特色资源为源泉，努力创作和生产更多传播社会主义核心价值观、体现中华文化精神、反映中国人审美追求，富有巴渝风格和重庆特色，讴歌党、讴歌祖国、讴歌人民、讴歌英雄的优秀品质的文艺精品。

（三）构建现代文化旅游产业和市场体系，推动高质量发展

构建符合现代化要求的文化旅游产业和市场体系，推动文化和旅游产业的高质量发展。“十四五”时期，一是要发展重点突出领域，建设文化内容原创生产体系，努力提升文学艺术、新闻出版、影视、演艺等内容产业的发展水平；建设数字文化创新创意体系，以技术创新带动产品、业态和模式创新，重点培育数字阅读、影音动漫、数字技术前沿等产业板块；建设完备的文化用品装备制造

体系，布局传统工艺、特色文化用品、文化科技设备、文物保护装备等产业，形成集约化优势产能；建立文化产业全域融合体系，推动文化产业与城乡建设、工业制造、科教康养、旅游发展等全领域跨界融合，积极发展文化旅游新业态，打造一批特色鲜明、产业融合的文创园区、基地、街区、小镇和艺术之乡，做强旅游演艺产业，举办文化旅游特色消费活动，推广市场化运作模式，壮大文化和旅游市场主体，营造健康的文化和旅游市场环境；建设文化产业开放共享体系，积极推动文化产业“引进来”“走出去”，打造和内陆开放高地相适应的文化产业开放格局，引导和活跃文化市场消费，推动文化发展成果全民共享共建。二是要完善产业要素支撑。突出开放、集聚、融合、创新的发展方向，实施重点项目运行调度机制；实施文化市场主体孵化培育工程，扶持高成长性企业、高创新性企业，培育文化市场中介服务机构，构建文化产业“双创”服务体系和大批“小而美”“小而优”的文化市场主体。实施文化产业大数据智能化工程，加强大数据、云计算、人工智能等技术应用，加快培育数字内容、知识仓库、人机交互、全息成像等新兴文化产业业态。三是要实施城乡居民文化消费提升工程，持续开展重庆文化和旅游惠民消费季系列活动，构建政府购买引导、商家让利优惠、市民消费的长效机制。四是注重旅游的全产业发展。旅游要形成全产业链发展，不能局限于门票，还包括“吃、住、行、游、购、娱，商、养、学、闲、情、奇”等要素，紧紧围绕旅游要素进行整体设计，丰富完善旅游的全产业链，促进旅游业与相关产业深度融合发展，增强旅游业的带动作用。

（四）推动巴渝文化的保护与利用，提升高质量转换和发展

一是深入挖掘巴渝文脉资源，制定保护计划。深入开展非物质文化遗产资源普查工程，进一步完善和丰富重庆非遗三级名录体系、重点文物保护单位、传统工艺振兴名录，制定和实施好巴渝文化资源的保护计划，深入推动传统工艺振兴工程，大力开展生产性保护，选择优异的生产企业建立生产性保护示范基地；扎实推进文化生态区的建设工程，进一步实施国家级文化生态保护实验区——武陵山区（渝东南）土家族苗族文化生态保护实验区的建设，加快推进市级文化生态保护区——长江流域（重庆）文化生态区建设，完成规划纲要的审批；开展巴

渝文化文物、巴渝历史文物、三峡文物、抗战和革命文物的重点文物保护项目，针对不同系列文物的特征和重要价值制定相应的保护计划和活态化利用方案，夯实文物保护法定基础，建立文物资源调查长效机制。二是扶持巴渝人文精神的传承。实施巴渝文化保护传承工程，开展历史研究和考古发掘，着力巴渝古建筑、大遗址、三峡文物、石窟寺及石刻等重点文物保护项目，深入挖掘巴渝文化价值内涵，建立完整的重庆历史文化序列和巴渝文化谱系；加快构建非物质文化遗产活态传承体系建设，快速构建起科学规范、开放创新的传承体系；各地、各项目根据保护和传承实际，建立传习所和传习中心，并积极支持和扶持传承人开展传承活动，鼓励传承人开展进校园活动，在各中小学校建立起传承教育基地。三是创新巴渝文化的传播推广体系。加速构建非遗数据库及共享平台；完善非物质文化遗产研究体系，推出非物质文化遗产系列精品研究成果，建设“重庆非物质文化遗产博览园”；将文物保护利用常识纳入中小学教育和干部教育体系，完善中小学生博物馆学习长效机制。四是加强世界文化遗产申报。推进合川钓鱼城遗址、涪陵白鹤梁题刻申报世界文化遗产，完善保护规划编制、申遗文本等法定要件，加大文物本体保护与展示力度，开展遗产突出普遍价值研究，多渠道强化宣传推广。

（五）全力打造旅游业发展升级，提升高质量旅游服务

在“山水之城·美丽之地”和“行千里·致广大”的特色优势上，打好“三峡、山城、人文、温泉、乡村”等五张牌，抓住一批具有标志性、引领性、带动性的旅游品牌，促进旅游各要素协调发展，努力营造游之顺心、住之安心、食之放心、娱之开心、购之称心、游之舒心的全域旅游环境，打造重庆旅游业发展“升级版”。一是结合我市全域旅游资源，作出具有重庆特色的旅游亮点。按照世界水准、国际一流、国内领先的要求，从整体谋划好重庆全域旅游发展，丰富旅游的生态和人文内涵，推动旅游发展从单一景点景区向综合旅游目的地转变。二是提升重庆具有影响力的精品景区，建设一批具有震撼力的大型旅游综合体，打造重庆旅游的“风景眼”。三是进一步提升全域旅游的内涵。充分挖掘重庆文化和旅游资源的文化内涵，注重“功夫在诗外”，提升旅游的文化底蕴与特色魅

力，打造具有区域性文化旅游走廊和线路，并讲好重庆故事，让景区、景点百看不厌。四是要将重庆的传统村落、文物遗迹、人文场馆、非物质文化遗产等文化场所及资源开展文化旅游，保护利用老旧厂房拓展城市文化空间。五是提升全域旅游全方位服务。要积极地、全面地梳理游客痛点，积极关注、及时回应游客的意见建议，着力提升旅游服务水平，提升重庆旅游美誉度和吸引力；进一步加快完善“快旅漫游”服务体系、提升旅游管理服务水平以及加快推进大数据智能化创新运用服务等。

（六）促进媒体融合现代化，提升高质量传播服务

一是加快媒体融合转型升级，全力打造公共服务平台。着力推进广播电视媒体由传统媒体向全媒体转变；由大众传播方式向智能化、智慧化传播演进，不断探索创新行业发展的新模式、新途径。着力构建新型主流媒体矩阵，让主流价值传得更开、传得更广、传得更深入。二是加快技术创新体系，放大新闻传播效能。加快4K/8K、5G、云计算、人工智能、大数据、虚拟现实、区块链等新技术在广播电视融合媒体体系领域的应用，不断提高视听产品智慧化生产、传播、反馈水平、不断提高视（听）体验，对各类媒介资源、生产要素有效整合，实现优势互补、产生聚合共振效应。三是培育壮大新型传播平台，开展广播电视融合媒体项目建设。实施品牌提升，推出精品视听节目，推进区县融媒体中心规范化管理，创建4K/8K超高清电视产业试点示范，逐步实现应急广播互联互通，打造视听智慧监管平台，实现渝版广播电视融合媒体节目“走出去”，推动西部广播电视融合媒体节目创作和集成中心建设，促进重庆音视频资源数字化保护开发和开展文旅产业发展新业态试点。四是加强媒体资源整合，促进文化旅游深度融合发展。对“报、台、网、微、端”进行优化整合，一体化运作，形成全市融媒体新格局，探索文旅为本，广电为用的融合模式，不断推动广播电视和文化旅游在理念、业态、模式、渠道等全方位融合创新。

（七）深化体制机制改革，推动高质量治理体系建设

改革是保障“十四五”时期重庆文化和旅游保持高质量发展的有力支撑，是推进社会主义先进文化高地、文化强市和国际知名旅游目的地建设的重要制度保

障，也是充分体现文化和旅游业治理能力和治理体系建设的重要环节。因此，要推动高质量的治理体系建设，充分展现文化和旅游行政机关的治理能力。一是要进一步完善文化和旅游融合发展体制机制，充分发挥体制机制的服务效能，积极推进文化和旅游融合发展业态提质升级，努力培育新型产业业态和消费模式。二是要继续深入推进文化和旅游业的供给侧结构性改革，进一步优化文化和旅游产业布局，激发文化创新创造活力的文化管理体制和生产经营机制。积极鼓励社会资本的注入，建立起有效的文化和旅游领域政府和社会资本的合作模式，健全引导新型文化业态健康发展机制，加强对文化和旅游市场的监管力度，培育健康有序的文化和旅游市场。三是稳步推进公共服务体制改革，深入实施公共文化机构法人治理结构改革，全面推广文化馆、图书馆总分馆制建设。四是进一步探索有效的人才培养、引进、激励机制，行业的标准化考核机制，构建一套科学有效的文化和旅游行业社会组织的管理体系。

推进文化强国建设要把握好根本遵循[①]

薛 竹[②]

党的十九届五中全会首次明确提出到 2035年建成文化强国的远景目标。如何扎实有效推进文化强国建设，全会审议通过的《建议》为我们规划了清晰的实践路径；如何确保文化强国建设始终沿着“十四五”规划和 2035年远景目标既定的方向接续前行，则必须学深悟透习近平总书记关于社会主义文化建设的重要论述，并将其作为根本遵循，推进社会主义文化强国建设。

一、坚持马克思主义在意识形态领域的指导地位

坚持以什么思想理论为指导，是文化建设的首要问题。党的十八大以来，习近平总书记多次强调“坚持马克思主义在意识形态领域的指导地位”。党的十九届四中全会更是明确将这一观念形态上的原则要求上升为“根本制度”的刚性约束。

马克思主义是指导党和人民事业的理论基础，也是我国文化发展的根本指针。中国特色社会主义文化的旗帜和灵魂是马克思主义。我国文化建设的长期实践表明，对马克思主义指导地位坚持得好、把握得牢，就能形成繁荣兴盛的文化局面，推动党和人民事业的发展；坚持得不好，发生了动摇或偏差，就必然造成思想文化上的混乱，给党和人民事业带来损害。当前，我国文化领域正发生广泛而深刻的变革，社会文化生态更加复杂，马克思主义、非马克思主义甚至反马克

①原载于《重庆日报》2020年11月24日。

②薛竹，重庆市委宣传部常务副部长。

思主义的思想观点在文化领域相互交织、相互碰撞、相互影响，坚持以马克思主义统领多样化文化发展的重要性日益突出，马克思主义在发展社会主义文化中的根本性、保障性作用日益凸显。只有旗帜鲜明坚持马克思主义在意识形态领域的指导地位，才能始终担负起新时代赋予的使命任务。

“龙衮九章，但挈一领。”意识形态领域涉及方方面面的工作，坚持马克思主义在意识形态领域的指导地位，犹如一根红线，贯穿社会主义文化建设的一切工作和所有活动。无论是提高社会文明程度还是提升公共文化服务水平，无论是健全现代文化产业体系还是提升国家文化软实力，都必须坚持马克思主义这个“主心骨”，确保我国文化建设始终沿着正确的方向前进。

二、坚定文化自信

建设社会主义文化强国，文化自信既是思想基础和先决条件，也是根本标志和最终目的。文化自信，是更基础、更广泛、更深厚的自信，是更基本、更深沉、更持久的力量。坚定文化自信，是事关国运兴衰、事关文化安全、事关民族精神独立性的大问题。我们说要坚定中国特色社会主义道路自信、理论自信、制度自信，归根到底是要坚定文化自信。

一个国家和民族要自立自强，首先在文化上要自觉自信。只有坚定了文化自信，才能懂得我们从哪里来，要到哪里去；才能真正懂得中华民族伟大复兴的必然趋势和历史意义。我国有深厚的文化根脉和独特的文化优势，5000多年文明历史所孕育的中华优秀传统文化，代表着中华民族独特的精神标识，是中华民族文化自信的底色；党领导人民在革命、建设、改革中创造的革命文化和社会主义先进文化，沉淀着中华民族最深沉的精神追求，是中国精神、中国价值、中国力量的重要来源，是融贯中国特色社会主义事业始终的根基性和引领性力量。历史和现实证明，在中国共产党领导下创造的社会主义文化，筑牢了全体人民共同奋斗的思想基础，凝聚了全体人民团结奋进的强大思想力量，是最先进的文化。历史和现实也证明，中华民族是世界上最有理由坚定文化自信的民族。

“知所从来，思所将往。”我们要始终坚持推动中华优秀传统文化创造性转化和创新性发展，始终保持对中华优秀传统文化理想和价值、生命力和创造力的高度自信，坚守中华优秀传统文化立场，扎根新时代伟大斗争、伟大工程、伟大事业、伟大梦想进行文化创造、推动文化进步，不断在坚定文化自信中建设文化强国，在建设文化强国中增强文化自信。

三、坚持以社会主义核心价值观引领文化建设

核心价值观是决定文化性质和方向的最深层次要素，是文化建设的坚实内核，决定着文化的性质和方向。社会主义核心价值观是社会主义核心价值体系的高度凝练和集中体现。党的十九届五中全会提出，坚持以社会主义核心价值观引领文化建设。这是我们党对领导文化建设长期实践经验的深刻总结，标志着对社会主义文化建设规律的认识达到了一个新高度。

社会主义核心价值观既凝结着全体中国人民共同的价值追求，又蕴含着新时代社会主义现代化的价值目标；既是中华民族赖以维系的精神纽带和思想道德基础，又是当代中国精神的集中体现，还是凝聚民心、汇聚民力的强大精神力量。正是由于社会主义核心价值观深厚的民族性、鲜明的时代性、内在的先进性、广泛的包容性，决定了其在我国文化建设中居于主导和引领地位。中华民族之所以能够在几千年的历史长河中生生不息、薪火相传、顽强发展，一个很重要的原因就是中华民族有一脉相承的精神追求、精神特质和精神脉络。面对当今社会普遍存在的价值取向多元化、价值选择矛盾化、价值追求实用化等问题，只有始终坚持以社会主义核心价值观引领文化建设，充分发挥其主导和引领作用，牢牢把握社会主义先进文化的前进方向，才能不断激发全民族文化创造活力，不断巩固全党全国各族人民团结奋斗的共同思想基础。

“树德莫如滋，去疾莫如尽。”坚持以社会主义核心价值观引领文化建设，就是要让社会主义核心价值观浸润到国民教育、精神文明创建、精神文化产品创作生产传播全过程，贯穿到国家治理体系和治理能力现代化建设各领域，使之融入经济社会发展和人民生产生活的方方面面，最终内化为人们的精神追求，外化

为人们的自觉行动。

四、着力提高国家文化软实力

一个国家的综合国力既包括领土、军备、科技、经济等有形力量的硬实力，也包括价值观、影响力、道德准则、文化感召力等无形力量的软实力。党的十九届五中全会提出，繁荣发展文化事业和文化产业，提高国家文化软实力。古往今来，任何一个大国的发展进程，既是经济总量、军事力量等硬实力提高的进程，也是价值观念、思想文化等软实力提高的进程。

文化是软实力，但提高国家文化软实力却是硬任务。只有民族的才是世界的。历史和现实证明，提高国家文化软实力的根基在于增强社会主义文化的先进性，着力点在于讲好中国故事。要把我们想讲的和国外受众想听的结合起来，把"陈情"和"说理"结合起来，把"自己讲"和"别人讲"结合起来，用中国理论阐释中国实践，用中国实践升华中国理论，更加鲜明地展现中国思想，更显响亮地提出中国主张，不断增进理解。特别是要讲好中国共产党治国理政的故事、中国人民奋斗圆梦的故事、中国共产党和中国人民血肉联系的故事、中国坚持和平发展合作共赢的故事。同时，要下大力气加强国际传播能力建设，用对方听得懂、易接受的话语体系和表达方式，搭建起有效互动交流的桥梁，进一步推动世界各国对中国共产党为什么"能"、马克思主义为什么"行"、中国特色社会主义为什么"好"的认识，逐步实现从话语认同到文化认同再到制度认同的螺旋式上升。

"远人不服，则修文德以来之。"中华民族早就懂得"观乎人文，以化成天下"的力量。在新的历史起点上提高国家文化软实力，需要时刻坚持以我为主，不断提升中华文化的影响力，但以我为主不是自我封闭，更不是唯我独尊，而是立足中国、面向世界。既要充分发挥中华文化协和万邦、天下大同的丰富思想，发扬中华文化开放包容、兼收并蓄的深厚传统；又要积极借鉴世界优秀文化成果，坚定维护世界文明多样性，以历史的担当推动建设具有强大感召力和影响力的中华文化软实力。

昌明国粹　立德树人[①]

——思想道德教育中融入优秀传统文化的思考

谭　宏[②]

教育是将文化或文明有目的地传递给下一代的过程，其重要作用和功能就是科学和系统地传授一个民族或族群前辈们所创造的优秀文化和文明成果。文化通过教育的方式传递，可以更有效地使受教育者获得相应的知识、技能，使之成为社会正常的、合格的成员。《关于实施中华优秀传统文化传承发展工程的意见》（以下简称《意见》）明确提出要把传统文化教育“贯穿国民教育始终”，围绕立德树人根本任务，把优秀传统文化全方位融入思想道德教育之中[1]。在新时代，把中华优秀传统文化的内容融入青少年的思想道德教育之中，是一个很重要和很具体的任务。

2018年，习近平总书记在与北京大学师生座谈时指出，“育人的根本在于立德”，“要把立德树人的成效作为检验学校一切工作的根本标准”[2]。总书记的讲话精神对新时代我国教育工作提出了要求。《增广贤文》中说：“观今宜鉴古，无古不成今。”2014年，习近平总书记在纪念孔子诞辰2565周年国际学术研讨会上的讲话中指出：“包括儒家思想在内的中国优秀传统文化中蕴藏着解决当代人类面临的难题的重要启示。”[3]在我们不断向现代化进军的征程中，或多或少地存在忽视对传统文化的教育和传承的现象。其实，我们一直倡导在国民教育中有组织、有计划、有目的地传递民族的优秀传统。《中华人民共和国教育法》规定：“教育应当继承和弘扬中华民族优秀的历史文化传统。”[1, 4]《国家“十二五”时期文化改革发展规划纲要》要求“推动文化遗产教育与国民教育

---

① 原载于《重庆高教研究》2020年11月第8卷第6期。

② 谭宏，重庆潼南人，重庆文理学院副校长，教授，主要从事哲学和文化学研究。

紧密结合”[5]。《完善中华优秀传统文化教育指导纲要》要求“加强中华优秀传统文化教育”[6]。《意见》指出了优秀传统文化的主要内容包括核心思想理念、中华传统美德和中华人文精神三个部分。在新时代，把优秀传统文化的核心思想理念、中华传统美德和中华人文精神融入思想道德教育之中，可以丰富思想道德教育的内容，更好地加强对青少年的思想道德教育，培育社会主义核心价值观，增强“四个自信”，树立理想信念，使之成为德智体美劳全面发展的社会主义和民族复兴的建设者和接班人。

一、把优秀核心思想理念融入思想道德教育之中

人类在自己的生产和生活实践活动中，经过不断地实践探索和理性思考，形成了一系列思想观念、理想追求和哲学信仰，并用语言和文字进行了概括和表达。这些概括和表达，最终形成了一个国家和民族的核心价值体系。中华民族在五千年的历史文明进程中，依据自己的生产方式和生活方式形成了一系列优秀的核心理念，保证了中华民族生生不息，巍然屹立在世界之东。这些优秀思想至今影响着我们。2014年，习近平总书记在文艺工作座谈会上指出：“中华民族在长期实践中培育和形成了独特的思想理念和道德规范，有崇仁爱、重民本、守诚信、讲辩证、尚和合、求大同等思想。”[7]2018年，他在庆祝改革开放40周年大会上的讲话中指出，我们始终坚持培育和践行社会主义核心价值观，传承和弘扬中华优秀传统文化[8]。

（一）“讲仁爱”的人类情感

慈爱、宽厚、怜悯等是人类特有的情感，在中国传统语言表述中被总结为“仁爱”。《论语》中说：“人而不仁，如礼何?人而不仁，如乐何?”在当下，这些“仁爱”思想仍然影响着我们的生活和行为。2020年2月21日，习近平总书记在给北京大学首钢医院实习的西藏大学医学院学生回信中说：“希望你们珍惜学习时光，练就过硬本领，毕业后到人民最需要的地方去，以仁心仁术造福人民特别是基层群众。”[9]这是总书记对青年一代的谆谆教导和殷殷期望。爱是人

类的灵魂，没有爱人类就难以生存和发展。我们应该继承和发展优秀传统文化中“讲仁爱”的思想，加强对青少年的教育和引导，培育爱、激发爱、传播爱，用爱滋润学生的心灵。

（二）“重民本”的服务意识

中国历史上，许多思想家和政治家都把倡导和实施“重民本”作为治国理政的核心理念之一，该理念在传统政治文化中占有重要地位。在传统文化思想中，人民历来都被看成民族国家的根本。《荀子》说：“君者，舟也；庶人者，水也；水则载舟，水则覆舟。”中国古代“重民本”的思想理念也体现在中国共产党“以人民为中心”和“为人民服务”的理念上。2017年，习近平总书记在十九大报告中说：“增进民生福祉是发展的根本目的。”[10]2017年12月31日，习近平总书记在2018年新年贺词中说：“各级党委、政府和干部要把老百姓的安危冷暖时刻放在心上，以造福人民为最大政绩，想群众之所想，急群众之所急，让人民生活更加幸福美满。”[11]因此，在国民教育中，要通过对“重民本”思想的学习，增强青少年关心民情、倾听民意和服务民生的思想感情和道德觉悟。

（三）“守诚信”的行为准则

在人类社会中，每一个人都不是以纯粹的单个的生命个体立足于社会之中的，人是具体地生活在现实生产和生活中的，他的一切思想和行为都不可避免地要与他所面临的人和事发生各种各样的关系，而要处理好这些关系，“守诚信”是最为重要的一环。人无信不立，“守诚信”根植于中华民族悠久的历史文化传统之中。千百年来，“守诚信”被中华民族视为重要的行为规范和道德修养。《周易》中说：“人之所助者，信也。”即使在当下，中国传统的诚信观也值得我们学习、借鉴和发展。2016年，习近平总书记在中共中央政治局第三十七次集体学习时强调：“要完善守法诚信褒奖机制和违法失信惩戒机制，使人不敢失信、不能失信。”[12]因此，需要把传统的“守诚信”融入当代道德建设之中，加强对青少年的诚信教育，培养青少年的诚信意识和行为，营造人人讲诚信的良好社会风尚。

（四）“崇正义”的道德要求

中华民族是一个崇尚正义的民族，无论在经典文献还是道德实践中，“正义”二字都被看得尤为珍贵。《论语》说：“其身正，不令而行；其身不正，虽令不从。”公平正义是每一个社会人都渴望的。2014年11月，习近平总书记在中央外事工作会议中说：“要坚持正确义利观，做到义利兼顾，要讲信义、重情义、扬正义、树道义。”[13]把传统的“崇正义”融入当代道德建设中，就是要使青少年树立追求公平、公道、正当、正义的思想意识，并在实践中不断地指导自己的行为，客观地衡量和检验自己的思想和行为是否符合社会发展的规律，是否符合社会中绝大多数人的利益。

（五）“尚和合”的社会关系

“和”在汉语表达中就是“中和”“和谐”之意。这个“和”的理念反映在各个层面和领域。“尚和合”源于上古神话传说故事和诸子百家思想，后又历代相传，经过五千多年的发展演变，已经升华为一种境界，成为中华民族精神家园的重要思想瑰宝。这种中和思想是我们民族生生不息的活水源头[14]。在传统中国，把中和思想贯穿到了事物之和、乐理之和、社会之和、国家之和等社会治理的各个领域，把建立“和善”“和谐”的社会作为一种社会理想。习近平总书记向世界阐释中华“和”文化时说：“中华文化崇尚和谐，中国‘和’文化源远流长，蕴涵着天人合一的宇宙观、协和万邦的国际观、和而不同的社会观、人心和善的道德观。”[15]在当下的社会治理中，我们需要进一步深刻理解“和合”的思想内涵。对青少年进行“尚和合”的教育，就是要使他们在精神上追求“和善”“和平”，在行为上追求“以和为贵”“以善为本”，在认识上理解“协和万邦”“政通人和”以及“家和万事兴”的社会意义。

（六）“求大同”的社会理想

大同理想代表了人类对于未来社会的美好憧憬。从思想根源上讲，中国传统“天下大同”的理想源于“人人为公”的世界观；从社会实践上讲，“天下大同”是人们希望建立一种“人人均等”的理想社会秩序。《礼记》中说：“大道之行也，天下为公，选贤与能，讲信修睦。”这反映了中国先哲的智慧。2017年，习近平总书记在中国共产党与世界政党高层对话会上的主旨讲话中说：“中华民族历来讲求‘天下一家’，主张民胞物与、协和万邦、天下大同，憧憬‘大道之行，天下为公’的美好世界。”[16]当下我们正在进行的全面建成小康社会的实践也是走向大同社会的重要阶段性探索和实践。在国民教育中融入中国传统的“大同”思想，就是要使青少年更好地理解和认识“两个一百年”目标的价值和意义，并由此树立为之努力奋斗的信心。

二、把中华传统美德融入思想道德教育之中

人类因为具有美德而使社会更加和谐美好，个人因为具有美德而使个体更能赢得他人的尊重。中华民族传统美德是五千年文明史上处理人际关系、人与社会关系和人与自然关系的实践总结和智慧结晶。它包括优秀的爱国精神、民族气节、道德规范、良好礼仪和生活习俗等内容，是形式和精神的有机结合，影响了一代又一代中国人。社会主义道德建设，不应该是无源之水、无本之木。2014年10月，习近平总书记在文艺工作座谈会上的讲话中指出，中华民族有自强不息、敬业乐群、扶正扬善、扶危济困、见义勇为、孝老爱亲等传统美德[7]。在新的政治、经济和文化因素的推动和影响下，道德的内涵和外延都在发生重大的变化。因此，我们要做好现实性和历史性的统一，把传统美德中的符合时代要求和有助于经济社会协调发展的形式和内容继承下来，融入当下的道德建设之中，推广到民众的实际生活里。

（一）“匹夫有责”的担当意识

担当精神是中华民族在五千年的历史发展中不断孕育和发展起来的民族精神、民族品格和民族气质，其形式多样、内涵丰富、意蕴深远。“优秀传统文化的内涵具有生生不息的拼搏性格、为国为民的责任担当、博大精深的文化境界。”[17]担当精神在中华民族的各个历史时期代代相传，推动着中华民族不断前进，保证了中华民族的生生不息。《论语》中说：“士不可以不弘毅，任重而道远。”从人类社会来说，生活在一定的社会环境条件下的人，都应该具有对社会做出贡献的义务和责任，要有担当的意识，这个社会才有不断向前发展的活力和动力。青少年是一个国家和民族的未来，习近平总书记在十九大报告中说：“青年兴则国家兴，青年强则国家强。青年一代有理想、有本领、有担当，国家

就有前途，民族就有希望。”[10]因此，在思想道德教育中汲取传统担当精神的文化营养，对于更好地增强青少年的担当意识，具有十分重要的意义。

（二）“精忠报国”的爱国精神

爱国就是热爱祖国的一种情感，体现了一个民族的精神。爱国主义就是个人或集体对民族国家积极支持的态度和情感。这种态度和情感集中表现为民族自尊心和自信心，激励着生活和成长在这个国家的人们为保卫祖国和争取祖国独立富强而勇于奋斗、勇于贡献和勇于献身。“家国情怀作为特有的价值信仰和民族精神得以长久延续，既是中国传统社会生活方式的积淀，也是中国传统文化内化而成的一种人格规定。”[18]《白马篇》中说：“捐躯赴国难，视死忽如归。”爱国主义是中华民族传统美德的核心，每到民族国家危难的关键时刻，这种家国情怀都会强烈地表现出来，涌现出一大批“精忠报国”的英雄，爱国主义成为推动中华民族不断前进的巨大力量。当下，中华民族正处于民族复兴的重要时期，我们更需要弘扬爱国主义，共同努力实现中华民族的复兴。习近平总书记在十九大报告中提出，要“加强爱国主义、集体主义、社会主义教育，引导人们树立正确的历史观、民族观、国家观、文化观”[10]。中华优秀传统文化中积累了丰富的爱国主义思想和典范，将其融入思想道德教育之中，可以增强爱国主义教育的效果。

（三）“崇德向善”的社会风尚

“人之初，性本善”，中国的先哲从人类生命和命运之高度概括出人性善的本质，“崇德向善”“从善如流”“见贤思齐”成为重要的传统社会道德要求和道德风尚。《论语》中说：“见善如不及，见不善如探汤。”《大学》中说：“大学之道，在明明德，在亲民，在止于至善。”《三国志》中说：“勿以恶小而为之，勿以善小而不为。”在当下，我们应该继承这种优良的传统，因而在二十四字社会主义核心价值观中提出了“友善”作为社会公民的基本道德规范，强调人与人之间应建立互相尊重、互相关心、互相帮助、和睦友好的人际关系。2015年6月1日，习近平在会见中国少年先锋队第七次全国代表大会代表时强调：“要学会做人的准则，就要学习和传承中华民族传统美德……懂得感恩，与人为善，明礼诚信，争当学习和实践社会主义核心价值观的小模范。”[19]因此，在新时代的思想道德教育中，应加强对青少年行为的教育和引导，使青少年引领“崇德向善”的社会风尚。

（四）“礼义廉耻”的荣辱观念

在人类社会的任何一种状态下，都一定存在荣辱观。人有羞耻之心才会有所不为，无羞耻之心会为所欲为。荣辱观是世界观、人生观、价值观的反映。在人类的社会生产、生活中，荣辱观处处可见，渗透于方方面面，体现和反映了社会的价值导向和文明指向。中国古代先贤历来重视荣辱观的理性探索和实践运用，得出了许多有益的理论成果和实践成果。建立了以“孝、悌、忠、信、礼、义、廉、耻”为基本内核的荣辱观体系。《老子》中说：“知足不辱，知耻不殆。”《管子》中说：“一曰礼，二曰义，三曰廉，四曰耻。”传统荣辱观念值得我们借鉴、吸收和发扬，对我们进行社会主义荣辱观建设具有积极作用。习近平总书记在十九大报告中指出，要“推动中华优秀传统文化创造性转化、创新性发展”[10]。因此，在对青少年立德树人的教育中，我们应该充分利用传统“礼义廉耻”荣辱观的精华，并着眼于当代中国发展的全局和中华民族的未来，紧密联系当前社会实际，使之具有鲜明的民族性、现实性和时代性。

（五）“自强不息”的奋斗品格

万物生生不息是基本的自然法则，人当然也离不开这一法则。但与自然界其他物种不同的是，人还具有主观能动性。人的主观意识和实践活动对客观世界具有能动的反作用，这是人与动物区别的重要特征。自强不息是人类特有的一种精神动力，对于一个民族国家的生存和发展具有重要的意义。正是这种自强不息的精神使中华民族能够屹立于世界东方。习近平总书记曾指出，这种精神“使中华文明成为人类历史上唯一一个绵延5000多年至今未曾中断的灿烂文明”[8]。《周易》中说：“天行健，君子以自强不息。”《晁错论》中说：“古之立大事者，不唯有超世之才，亦必有坚忍不拔之志。”“自强不息”就是要充分发挥人的主观能动性，有意识地自觉地思考问题，并通过不懈努力解决问题。所以，我们要充分利用中华优秀传统文化教育下一代，充分发挥他们的能动性和创造性，自觉努力提高自己，鞭策自己，不断拓展事业，建功立业，为中华民族的复兴贡献智慧和力量。

（六）“敬业乐业”的职业操守

“敬业乐业”是个人职业技能和职业道德的统一。“敬业乐业”是中华民族优秀的文化基因和精神品格。中国历史上不仅涌现了大量的敬业乐业典型，我们的先哲还从理论上进行了归纳，对于我们当下仍然具有重要意义。《左传》中说：“民生在勤，勤则不匮。”《进学解》中说：“业精于勤荒于嬉，行成于思毁于随。”《汉书》中说：“各安其居而乐其业，甘其食而美其服。”中华传统美德中所表达的敬业乐业思想“是涵养和启示当代社会主义核心价值观极为重要的精神文化资源。”[20]随着时代的发展，新技术、新产业、新业态不断出现，因此，在思想道德教育中，把传统的“敬业乐业”和现代的“爱岗敬业”结合起来，可以为青少年的“敬业”教育提供有效途径和方法。

（七）“扶危济困”的社会情怀

扶危济困、乐善好施、助人为乐是中华民族的传统美德，是中国人在漫长的生产、生活中养成的高尚的道德品质。从思想和文化根源上看，扶危济困是传统中国一直提倡的仁爱、行善、仗义、互助精神的体现，是中华民族生息繁衍的精神支撑，深深地留在了中华民族的集体记忆之中。《孙子》中说：“当其同舟而济，遇风，其相救也如左右手。”习近平总书记曾指出：“守望相助、扶危济困是中华民族的传统美德。”[21]在思想道德教育中，融入中国传统“扶危济困”思想是很有现实意义的。在人类社会的生产、生活和发展过程中，无论群体还是个体都会遇到天灾人祸或自身难以解决的困难和问题，需要他人的帮助和支持，以渡过难关。在当代中国，在全面建成小康社会走向共同富裕的历程中，还有需要救助和帮扶的社会困难群体和个人，这需要我们发扬“扶危济困”的精神，共同战胜困难和灾祸。

（八）“见义勇为”的英雄气质

“见义勇为”表现了人性中高尚的道德情操，要求我们只要是正义、正当的事就应该勇于去做。“见义勇为”的社会风尚会有力地促进社会的安定、团结和进步。在中华民族五千年的历史进程中，涌现出无数的义勇之士，他们为了国家、民族、社会的正义，用品格和行动，用鲜血和生命树立了中华民族的人间正气，铸就了中华民族的不屈脊梁。《孟子集注》中说：“小勇，血气所为；

大勇，义理所发。”在当下，我们仍然需要发扬见义勇为的传统美德。2019年1月，习近平总书记在中央政法工作会议上的讲话中指出：“要大力弘扬社会主义核心价值观，加强思想教育、道德教化……让全社会充满正气、正义。”[22]将传统文化中的“见义勇为”思想融入思想道德教育中，可以培养青少年讲正义、弘正气的高尚的道德情操。

（九）“孝老爱亲”的人类伦理

人间自有真情在，这是人类社会最基本的生存要求和道德要求。孝老爱亲、尊老爱幼具体地表达和践行着中华民族的这一传统美德。《孟子》中说：“老吾老，以及人之老；幼吾幼，以及人之幼。天下可运于掌。”自古以来，孝老爱亲的美德深深地渗入了中华民族的血液之中。2015年2月17日，习近平总书记在春节团拜会上明确提出，要“发扬光大中华民族传统家庭美德，促进家庭和睦，促进亲人相亲相爱，促进下一代健康成长，促进老年人老有所养”[23]。2017年6月23日，在深度贫困地区脱贫攻坚座谈会上，习近平总书记再次要求：“要发扬中华民族孝亲敬老的传统美德。”[24]对于在“富起来”“强起来”的环境中成长起来的当代青少年来说，孝老爱亲、尊老爱幼等传统美德教育应该成为他们思想道德教育的重要内容，这一工作应该在国民教育体系中得到进一步加强。

三、把中华优秀人文精神融入思想道德教育之中

在地球村里，人是万物之灵。人能够成为万物之灵，不在于身体有多强大，而在于人类在自己的生活和生产过程中具有理性思维，并通过语言和文字进行了梳理、归纳，总结创造了精神文化。人文精神是万物之灵特有的一种现象，是人这种生灵在对生存意义和价值进行思考和探索的基础上形成的对价值观念、理想信念和实践规范的一种理性认识。在五千年的发展历程中，中华民族创造了自己独特的人文精神，使中华文明能够延续和传承。2016年，习近平总书记高度评价中华优秀的人文精神：“为中华文明提供了重要内容，为人类文明作出了重大贡献。”[25]在中华民族走向复兴、实现中国梦的新时代，我们更应该继承和发

展中华民族优秀的传统文化。《意见》对中华优秀人文精神的表述是："求同存异、和而不同的处世方法，文以载道、以文化人的教化思想，形神兼备、情景交融的美学追求，俭约自守、中和泰和的生活理念。"[1]

（一）求同存异、和而不同的处世方法

和而不同与求同存异是传统中国重要的处世智慧和方法。作为中华民族的原生性智慧，"中"与"和"的理念和思想很早就产生了。从先秦开始，经过历代先哲的提炼和升华，形成了一套系统化、理论化的世界观、价值观、人生观，并逐渐润物无声地渗透和融入中国人的日常生产、生活之中，滋润着历代中国人的精神世界，引导和约束着历代中国人的实践行为。《论语》中说："君子和而不同，小人同而不和。""中庸之为德也，其至矣乎!民鲜久矣。"《老子》中说："天之道，利而不害；人之道，为而不争。"在当代，这种求同存异与和而不同的思想在现实的处理民族国家事务方面仍然有值得称道之处。中华人民共和国成立之初，周恩来总理在万隆会议上提出和平共处五项基本原则，就是传统中国求同存异思想的体现。20世纪90年代，提出了尊重文化多样性的十六字箴言：各美其美，美人之美，美美与共，天下大同。在思想道德教育中，引入传统文化中求同存异与和而不同的合理思想内核，加以现代阐释和说明，对于培养青少年的宽容、尊重、友善等处事态度非常有意义。

（二）文以载道、以文化人的教化思想

中国传统文化是把道德教育和文化教育紧密结合起来进行思考和实践的，所以强调文以载道和以文化人的理念和方法。中华民族在五千多年的历史中所创造的丰富的文化包含了世界观、人生观和价值观等精神财富。《周易》中说："观乎天文以察时变，观乎人文以化成天下。""地势坤，君子以厚德载物。"文以载道、以文化人是中国传统文化教育和道德教育相统一的重要教化方法。"文以载道"从字面上直接解读就是："文"是载体和工具，像车辆一样，"道"是形式和内容，如货物，把货物装在车上，就是为了把它送到应该去的地方，交给需要的人。习近平总书记说："文以载道，文以化人。当代中国是历史中国的延续和发展，当代中国思想文化也是中国传统思想文化的传承和升华。"[3] 按照以文化人的方法和路径，要把文本中所讲述和记载的各种知识、智慧等精神食粮有计划、有目的地引入思想道德教育中，让青少年更好地吸收和消化，以陶冶性情，达到培养品德和规范行为的目的。

（三）形神兼备、情景交融的美学追求

审美是人类重要的精神活动。世界各民族由于受到所生活的自然环境、社会环境以及所接受的思想理念和文化理念的影响，形成了各具特色的审美观念和美学追求。美在意象，是中国传统美学的重要观念。审美活动就是要在物理世界之外建构一个意象世界。这个意象世界，就是审美对象，因而美术创作和美术作品要体现形神兼备、情景交融的美学追求。“艺术的真正内容，只能是生动的情感，而不是苍白干枯的抽象概念。”[26]“向外发现了自然，向内发现了深情”[27]，这是中国传统美学的重要追求，包含了深厚的哲学思想。《周易》中说：“形而上者谓之道，形而下者谓之器。”“形而上”是中国人重要的美学追求，这在中国的美学理论和美术作品中随处可见。改革开放以来，随着中国对外交流的不断拓展，西方的美学理论和美术追求对中国年青一代产生了巨大影响，这种影响有正面的，也有负面的。所以，在当下的思想道德教育中，增加中国传统美学思想的教育是很有必要的，这样才能更好地提高年青一代对中国文化的认同和自信。

（四）俭约自守、中和泰和的生活方式

在传统中国农耕文明中，形成了俭约自守、中和泰和的人文精神。生活是人类的第一需求，其最重要的条件就是物质生产能够满足人类的衣食住行需要。在农耕文明时代的“日出而作，日落而息”的生产力条件下，社会物质生产要满足这些衣食住行的需要是有难度的。因此，在传统中国就形成了俭约自守、中和泰和的生活理念。《周易》中说：“君子以俭德辟难，不可荣以禄。”《尚书》中说：“克勤于邦，克俭于家。”《资治通鉴》中说：“取之有度，用之有节，则常足。”在当下，随着科学和社会的进步，生产力得到了极大提高，社会生产所能够提供的生活资料越来越丰富，极大地满足了人们的生活需要，但我们仍然应该把先辈们生活理念中“俭约自守”等传统美德进一步地继承和发扬，才能使我们生活得更好，发展得更好。2014年，习近平总书记在兰考调研时指出：“那种

认为艰苦奋斗是老套、已经过时的看法是错误的、有害的。”[28]《关于全面加强新时代大中小学劳动教育的意见》明确指出，要“培养勤俭、奋斗、创新、奉献的劳动精神”[29]。从现实情况来看，在“富起来”的时代中成长起来的年青一代，其俭约自守、艰苦奋斗的精神正在一步一步减弱，而享乐主义在一步一步抬头，所以在思想道德教育中加强俭约自守精神的培养更有其必要性。

四、结语

文化是一个国家的灵魂，中华民族五千年历史积累的优秀传统文化推动着中华民族的不断进步和发展。习近平总书记指出，中华民族优秀传统文化“是涵养社会主义核心价值观的重要源泉”[7]，要“把跨越时空、超越国界、富有永恒魅力、具有当代价值的文化精神弘扬起来”[25]。通过国民教育这一主渠道，有组织、有规划、有目的地把优秀传统文化融入思想道德教育之中，不仅可以增强青少年的文化自觉和文化自信，而且有助于提升青少年的道德修养和道德品质。

参考文献

［1］关于实施中华优秀传统文化传承发展工程的意见［N］. 人民日报，2017-01-26（06）.

［2］习近平. 在北京大学师生座谈会上的讲话［N］. 人民日报，2018-05-03（02）.

［3］习近平. 在纪念孔子诞辰2565周年国际学术研讨会上的讲话［EB/OL］.（2014-09-24）［2020-09-05］. http：//www.xinhuanet.com/politics/2014-09/24/c_1112612018.htm.

［4］中华人民共和国教育法［EB/OL］.［2020-09-05］. http：//www.moe.gov.cn/s78/A02/zfs__left/s5911/moe_619/201512/t20151228_226193.html.

［5］中办国办印发国家“十二五”文化改革发展规划纲要［EB/OL］.（2012-02-15）［2020-09-05］. http：//www.gov.cn/jrzg/2012-02/15/content_2067781.

htm.

[6] 教育部关于印发《完善中华优秀传统文化教育指导纲要》的通知[EB/OL].(2014-03-28)[2020-09-05]. http://old.moe.gov.cn//publicfiles/business/htmlfiles/moe/s7061/201404/xxgk_166543.html.

[7] 习近平. 在文艺工作座谈会上的讲话[EB/OL].[2020-09-05]. http://www.xinhuanet.com/politics/2015-10/14/c_1116825558.htm.

[8] 习近平. 在庆祝改革开放40周年大会上的讲话[EB/OL].(2018-12-18)[2020-09-05]. http://www.xinhuanet.com/2018-12/18/c_1123872025.htm.

[9] 到人民最需要的地方去 以仁心仁术造福人民特别是基层群众[N]. 人民日报, 2020-02-24(01).

[10] 习近平. 决胜全面建成小康社会 夺取新时代中国特色社会主义伟大胜利：在中国共产党第十九次全国代表大会上的报告[EB/OL].[2020-09-05]. http://www.gov.cn/zhuanti/2017-10/27/content_5234876.htm.

[11] 国家主席习近平发表二〇一八年新年贺词[EB/OL].[2020-09-25]. http://www.xinhuanet.com/politics/2017-12/31/c_1122192418.htm.

[12] 让守信者受益 失信者难行：中国诚信建设深度调查[EB/OL].(2018-07-08)[2020-09-05].http://www.xinhuanet.com/politics/2018-07/08/c_1123095172.htm.

[13] 习近平主席今年首次出访，这个理念值得重温[EB/OL].(2018-07-19)[2020-09-05]. http://news.cnr.cn/native/gd/20180719/t20180719_524305763.shtml.

[14] 余敦康. 中和：一以贯之的道统[N]. 光明日报, 2011-07-04(15).

[15] 习近平用"和"文化构建人类命运共同体[EB/OL].(2015-08-08)[2020-09-05]. http://www.xinhuanet.com/politics/2015-08/08/c_128106637.htm.

[16] 习近平. 天下一家[EB/OL].[2020-09-05]. http://www.chinanews.com/gn/2018/05-19/8517682.shtml.

[17] 张思坚. 中华优秀传统文化的核心内涵与时代价值浅析[J]. 文化学

刊，2019（12）：131-133.

［18］王冬云. 国家认同建构中的家国情怀［J］. 长白学刊，2019（2）：151-155.

［19］习近平六一寄语全国各族少年儿童［EB/OL］.（2015-06-01）［2020-09-05］. http：//www.xinhuanet.com/politics/2015-06/01/c_1115476644.htm.

［20］董冰. 传承弘扬中华优秀传统文化中的敬业精神［N］. 光明日报，2019-01-04（11）.

［21］中共中央党史和文献研究院. 十八大以来重要文献选编：下［M］. 北京：中央文献出版社，2018：50-51.

［22］习近平出席中央政法工作会议并发表重要讲话［EB/OL］.（2019-01-16）［2020-09-05］. http：//www.xinhuanet.com/politics/2019-01/16/c_1123999899.htm.

［23］习近平. 在2015年春节团拜会上的讲话［EB/OL］.（2015-02-17）［2020-09-05］. http：//www.xinhuanet.com/politics/2015-02/17/c_1114401712.htm.

［24］习近平. 在深度贫困地区脱贫攻坚座谈会上的讲话［N］. 人民日报，2017-09-01（02）.

［25］习近平. 在哲学社会科学工作座谈会上的讲话［EB/OL］.［2020-09-05］. http：//www.xinhuanet.com/poli-tics/2016-05/18/c_1118891128.htm.

［26］徐书城. 绘画美学［M］. 北京：人民出版社，1991：177.

［27］宗白华. 艺境［M］. 北京：北京大学出版社，1986：139.

［28］焦裕禄精神的时代价值：学习习近平总书记关于焦裕禄精神的重要论述［N］. 河南日报，2014-05-09（05）.

［29］中共中央国务院关于全面加强新时代大中小学劳动教育的意见［EB/OL］.［2020-09-05］. http：//www.gov.cn/zhengce/2020-03/26/content_5495977.htm.

BAYU WENHUA

巴渝文化

巴渝文化与当代艺术设计教育融合的思考[①]

张乃千[②]

近年来，随着社会经济的快速发展和人们审美水平的提高，艺术设计院校的设计教育方兴未艾，但部分院校的课程设置相似，教学结构相同，缺乏鲜明的办学特点。对此，各高校艺术院校应因地制宜地制定多元化的教学目标，这也是当代艺术设计教育发展的重要方向。因为多元化教育与以往教育最大的区别在于没有统一的教学模式。艺术院校应从实际出发，不必一成不变、照抄照搬其他院校的教育体制、课程体系乃至教学内容。为了使艺术设计教育更加成熟，各艺术院校要建立基于当代艺术设计教育理念的具有鲜明地方特色的人才培养方案，改变长期以来，地方传统文化融入教学不足的局面。对理论教育的重视不仅仅指专业理论，地方文学、历史、美学等人文教育方面的内容也要有明确的主导性。同时，理论探索和教学应积极纳入选修课并增加一定的比例。如，重庆地区美术院校充分发挥巴渝优秀传统文化和人才优势，以各地和各校的优势确定学科专业方向，形成了以传统文化、地方特色为核心的艺术设计教育体系。

一、树立开放、包容的设计教育教学理念

包豪斯是德国现代艺术设计教育的典范。20 世纪20年代，包豪斯的设计教

①基金项目：重庆文理学院引进人才项目（R2018MS17）；重庆文理学院“课程思政”建设项目（2019KCSZ081）。原载于《美术教育研究》2020年第11期。

②张乃千，重庆文理学院。

育思想对当代艺术设计产生了深远的影响，并在设计教学和设计实践中得到应用。德国现代建筑师和建筑教育家、现代主义建筑学派的倡导人和奠基人之一沃尔特·格罗皮乌斯提出“以人为准绳”“全面均衡发展”的理念。瑞士人约翰尼斯·伊滕将老庄哲学直接运用于设计教学实践。

靳埭强将中国水墨文化和儒家文化融入艺术设计，使当代构成设计手法具有中国传统文化特色。作为为社会培养专业设计人才的高等教育机构，各艺术院校应将传统文化融入教学内容，如中国经典的哲学思想和艺术方法，中国古典文艺蕴含的意境美、语言美、形式美。教师要珍惜传统文化，认真分析、提炼独特而丰富的设计语言。现在，我国许多高校学者已经认识到“越是民族的，越是世界的”意义，开始重视传统文化对于艺术设计的重要性，积极研究本土传统文化，将有代表性的本土传统文化融入教学内容，并将其转化为现代设计语言。其中，一些高校已经取得了良好的教学效果。只有建立百花齐放、各具特色的艺术设计教育体系，才能培养出具有民族特色的设计师。

总之，各艺术院校要树立文化自信，不能盲目推崇西方国家的设计，而要具体问题具体分析；同时，也不要过分夸大传统文化在艺术设计教育中的作用。

二、巴渝文化应成为重庆地区艺术院校的重要教学内容

巴渝文化是长江上游地区的传统文化之一，它起源于巴文化，是巴人在历史发展中形成的富有鲜明特色的地域性文化。巴渝文化不仅是一种本土文化，而且是中国传统文化的重要组成部分。巴渝文化历史悠久、绚丽多彩，涉及人文、风俗、建筑等各方面。

古代重庆地区由于道路崎岖、地域闭塞、气候湿热，当地人的衣食住行、娱乐休闲等生活方式和风俗习惯等都具有鲜明的特色，在地方曲艺、手工艺品、群众性节日、工具文化、制度文化、宗教文化等方面都有过辉煌的成就。当地人几千年来形成的风土人情，如春节祭祀、正月十五闹花灯、清明祭祖、中秋赏月、赶庙会、坐轿子、放风筝等，涵盖婚丧、游戏、祭祀、节令、工商等，形成了独

特而深厚的巴渝文化底蕴。

重庆、湖北交界处有闻名中外的三峡等名胜，涪陵周易园是程朱哲学的发祥地，大足石刻收藏了大量唐宋时期的中国石窟艺术珍品。历代诗人如李白、杜甫、苏轼、陆游、郭沫若等都曾在这里留下名句。重庆地区当代文化艺术空前活跃，文化人才不断涌现，优秀文化作品成就辉煌。大足石刻、铜梁龙舞、摆手舞、小河锣鼓、川江号子、巴渝吹打、秀山花灯、“梁平三绝”等成为重庆最具吸引力的文化资源，小说《红岩》、油画《父亲》、川剧《金子》铸就了巴渝文艺的新辉煌。

教师应将上述文化元素融入教学，将已有的本土文化学术成果融入课程体系。学生入校后，学校应开设全面、系统的理论文化课，如巴渝文化概论等相关课程。教师要引导学生深刻认识巴渝文化中的雕刻工艺、民居建筑和传统图案等的起源，强化实践课程，以写生采风、田野调查等方式启发学生，充分加强学生对当地乡土生活、传统习俗、生活环境等内容的深刻认识。通过现场考察和实践训练，学生能够把握对象的本质特征，加深感受，找出创意元素与传统文化的关系，发现本土文化内涵与自身艺术风格的结合点，以发展、延伸的形式加以概括、提炼，在传承的基础上创新，提升思维能力和创新能力，形成自己的设计风格，而不仅仅是进行技能训练。

三、巴渝文化与当代艺术设计教育融合的思考

当代艺术设计教育要获得新的生命力，必须借助一定的设计原则实现文化价值。融合是形式与内涵的结合，这种结合并不是简单地将地域文化符号复制到当代艺术设计中，而是借助现代艺术表现形式体现地域文化内涵，将地域文化元素恰当地融入当代艺术设计。如，巴渝传统纹样在当代景观设计中的应用。首先，在景观设计之初，设计师要了解巴渝传统纹样的内涵；其次，设计师要实现巴渝传统纹样形态的转变，在此基础上真正将巴渝文化与当代设计融合。

1. 从直接引用到演化设计

直接引用不是照搬原文的符号和表现形式，而是选择一些具有特色和意义

的典型形式。如，在巴渝传统纹样中，平面纹样和立体纹样都蕴含着深厚的文化内涵与强烈的设计美感。这些纹样具有强烈的视觉冲击力，可以吸引人们的注意力。然而，如果一味地反复使用，就会在人们的认知世界形成固有形象，使其产生审美疲劳。对此，在景观设计中直接引用巴渝传统纹样时，设计师既要尊重周围的特定环境，又要兼顾设计定位和功能定位，使其服务于景观功能，将实用性与装饰性紧密结合。这样可以激发公众的主观能动意识，使其在特定的景观环境中产生联想与想象，从而融入景观设计的意境，引起共鸣。如，重庆长江路石质护栏上雕刻的老虎图案就是对巴渝传统纹样的直接借鉴，体现了重庆城市的历史文化。在景观设计中，直接引用传统文化能让公众贴近传统文化，缩短了人们与艺术设计作品之间的距离，让公众直观、深入地领略传统艺术的魅力。

虽然直接引用是一种简单有效的设计方法，但如果不加考虑地引用就会降低设计的品质。对此，设计师要将直接引用上升为演化设计。在巴渝文化与当代艺术设计教育的融合方面，要想把巴渝地域文化符号转化为设计语言，设计师就要采用演化设计，这是一个不断演变和完善的过程。艺术院校要深入研究巴渝文化的精髓，注重梳理珍贵的优秀文化遗产，让当代设计教学与巴渝文化碰撞，最终引发传统与现代的共鸣。在当代景观设计中，演化设计不仅要关注主要建筑，而且要注重周边的广场设计、植物搭配等环节。因此，现阶段亟待解决的问题是如何将巴渝文化与当代景观设计有机结合。如果继续简单地照搬、滥用巴渝文化符号，巴渝文化将失去生命力。缺乏文化内涵、只追求简单的花哨形式不仅会背离艺术发展规律，而且会导致大量景观设计重复建设，浪费社会资源。

2. 从夸张变形到重组重构

在互联网时代，人们每时每刻都在通过各种渠道接受新信息。因此，在艺术设计过程中，如果把原始的、普通的、一般的视觉形象复制出来，而不改变其结构和比例，就难以引起人们的注意，很难给公众留下深刻的印象。对此，在巴渝文化的基础上，设计师必须实现超越，而不是虚构，在满足人们的审美要求的基础上，通过适当夸张和变形造型语言，以获得更多的关注。艺术的表现形式不仅高于现实，而且不脱离现实。设计师要在夸张变形的过程中还原本质，不违背事物的客观属性，突出事物的典型特征，吸引观众的注意力，加深人们的印象，从而实现设计作品的审美价值。在这个过程中，设计师通常从物体或图像的某一部分入手增强视觉效果。在当代设计中，设计师常常采用夸张手法对地域文化符号加以提炼，在创作中进行变形处理。变形处理主要强调形状、颜色、动态和局部特征，增强视觉或触觉的冲击力和感染力，以达到丰富设计内涵的目的。如重庆著名的磁器口古镇城市雕塑，设计师利用夸张变形的手法，让雕塑柱上的图案形成强烈的视觉冲击力。

任何造型符号都是点、线、面的组合。重组与重构采用造型符号的局部形式，突破原有的点、线、面的设计组合，如构图、图形拼接等。在形式的重组与重构中，设计师采用了现代设计方法。这些创新的设计既能保留地域文化特色，又能实现不同文化的对接，重构形式语言，赋予文化符号新的审美价值。巴渝文化与当代艺术设计教育的融合，既继承了地域文化的精粹，又让文化信息从一种形态转变为另一种形态，从而体现出当代人文科技新的功能和审美价值取向，创造出既有传统韵味又有新时代特征的新的文化氛围。只有拥有这样的理念支撑和出发点，当代设计才能呈现出新的格局和面貌。在巴渝文化的解构中，设计师应采用重构的手法，对原始形象进行再加工和提炼，保留精彩部分，强化特色部分，再辅以新元素，使设计呈现出新的面貌。如重庆磁器口古镇牌坊的设计，设计师将巴渝文化漫长历史时期的各种艺术造型与纹样中最典型、最具特色的部分加以提炼、改造，采用当代艺术设计的重构手法，为意象化的图案形态赋予历史符号新特征和新功能，使其显得自由而抽象、简单而奔放，整体造型富有现代的灵动气息，让年轻一代更容易接受和感到亲切。

3. 从空间转换到技艺结合

苏珊·朗格说："孤立的线条和孤立的面同样包含着特殊的活的生命。"勒·柯布西耶认为："建筑师，他通过对形式的安排，认识到有某种规律性纯属他心灵的创造，在形式的变化中触动创作灵感。"在审美艺术表现形式上，艺术美无非是设计师对造型语言的精心设计和对艺术空间氛围的营造。这些艺术设计形成了一种流动的空间转换之势，动人心魄，就像乐谱中跳动的音符，呈现出优美的韵律和节奏。设计师对这些元素的理解越深刻，对设计文化符号的认识就越深入，表达的过程就越顺畅，隐含的生命意义也就越丰富。于是，生命力顽强的艺术形象就呈现出来。空间转换的核心理念和表达的最终目的，是整合和排列图像形态，使之产生强烈的节奏感、艺术感乃至鲜活的艺术空间感。如，在当代景观设计中，用平面的基础形式表达立体的效果，在二维平面上营造多维空间氛围，让观众产生强烈的参与感，就是一种很好的空间变换形式。

这种艺术转换有很多技巧。首先，设计师要正确运用透视原理，恰当处理不同空间层次的图像，使观众产生真实的错觉。其次，设计师要采用三维镂空造型的方法，让观众自行体验，升华精神境界。在这个过程中，生活残缺部分被自动补充和完成，从而形成完整的艺术形象。再次，设计师要根据距离感和近层次的冷暖色彩，在不同时段光线的配合下，将景观形象融入周围的自然环境，创造出真实的立体感，给观众心理暗示和强烈的空间层次感。最后，设计师要采用断点的图案形式，延伸景观的边缘，增强精神空间感。

艺术不仅是一种精神空间，而且是一种技术形式。不同时期的社会经济环境营造出不同的艺术生存环境和生存状态，在这样的背景下，艺术家必然会表现出不同的艺术情感、价值观念和视觉形式。现代技术将文化的精神内涵与艺术的外在形式结合，达到高度契合。完美的艺术形式需要以技术为基础，两者是相辅相成的。在互为因果的艺术设计与创作过程中，只有依靠技术的不断修正，才能达到理想的艺术表现效果。在巴渝文化与当代艺术设计的融合过程中，要实现这一目的，实现设计的意愿，承载文化的使命，设计师首先要把巴渝传统文化形态融入当代艺术设计形式，用现代技术方法“翻译”传统文化符号，让观众乐于接受。其次，在当代艺术教育中，设计师要从整体上、宏观上把握巴渝文化中的经典符号，在此基础上形成一套新的教学观念，注意艺术性与技术性的结合并实现良性互动，用当代艺术设计技术支持巴渝文化的全面发展，从而使设计产生强大的生命力和影响力。最后，设计师还要运用不同的材料和工具创新艺术形式。无论优劣，艺术设计创作一旦完成，都是一定视野中的视觉中心。因此，艺术价值是艺术设计存在的核心，工艺技术是艺术设计得以实现的保障。

四、结语

美学、历史、地理、文学、宗教学、社会学、民族学、人类学和美术考古学等相关学科和专业知识，应成为当代艺术设计的重要基础。艺术设计教学不是让学生简单地套用地域文化符号，而是应当引导学生理解传统文化，并学会逐步挖掘、改变和转化传统文化，从而形成设计创新点。艺术设计教育不仅要向学生传授设计技能和创新意识，使其重视本土文化，而且要培养具有较高思想文化境界的艺术设计人才。巴渝文化具有多样性和丰富性的特点，涵盖多种文化形式，特色鲜明，具有很高的审美价值。在当代设计教育中善用巴渝文化，对于发展艺术设计教学、传承传统文化具有重要意义。

参考文献

[1] 张黎黎. 绥芬河市中心区景观规划及代表性景观点设计研究［D］. 东北农业大学硕士学位论文，2008.

[2] 雷圭元，口述. 杨成寅，林文霞，记录整理. 雷圭元图案艺术论［M］. 上海文化出版社，2016.

[3] 赵霞. 艺术设计教育与本土文化的结合［J］. 太原大学教育学院学报，2008（S1）.

[4] 李白璐. 当代艺术设计教育的本土化——加强有地域特色的本土化教育［D］. 湖南师范大学硕士学位论文，2006.

[5] 沙海燕. 现代艺术设计教育的反思［J］. 装饰，2005（7）.

[6] 黄凯. 建立地方文化特色的艺术设计教学目标［J］. 美与时代（下），2003（10）.

[7] 杭间，张夫也，孙建君. 装饰的艺术［M］. 江西美术出版社，2001.

[8] 李勤德. 中国区域文化［M］. 山西高校联合出版社，1995.

景观·遗产·社区：巴渝传统场镇的风貌传承与美学蜕变①

谷光灿　丁昕昕　黄　荧②

“景观”是视觉审美的对象。“遗产”是有价值的留给后代人的物质、文化与精神。“社区”是在一定地域上生活的人们组成的共同体。三者都是生活栖息地，是系统，是符号。巴渝传统场镇之美是三者相糅合的外在体现。巴渝传统上，小农自然经济在交通要冲渐次形成商品交易集市，这种集市即为“场”，场影响范围下民众赶赴这种定期集市叫“赶场”。传统场镇是指一种有别于村落的乡土聚落，它是连接城市和广大乡村的桥梁，是传统社会政治制度和商品经济发展到一定阶段的产物，形成了场镇、周边乡村的自然与社会形态结构，故而传统场镇既是一个空间概念，也是一个复杂的经济、文化现象[1]。巴渝传统场镇尚有众多原住民，其风貌保护涉及景观、遗产以及社区问题，不仅关系到场镇和其周边环境的视觉审美问题，也包括了场镇在视觉审美下所涉及的文化精神以及物质传承问题。

重庆市北碚区童家溪镇同兴老街于2015年成为《重庆市主城区传统风貌保护与利用规划》规定的28个传统风貌区之一。同兴老街以巴渝典型的嘉陵江切割的

①基金项目：国家自然科学基金（编号51978094）。原载于《风景园林》2020年第2期。

②谷光灿，女，博士，重庆大学建筑城规学院风景园林系副教授，重庆市北碚区嘉溪传统聚落保护与发展中心理事长，日本造园学会会员，研究方向为风景园林规划与设计，风景园林历史与理论、乡土遗产与保护、空间美学。丁昕昕，女，重庆大学建筑城规学院在读硕士研究生，研究方向为风景园林历史与理论、风景园林规划与设计。黄荧，女，硕士，重庆大学建筑城规学院在读硕士研究生，研究方向为风景园林历史与理论、风景园林规划与设计。

平行山地中沿江发育的自然条件为基底，距城中心（沙坪坝）20千米，处于城市郊区，现代化经济发展程度较为落后。基于以上原因，将其作为本研究有代表性的研究对象。

同兴行政上属于重庆市北碚区南端的童家溪镇，始建于明末清初，位于童家溪汇入嘉陵江的交汇处，是当年合川、北碚到重庆的繁荣水码头之一，经历了从发展、繁盛到逐渐衰落的过程。同兴老街是同兴码头场镇的别称，且同兴老街东临嘉陵江，江岸自然条件优越，景观资源丰富，形成了一片约60公顷的天然湿地，被称为美岸湿地。在2016年作者所属团队展开的湿地生态恢复实践过程中，为解决自然和人逐渐疏远的问题，为重建自然和人的和谐共生，在对外宣传中将同兴老街嘉陵江江岸称为“美岸”。同兴段嘉陵江江岸（简称美岸）与老街双生对应，在风貌传承和美学蜕变课题中作为一组双子对象出现。通过2016年的景观资源现状调查和镇志[2]查询，全域有凉亭子、接龙桥、福善桥、龙脊岗、石牛等10余处名胜景致。

一、研究策略与实践方法

场镇现居民是传统风貌保护中最大的力量，也是无意识下的定向破坏力量，但最终也是受益者。如何以场镇居民为主要力量，并基于社区设计、营造、规划等方法论来实现风貌留存和美学蜕变是本文研究的目的。社区设计概念形成于美国[3-4]，流行于日本，日本社区设计的成功，也被中国国内认可[5-7]。日本造街运动十分普及[8]，著名社区设计师山崎亮著有《社区设计》[9]一书。社区设计、社区营造的普及和发展历程有相似之处[10]。W.Arthur Mehrhoff[3]在Community Design中表明：一个活的社区，因为其在不断变化和发展，所以只能在变化和发展中研究，而不仅是将其作为实验室、书斋中一个静止的案例。

通过既往研究的考察，结合实情，笔者采用“乡贤式”驻场调查社区设计活动实验法，即研究者以保护场镇的资深志愿者身份进入场镇，展开调查，并在此基础上举办社区地域和居民范围内的各种以保护为志向的社区设计活动，扩大研究者在原住民以及场镇价值志趣相关社群的影响力和号召力，引导居民主动提供信息，深度实现社区设计的实践目标，进而获取理论总结和反馈。笔者在2016年春季至2019年冬季以“乡贤式”驻场归乡形式驻扎调查。长时间的驻场已收获了反馈后再实践的动态变化和滚动发展的前线信息，内容不仅涵盖街区格局、景观资源调查，还包括同兴周边自然生态观察与污染监测、当地人居生活的舒适度、经济发展现状、同当地政府的协调发展实情等内容。在2016年6月5日的世界环境日，笔者组织了数十人的美岸垃圾清运活动；2016年6月18日，笔者借垃圾清运活动的影响和清理后的河岸连续组织了“此岸之火慈善画展”，参加人数超过200人，意在刺激老街美岸居民对社区产生再认识，让居民自发形成提高自我文化素质的意愿，让重庆市民对老街美岸产生关注。后续反馈证明，2016年6月首发的同兴老街美岸社区设计活动的开展是传统风貌区风貌传承和美学蜕变的开始。本研究还结合田野调查法、口述采访法、文献调查法等常规方法。

二、研究结果

（一）风貌资源与问题

1. 资源调查、风貌描述与分类

同兴老街是一个有着悠久历史的地域文化承载体，人文和自然资源并举的沿江场镇，探究其风貌传承和美学蜕变机制需要进行全面的风貌要素、景观资源调查。以2016年开始的同兴老街驻扎式调查为依托，举办了多次志愿者与居民研究者为主体的资源调查活动，如溯溪登山活动、植物调查活动、湿地勘察活动、镇域活动等。通过观察归纳可得，巴渝传统场镇的风貌由3类资源组成。这些风貌或具有优美的自然原状，或展现了传统生活方式带来的宁静与闲适的空间氛围，或体现了淳朴厚实可亲、人情温暖和睦、手工制品的亲切，或表达了传统风味充足的人文状态。这些正是现代社会所稀缺而希图留存的具有地域代表性的巴渝传统风貌。

2. 记忆信息中的传统风貌

同兴是一个普通而名不见经传的传统场镇，历史资料、文献书本较少，老照片也十分有限，故而本研究在基于客观史实的调查上，加入居民的口述以及图绘，以期全面地了解同兴传统风貌，更明确地指导未来发展。考虑到口述者的记忆可能会与实际有偏差，研究团队采用了对社区中多个老人进行多次采访，再将结果进行比对修正的方法，口述调查时间分布于2017—2019年。经过完整性、准确性等方面的筛选，本调查结果以3位老人的口述采访调查为主，其余约20位居民的零散口述调查为辅（表1）。从这些口述中可以看到作为老煤运码头的同兴曾经繁荣的风貌以及居民有趣的旧时生活场景。这些结果同其他调查方法相互辅助补充，以印证更完整的巴渝传统风貌。

表1　老街居民访谈内容（2017—2019）

姓名	简介	访谈内容
袁午南	82岁，男，中学学历。出生于江津朱沱古镇，1959年退伍至同兴古镇定居至今	袁午南作同兴老街旧貌图，包括《画说旧事情》，其中有《打更》《吃水》《大事》《看戏》等一系列旧时场景画面。老人说：“一条又长又弯的正街，一条直直的横街，像一条黄葛树的枝丫。横街拐角这幢穿斗房子，新中国成立后同兴供销社用它独家经营百货，生意兴隆得很。”据袁午南回忆：“我最后一次看见的川剧叫《乔老爷上轿》，在20 世纪60年代，就在我们同兴庙坝子的戏台上。这个戏台子和包厢今已不见，只有两边的两棵古树保留至今。”
蒋文壁	80岁，女，中学学历。从1939年出生便生活在同兴古镇至今	人们去磁器口牛角沱朝天门等地方便要到同兴码头搭船。每天清晨，码头就会传来船夫的吆喝声，出行的人络绎不绝。同兴老街居民靠经营小买卖为生，商贾众多，以饭店为主。在江边，有着一排排临时搭建的草房，也有铁匠铺。在庙坝子有戏台。同兴街上还有两座庙，川主庙和王爷庙，庙会热闹无比。现在戏台被拆，房屋破旧不堪，人越来越少，以前的繁荣光景不复存在。
王光第	69岁，男，中学学历。从1950年出生便生活在同兴古镇至今	介绍了川渝地区新中国成立前的袍哥组织。新中国成立前，每个乡镇都有袍哥，袍哥自有一套体系，地位自上而下分为仁义礼智信5 个等级。其中，“仁”字辈是指地位声望很高的人，“义”则是一些忠信之人。五个阶层间互相有牵制，袍哥主要解决民间一些纠纷。并提到自己幼时读物《抗丁记》的作者，即生活在同兴的揭祥麟，揭于20 世纪50年代初期以同兴为原型描写小说中的巴童乡的山川景物：“滔滔的嘉陵江，在巴童乡码头绕了个大弯，像一张弓，江水平静如镜。河岸一概是石坡和沙滩，极好靠船。摆渡的船夫，立在小木船上高声呼喊‘过河的，这里来’，那些穿着新布衣衫、拿着礼物、到亲戚家拜年的人们便应声走上船去。”

3．传统场镇风貌传承问题调查

传统场镇具有鲜明的巴渝地域特色，有可居、可游、可望、可行、可业、可乐的特点，是拥有优美景观风貌的人居环境，但巴渝传统场镇在现代城市经济发展下处于劣势，其在城市化大潮下无序发展，场镇周边环境的生态问题日益严重。其中因地形破碎、建设条件不好而遭开发冷遇的场镇，更是急遽衰落。依托2016年开始的同兴老街驻扎式调查，本研究团队就同兴老街风貌传承中存在的问题展开调查，调查发现同兴老街的“人居六可”均存有问题。

传统场镇的风貌传承问题不仅仅是形式和内容在时间上如何延续更迭，更是如何弱化新旧生产方式和生活方式之间的矛盾的问题。如在2017年政府选择在当时老街唯一留存的铁匠铺修建行政服务中心，没有考虑任何传统铁匠铺的历史记忆风貌，全部拆除修建，但行政服务中心至今也未建成。茶馆、酒厂经营方式逐渐转型，老街商铺经营内容、模式逐渐单一。现代生活方式衣食住行的改变对街区风貌的影响则更甚。如出行方式由步行变为汽车、摩托车，传统场镇狭窄的街巷空间无法满足人们便利的出行；新的居住模式对建筑内部结构产生了冲击；空调、排水管道和廉价方便的建筑材料的普及，使建筑立面和屋顶都逐渐发生变化；现代生活各种基础设施管道的需求，使得传统场镇的街面由石板路变为水泥路。

与新的生产生活方式相应而来的还有审美经验的巨大缺失。场镇人们简单地认为小洋楼、瓷砖贴面、“富丽堂皇”的门面、“欧式”装饰物等更好看，饭馆、理发店、杂货铺原本的木制门板已被卷帘门、帘门、玻璃门等替换。居民审美的不足以及非统一性，使得传统场镇在自我更新进程中，已沉淀的统一风格面临着破碎化及劣化。

原有的场镇生活基础已无法适应现代生活，但新的基础设施难以到位，居民的生活品质差。兼有其他新型区域的诱惑，居民大量搬迁，只留下老人等弱势群体留守居住，明显缺乏社区活力。对于商住一体型的传统场镇，缺少了在住居民的良好维护和商业活力的持续注入，无法自我更新，场镇内部建筑、街道等迅速老化以及劣化，呈现出破败的景象。同兴老街的破败也反作用于老街居民，人们对更好生活的追求由此减速，整日沉湎于麻将，消遣图乐，场镇公共空间与人的关系逐渐剥离。传统场镇风貌传承的关键是新旧生产、生活方式如何过渡、激发活力、场镇居民美学素养如何培育。

（二）巴渝传统场镇风貌传承以及美学蜕变实践

2009年，国际文化财产保护与修复中心（ICCROM）建立活态遗产保护方法（LHA），它基于非西方保护实践，突出核心社区在遗产决策中的话语权，不惜以物质替换来保证功能的延续，并将此视为对文化价值的阐释[10]。活态遗产要保证人能持续地生活在其中，能适应人不断求得发展的本能[9]。简而言之，风貌传承以及美学蜕变，即资源保护和问题解决协调并行。因此，社区设计在本文中是一个关键词。上述调查的过程已经介入了社区设计活动，吸引并聚集了居民，而美学蜕变实践过程更是以社区设计为手段，刺激居民行动力，引导居民自主参与改造。社区的这种蜕变是双向激发的，不仅是对传统场镇的外观进行了艺术化美化，更使身处于场镇中的居民的内心发生了转变，这种转变使场镇风貌得以延续，并以丰富的内涵进行可持续发展变化。

自2016年6月5日，笔者组织同兴老街美岸志愿者协会以来，在老街举办了以居民和市民志愿者为核心的一系列社区设计活动，以期构建以社区为内核的传统场镇景观价值活态保护方法体系[11]。从2016年6月至2019年10月共举办活动24次，如以生态宣传为主的志愿者环保活动，以梳理社区人与人关系为主的长龙宴，以追溯传统文化为主的端午节活动，以重塑人与自然之间的关系为主的最美嘉陵女儿比赛等。笔者采用具有传统延续性、传统协调性的景观措施来恢复巴渝地域特色自然风貌生态，美化场镇街巷外部环境，通过宣传教育提升居民传承保护意识，提升居民文化审美素养，促使传统场镇发生美学蜕变。

1．从自然生态出发

老街美岸的秋华柳（Salix variegata）、水蓼（Polygonum hydropiper）、瘦风轮草（Clinopodium gracile）等湿地原生植物丰富茂盛，嘉陵江基岩石滩及童家溪冲积扇也极具特色，是大片天然湿地。随着工业化进程加剧和城市化扩张加快，20余年来老街的居民生活、餐饮经营、工厂生产、违章建筑、工程建设等给同兴的生态带来了严重的破坏，导致江岸垃圾遍布、童家溪水质变差、河道被建筑物构筑物占据。同兴嘉陵江岸迎面东向，靠近聚落，日光良好，土地肥沃，便于用水和劳作，因此老街居民大量开垦。2007年，在国家提出退耕还林还草防止水土流失的战略背景下，同兴对全部河边地进行了耕种补偿，退出耕种，以保持水土、涵养水源、保养生态。但是，因管理不善，老街居民再次开垦土地，造成水生植物被毁，水土流失严重，同时化肥、农药等的使用带来了直接的面源污染。为解决这一问题，志愿者协会组织开展了各类保护湿地的宣传活动，以此提升居民的生态保护意识，耕地面积逐渐减小。2018年，在政府的推动下对河岸耕种土地进行了全面清理退耕。但清除过后，夏季洪水来临，坡岸被洪水侵蚀得更薄、更陡。在此之后，居民和政府对美岸生态的保护决心更甚。基于此，促成了2019年美岸自然湿地保护中心的成立，实行美岸水位监控，举办湿地生态知识科普宣传等活动（图1）。

图1-1　居民非法占用耕地

图1-2　退耕还草后恢复的河岸湿地（2019年）

2. 从人文静态出发

（1）建筑：从巴渝传统民居到自然湿地保护中心

巴渝民间传统工匠将山地建造房屋的方式归结为“借天不借地，天平地不平”。前半句意即在起伏地形上建造房子应尽量减少接地，减少对地貌的损害，力求上部发展；后半句指房屋建筑布置最大限度地对坡地地形进行利用，减少人为对地形的改变程度，形成错层、掉层、附崖等

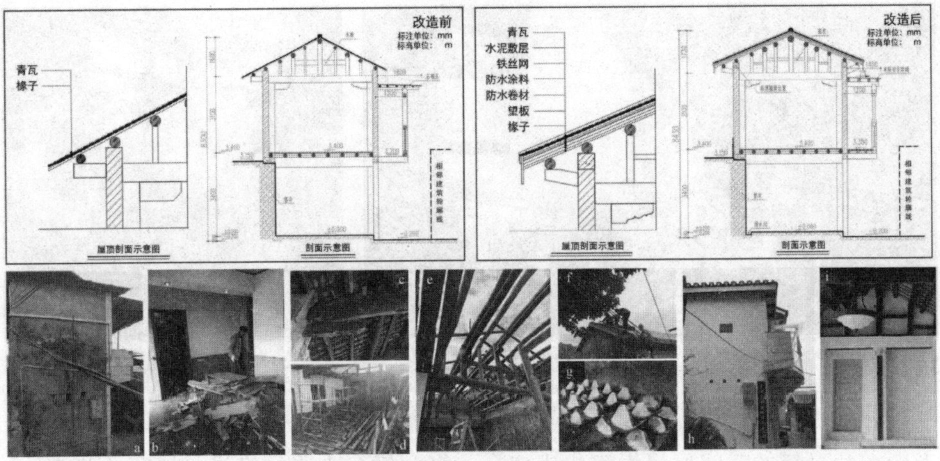

图2　自然湿地保护中心建筑改造

建筑形式，吊脚楼、干阑式建筑等逐层悬挑，在用地狭窄、基础拥挤的原建筑的条件上巴渝传统场镇民居的改造重点在于修缮而非重建[12]。其与地形地貌的有机结合所形成的基本格局是其特色所在，应当采取措施予以保留。另外要解决因建筑老旧出现的安全性、观赏性问题，因生产生活方式的改变而出现的舒适性、功能性问题。尤其要注重建筑基础结构加固，屋顶防漏、防虫、防霉、防腐，室内空间合理布局等方面的处理。基于以上考虑，在美岸自然湿地保护中心的建筑改造（图2）中，保留并暴露出原有堡坎，用作装饰墙；对屋脊修饰、吊檐挑嘴大梁等处进行清理、修缮和修饰；破旧漏雨的屋顶依旧保持传统巴渝民居式的青瓦坡屋顶，但在施工工艺上进行了提升，采用了双层防水、增加内部望板、水泥的新式瓦面固定等方法，使得建筑在防漏、防虫、防霉、防潮以及美观方面可以满足现代生活需求。另外对其内部空间进行合理布局，布置现代家居系统。在外墙饰面处理上，由于预算以及传统工艺的限制，采用简约的白色与绿色相搭配，和美岸的清新自然相呼应。美岸湿地自然保护中心建筑改造的成功，为同兴老街居民改建自家房屋带来了榜样与参照，为老街民居建筑改造的全面铺展打下基础（图2）。

（2）街巷：从寥落破败到花草繁茂

同兴老街的街巷空间是承载居民日常交往的场所，其尺度怡人，环境亲切。

图3-1　2016年的老街

图3-2　增加绿植蜕变后的老街

老街在几百年的时间里慢慢演化成如今一纵两横多支路的格局，最窄的巷道约1米宽，满足1人的通行；稍宽的巷道约5米宽，除满足通行外，还是进行社会交往活动的空间。为解决前文中叙述的问题，2018年笔者相继组织志愿者及老街居民开展了系列美化街巷空间的活动。如绿植装点家门店门比赛，并利用街巷的白墙绘制地图用于装饰和旅游者使用，部分柱头使用小品装饰。得益于社区活动的展开，在街区美化的同时，社区居民的凝聚力也逐渐增强。同时，整理和清洗了老街民间信仰的石牛（天然巨石）周边场地并种植花草，从精神信仰层面鼓励老街居民崇敬自然、爱护家园、向善向美。街巷美化的细节虽然还值得推敲改进，但总体思路表明了老街风貌传承美学蜕变的决心（图 3 ）。

3．从生活动态和商业生产出发

（1）生活动态：以衣帽穿着为主

人是生活动态风貌的实施者和承载体。在同兴老街的一系列走访调查中，笔者发现以下现象：①部分老街居民喜爱穿旗袍；②游客着旗袍来采风、拍照。旗袍文化是重庆作为陪都时巴渝传统文化中的一个分支，同兴老街是巴渝传统文化发扬传承功能的承载体。旗袍，在20世纪20年代之后成为最普遍的女子服装，由中华民国政府于1929年确定为国家礼服之一。在那之后，在山城重庆的陪都历史中，旗袍文化得到了充分的演绎，在巴渝传统特色的码头街巷中培育发展而精致。旗袍不仅具备历史传统的特点，还具备现代性、全时性、全龄性、便利性等特征，适应现代人的生活生产需要。旗袍本身就像历史生活与现代生活的纽带，

图4-1　旗袍走秀课程

图4-2　旗袍女性集体照

能顺利演绎在现代生活状态下的同兴老街而不破坏其传统美感，甚而增加景观内容。经过以上几个层面的考量，笔者在同兴老街发起了以旗袍为街服的号召，开展了一系列的旗袍主题活动，以旗袍为媒介成为拉动人心改变的引擎，如旗袍走秀培训、旗袍音乐节等，并在其他主题的活动中，邀请居民进行旗袍走秀，鼓励人们着旗袍参与活动。另外，对居民进行理念灌注：旗袍是老街街服，不仅仅是华丽的节日盛装，更是优美的生活便装。从人们日常生活中的服饰出发，从旗袍出发，看似是仅针对女性的举措，但其实是面向整个场镇的美学教育。由于旗袍的审美要求较高，穿者的审美、素质会在潜移默化中进行自我提升，也自发引起保护好历史街区风貌的责任感。对自身美的追求也会慢慢地提升至对环境美的追求，从而作用于场镇的风光风貌。当引导一个历史街区的女性居民通过穿着旗袍而培育出历史街区的传统气质之后，对历史街区的男性居民的影响也就顺理成章。街服文化成为一条无形的纽带，将逐渐生疏的居民再次统一起来，大家产生了新的社区共识。通过各类活动的开展，同兴场镇的社区活力提高，居民的凝聚力提升。其中一个显著成果是，老街居民自发进行旗袍走秀编排，使旗袍走秀达到了很高的水平，不仅整齐有序，而且表达了美岸与自然密切联系的清新气质（图4）。

在河边洗菜、洗衣、洗蚊帐、洗凉席等传统生活方式作为一种传统日常动态生活之景，需要引导，以不使用化学洗涤剂为原则。并且在开展的一系列社区活动中，如寻找最美嘉陵江女儿、屈原祭祀等活动，让老街居民在参与中和活动的宣传中形成了保护溪流保护母亲河还其洁净的意识。

（2）商业生产

由于场镇靠近河岸，人们长久以来形成了一些渔业习惯，这是码头文化的一部分，如打鱼、钓鱼等。目前同兴还有少量渔民，由于现代技术的发达，要注意管控大面积电打捕鱼破坏生态的行为。而场镇周边还有少量耕地，居民自家生产的农产品还较丰富全面，所以根据资源的利用，笔者在同兴老街美岸尝试用长龙宴、布袋火锅鱼、粽子、竹编手工等方式对老街美岸的传统风貌进行传承和美学蜕变实践，收到了一定的积极反馈。笔者在传统农业和手工业方面也进行了经济发展方面的尝试，但没有形成较为稳定的风貌。这方面的活动涉及更进一步的经济活力的创造和现代生活方式与传统场镇空间的协调组织，还留有大量的课题需要探索。

三、结论

综上所述，巴渝传统场镇的风貌传承和美学蜕变通过“乡贤式”驻场社区设计活动实践，通过细致、基础的场镇资源调查，在跨度3年多的实施反馈再实施的过程中，已经形成了良好的自循环发展，场镇的风景本质和特征以及原生生态的调查逐步完善，场镇居民生态环境意识提高，街道格局的保护意识提升，居民的审美格调提升，风貌的保存和提升得到保障。社区居民、志愿者和旅游者形成良性互动，共同激发场镇社区的活力，形成和谐完满的传统巴渝场镇新风貌。

巴渝传统场镇风貌的传承，要求充分认识到被认可的景观价值发生的本质，要求我们过渡好场镇社区中新旧生产生活方式之间所对应的物质空间、行为活动的不统一。同兴老街作为巴渝传统场镇，是有着典型的特殊形态和结构的社区，也是一个渴望优质新生活、新文明的社区。要重视生活于其中的“人”，以及由“人”创造、传承的物质文化与非物质文化的延续使用[13]，进而重视社区的整体推进[14]。巴渝传统场镇风貌，作为活态遗产，同社区不可分割的关系使我们以活态保护为目标，进行可持续的保护和发展，梳理和构建以自然山地、水系河流、原生动植物等为呈现方式的有关自然生态的活力修复、协调统一发展模式；促进以特殊的人文环境、语言文字、精神信仰、日常风景、传统习俗、传统戏曲等为表现方式的人文社区的活态繁荣文明进步；推动以特有的街道整体空间风貌、格局和形态、建筑及其遗迹等为呈现方式的建筑街巷的优质复兴、活化使用；搞活以传统工艺、产业、店铺、地方土产以及不依存空间的特殊性服务业、文创产业等为表现方式的生产商业的业态活性发展。通过社区设计，重新梳理社区与场镇风貌要素间的相互关系，引导社区顺应景观价值和遗产保护的新的发展，建立强调社区内涵的巴渝传统场镇风貌的活态遗产保护方法论。

致谢：

感谢重庆大学建筑学院张兴国、汪智洋、邓舸、罗强等学者对本文的传统建筑再生做出了建议。感谢同兴老街的居民们为本文提供了调查协助。

参考文献

[1] 姚青石. 历史、传承、活化：川渝地区传统场镇空间环境特色及其保护策略研究[M]. 北京：中国建筑工业出版社，2018.

[2] 北碚区童家溪镇人民政府. 童家溪镇志[M]. 重庆：北碚区童家溪镇人民政府，225-228.

[3] ARTHUR MEHRHOFF W.Community Design[M]. California：Dynamic Community Systems Sage Publications，1998.

[4] Regional Plan Association & Lincoln Institute of Land Policy.Design Your Town A Community Design[M]. Hillsborough：Orange County Planning Department，2011.

[5] 小泉秀树. 日本社区设计的发展史概述[J]. 城市建筑，2018（25）：21-23.

[6] 小泉秀树，后藤智香子，新雄太等. 关注社区设计及社区再生的前

沿研究与实践——东京大学社区营造研究室研究介绍［J］. 时代建筑，2019（1）：164-169.

［7］许懋彦，弋念祖. 从社区营造到社区设计：都市观视野下的日本社区设计发展观察［J］. 时代建筑，2019（1）：152-159.

［8］山崎亮. コミュニテイーデザイン［M］. 京都：学芸出版社，2011：256.

［9］飨庭伸，小泉瑛一，山崎亮. まちづくりの仕事、ガイドブック［M］. 京都：学芸出版社，2016：203.

［10］四川省巴县志编纂委员会. 巴县志［M］. 重庆：重庆出版社，1994.

［11］赵晓梅. 活态遗产理论与保护方法评析［J］. 中国文化遗产，2016（3）：68-74.

［12］赵辉，杨元华，陈进东. 巴渝传统民居建造智慧对当代绿色建筑发展的启示［J］. 重庆建筑，2019，18（2）：9-12.

［13］朱生东，赵蕾. 徽州古村落农业文化遗产活态保护模式研究［J］. 中国农学通报，2014，30（11）：315-320.

［14］李先逵. 巴蜀古镇类型特征及其保护［J］. 中国名城，2010（5）：36-44.

抗战文化场域下重庆诗歌翻译活动及其译者惯习考察①

骆　萍②

近年来，社会翻译学研究取得深入发展，逐渐成为一门显学。不乏学者从宏观视角概述布迪厄社会翻译学的理论框架、学科范式、研究方法，如胡牡（2006）[1]、李红满（2007）[2]、王洪涛（2016）[3]等。在社会翻译学借鉴的理论中与翻译研究结合最紧密的无疑是布迪厄的社会学理论，或对布迪厄社会学“场域”“惯习”“资本”这几个核心概念的解读，如王悦晨（2011）[4]、邢杰（2015）[5]等。更有国内外学者把核心概念植入个案研究，加以调适或运用，探讨译者翻译活动与社会环境以及社会变迁的内在关系，如Gouanvic（2005）[6]、陆志国（2013）[7]、屠国元（2015）[8]、王洪涛（2018）[9]等。社会翻译学研究模式深刻揭示了翻译活动的社会属性，关注制约和影响翻译文本生产、具体翻译策略的运用以及译本传播和接受等社会制约因素，探讨翻译活动和社会环境及社会变迁的有机联系，同时又从微观层面解释译者在翻译过程中做出各种选择的社会性因素，分析译者社会轨迹形成的原因、过程以及在何种程度上影响其翻译实践，从而从宏观与微观、内部与外部全方位展示翻译与社会之间的互动关系。将“场域”与“惯习”概念引入重庆抗战诗歌翻译实践的研究，以战时旅居重庆或在重庆期刊报纸上发表译诗的译者为考察对象，分析译者惯习与抗战文化场域的互动关系，有助于从全新的视域更为立体地再现该时期译诗活动的社会轨迹。

---

①基金项目：2019年度重庆市社会科学规划一般项目“抗战大后方诗歌翻译研究”（2019YBYY135）。原载于《重庆师范大学学报（社会科学版）》2020年第3期。

②骆萍（1979—　），女，重庆工商大学外语学院副教授，研究方向：社会翻译学、翻译史。

一、抗战时期重庆诗歌翻译场域的特征

“场域”是布迪厄社会学中一个关键的空间隐喻，是“具有自己独特运作法则的社会空间”[10]162，被定义为“在各种位置之间存在的客观关系的一个网络（network）或一个构型（configuration）”[11]133-134，社会是由相互独立又紧密联系的子场域（政治、经济、文学、翻译等）构成的，各场域有自己的运作逻辑与自主性，各种资源构成不同形式的资本，每个场域都有各自占主导地位的资本，并围绕资本进行斗争。“惯习”是“构成体系的定势”[10]18，是稳定的性情倾向系统，惯习社会性地体现在身体中，是一种主观性的社会结构。场域关注客观的社会结构，场域中的参与者在社会化过程中逐渐内化场域的规则，形成属于该场域的性情倾向系统即惯习，下意识地生成社会实践，并直接或间接地改变或建构场域。场域形塑惯习，惯习建构场域，使场域变得有意义，二者的关系突破了传统主客观的二元对立，充分体现了个体与环境的互动。

抗日战争时期，大量刊物西迁、复刊或创刊，使重庆的期刊报纸在短时间内达到了数百种，特别是1938年全国文艺界抗敌协会（简称“文协”）迁至重庆，老舍主编的“文协”会刊《抗战文艺》、郭沫若主编的《中原》、茅盾主编的《文艺阵地》、孙晋三主编的《时与潮文艺》等，以及全国性报纸《中央日报》《新华日报》《大公报》等也先后迁渝，以重庆战时刊物为中心，形成了一个辐射全国的抗战文化场域。在该场域中，刊物不单纯是作品的物质载体，而是重要的历史文化空间[12]192，是文学社会化生产中不可缺少的一环。在诸多文学体裁中，诗歌因其短小精悍，富于激情和战斗性，成为抗战文学最鲜艳的一面旗帜。1937年8月中国诗人协会发布抗战宣言：“目前最迫切的任务，就是将我们的诗歌，武装起来；我们要用我们的诗歌，吼叫出弱小民族反抗强权的激怒；我们要用我们的诗歌，歌唱出民族战士英勇的成绩；我们要用我们的诗歌，描写出敌人铁蹄下的同胞们的牛马生活。”[13]显然，社会和民族责任成为衡量该时期诗歌价值的主要标准。“反法西斯”和“抗战救国”成为时代的共同主题，诗歌的大

众化成为必然的趋势。

根据译介学观点，翻译文学是民族文学的一个组成部分[14]198，那么诗歌翻译场域可视为抗战文化场域的子场域，拥有自己的规则，具有相对的独立性，但同时受权力场域（文艺政策、赞助人等）的规约，并与其他子场域相互联系。抗日战争背景下统一的时代主题以及民族面临生死存亡的共同生存境遇直接制约了重庆诗歌翻译场域，使其高度政治化，具体呈现以下特征：其一，基于惯习是对场域规则的内化，译者的翻译行为离不开惯习的引导作用，并最终构建成译者在翻译实践中的具体行为[15]147。因此诗歌主题和诗人（国别）的选择上具有趋时性，主题多为反抗侵略、追求自由、爱国怀乡等。译诗主要来自俄苏反压迫和无产阶级革命诗歌，英美浪漫主义诗歌，捷克、乌克兰、匈牙利等受压迫民族诗歌。诗人也多为各国的进步诗人，如俄苏的马雅可夫斯基、莱蒙托夫，匈牙利的裴多菲，美国的惠特曼，英国的彭斯、拜伦、雪莱等。虽然有少量古典和现代主义诗歌的译介，却处于抗战诗坛的边缘位置，且积极融入现实语境中，这是惯习随场域变化调适的结果。其二，译诗在语言形式上具有大众化的特征。该时期诗歌翻译场域以宣传抗战为翻译目的，读者定位决定了翻译策略以归化为主，注重译诗的可读性，在译诗语言形式上，文从字顺，语言通俗，不乏民歌类诗体，且形式多为白话自由诗。

二、翻译场域与译者惯习的相互作用

按照布迪厄的理论，实践产生于惯习与场域的交互作用，场域能将其自身特有的逻辑强加于惯习，惯习也可以在不同于其所形成的结构环境中随时随地发生作用。惯习与新的场域相遇，会出现三种情况。第一，环境与惯习最初被内化的环境相似。这种情况下，惯习产生与现有结构一致的实践，从而引起社会再生产。第二，新环境与形成惯习的环境之间差别不大。尽管有些许“不配套”，但惯习有一种适应能力的机制，总是试图适应现实的环境，惯习的“滞后性”会慢慢消失，根据行动者在场域中的位置以及资本的数量和结构进行调适。第三，新的环境与最初被内化的环境有显著的不同，惯习与场域之间就会出现“不合拍”或“脱节”现象。这样的环境使惯习无法产生适应性的行为活动[16]159。但是，惯习与场域之间的“不合拍”是暂时的，因为惯习是开放性的性情倾向系统，具有自我调整、自我创造的作用，在新的环境下会不断地更新。

1917年胡适倡导的“诗体大解放”从形式上打破了旧体诗和旧格律的束缚，从内容上引入了现代诗质，诗歌翻译也从“旧瓶装新酒”的以中国五七言、骚体翻译外国诗转变为以白话自由体入诗。但无论是新诗还是译诗，一味强调语言的白话化势必会导致语言的口语化，这恰恰有悖于诗歌语言的精练美，忽视了诗性的重构，因此在30年代引发了对“纯诗”的探索。从1927年末到1937年7月7日抗战的全面爆发，这十年是新诗多元发展的建设时期。以郭沫若、艾青、臧克家等为代表的关注社会和民生的现实主义诗歌；以徐志摩、闻一多、朱湘、孙大雨等新月派在“理智节制情感”的旗号下对译诗格律的新探索；以戴望舒、卞之琳、何其芳等为代表的现代派诗人受波德莱尔等法国象征派影响，对“意象”和审美的挖掘等。

战争造成了诗人和译者所处场域的变化，中国诗坛无法再续“纯诗”的写作与诗歌翻译技艺的探讨，大众化、写实化的现实主义诗歌成为抗战诗歌的主流。特殊的场域决定了抗战诗歌必须与“五四”新诗具有不同的精神和形式要素。对于抗战诗歌与“五四”新诗传统的关系，反映在“民族形式”问题的争论上[12]18，其论争扩大到整个抗战文坛，郭沫若认为民族形式的中心源泉应是现实生活，并批判继承古代文艺遗产，“五四”以来新文艺的优良传统，对外国文艺采取“拿来主义”，各方面的综合才能完成民族形式的建构。该观点被认为是民族形式讨论的总结，说明抗战诗歌也应该在继承“五四”新诗传统的基础上关注抗战现实生活[12]20。诚如艾青所言，中国新诗的使命即为摆脱中国旧诗的封建形式和格律的羁绊，必须和中国革命一起，做中国革命的代言人[17]。郭沫若、艾青等人具有较高的文化威望，拥有足够的象征资本，在场域中占支配地位，其主张和言论更易得到场域中所有参与者的认可。诚然，抗战文化场域的反法西斯主义与“五四”新文化场域反帝反封建的实质是一脉相承的，法西斯即为封建帝国主义穿上了现代帝国主义的武装。根据惯习与场域的相互关系，具体到诗歌翻译场域，译者惯习与该场域同样呈现契合或失和的情况，译者受惯习影响在翻译文本、诗人的选择以及译诗的表现形式上也有所不同。

三、译者惯习与场域的契合

抗战时期诗歌创作和翻译的目标被压倒一切地规约为阶级整合、民族认同与政治动员，受本民族意识形态与诗学的影响，译诗及诗人的选择也体现这一政治愿景，有利于抗战的现实主义诗歌得到较多的译介。此时，抗战前一批注重现实主义和浪漫主义的诗人及译者，如戈宝权、袁水拍等，其译者惯习与新的环境差别不大，只是抗战文化场域更凸显了爱国、反侵略及民族矛盾。译者惯习与翻译场域总体契合自然产出符合抗战需要的译诗，在宏观上影响译者对文本的选择，在微观方面影响翻译策略、措辞以及语言形式等。

（一）戈宝权与俄苏现实主义诗歌的翻译

现实主义诗歌的译介最突出地体现在俄苏诗歌的翻译上。俄国文学从“五四”新文化运动以来所体现的“被压迫民族”形象，以及苏联作为世界反法西斯战争“盟友”的身份，使俄苏诗歌在重庆各大报纸杂志上的译介颇多，贡献突出的译者当属戈宝权。抗战前戈宝权一直致力于苏联文学的研究和翻译，1935年3月随梅兰芳剧团出访苏联，在苏联当了三年记者，常常去列宁图书馆和外文馆看书，钻研俄国文学与苏联文学[18]458-459，使其具备了翻译俄苏诗歌的惯习形成条件。抗战爆发后他毅然从苏联回国，在重庆《新华日报》任编辑，翻译了大量的俄苏文学，其中不乏诗歌。戈宝权主张直译，认为“翻东西首先应该忠实，要忠实于原文，把原文的意思，原文的形式，甚至原文语句的排列，都很好地翻译出来，而且要使得大家也能理解，这样才能忠实地体现原著”。[19]他曾提到在抗战期间翻译的西蒙诺夫的《等待我》，以此阐释自己的翻译观：“这首诗每句开头都是‘等待着吧’，我翻的时候尽量把它的音调、句型都体现出来……去体会它里面的感情，而且要把它的音韵、节奏性都体现出来，连原文用的字，原文的形式，字句的排列，一直到它里面的诗意、音乐性都体现出来”。[19]在语言的使用上他认为应该用朴素的语言来体现原文，朴素的语言最感人[19]。在翻译选材上，也倾向于反映现实具有当下性的诗歌，比如选择革命诗人马雅可夫斯基的诗，如戈宝权所说：“他教会了中国诗人正确地运用形式来表现现实，教会了他们如何用诗的武器对黑暗反动作斗争。”[20]89-90《新华日报》1944年1月20、21、22、25、27日第四版连载由戈宝权翻译的马氏《列宁在诗歌中》（一）至（六）。戈宝权在1月20日所译的《列宁在诗歌中》（一）里特别提及选译该诗的原因：“这正如马雅可夫斯基所说的‘列宁的心，将永远沸腾在革命的胸膛中’。”[21]此外，戈宝权还译介莱蒙托夫、普希金、伊莎科夫斯基等革命诗人的作品。抗战前在苏联的记者经历对其惯习的塑造，俄语以及对苏联文学的造诣转化为文化资本，赋予其翻译俄苏诗歌的能力，其惯习外化生成的翻译实践参与到重庆抗战文化场域的建构中。

（二）袁水拍与英国浪漫主义诗歌的翻译

重庆抗战诗坛还侧重译介了英国浪漫主义诗人拜伦、彭斯、雪莱的诗歌。1907年鲁迅在《摩罗诗力说》中宣告了英国浪漫主义在中国的登场，20世纪20至30年代创造社和新月社掀起了浪漫主义诗歌译介的高潮，抗战时期达到空前繁荣。英国浪漫主义诗歌在内容上宣扬爱国和民主主义，提倡自由平等，歌颂人的尊严和价值，符合抗战现实需要。在诸多译者中袁水拍的翻译实践受惯习的影响而有所改变，值得探讨以便更立体地体现惯习与场域的互动关系。袁水拍是抗战爆发后登上诗坛的重要诗人，其惯习产生于抗战文化场域之中，与场域高度契合。在诗歌创作上，从内容到形式均为献给时代和人民的诗，尤其是政治讽刺诗。最显著的要数《马凡陀山歌》，采用大众熟悉的民谣、山歌等形式，大量采用民间语汇，以内容与形式适合于中后期中国社会一隅的生态与心态，获得极大社会效应[22]201。在诗歌翻译上，主要译介英国浪漫主义诗人的作品，取其反侵略的精神内涵，如1944年2月《文阵新辑》第二辑刊袁水拍译《雪莱诗钞》，节选拜伦长诗《契尔德·哈罗尔德的旅行》。还翻译《彭斯诗十首》，包括《我的心呀，在高原》《朵朵绯红，绯红的玫瑰》《自由树》等刊登在郭沫若主编的

《中原》（1944年3月第1卷3期）上。且以《自由树》为例，该诗为赞扬1789年法国大革命的诗篇，全篇以“自由树”为意象，以高昂的热情欢呼自由：“如果我们有很多这样的树，/这世界就会得到和平；……我们彼此相对微笑，/平等的权利，平等的法律。/……好吧，让我们祈祷，老英吉利/也种植这棵名树，有朝一日!/我们高唱自由，我们欢呼，/给我们自由，自由万岁!”[23]通俗的语言，自由的形式，从内容到语言形式均符合该时期诗歌大众化的标准。英国著名翻译家和翻译理论家德莱顿说：“没有人能够译诗，除非他本身具备诗人的才华，且精通原作者和他自己的语言。”[24]20诗人译诗，自身的创作思维和水平才能保证译诗的质量，体味原诗的意蕴，这一点从袁水拍身上得以充分体现。除了翻译英国浪漫主义诗歌外，袁水拍还译介了美国诗人纽加斯长诗《给我们这一天》，刊于1941年2月10日《文艺阵地》第2期上；译法国诗人阿拉贡的《荆棘之歌》1944年8月6日刊重庆版《大公报》副刊《文艺》刊；《文学月报》1941年6月1日第1期“美国文学特辑”刊黑人诗人休士的《休士近作二章》等。其主题均体现反压迫的抗争精神。袁水拍的诗歌创作和翻译犹如诗人的两翼，在个人层面展示了翻译场域与其他场域（文学场域）的互动，创作自由体抒情诗歌与山歌体政治讽刺诗影响了译作的选材及语言表达形式，使其译诗在主题上具有现实意义，在形式上偏于白话自由体，符合抗战诗坛的主流规范，参与对场域的持续建构中。

四、译者惯习与场域的失和以及惯习的自我调整

在布迪厄的社会实践理论中，惯习与新场域相遇的第三种情况为惯习与场域之间的“不合拍”或“脱节”现象，这种现象存在于抗战时期的重庆诗坛，主要体现在现代主义诗歌的译介上。现代主义诗歌的主题往往是个人的“现代孤独感、生命荒凉感和根基丧失感”[25]99，以玄思为主，关注诗的本质和艺术形式。抗战时期大大小小的报刊都登载过西方现代诗歌的翻译，但由于其情感内容不太符合抗战时期的文学诉求，与抗战文化场域的规范格格不入，因此一直处于抗战诗坛的边缘位置。在诗歌选材上重庆诗坛译介较多的现代派诗人主要有英国

的叶芝、艾略特与奥登，以及法国的波特莱尔。如1942年3月《诗垦地》第3辑刊《波特莱尔诗二章》：《人与海》以及《夜的谐和》；1943年3月《诗垦地》第4辑刊艾略特的《古波斯僧的旅行》（邹绿芷译）；1943年《时与潮文艺》第3期刊《奥登诗（四首）》（杨宪益译）：《看异邦的人》《和声歌辞》《空袭》和《中国的兵》；1944年《时与潮文艺》第1期刊《叶芝诗选》（朱光潜译）：《印度人的上帝观》《婴宁湖岛》《你老的时候》《一首歌重新唱过》等九首，《叶芝诗二首》（费文通译）：《选择》（The Choice）和Sun and Stream at Glendover。《叶芝诗四首》（杨宪益译）：《象徽》《雪岭上的苦行人》《梭罗门与巫女》以及《爱尔兰的空军员》等。西方现代派诗歌充满着哲理、玄学、象征和晦涩，使用诸如象征、反讽、暗示等手段，带有思辨色彩和对个体生命的体验哲学，这与现实主义和浪漫主义诗歌在本质上有较大的区别。

但这是否意味着译者惯习与抗战诗歌场域完全脱节呢?应该承认，现代主义在抗战诗坛上少有立足之地，但1942年后，情况有较大改变。现代主义的理论倡导和译介现代主义的作品以及吸收现代主义创作方法的作品相继问世，并与现实主义合流，大大丰富了现实主义的表现力[26]449-450。现代主义与现实主义并非南北分流而是丝丝相通，相互渗透，相互影响，译者通过译介现代主义诗作吸收了西方现代派敏锐的思辨性和艺术表现方法，在他们的诗歌中以独特的形式折射现实的心境，极大地丰富现实主义诗歌的表现力。另一方面，惯习的生成性和开放性结构又使原有惯习构成根据场域的变化进行不断适度化的重新建构，体现在外化的翻译实践中除了艺术追求外，多把目光投向艾略特、奥登等具有共同思想语境和政治倾向的现代派诗人的作品，同时还从事少量现实主义诗歌的翻译。

（一）徐迟与美国诗歌的翻译

20世纪30年代徐迟追求现代派的意象诗歌，注重诗艺的探索。日本的侵华战争，抗日救亡的呐喊，使诗人走出自我，追求诗歌现实的功能，他说：“战争逼死了我们抒情的兴致，也炸死了抒情，而炸不死的诗，她负的责任是要描写我们炸不死的精神。”[27]155抗战文化场域结构的改变使诗人先前的惯习与之不兼容，旧惯习受到挑战，但惯习具有自我调整的功能，受到社会条件的限制会发生缓慢的变化，就算些许的不契合，惯习会适应场域结构不断作出调整，慢慢从不契合到适合，这表现在徐迟诗歌创作和翻译两方面。在重庆诗坛，徐迟主要翻译了惠特曼的《芦笛之歌》（《文艺阵地》1941年6卷1期），以及美国罗拔·波尔空军队长《今天，我长久地看着地图》（诗二首）（《新华日报》1943年9月27日第四版）。徐迟的翻译惯习随客观条件的变化而变化，在译诗的选材上紧扣时代风云，如对惠特曼诗歌的译介。抗战诗坛对惠特曼诗歌青睐的原因主要为惠氏诗歌字里行间的自由民主思想，以及语言的简洁和对普通大众的关注。在《芦笛之歌》中，惠特曼歌颂光明与和平，赞扬同志之情，体现战时语境中的政治诉求："来，我要使这个大陆团结在一起，/我要使阳光从来照不到的民族最光明，/我要造成神圣的，有磁力性的大地，/用同志的爱，/用与生命同样长久的同志的爱。"[28]像徐迟这样人生道路和诗歌创作与翻译道路发生重大改变的还有诸如戴望舒、卞之琳、何其芳等。他们的诗人惯习受抗战文化场域影响，由现代派进入现实主义行列，在诗歌创作和翻译方面均有所改变，但这样的改变却是缓慢的，是生活在灾难深重的中国大地上的现代诗人群对于现实与艺术关系在诗歌中平衡与统一的一种探寻，是惯习自我调整、自我运作的作用，并在历史变化过程中不断地适应场域。

（二）梁宗岱与莎士比亚诗歌的翻译

除现代派诗歌的译介外，重庆诗坛对莎士比亚等古典主义诗歌也有少量的翻译，其中梁宗岱对莎士比亚十四行诗的迻译文采富丽，值得一提。《时与潮文艺》1944年4卷4期刊登了梁译《莎士比亚商籁》，即莎士比亚十四行诗的第三十一首到四十一首；1939年12月21日《中央日报》副刊第4版刊莎士比亚的《十四行二首》（第七十三首和七十四首）。莎士比亚十四行诗的主题始终是时间、艺术、生命、友谊或爱情。从梁氏在抗战期间选译的这些诗可看出，主题多为歌颂爱友的青春美貌，以及诗人与爱友间的感情。在译诗表现形式上，梁宗岱主张保留原文的形式，维护原文的语句，采用西方诗歌的跨句，但同时也注重译诗的语句自然流畅。他尤其推崇诗的用韵和格律，他的译诗具有格律诗的均齐和音乐性，看重形式之于诗歌的重要性，他说："形式是一切文艺品永生的原理，只有形式能够保存精神底经营，因为只有形式能够抵抗时间底侵蚀。……没有一首自由诗，无论本身怎样完美，能够和一首同样完美的有规律的诗在我们心灵里唤起同样宏伟的观感，同样强烈的反应的。”[29]170-171显然，这样的译诗观与抗战诗坛提倡的语言通俗的自由体诗歌标准相背离。梁氏译诗观所折射的自身惯习的内在诉求与抗战文化场域格格不入，译诗疏离了时代主题，多从艺术的角度选择具有深邃哲理意味或思考人生的诗歌，形式上也注重原诗风格的再现。

诚然，战争使每一个人都无法置身事外，即便是如梁宗岱这样追求“纯诗”理论的译者，也无法完全栖身于诗的艺术殿堂。梁氏译诗虽然多与现实疏离，却也有少许表现反抗意识的译作，如《抗战文艺》1940年第1期刊其翻译的德国诗人歌德的《穆罕默德礼赞歌》。该诗写于德国狂飙突进运动时期，具有强烈的抗争精神，诗人用民歌式语言表现自然之美，以从“危崖底丛林中”流出的“石上泉”为意象[30]，讲述穆罕默德思想的传播，描述阿拉伯民族从一盘散沙到团结一致的过程。这说明译者惯习会做出适当调适，即使不是全部，也会部分地应和场域的结构变化，并在场域中找到自己的位置。

五、结语

布迪厄的社会学理论把翻译看作发生并作用于社会的一种行为，翻译场域、译者惯习和译者拥有的资本都与其他各场域紧密相关。抗战时期的重庆是全国政治经济和文化的中心，重庆抗战文化场域的政治和意识形态倾向规约着包括文学、翻译等子场域，决定场域内译者的惯习结构，因而在译诗的选材上更倾向于反压迫的现实主义、浪漫主义诗歌的译介，并且译诗语言通俗易懂，形式自由，利于抗战的宣传，这是场域与惯习相互作用的结果，从中立体地展现译者在场域中的位置和活动轨迹。另一方面，现代主义和古典主义诗歌的译介是惯习与场域失和的结果，但译者惯习具有自我调整的功能，不断随着环境而改变，表现为接受西方现代派诗人的影响，融现代主义理论于现实主义诗歌中，极大丰富了现实主义诗歌的创作方法，并形成了地道的中国现代主义诗派。惯习适应场域又能动地改变场域，使场域结构更加多样化，使重庆抗战文化场域成为世界反法西斯战场重要的一隅，体现了文学和翻译的社会功能。

参考文献

[1] 胡牡. 翻译研究：一个社会学视角 [J]. 外语与外语教学，2006（9）.

[2] 李红满. 布迪厄与翻译社会学的理论建构 [J]. 中国翻译，2007（5）.

[3] 王洪涛. “社会翻译学”研究：考辨与反思 [J]. 中国翻译，2016（4）.

[4] 王悦晨. 从社会学角度看翻译现象：布迪厄社会学理论关键词解读 [J]. 中国翻译，2011（1）.

[5] 邢杰. 翻译社会学核心概念：“资本”的提出及其效应 [J]. 东方翻译，2015（3）.

[6] Gouanvic，Jean-Marc. *ABourdieusianTheoryofTranslation，ortheCoincidenceofPracticalInstance* [J]. TheTranslator，2005（11）.

[7] 陆志国. 茅盾五四伊始的翻译转向：布迪厄的视角 [J]. 解放军外国语学院学报，2013（2）.

[8] 屠国元. 布迪厄文化社会学视阈中的译者主体性——近代翻译家马君武个案研究 [J]. 中国翻译，2015（2）.

[9] 王洪涛，王海珠. 布迪厄社会学理论视角下蓝诗玲的译者惯习研究——以《鲁迅小说全集》的英译为例 [J]. 外语教学，2018（2）.

[10] Bourdieu，Pierre. *ThefieldofCulturalProduction：EssayonArtandLiterature* [M]. Cambridge：PolityPress，1993.

[11] 布迪厄，华康德著. 实践与反思：反思社会学导论 [M]. 李猛，李康译. 北京：中央编译出版社，1998.

[12] 吕进等. 重庆抗战诗歌研究 [M]. 重庆：西南师范大学出版社，2009.

[13] 张显. 抗战诗歌与战时诗人的身份认同 [J]. 文艺理论与批评，2011（5）.

[14] 谢天振. 译介学 [M]. 增订本. 南京：译林出版社，2013.

[15] 陈秀．翻译研究的社会学途径——以布迪厄的社会学理论为指导［M］．杭州：浙江大学出版社，2016.

[16] 宫留记．布迪厄的社会实践理论［M］．开封：河南大学出版社，2009.

[17] 艾青．抗战以来的中国新诗［J］．中苏文化，1941（9）.

[18] 戈宝权．我怎样走上翻译和研究外国文学的道路［M］//中国社会科学院科研局．戈宝权集．北京：中国社会科学出版社，2009.

[19] 戈宝权．漫谈翻译问题［J］．外国文学，1983（11）.

[20] 靳明全．重庆抗战文学与外国文化［M］．重庆：重庆出版社，2006.

[21] 戈宝权．列宁在诗歌中（一）译者序［N］．新华日报，1944–01–20.

[22] 苏光文．抗战诗歌史稿［M］．成都：四川教育出版社，1991.

[23] 袁水拍译．彭斯诗十首［J］．中原，1944（1）.

[24] Dryden，J．*OnTranslation*［A］．In R．Schulte & J．Beguenet（eds.）.*TheoriesofTranslation：AnAnthologyofEssaysfromDrydentoDerrida*［C］．Chicago & London：TheUniversityofChicagoPress，1992.

[25] 张松建．现代诗的再出发：中国四十年代现代主义诗潮新探［M］．北京：北京大学出版社，2009.

[26] 苏光文．大后方文学论稿［M］．重庆：西南师范大学出版社，1994.

[27] 王凤伯，孙露茜．徐迟小传［M］//徐迟研究专集．杭州：浙江文艺出版社，1985.

[28] 徐迟译．芦笛之歌［J］．文艺阵地，1941（6）.

[29] 梁宗岱．按语和跋［M］//诗与真 · 诗与真二集．北京：外国文学出版社，1984.

[30] 梁宗岱译．穆罕默德礼赞歌［J］．抗战文艺，1940（6）.

游记中的山水城市

——《蜀道驿程记》对清初巴县的文学书写

朱靖远[①]

一、生平及著述

王士禛，字贻上，一字子真，号阮亭，晚号渔洋山人。济南府新城县（今山东省桓台市）人。顺治八年（1651）举人，顺治十五年（1658），年仅二十五岁的王士禛通过殿试，成为新科进士。历江南扬州府推官、江南乡试同考官、礼部主事、户部郎中，皆政绩卓异。康熙十一年（1672）充四川乡试主考官。康熙十七年（1678），以诗文兼优，受到康熙帝召见，命“著以翰林官用”，由郎中改侍讲，升侍读，入值南书房，充国子监祭酒。汉臣自部曹改词臣，自士禛始。士禛以诗受知圣祖，被眷遇甚隆。康熙二十九年（1690），由詹事府少詹事，擢都察院左副都御史，充经筵讲官，兼撰修国史副总裁。十月，迁兵部督捕右侍郎。次年春，充会试副主考官。康熙三十年（1691），转户部右侍郎，以廉洁自励，举朝皆知。康熙三十七年（1698），迁都察院左都御史，在任用官员上，秉公行事，不徇私情，绝奔竞钻营之途。次年，迁刑部尚书，绝无骄矜之气，秋审、朝审更加勤谨审慎，纠正了不少冤疑案件。康熙四十三年（1704）九月，以失出被降官。为官四十五年，归时仅数箱书籍而已。康熙四十九年（1710），上

① 朱靖远，宁夏银川人，硕士学历，现任职于重庆市大渡口区文物管理所，文博馆员，研究方向：区域历史文化。

眷念旧臣，被官复原职。

王士禛为清初文坛领袖，创“神韵”诗说，主盟诗坛数十年，诗有“一代正宗”之称。他一生致力于文学创作和诗学理论研究，著述颇多。一生创作诗歌四千余首，分别载于所编的《渔洋集》《渔洋续集》《南海集》《蚕尾集》《蜀道集》《雍益集》《古夫于亭集》《蚕尾后集》诸书之中。王士禛将自己的诗集合编为《带经堂集》，共九十二卷。另有《渔洋诗文集》《渔洋精华录》《居易录》《池北偶谈》《香祖笔记》《分甘余话》《蜀道驿程记》《秦蜀驿程后记》等著作三十余种、四百余卷，其文体达数十种之多。康熙五十年（1711）卒，年七十七，祀乡贤。避世宗讳，追改为士正，高宗以字与原名不相近，又命改为士祯，并赐谥号“文简”。《清史稿》有传。

二、典试四川成佳作

王士禛在长期的仕途生涯中，多次因公外出，尤其是典试四川、祭告南海、祭告西岳等几次公务，使他得以西游巴蜀、南游粤地，饱览了各地的风光，一路上他把所见所闻记载下来，成《蜀道集》《雍益集》《南海集》等。这些诗集也构成了王士禛仕宦京华三十余年诗歌创作的主体。

康熙十一年（1672）六月，三十九岁的王士禛在户部担任福建司郎中，受年轻的康熙皇帝选派，奉命与工部郎中郑日奎二人分任正、副主考官，典试四川乡试。《渔洋山人文略》卷一《四川乡试录序》：“皇上御极十有一年，天下当复贡士于乡。礼臣列名以请，仰荷睿裁，命臣士禛、臣日奎典试西蜀。”

郑日奎（1631—1673），字次公，号静庵，贵溪（今属江西）人。顺治十六年（1659）进士。授庶吉士，历工部员外郎，升礼部主客司郎中。康熙二年（1663），调任荆州关税监督。康熙十一年（1672），与王士禛同典四川乡试。喜为诗文，“多留心时事之言”（《四库全书总目集部存目》）。著有《静庵集》十二卷，《谈牘》（一名《醒世格言》）一卷。康熙十二年（1673）病逝，年仅42岁，可见旅途之艰辛。

康熙十一年（1672）七月，王士禛一行自京师启程，历直隶、山西、陕西，七十余日始抵四川成都。乡试考场设在四川贡院，参加乡试的秀才来自四川省各府、厅、州、县。杨兆龙学识渊博，诗文俱佳，被主考官王士禛取中为解元，即乡试第一。

杨兆龙，四川蓬溪县人。康熙十一年（1672）乡试解元，授涪州学正。为官廉洁持正，不为毁誉所动。出王士祯门下，其诗颇为王士祯赞赏。著有《杨兆龙诗集》行世。《四川通志》《蓬溪县志》有传。

同年九月十五日，典试毕。王士禛一行自成都出发，经峨眉、嘉定，由叙州至重庆顺长江而下，到三峡时，突然接到家书，言他的母亲孙太夫人病逝的事。又经湖北、河南，十一月返京，将杨兆龙等四十二名举人的姓名及试卷奏报康熙皇帝御览，为国家选拔了一批人才。复命后，归新城奔丧。

在典试四川的旅程中，王士禛游览了沿途的巴山蜀水，创作诗歌三百五十余首，结集题为《蜀道集》。并依据往返京、蜀沿途的所见、所闻写出了《蜀道驿程记》，康熙三十年（1691），由其门生盛符升刊刻。

盛符升（1615—1700），字珍示，号诚斋，江南昆山人。张溥、夏允彝弟子。入清，康熙三年成进士，官内阁中书，荐修《大清会典》。擢礼部主事，官至御史。工诗，为王士禛诗弟子。有《诚斋诗文集》等。

《蜀道驿程记》是王士禛游记著作的代表作之一，书中涉及范围较广，兼具历史地理学价值和文学价值。他在《居易录·卷四》中说："康熙壬子，予以户部郎中奉命典四川乡试。所过名山，如井陉、霍山、姑射……舟车遄发，迫于王程，或至或不至，凡登望皆有诗，为《蜀道集》，又别为《蜀道驿程记》四卷。施愚山侍读、曹峨眉（禾）祭酒、徐东痴（夜）隐君序之。"

康熙二十三年（1684），王士禛赴广东祭告南海之神，创作了300余首诗歌和《皇华纪闻》《南行志》《北归志》《广州游览小志》等笔记散文，其中300多首诗歌收入《南海集》。

康熙三十五年（1696），王士禛在六十三岁时奉命第二次入蜀，赴陕西、四川祭告西岳、西镇、江渎。这是他任京官时期的第三次也是最后一次远行，沿途作咏怀古迹与纪实之诗百篇，为《雍益集》，又有《秦蜀驿程后记》。

三、游记与巴县地域文学书写

《蜀道集》中收录了二十余首关于重庆地区的诗作，在途经重庆永川、江津、长寿三县时作七言古诗 3首，集中描绘夔州府及峡江地区诗文最多，重庆府巴县地域五言短古次之。

王士禛在《大矶脑》中写道："削壁临江势欲倾，丹砂蘸叶一江明。囊中正有鹅溪绢，只少黄筌为写生。"大矶脑滩位于重庆市永川区松溉镇下游，滩水暴涨时，上下水木船都得停船避险。清光绪二十年（1894）刻本《永川县志》记载："（东岳沱）其下流有巨石立江边，形如虾蟆。水涨及虾蟆口，船无敢上下者。过此为大矶硇滩，江流至彼，乃入江津界。"黄筌，字要叔，四川成都人。历仕前蜀、后蜀，官至检校户部尚书兼御史大夫。入宋，官左赞善。长于花鸟画，勾勒精细。与徐熙并称"黄徐"，形成五代、宋初花鸟画两大流派。有《写生珍禽图》存世。

"十月初七日，过西凉王祠，至江津县。"他在《江津县晚泊寄怀李绥阳公凯》云："路入江州爱晚晴，青山红树眼中明。斜阳潮送孤舟上，沙岸人牵百丈行。故国至今悲蔓子，乘槎曾共访君平。城南便是牂牁路，一夕相思白发生。"这是王士禛寄怀李铠的一首诗，王士禛年长于李铠，二人均在京师为官，同为一朝，互唱诗文，交往甚密。李铠（1638—1707），字公凯，号艮斋，又号惺庵。江南山阳（今江苏淮安）人。顺治十八年（1661）三甲一百五十六名进士，补奉天盖平县知县。康熙十八年（1679），荐应博学鸿儒科试，授翰林院编修，与修《明史》，官至内阁学士兼吏部侍郎。李铠"小孤力学，于书无不窥，至老愈勤"，博学，善诗，工书法。所著有《艮斋诗文集》《恪素堂集》《读书杂述》《史断》等，王士禛称为"有本之学"。

除了诗歌之外，王士禛还有很多其他方面的著作。在《蜀道驿程记》中记载了他与郑日奎一行返京途中过重庆府巴县境时的情形。

“十月初八日，过猫儿峡。连峰叠崿，亏蔽云日，一山突起，石棱刻露，其色青碧，曰青石尾，长年云，百般秋水涨，石尾没，则舟不敢行。过龟亭子，小山卷石，孤立江中，沧波四匝，亦浮玉之云，仍小孤之妣媵也。”

猫儿峡，古称大茅峡，与铜锣峡、明月峡并称为重庆长江小三峡，也称“巴渝小三峡”，系长江切割观音山而造成的峡谷，江流湍急，有石如猫捕鼠状，故名。该峡地处重庆市大渡口区跳磴镇和江津、九龙坡三区交界，旧时是江津县与巴县水路相连的重要交通关隘。

龟亭山，又称龟停山、车亭子、小南海，位于重庆市大渡口区跳磴河入江口以东 100多米，距长江北岸 200米的长江中，南与巴南区隔江相望。该山是长江中一处卵石洲碛发育的石屿，基本呈西南东北向的长条形，其形似龟，海拔约210米，孤峰耸立，四面环水，风光旖旎，与安徽省宿松江段小孤山齐名。

“抵重庆府巴县治，江中遥望渝城，因山为垒，邈在天际，女墙阛阓，缭绕山巅，下被水面，山号金碧。濒江人家，编竹为屋，架木为砦，以防暴涨。《注》谓：江州地势险侧，皆重屋累居，数有火害。结舫水居者，五百余家，夏水增盛，颠没无算。今渝城岁有火灾，盖地势使然也。”

巴县是重庆府首县，王士禛乘船抵巴县，遥望重庆城，详细地说明了县治所在位置及地形特点，并指出居高临下，城山相间为自古多火患的原因。金碧山，位于重庆市渝中区大梁子金碧山沿线。为“巴山之顶、山之主峰”，因金马碧鸡信仰得名。乾隆《巴县志》云：“县城内，汉时分祠金马、碧鸡处也。宋淳祐中制置使余玠因旧址垒为台，曰金碧台……在崇因寺侧。”明万历郡守张希召建金碧山堂，清乾隆时期重庆知府书敏在金碧台上建观景亭，并题写亭额“金碧”。

“《水经·江水》：又东北至巴郡江州县东，强水（即羌水）、涪水、汉水、白水、宕渠水（即渝水潜水）合流，左注之。庚仲雍谓：江州县，对二水口，右侧涪内水，左侧蜀外水，即是水也。盖岷江自叙、泸西南来，涪江自绵、梓、遂诸州西北来，嘉陵江自阆、果诸州，巴江自蓬、渠诸州东北来，至合州同会涪江，南下至渝州东北朝天门与岷江会，故曰郡承三江之会，实四水也。三江灌输，众山拥蔽，巨峡为之门户，信巴蜀一大阻。昔为川湖总督驻节，市肆民居，鳞次栉比，虽更献贼姚黄之乱，尚郁然一都会。郡在宋曰恭州。《吴船录》云：恭为州，乃在一大磐石上，山水皆有瘴。非实录也。”

王士禛结合前人文献记载和自己的实地考察，对古江州、恭州的地理位置进行了详细地梳理考证。宕渠水，即今四川渠江及其上游南江。《汉书·地理志》作潜水。因水在宕渠县境内，故《水经》或作潜水，或作宕渠水，上游一名北水。清代的四川总督和川湖总督曾经驻节于重庆。《清史稿·职官志》记载：“顺治十四年，专置四川总督，驻重庆。康熙七年，更名川湖总督，徙荆州。九年，还驻重庆。”

“林生来谒，读其尊人位旃君集所作《三忠传》始末甚详，三忠者，故明巡抚都御史陈公士奇、重庆太守王公行俭、巴县令王公锡也，逆献之变，同日骂贼死，甚烈。泊朝天门，候后舟不至，闻郡有元文宗御书‘万里归程’四字，至今称御书楼。”

林明俊，字位旃，重庆丰都人。明朝岁贡，曾任明兵部执方主事，贵州驿盐付使，善能诗文，作《三忠传》。

陈士奇（1587—1644），字弓甫，号平人，福建漳浦县（今福建省漳州市东山县）人。天启五年（1625）进士，授中书舍人，转礼部主事，官至四川巡抚、都察院右佥都御史。崇祯十七年（1644）六月，张献忠攻破重庆，陈士奇被俘杀，卒后追封为兵部尚书。

王行俭（？—1644），字质行，直隶常州府宜兴县（今江苏省宜兴市）人。崇祯十年（1637），登丁丑科进士，授南京户部主事，升郎中。官至湖广荆州府知府，改四川重庆府知府。善抚民驭兵。崇祯十七年（1644）六月，张献忠攻破重庆，王行俭被残忍切割杀害。

王锡（？—1644），新建（今属江西）人。崇祯十三年（1640）进士。授重庆巴县知县。崇祯十七年（1644）六月，张献忠破重庆，被杀。

御书楼，即巴县学宫（文庙），今重庆市渝中区解放东路黉学街，故址不存。明人曹学佺《蜀中广记·卷十七》云：“县学有夫子燕居像，有元文宗书‘万里归程’四字，故犹称御书楼。”燕居：闲居。《礼记·仲尼燕居》：“仲尼燕居，子张、子贡、言游侍纵。汉人郑玄注：退朝而处曰燕居。”

朝天门，位于重庆市渝中区朝天门街道，东南北三面分别环长江、嘉陵江。明初戴鼎扩建重庆旧城，重建朝天门。明末在此设朝天水驿，清代又设朝天路驿。

初冬已至，王士禛一行夜宿重庆城中，在《渝州夜泊》中写道：“涂山斜月落，巴国曙鸡鸣。乱艇烟初合，三江潮夜生。霜寒催晓角，石气肃高城。不寐闻猿啸，迢迢入峡声。”

《登渝州涂山记》是王士禛在典试四川返程途中在巴县创作的涂山题材的著名散文，收在《带经堂集》，该集始刻于康熙四十九年（1710），完成于五十年（1711）辛卯冬，为七略堂精刊本。后被选入《四库全书》和《巴县志》。他此行是与林明俊之子林生一同登上涂山绝顶铁桅峰的。兹以《带经堂集》原文如下：

“康熙壬子十月初八日，舟抵重庆府，古渝州也。明日登涂山，林生坚本从。常氏谓：禹娶于涂山，辛壬癸甲而去，即江州涂山是也。有禹祠及涂后祠。郦氏辩之，以为禹娶在寿春，当涂非此。《倦游录》云：禹庙后殿一毡裘像，侍卫皆彝人。云是禹妇翁也。操小舟由龙门登岸，龙门者，江滨积石，中断如门，俗谓龙门浩。巴人谓小港为浩，今戎州亦有金箱浩也。浩之上，瀑布如练，数折入江。右即粉水，亦曰清水穴，穴右即海棠溪。溯瀑而上，石濑泓然，茆屋十余，架阁以居，略杓通往来。山半时有稻畦。凡十八里，屡折益峻，东倚奔峭，西俯绝涧，至一天门。更上二里许，度回龙桥，抵真武观。遵西麓而上，登铁桅峰，即涂山绝顶矣。下视群山，累累如蚁垤，三江合流，曲折正如巴字。渝城孤峙江中，宛如龟之曳尾。记称渝城有门十七，九开八闭，以象九宫八卦。云西北为缙云山，山有迦叶尊者手迹，上有相思寺，生相思竹，形如桃钗。遵东麓而下，石磴高危，俯视千仞，令奴子夹持以行。下山，复登小舟，顺流至朝天门，林生别去。”

龙门浩，位于重庆市南岸区龙门浩街道。乾隆《巴县志》记载：“（龙门）浩在太平门大江对岸禹庙前。水中二巨石，各大书龙门二字，皆绍兴中刻。石断处可容小艇出入，曰龙门。龙门石有大碛曰黄鱼岭。”

涂山，位于重庆市南岸区涂山镇。乾隆《巴县志》记载：“真武山，山势极高，云岩泉涧，鸟道曲盘，绝顶雄视两江，城如浮叶。澄鉴亭侧有万历二十三年铁柱。山左有真武庙，为郡城第一屏障，即涂山之绝顶。”

缙云山，位于重庆市北碚区嘉陵江温塘峡畔，因缙云寺而得名。唐高祖李渊（618）曾亲笔题名“禅真宫”。唐大中元年（847），唐宣宗赐寺额为“相思寺”。明人曹学佺《蜀中名胜记》云：“缙云寺即相思寺也。以此山有相思岩，生相思竹，形如桃钗。又有相思鸟，羽毛绮丽，巢竹树间，食宿飞鸣，雌雄相应，笼其一，则其一随之。”

“分巡川东道曹君自成都来访余舟次，知次公游峨眉，晡后入城报谒，赴陈都督招，出歌儿度曲，夜归舟，后舟复不至，计自嘉州登舟，今已八日，尚淹留于此，殊闷闷。初十日，晨大雾，林生来，借得《文选》半部，舟中无书，借此度日耳。生以其尊人命，持《巴字园诗文集》乞序。饭后，后舟到，遂易巴船为下峡计。是日将游海棠溪，舟至遂弗果往。午刻，解缆出巴峡，王右丞诗：‘际晓投巴峡’即此。过明月、铜锣二峡，见岸上有豺五，大才如犬，见人殊不惊。晚抵木洞驿，野宿，驿在乱山中，有神祠。十一日，早发过萶蚕堆、金鸡三背，晨刻，次长寿县。”

他在巴县木洞驿野外过夜时触发诗思，《泊木洞驿》中写道：“灯火宿江皋，孤峰戴驿高。云开看斗柄，峡静响风涛。树密猿争挂，人多虎不骄。丛祠无路到，何处荐溪毛。”木洞驿，位于重庆市巴南区木洞镇。元置木洞站。明置木洞驿。清雍正七年（1729）置巡司，是重庆府巴县与涪州（涪陵）间水陆廊道交通要道。

王士禛一行至巴县明月峡时，想起唐诗人王维《晓行巴峡》：“际晓投巴峡，馀春忆帝京。晴江一女浣，朝日众鸡鸣。水国舟中市，山桥树杪行。登高万井出，眺迥二流明。人作殊方语，莺为旧国声。赖多山水趣，稍解别离情。”于是，他将江行所见写下一首古风，《舟出巴峡》云：“曲折成真字，沧波十月天。云开见江树，峡断望人烟。新月数声笛，巴歌何处船。今宵羁客泪，流落竹枝前。”巴峡，即明月峡，位于重庆市东北长江明月沱。李膺《益州记》云：“广阳州东七里，水南有遮要三槌石，东二里至明月峡，峡首南岸壁高四十丈。

其壁有圆孔，形若满月，因以为名。”

离开巴县过长寿县时，他在《长寿县吊雪庵和尚》中写道：“枳县秋风怆客魂，金川遗事忍重论。谁从鱼复悲宗国，唯有乌朝恋旧恩。叶下沅湘愁北渚，芜生鄢郢哭东门。至今松柏滩头水，呜咽寒潮吊屈原。”雪庵和尚，相传为明洪武年间监察御史叶希贤。靖难后，从建文帝为僧，自号雪庵和尚，云游云南四川各地。王士禛赞叹其为人，写诗歌咏。

四、结语

王士禛是清代著名的诗人、诗论家和散文家，他在康熙十一年（1672）典试四川宦游返程时，乘船沿着长江顺江而下创作的《蜀道集》《蜀道驿程记》，记述了沿途巴蜀山水风光、地理位置、形胜特色、名胜古迹、重要历史人物事件等，文笔流畅，文史价值兼备，为清人诸种川行游记之佳作。《蜀道驿程记》是写实的，细致描绘了行船途中作者一行亲历的世态人情，文化氛围极为浓厚，这在该书中有着鲜明的反映，也树立起重庆城沿山为城、环江为池较为真切的山水城市格局。不仅对其重庆地区诗作的编年留下了确切明证，也成为今天我们了解和认识清初巴县的珍贵史料。

参考文献

[1] 王士禛. 渔洋山人文略［M］. 清康熙三十四年（1695）刻本，22.

[2] 王士禛. 居易录·卷四［M］. 清康熙四十年（1701）刻本，82.

[3] 王士禛. 带经堂集·卷七十六·蚕尾续文四［M］. 39-41.

[4] 周兴陆编. 渔洋精华录汇评［M］. 济南：齐鲁书社，2007.

[5] 段庸生. 王士禛巴渝诗文论略［J］. 重庆工商大学学报（社会科学版），2010（4）.

[6] 罗明娟. 王士禛入蜀及蜀中诗文研究［D］. 四川师范大学硕士学位论文，2011.

古代巴渝古琴文化考略①

梅　强②

中国古琴岁历绵暧，博大精深，被尊为"乐之统"，在中国艺术史、文化史上扮演着十分重要的角色。从某种程度上来说，传统社会一个地域琴文化的兴盛程度是其礼乐文明程度的一种反映。相较于蜀地古琴文化研究的显盛，对巴渝古琴文化长期以来缺乏关注，乃至有学者和琴家断言："从古琴文化方面看，我们没有查到晚清以前的资料，似乎说明此前重庆没有出过古琴名家。"[1]"重庆是古琴文化的沙漠，现在才刚刚兴起。"其实不用说抗战时期陪都重庆琴艺活动的繁荣，即便是古代巴渝地区（以重庆为主体，兼括陕南、鄂西、湘西北、黔北、川东部分地区[2]），有关琴文化的遗迹和书写一直存在。琴史学家唐中六先生曾撰有《古巴渝地域的古琴考》[3]（下文简称《古》），提供了一部分古代巴渝琴史材料。但这一工作仍显不足，主要体现在材料挖掘不广、史实考辨不详尽、研究系统性不够等。《古》文中如剔除一些虚无缥缈的传说以及尹吉甫、尹伯奇、司马相如等籍贯受到争议的人物，剩下可以作为信史的材料并不是很多，这主要是因为发掘材料的范围局限于艺术史文献（如《琴史》《琴史补》《琴史续》）造成的。

我们需要明确的是，所谓"士无故不彻琴瑟"（《礼记·曲礼》）、"君子所常御者，琴最亲密，不离于身"（《风俗通·声音》），古琴与传统士人有着密切的关系，它由此超越了一般乐器本身而有了文化的属性，正如荷兰汉学家高罗佩所言："由于它的风雅和逸趣，（琴）逐渐成为文人生活的象征。古琴的

---

①原载于《长江文明》2020年第1期。

②梅强，重庆师范大学国际汉语文化学院，讲师。

音乐属性渐渐成了这件乐器的附属物，而它的中心则成了一种独特的思想体系，一种恰好包容中国旧式文人中庸倾向特征的思想意识。”[4]考察琴史不能只着眼于狭义的乐器史或音乐史，而应当将其置于广义的文化史中。乔建中认为广义的琴学，除了涵盖乐器、乐律、乐学内容外，还延伸出“人文、历史、社会的诸多事项”[5]。按照这样的琴学观，举凡琴人、琴事、琴曲、琴谱、琴论、琴文学、琴派、琴器等的历史沿革都应当属于琴文化观照的范畴。由这个思路出发，我们挖掘和整理出一条丰富而清晰的巴渝琴文化史脉络。

一、作为信史的巴渝早期琴文化：汉至南北朝

关于古琴的创制，传世文献中有伏羲说、神农说、炎帝说、唐尧说、虞舜说等。唐中六先生认为巴渝古琴可以溯至伏羲作琴[6]，不过《古》文中所列论据只能说明巴渝民间存在伏羲信仰，与琴的关系不大。20世纪80年代文化部和国家民委组织的全国民间文学调查采录了巴县广阳镇回龙村（今南岸区广阳镇回龙村）村民口述的《瑶琴的来历》[7]，与旧题东汉蔡邕《琴操》“伏羲作琴，所以御邪僻，防心淫，以修身理性，反其天真也”，《山海经》郭璞注引《世本》“伏羲作琴，神农作瑟”等文献倒是吻合。尽管这样，这类传说本身的年代与人物仍不足为据。因为类似的传说在汉代才开始大量出现，且都附会在近乎全能的上古圣王身上，正如顾颉刚所云“时代愈后，传说中的古史期愈长”“时间愈后，传说中的中心人物愈放大”[8]，这些“琴史”是“层累地造成”的，难以采信。当然，这类传说中透露出琴的起源久远，且被人们视为意义重大的创制确是毋庸置疑的。

真正作为信史的巴渝琴文化，还要从巴渝出土的汉代抚琴俑说起。20世纪50年代起，江北、开县、万县、忠县、涪陵、丰都、奉节、云阳、巫山等地陆续有抚弦类乐器俑出土，墓葬年代跨度在东汉（如巫山琵琶洲遗址M4、万州沙田墓群M5、丰都大湾墓群M20）至南朝（如万州大地嘴遗址青龙嘴墓地M35、M40、M47）。之所以说是“抚弦类乐器俑”，因为关于这批俑所抚乐器的定名还存在

一些争议：《重庆库区考古报告集》（1997—2002）、《丰都镇江汉至六朝墓群》、《丰都二仙堡墓地》等考古报告以及唐中六《巴蜀琴艺考略》将它们统称为“抚琴俑”；《中国音乐文物大系·四川卷》把其中一部分有尾枘的（如1957年江北东汉崖墓出土奏乐俑）标为“鼓瑟俑”；李松兰折中诸家说法，认为东汉时期琴的形制未定，具有地域性形态差异，仍将它们统称为琴[9]；而李洪财则指出不应当对器型不加区分，这些俑“所持乐器与古琴并无直接关系”[10]，“有一弦枘且首尾同宽的乐器应是‘瑟’……无弦枘，首尾有岳山，而且短宽的乐器应是汉代的小瑟……无弦枘，首尾有岳山，器形较长的乐器应该是筝。”[11]这些说法我们认为都存在一定的问题。首先，确实不能认为这类器型都是古琴，因为这些差异是类型化差异而非个别差异，是明显的乐器器型的不同；也不能笼统地将它们归为琴的“地域差异”，这样无法解释为何同一种乐器的“地域差异”会出现在同一个墓葬中。例如丰都镇江包山丘墓地2007FRBSM3号墓的两种抚奏乐俑，M3：92的琴器较M3：19长而窄，尾端无岳，其器型更接近今天的古琴形制（图1），而M3：19则是一种面宽（弦数多）有首尾岳的弦乐器（它与典型的瑟和筝也有一定的差异，目前还无法确定是何种乐器前身）。这一情况同样出现在丰都镇江沙包墓地2008FRSBM12：81、2008FRSBM12：34。

而李洪财“目前所见汉代抚琴俑所持乐器与古琴无直接联系”的说法也与事实不符，相较于瑟、筝，琴在两汉文献中占有相当大比重，何以在出土中只见到前两者而不见后者？仅就重庆出土的抚弦类乐器俑来看，有一部分俑所持乐器有首岳而无尾枘、尾岳，且为全箱式结构，如巫山麦沱古墓群M47：26（原题“击筑男俑”非是），从器型和抚奏方法上看与今天已十分接近，应当看作早期的古琴。这类出土于重庆的真正的“抚琴俑”

图1　2007FRBSM3：92、2007FRBSM3：19

图2　巫山麦沱古墓群M47：26

图3　合川南屏白鹿汉墓出土弹琴石俑

我们目前统计有19个。它们的出土表明，至少在东汉早期巴渝地区已存在琴参与的艺事活动。

这19个抚琴俑中大多数的演奏手法与今天十分相像，以巫山麦沱古墓群M47：26为例，其右手食指弯曲与大指相交，类似今天“挑”的指法，左手则类似大指走弦（图2）。

此外，合川南屏白鹿汉墓出土弹琴石俑张口露齿（图3），忠县涂井卧马凼山崖墓M5：126陶俑努嘴如呼（图4），二者似在边弹边唱。东汉蔡邕《琴赋》：“感激弦歌，一低一昂。”魏曹植《闺情诗》：“弹琴抚节，为我弦歌。”抚琴俑的姿态正与琴经常作为伴唱乐器的这一传统吻合。

图4　忠县涂井卧马凼山崖墓M5：126

再者，19个抚琴俑中的9个同墓葬中还出土有舞蹈俑或说唱俑、吹箫俑、击鼓俑，对比忠县陶楼乐舞群俑、四川成都羊子山2号墓画像砖、河南南阳草店右门楣弹琴画像石等乐舞群像，可以肯定墓葬中大部分抚琴俑的原型是作为合奏成员之一的。旧题后汉郭宪《汉武洞冥记》卷三："倏忽变为二神女舞于台，握凤管之箫，抚落霞之琴，歌青吴春波之曲。"[12]三国魏曹植《七启》："琴瑟交挥，左篪右笙，钟鼓俱振，箫管齐鸣。"[13]琴在这一时期多为合奏成员之一，这一点与今天琴多作为独奏乐器是不同的。汉代政治模式和社会结构的变化出现一批豪富的庄园主与商人，据《华阳国志·巴志》，江州、枳县、临江、平都、垫江、朐忍、阆中、南充国、安汉、汉昌诸县各有"冠族""大姓"，他们占据土地、盐井、橘园等大量财产，"富者财得自供，贫者无以自久"[14]。蓄养乐班在这些豪强中是一种十分流行的风气，《后汉书·仲长统传》："豪人之室……倡讴伎乐，列乎深堂。"[15]《盐铁论·散不足》："今富者钟鼓五乐，歌儿数曹；中者鸣竽调瑟，郑舞赵讴。"[16]所谓"俑则偶人，象类生人"（《论衡·薄葬》），以俑陪葬乃墓主生前地位之象征，同时也是其生活风尚之反映。

李松兰通过考察抚弦类乐器俑的地理、类型分布，提出了两个值得注意的观点：第一，重庆地区琴俑的分布大都在长江主干道沿岸，相比蜀地岷江流域具有更多不同的样态，以类似瑟或筝的Ⅱ型琴（按：我们认为非琴）为主。当时楚地音乐中瑟比琴更流行，因此巴渝地区琴文化体现出楚地琴艺与蜀地琴艺过渡带的特点。[17]第二，这一地区频频出土中原文化色彩的抚琴俑，可视为正在接受中原文化的巴蜀人士为自己打上某种文化标记，是华夏边缘漂移到巴蜀以后，外迁中原人族群被强化的中原记忆的表现。[18]尽管要了解具有中原文化特点的琴在此一时段本地的具体传播情况还需要更多的考古学、人类学证据的支撑，但这两点猜想对我们认识这一时期的巴渝琴文化形态很有启发意义。

二、外来琴人为主导：隋唐至北宋

隋唐是琴史发展的重要时期，古琴形制基本定型，记谱方式大大简化和改进，演奏方式逐渐从合奏方式里解放出来，能琴者扩大到社会各个阶层，琴在士人群体中进一步普及。这一时期巴渝地区作为边鄙之所，琴文化的兴盛程度尚不能和中原相媲美，但也绝非教化不行、礼乐不至之地。谪居忠州（今重庆忠县）的白居易写道：“楚袖萧条舞，巴弦趣数弹。笙歌随分有，莫作帝乡看。”（《留北客》）[19]劝慰至此的友人，此地虽不能与京师比，但笙歌管弦也还是有的。许健[20]、唐中六[21]等甚至据初唐刘允济《咏琴》诗中“巴人缓疏节，楚客弄繁丝”二句认为当时巴地古琴有着地域“演奏风格”或“琴派琴风”。

应该指出的是，隋唐乃至北宋时期巴渝地区的琴文化是以外来琴人为主导的，这与巴渝地区在此一时期的行政地位、经济状况和文化发展特点密切相关，即如薛新力所言：“由于自隋唐五代迄北宋，巴渝地区渝州、涪州、黔州、忠州、万州、夔州等一直为朝廷贬谪官员、流放罪犯之地，既为文化的突然提升提供了大师，又使其文化具有典型的流动性和波动性，其文化代表人物并未在当地扎下根来，具有较大的流寓性。”[22]此一时期在巴渝有过寓居岁月的能琴之士许多都是琴史上赫赫有名的人物，既有专业攻琴的琴家，也有善琴的文士，他们的到来使巴渝琴史陡然生辉。

白居易，字乐天，陕西渭南人，唐代著名诗人，好琴，《琴史》有传。元和十四年三月至元和十五年九月（819—820）任忠州（今重庆忠县）刺史。白氏《醉吟先生传》说自己“性嗜酒，耽琴，吟诗，凡酒徒、琴侣、诗客多与之游”[23]。“每良辰美景或雪朝月夕……乃自援琴，操宫声，弄《秋思》一遍。”[24]其好琴如此。谪居忠州的苦闷岁月里，白氏以琴相伴，其作于此时的《阴雨》诗云：“将何慰幽独？赖此北窗琴。”[25]视古琴为处穷独之时莫大的慰藉，诚可谓“寓情于此，乐以忘忧”[26]。

裴淑，字柔之，河东（今山西永济）人[27]，随父裴郧（元和间任涪州刺史）居涪州（今重庆涪陵区），为大诗人元稹继妻。裴氏艺术修养很高，雅善操琴。元和十四年（819），元稹赴虢州任，途中中转涪州探亲，夜泊黄草峡（今长寿区与涪陵区交界处），裴淑为之抚琴消解旅途寂寥。元稹有诗《黄草峡听柔之琴二首》记之云：

胡笳夜奏塞声寒，是我乡音听渐难。料得小来辛苦学，又因知向峡中

弹。（其一）

别鹤凄清觉露寒，离声渐咽命雏难。怜君伴我涪州宿，犹有心情彻夜弹。（其二）[28]

由诗中可见裴淑琴艺乃自小苦练，非朝夕之功，能弹《胡笳》《别鹤操》等大曲。《胡笳》寄寓的乱离之思，《别鹤操》表现的夫妇离分通过裴淑的妙指传递出来，引发元稹内心的共鸣。夫妇二人知音相得，在涪州留下了一段动人的琴话。

崔遵度，字坚白，淄州淄川（今山东淄博）人，北宋著名琴家，《琴史》有传，淳化（990—994）中出知忠州（今重庆忠县）。崔遵度在琴史上贡献很大，其著《琴笺》破除了一直以来将琴徽附会为“期之月”的谬说，通过实验（“张弓附案”）及易理得出琴徽乃事物存在的客观规律（“自然之节”）的结论，难能可贵。另外崔氏指出“清丽而静，和润而远”[29]的琴的美学趣味，对后世琴美学影响深远，为范仲淹所推崇，甚至在其殁后慨叹“崔公既没，琴不在兹乎？”[30]《宋史·文苑传三》云崔遵度“善鼓琴，得其深趣。所僦舍甚湫隘，有小阁，手植竹数本，朝退，默坐其上，弹琴独酌，翛然自适”[31]。《渑水燕谈录》卷二载其“琴德尤高，尝著琴静室，往往通夕，妻子罕见其面”[32]。其痴琴如此，其在忠州的岁月也必当以琴相随，只是文献暂未见相关记载。

黄庭坚，字鲁直，洪州分宁（今江西修水）人，北宋著名诗人，好琴，有《西禅听戴道士弹琴》《听履霜操》等琴诗十余首，琴文若干。绍圣元年（1094）十二月被贬为涪州（今重庆涪陵区）别驾，遣黔州（今重庆彭水县）安置，后又移至戎州（今四川宜宾）。黄在黔州期间以琴相伴，时“携琴至草堂”，认为这是“息焉游焉”之义（《与张道济帖二》[33]）。其作于戎州的《题杨道人默轩》（题下自注“崇宁二年戎州作”）中有“轻尘不动琴横膝，万籁无声月入帘”[34]二句，于困厄之中琴境愈高。在黔、戎期间他广结琴友，有荣州（今四川荣县）琴僧祖元大师善琴，黄庭坚与之交，作《寄题荣州祖元大师此君轩》诗，中有“王师学琴二十年，响如清夜落涧泉。满堂洗净筝琶耳，请师停手恐断弦”[35]之句，极赞祖元琴艺之高。另外黄庭坚在赴任黔州途中写过一篇著名游记《黔南道中行记》，记录了巫山（今重庆巫山县）尉辛纮（字尧夫）弹琴场景：

> 步乱石间，见尧夫坐石据琴，儿大方侍侧，萧然在事物之外。元明呼酒酌，尧夫随磐石为几案床座。夜阑，乃见北斗在天中，尧夫为《履霜》《烈女》之曲，已而风激涛波，滩声汹汹，大方抱琴而归。[36]

辛纮善弹《履霜操》《烈女操》，黄庭坚所记其演奏时萧然远举之风神，千载之下犹令人怀想。从这则材料也可以看出宋代士人与琴关系之密切，出游亦必携琴以往，这一行为在宋人诗文中时有体现。

外来文化巨匠的到来促进了巴渝地区文教事业的发展，他们在这里兴学倡教，播下了文化的种子。从刘禹锡慨叹“今之胶庠不闻弦歌”（《奏记丞相府论学事》）[37]，到黄庭坚称赞黔倅张茂宗“化民曾寄十三徽”（《与黔倅张茂宗》）[38]，巴渝乐教事业从无到有逐渐起步。而琴作为乐教以及士人文化的重要部分，也随之在本地士子中普及，本地士人的诗文中也零星有了关于琴的书写。如中晚唐夔州云安（今重庆云阳县）诗人李远，有琴诗《赠殷山人》云：“有客抱琴宿，值予多怨怀。啼乌弦易断，啸鹤调难谐。曲罢月移幌，韵清风满斋。谁能将此妙，一为奏金阶。”[39]“啼乌”“啸鹤”既是借物烘托，又用琴曲《乌夜啼》与《别鹤操》典，颈联韵味深长。诗人若非对琴有足够的了解和赏会能力，无法表达这样的感受。

随着礼乐文化在本地不断扎根与深入，本地士人能琴者开始逐渐增多，群众基础愈加深厚，巴渝本地琴文化由此进入一个发展期。

三、本地琴文化的普及：两宋至明清

宋代浓厚的文化氛围使古琴成为士人阶层普遍爱好的雅器，从帝王到文人士大夫再到佛道中人，弹琴、赏琴已成为风尚。对巴渝地区而言，两宋间（尤其南宋重庆由州升府以后）官学、私学和书院的蓬勃兴起使得本地文化事业蒸蒸日上，本地的文人雅士涌现，琴在他们的生活中愈加常见。

如主要生活于高宗时期的理学家、文学家，巴县洛碛[40]（今重庆渝北区洛碛镇）人冯时行[41]，颇以琴为能事。他用琴表达志趣：“聊以写我心，素琴时按摩。澹泊有妙意，岂忧焚天和。”（《忆渊明》其二）[42]以琴排解苦闷：“遥夜未渠央，取琴和秋虫。”（《东方有一士》）[43]他对琴有着颇为高妙的见解，其《题郭信可琴中趣轩》云：“视听非耳目，况复求音声。”“情尘泯绝处，大地皆韶韺。”[44]反映了一种追求“大音希声”的琴学观，此诗亦为琴诗中的优秀作品。又如合州巴川（今重庆铜梁东南）的南宋理学家、易学家阳枋，其子阳少箕在《有宋朝散大夫字溪先生阳公行状》里说他：“生平所储，唯书数卷，琴一张。”[45]“每良天佳月……编《易》张琴，水边林下，行吟坐啸，乐其自乐。”[46]其侄阳昂亦说他“琴书自娱，无他玩好”[47]。足见琴在阳枋生活中不可或缺。阳枋有琴诗《咏丝桐》云：“地阔天宽人一般，琴心会得语言难。高山流水知音少，月白风清时自弹。”[48]道出了音乐具有超语言功能，颇得理趣。阳枋不但自己好琴，也将琴传之后代，在他人生的最后一年即丁卯（1267）中元，“子孙娱侍”之时，阳枋还与其子炎卯“鼓琴以写真乐”[49]。阳枋同乡理学家度正亦能琴，其句“举篷清风满，弹琴白日消”（《奉挽友三舅知县还山》其二）[50]可以为证。

琴文化到了明清时期已十分兴盛，古琴作为传统文人“四艺”之一，成为这一时期士人“标配”之一。优秀琴人辈出、琴谱大量刊刻、琴派业已形成，都是这一时期琴史繁荣的表现。由于此一时期巴渝地区商业的繁荣和文化事业的活跃[51]，同时也受琴史大环境的影响，巴渝地区能琴、好琴者在此时屡见不鲜，琴真正普及到社会的各个阶层。

（一）文人士大夫

“左琴右书，无故则不撤琴”（明张大命《太古正音琴经》卷一《琴原篇》）的士人风气深刻影响着这一时期巴渝地区的文人士大夫。明代勋臣、才子江津人江渊，游赏家乡风物则“携琴时复到林埛”（《马骁春色》）[52]。梁山（今重庆梁平区）理学家、诗人来知德游白帝城赤甲山时曾“援琴鸣弦写寂寥”（《赤甲行》）[53]，隐居万县求溪山时喜欢“流水高山半调琴”（《戊子求溪元日纵笔十首》其一）[54]。其《江边别郭梦菊四首》其三云：“我有孙枝琴，龙凤蟠唇足。不向人间弹，往往寻幽独。朝弹露下松，暮弹月下竹。君侯知我音，五马来空谷。投我白雪篇，掷我阳春曲。感君缠绵意，徽上写不出。为君再三弹，再三山水绿。”[55]抒发了一种不媚世人、唯待知音的琴士高情。明嘉靖年间合州人李谏，为廉政爱民之名宦，政务之余“弹琴种花，大有彭泽遗意”[56]。清代江津才子周佫祚写荔枝园中悠游，必欲以琴佐酒：“携焦琴，载浊酒，纵豪吟，酌大斗。”（《荔枝园赋》）[57]清代石柱马氏土司汉文化修养颇高，家族中有不少人善琴，据《补辑石砫厅志·土司志》载：“（马宗大）善琴操……子光裕、犹子光裁、孙孔昭……兼工图章琴棋，秉家训也。”[58]马宗大在追念其祖秦良玉时便说她“相传有素琴”（《九日登西山》）[59]。

《新论·琴道》云：“八音广博，琴德最优，古者圣贤玩琴以养心。”对文人士大夫来说，琴是其文雅生活中不可或缺的元素，是个人修养的象征，是一种文化符号，甚至超越了音乐娱乐的功能而进入“道”的层面，这也是琴在士人书写中占很大比重的原因。

（二）平民阶层

从明清传奇、小说、戏曲等俗文学中琴的大量出现，可以看出琴在此时早已越过了精英文化的畦畛而进入大众文化的视野。除了在文人士大夫的诗文中寻绎出琴文化的线索，我们在巴渝地区明清时期的文献中还发现了这样的材料：

> 彭万官，字庆莲，四川万县人。工琴……琴声落落指生寒，不似筝琵错杂弹。曾说梨园有三妙，银儿幻术桂儿兰。银官戏法，桂官画兰，万官弹琴，时称三妙。（清吴长元《燕兰小谱》卷二）[60]
>
> 巴县妓女郑钗香，貌妍心慧，工弹唱，能鼓七弦琴……县官张公子敏，风流令也。每燕集，招之侑酒，听其曲，神为之倾，令抚七弦，更色舞眉飞，夸为绝技。（清丁治棠《仕隐斋涉笔》卷一《节妓》）[61]
>
> 涂孝……家贫，甘旨常给母，（母）喜听音乐，夜则吹笛弹琴，博其欢心。（清光绪《江津县乡土志》卷一）[62]

彭万官为伶人而善琴，时人称妙；郑钗香处勾栏北里之中而善鼓七弦琴，且技艺较高；而涂氏孝子虽为贫士，亦解操缦。这些都是此一时期古琴在平民阶层普及的例子。对于平民阶层来说，他们未必如文人士大夫那样将琴视为负载“道”的工具，大多时候只是把它当作娱乐的工具。

（三）琴家杨正经、竹禅和尚

重庆本土分别在明末和清末诞生了杨正经和竹禅和尚这两位对琴文化贡献颇大的人物。前者是明末清初腾誉全国的琴学大家，其人其琴更是当时一种遗民文化符号；后者则是近代禅林琴家的代表人物，其琴学思想和传曲对现代琴学影响深远。重庆本土能够产生这样影响全国乃至后世的琴人，不能不说是琴文化积累到了一定程度的结果。

杨正经，字怀玉，酉阳（今重庆酉阳县）人。初为武职，后为朝廷郊庙乐章审订音律，晋为太常寺卿。正经琴艺极佳，明屈大均《翁山文钞》卷二《御琴记》云：“（正经）尝奏琴便殿，为太古声，上称为过于师襄。”[63]清末孙静庵《明遗民录》卷十五云：“（正经）通音律，琴学为海内冠。”[64]又据明末陆符《大还阁琴谱·序》：“蜀有杨生，顾以知琴客于中涓，清禁所传皆其音调。”[65]则正经琴学于宫禁中至为流行。明亡后，正经抱御赐琴入淮，作《西方思》《风木悲》二操，抒发怀君思亲之意。崇祯帝有琴名“翔凤”，为济南李氏于兵燹中购之，“正经岁逢先帝忌日，辄从淮泗至李氏，拂拭御琴，设玉座，拜奠如礼。”（《御琴记》）[66]屈大均、王猷定、李确、李沂、靳应升、张养重等遗民文人皆有听正经弹琴诗，又其事经屈大均、王猷定等人口传，海内名士如张岱、毛奇龄、董俞、魏畊、陈子升等虽未睹其人亦和诗咏之年，足见其影响之远，王士禛乃比之为宋末琴家汪元量。杨氏琴学后由徽人叶鲁白继承之，叶鲁白之琴亦得以“妙绝一时”。

竹禅（1824—1901），俗姓王，法名熹，梁山县任贤乡（今重庆市梁平县任贤镇）人。20岁时在梁山双桂堂受具足戒，嗣法于第九代双桂法脉一超禅师。[67]竹禅琴艺高妙，善操《普庵咒》《白雪》《风雷引》《忆故人》《高山》《流水》等曲[68]，清《普陀洛迦新志》卷六《十方寄寓》云：“（竹禅）喜抚古琴，其声渊渊，悠扬悦耳，令人万念顿消。”[69]竹禅之于琴学有两大贡献，一者是竹禅在为清代琴僧释空尘《枯木禅琴谱》作序时提出的“以琴说法”，对北宋琴家成玉磵的

"攻琴如参禅"说作了很好的补充[70]；二者是今天广为流传的琴曲《忆故人》，与竹禅传谱有着密切联系。据《今虞琴刊》中彭祉卿、张子谦《忆故人》跋文乃知此曲传自彭祉卿父亲彭筱香，而清末顾玉成《百瓶斋琴谱》卷外《忆故人》识文云："此谱乃庐陵彭筱香家骥受传于蜀僧竹禅之钞本……竹禅特其最善者耳。"[71]

四、古代巴渝琴文化特点

从以上给出的材料来看，古代巴渝地区能琴者不在少数。然而，今天即便对巴渝古琴文化感兴趣的研究者，也主要津津乐道于重庆抗战陪都时期琴艺活动的繁荣，这当然是无可厚非的，不过这里需要说明的是，这一高峰地位的取得并非一蹴而就的，如果在此之前没有一定的积淀、当地人文环境对琴文化没有一点接受度和认同感，外来琴文化也不可能如此顺利地对接。巴渝文化自古以来滋养着琴文化在这里发生的土壤。尽管前面说到许健、唐中六等先生认为巴渝古琴在唐代已有地域特色的说法恐有偏颇，不过巴渝琴文化确实有着自己的本来面目。

首先，巴渝琴文化的发生、发展尽管大体上遵循中国琴文化史的进路，不过带有很强的地域文化发展史特色。从整个琴史来看，古琴从众多乐器中逐渐独立出来，演变为一个迥异于其他乐器的演奏和审美体系；琴艺活动（包括欣赏和演奏）主体由宫廷至贵族豪右再到普通士人乃至平民阶层，经历了一个跨越阶层的过程。巴渝琴文化发展大致也体现了这两点，从两汉豪强地主阶层蓄养的作为乐班成员之一的古琴演奏，到两宋士人化的琴文化书写，再到明清时期平民阶层琴艺活动的出现，巴渝琴文化与整个琴文化的发展脉络大体上是一致的。然而另一方面，由于巴渝地区历史上政治、经济地位和文化环境变迁的历史特殊性，巴渝琴文化并不完全和中原琴文化同步。汉代抚琴类乐器俑所持器带有很强的楚文化特色；隋唐至北宋初期巴渝地区尚属于中原礼乐文化的边区，巴渝琴文化是以外来琴人为主导的；北宋后期恭州更名、南宋光宗时期由州升府等事件带来的重庆城市地位的提高，夔州路作为战略要地形势的逐渐凸显，加之移民的大量涌入，巴渝地区的经济水平和文化事业得到了进一步发展，本土出现了一定规模的文人群体、书院和学派，本地琴文化在这样的土壤下才得以成长起来。此外，清中叶以后重庆商业贸易的发达、商业组织制度的完善以及民众“重商”意识的增强[72]促生了一批商业士绅，他们中不少参与了地方文化事业建设，晚清民国间琴事活动的中心在“天顺祥”杨氏家族中并非一个偶然现象，这与同样是商业之都的上海晚清民国时期琴文化形态颇有些类似。总之，古代巴渝琴文化是在中国琴文化大环境与地域文化演变的交互中发展的。

其次，巴渝琴文化的主体更基于文人琴的传统。琴史上自古有“文人琴”与“艺人琴”两大传统，反映着两种琴人的身份属性和审美取向。刘承华指出，“文人琴”是“以文人的身份弹奏古琴而形成的琴乐形态，这文人身份既指从事文学写作的诗人、作家，同时也包括学者、文人出身的官员、画家、书法家等从事文化职业的人，后来也可以包括一些有其他稳定职业的人士”[73]。“艺人琴”则是“以艺人身份，其中主要是琴人身份弹奏古琴而形成的琴乐形态，这琴人身份主要指朝廷乐官以琴待诏、权贵所养的琴客、以授琴为业的专职琴人和一些专攻琴艺的僧道琴家”[74]。就巴渝地区的琴文化来看，从贬谪到此的能琴士人白居易、刘禹锡、黄庭坚等到本地能琴士人李远、冯时行、阳枋、度正、来知德乃至石柱马氏土司家族，其身份都是士人，其操缦的目的更多是为了修身养性。从阳枋“月白风清时自弹”到来知德“我有孙枝琴……不向人间弹”的表述都体现着这样一种“慰己”而非“娱人”的心态。这里需要说明的是，杨正经和竹禅和尚虽以琴名世，但前者时为掌宗庙礼仪的太常寺卿，与宋代的琴待诏有很大不同。另外其所从事的琴事活动都旨在践行儒家的忠孝节义，说明他本身也是以一个士的身份自许的。而竹禅和尚除琴艺以外兼善书画，从事琴与书画等艺事的目的是为了“说法”“参禅”，艺事只是手段而不是目的。总起来说，巴渝地区琴文化的主体是文人群体，其审美取向也更接近文人琴的审美取向。

五、结语

古琴自从被联合国教科文组织列入“人类口头和非物质遗产代表作”以来热度与日俱增，而与这种热闹相反的是琴学研究的不完善不充分。古琴不仅是一种乐器，其身上承载了传统文化的诸多细节是一个客观的事实，正如清徐祺《五知斋琴谱》卷一《上古琴论》所云：“琴之妙道，岂小技也哉？而以艺视琴道者，则非矣。”[75]从琴史上看，琴道的传承主体一直是文人士大夫，这使得古琴区别于其他任何一种乐器而有了文化史上的地位。古琴文化与士人文化有了一种互文关系，由此作为文化史研究的重要补充而有了独特的价值。

挖掘和研究地方琴文化是研究整个琴文化的分项和基础，不仅有着文化史研究的理论意义，更有其现实意义，对丰富地方历史文化资源大有裨益。古代巴渝琴史中有许多是非常好的历史文化资源，如果充分挖掘能够产生较好的社会效益。例如梁平双桂堂深刻挖掘竹禅和尚生平和艺事资料，于2009年成立了竹禅琴社，并出版了《名家荟萃忆故人》音像制品，既弘扬了竹禅琴学，也将竹禅打造为梁平的一张文化名片，取得了社会效益。不过客观地说，类似的做法目前还很不够。其实，如唐代裴淑、元稹鸣琴黄草峡的佳话，宋明两代擅琴的巴渝理学家及其琴事，明末琴家酉阳杨正经等许多古琴文化资源就很有进一步开发的价值。像杨正经这样一位明末清初遗民中现象级的文化人物，在我们目前出版的重庆名人书典（如《重庆名人辞典》《重庆历史名人典》《重庆与名人》）中居然全部失收，不能不说是一种遗憾，这反映了此前相关研究的匮乏。而我们希望借助这股古琴复兴的热度，将颇具文化史意义的古代巴渝地区琴学资源挖掘出来，填补之前此项研究的空缺，同时也为进一步开发和利用这部分文化资源做一点基础性工作。

参考文献

[1] 薛新力．重庆文化史（远古—1949年）[M]．重庆：重庆出版社，2001：17.

[2] 唐冶泽．天风和畅——论抗战时期重庆“天风琴社”的成立［J］．长江师范学院学报，2012（09）：5.

[3] 唐中六．古巴渝地域的古琴考［J］．天风环佩：重庆·2013中国古琴传承、保护与传播学术研讨纪实．杭州：西泠印社出版社，2013：104-121.

[4]［荷］高罗佩著，宋慧文，孔维锋，王建欣译．琴道［M］．上海：中西书局，2013：1.

[5] 乔建中．现代琴学论纲［J］．天津音乐学院学报，2000（02）：4-9.

[6] 唐中六．古巴渝地域的古琴考［J］．天风环佩：重庆·2013中国古琴传承、保护与传播学术研讨纪实．杭州：西泠印社出版社，2013：104.

[7] 中国民间文学集成全国编辑委员会，中国民间文学集成四川卷编辑委员会．中国民间故事集成·四川卷上［M］．北京：中国ISBN中心，1998：80.

[8] 顾颉刚．古史辨自序（上）［M］．北京：商务印书馆，2011：2.

[9] 李松兰．穿越时空的古琴艺术：蜀派历史与现状研究［M］．北京：中国社会科学出版社，2015：77.

[10] 李洪财．抚琴俑及相关材料存在的问题初探［J］．音乐探索，2016（01）：65.

[11] 李洪财．抚琴俑及相关材料存在的问题初探［J］．音乐探索，2016（01）：72.

[12] 新编汉魏丛书编纂组．新编汉魏丛书［M］．厦门：鹭江出版社，2013：189.

[13]［梁］萧统．文选［M］．上海：上海古籍出版社，1998：275.

[14]［晋］常璩著；汪启明，赵静译注．华阳国志译注［M］．成都：四川大学出版社，2007：18.

[15]［南朝宋］范晔撰，［唐］李贤等注．后汉书［M］．北京：中华书局，1962：1648.

[16]［汉］桓宽著，白兆麟译注．盐铁论注译［M］．合肥：安徽大学出版社，2012：142.

[17] 李松兰．穿越时空的古琴艺术：蜀派历史与现状研究［M］．北京：中国社会科学出版社，2015：107.

［18］李松兰．穿越时空的古琴艺术：蜀派历史与现状研究［M］．北京：中国社会科学出版社，2015：114.

［19］谢思炜．白居易诗集校注［M］．北京：中华书局，2006：1451.

［20］许健．琴史新编［M］．北京：中华书局，2012：144.

［21］唐中六．巴蜀琴艺考略［M］．成都：四川人民出版社，2006：41.

［22］薛新力．重庆文化史（远古—1949年）［M］．重庆：重庆出版社，2001：67.

［23］［唐］白居易．白居易集［M］．北京：中华书局，1979：1485.

［24］［唐］白居易．白居易集［M］．北京：中华书局，1979：1485.

［25］谢思炜．白居易诗集校注［M］．北京：中华书局，2006：1457.

［26］［宋］朱长文．琴史［M］．上海：上海古籍出版社，1991：50.

［27］毛水清．唐代乐人考述［M］．北京：东方出版社，2006：150.

［28］谢永芳．元稹诗全集汇校汇注汇评［M］．武汉：崇文书局，2016：430.

［29］吴钊，伊鸿书，赵宽仁．中国古代乐论选辑［M］．北京：人民音乐出版社，2011：178.

［30］吴钊，伊鸿书，赵宽仁．中国古代乐论选辑［M］．北京：人民音乐出版社，2011：178.

［31］［元］脱脱等．宋史［M］．北京：中华书局，1985：13063.

［32］周勋初，葛渭君，周子来等．宋人轶事汇编［M］．上海：上海古籍出版社，2014：569.

［33］郑永晓．黄庭坚全集辑校编年［M］．南昌：江西人民出版社，2011：804.

［34］郑永晓．黄庭坚全集辑校编年［M］．南昌：江西人民出版社，2011：1170.

［35］郑永晓．黄庭坚全集辑校编年［M］．南昌：江西人民出版社，2011：865.

［36］郑永晓．黄庭坚全集辑校编年［M］．南昌：江西人民出版社，2011：748.

［37］陶敏，陶红雨校注．刘禹锡全集编年校注［M］．长沙：岳麓书社，2003：1071.

［38］郑永晓．黄庭坚全集辑校编年［M］．南昌：江西人民出版社，2011：745.

［39］彭定求等编．全唐诗［M］．北京：中华书局，1999：5931.

［40］胡问涛，罗琴．冯时行及其《缙云文集》研究［M］．成都：巴蜀书社，2002：272.

［41］郑敬东．重庆古文化资源研究［M］．重庆：重庆出版社，2014：47.

［42］胡问涛，罗琴．冯时行及其《缙云文集》研究［M］．成都：巴蜀书社，2002：9.

［43］胡问涛，罗琴．冯时行及其《缙云文集》研究［M］．成都：巴蜀书社，2002：331.

［44］胡问涛，罗琴．冯时行及其《缙云文集》研究［M］．成都：巴蜀书社，2002：39.

［45］曾枣庄，刘琳．全宋文第352册［M］．上海：上海辞书出版社；合肥：安徽教育出版社，2006：369.

［46］曾枣庄，刘琳．全宋文第352册［M］．上海：上海辞书出版社；合肥：安徽教育出版社，2006：372.

［47］曾枣庄．宋代序跋全编［M］．济南：齐鲁书社，2015：5555.

［48］［清］永瑢，纪昀等纂修．景印文渊阁四库全书［M］．台湾商务印书馆，1986：1183册428b.

［49］曾枣庄，刘琳．全宋文第352册［M］．上海：上海辞书出版社；合肥：安徽教育出版社，2006：373.

［50］［清］永瑢，纪昀等纂修．景印文渊阁四库全书［M］．台北：台湾商务印书馆，1986：1170册167a.

［51］薛新力．重庆文化史（远古—1949年）［M］．重庆：重庆出版社，2001：83.

［52］江津县政协文史资料委员会．江津文史资料选辑第9辑［M］．1982：156.

[53] 梁平县政协文史委员会. 梁平县文史资料第11辑来知德诗赋选 [M]. 2006：66.

[54] 梁平县政协文史委员会. 梁平县文史资料第11辑来知德诗赋选 [M]. 2006：219.

[55] 梁平县政协文史委员会. 梁平县文史资料第11辑来知德诗赋选 [M]. 2006：197.

[56] [清] 宋锦，刘桐纂修. 合州志八卷 [M]. 清乾隆十三年刻本：卷五.

[57] [清] 曾受一修，王家驹纂. 江津县志 [M]. 清乾隆三十三年刻本：卷十九.

[58] 四川黔江地区民族事务委员会. 川东南少数民族史料辑 [M]. 成都：四川民族出版社，1996：164.

[59] 周建华，谭宏永，马世凡. 石柱文史资料第9辑吟秦良玉诗词联辑 [M]. 1988：11.

[60] 张次溪. 清代燕都梨园史料上 [M]. 上海：上海书店出版社，1989：5.

[61] [清] 丁治棠. 仕隐斋涉笔 [M]. 成都：四川人民出版社，1985：18.

[62] [清] 佚名. 江津县乡土志 [M]. 四川大学图书馆馆藏珍稀四川地方志丛刊第三册. 成都：巴蜀书社，2009：24.

[63] 《清代诗文集汇编》编纂委员会. 清代诗文集汇编119翁山文钞翁山文外雅坪诗稿 [M]. 上海：上海古籍出版社，2010：26.

[64] 孙静庵. 明遗民录 [M]. 杭州：浙江古籍出版社，1985.07：113.

[65] 文化部文学艺术研究院音乐研究所，北京古琴研究会. 琴曲集成第十册 [M]. 北京：中华书局，2010：311.

[66] 《清代诗文集汇编》编纂委员会. 清代诗文集汇编119翁山文钞翁山文外雅坪诗稿 [M]. 上海：上海古籍出版社，2010：26.

[67] 释克观. 竹禅和尚生平及其艺术成就 [J]. 佛教文化，2010 (6)：16-5.

[68] 唐中六. 清代著名琴僧竹禅上人琴艺考 [J]. 曾成伟，杨晓主编. 蜀

山琴汇2013成都琴会论文集［M］. 成都：四川大学出版社，2015：249.

［69］杜洁祥. 普陀洛迦新志［M］. 台北：明文书局，1980：422.

［70］夏凡. "以琴说法"——《枯木禅琴谱·竹序》的佛理阐释［J］. 中国宗教，2013（08）：50-51.

［71］［清］顾玉成辑. 百瓶斋琴谱［M］. 北京：中国书店，2015.

［72］薛新力. 重庆文化史（远古—1949年）［M］. 重庆：重庆出版社，2001：80.

［73］刘承华. 文人琴与艺人琴关系的历史演变——对古琴两大传统及其关系的历史考察［J］. 中国音乐，2005（02）：9.

［74］刘承华. 文人琴与艺人琴关系的历史演变——对古琴两大传统及其关系的历史考察［J］. 中国音乐，2005（02）：9.

［75］蔡仲德注译. 中国音乐美学史资料注译增订版上［M］. 北京：人民音乐出版社，2007：391.

［76］重庆市文物局，重庆市移民局. 重庆库区考古报告集1997卷［M］. 北京：科学出版社，2001.

［77］重庆市文物局，重庆市移民局. 重庆库区考古报告集1998卷［M］. 北京：科学出版社，2003.

［78］重庆市文物局，重庆市移民局. 重庆库区考古报告集1999卷［M］. 北京：科学出版社，2006.

［79］重庆市文物局，重庆市移民局. 重庆库区考古报告集2000卷［M］. 北京：科学出版社，2007.

［80］重庆市文物局，重庆市移民局. 重庆库区考古报告集2001卷［M］. 北京：科学出版社，2007.

［81］重庆市文物局，重庆市移民局. 重庆库区考古报告集2002卷［M］. 北京：科学出版社，2010.

［82］重庆市文物局，重庆市移民局. 丰都镇江汉至六朝墓群［M］. 北京：科学出版社，2013.

［83］重庆市文物局，重庆市移民局. 万州大坪墓地［M］. 北京：科学出版

社，2006.

［84］重庆市文物局，重庆市移民局．忠县仙人洞与土地岩墓地［M］．北京：科学出版社，2008.

［85］重庆市文物局，重庆市移民局.奉节白马墓地［M］．北京：科学出版社，2013.

［86］重庆市文物局，重庆市移民局．丰都二仙堡墓地［M］．北京：科学出版社，2016.

［87］重庆市文物局，重庆市移民局．忠县邓家沱遗址与渔洞墓群［M］．北京：科学出版社，2017.

［88］张才俊．四川忠县涂井蜀汉崖墓［J］．文物，1985.

［89］陈艳，郭昌莲，裴健等．重庆巫山土城坡墓地Ⅲ区东汉墓葬发掘报告［J］．江汉考古，2008.

［90］严福昌，肖宗弟主编．中国音乐文物大系四川卷［M］．郑州：大象出版社，1996．12.

［91］刘智，杨大用，重庆市合川区政协文史编辑委员会编．合川馆藏文物精品图典［M］．重庆：重庆出版社，2015.

重庆、湖北三国文化遗存调查及相关问题探讨[①]

郭的非[②]

2018年11月10日至12月17日，成都武侯祠博物馆（全国三国文化研究中心）全国三国文化遗存调查组对重庆、湖北的部分地区三国文化遗存进行了为期近40天的调查工作。主要涉及区域包括重庆渝中区、北碚区、彭水县、长寿区、忠县、万州区、云阳县、奉节县；湖北恩施（巴东县、恩施市）、宜昌（猇亭区、点军区、宜都市、西陵区、夷陵区、远安县、当阳市、枝江市）、荆州（荆州区、沙市市、公安县、石首市、监利县、洪湖市）、荆门（掇刀区、东宝区、钟祥市、京山市、沙洋县）、襄阳（宜城市、保康县、谷城县）、十堰（张湾区、武当山风景区）。

本次调查为成都武侯祠博物馆“全国三国文化遗存调查”项目组成部分，是在前期完成云、贵、川、甘、陕五省调查的基础上，对重庆、湖北两地三国文化遗存调查的第一期工作，旨在摸清调查涉及区域三国文化遗存分布及保存情况，以期深入研究。现将调查情况报告如下。

一、调查涉及区域三国文化遗存相关发现

本次调查共记录点位95处[③]，现举要分述如下：

---

① 原载于《湖北文理学院学报》2020年4月第41卷第4期。

② 郭的非（1990—），四川绵阳人，成都武侯祠博物馆馆员，主要研究方向：汉唐考古，三国文化。

③ 详细调查报告尚在整理之中，本文选取较有代表性点位举要分述。

（一）墓葬

调查涉及区域内明确为三国时期的墓葬较少，较有代表性的有彭水山谷公园蜀汉墓群、忠县将军村墓群、忠县涂井崖墓等。

山谷公园蜀汉墓群，位于重庆市彭水县山谷公园内，为县级重点文物保护单位。发现两座砖室墓，据公园管理人员讲述出土有陶罐、陶俑等器物，保存情况较差。关于其墓主，民间传说十分丰富，传其为庞宏、长孙无忌、黄庭坚以及当地某状元的都有。当地文物部门将其初步定为蜀汉时期墓葬①。

忠县将军村墓群，位于重庆市忠县乌杨镇将军村，由10个墓地组成，共发现汉至六朝时期墓葬257座。其中，枞树包墓地被认为是三国蜀汉大将严颜的家族墓地[1]。于该墓地发现的大型石阙构件，复原后被命名为“乌杨阙”，现为重庆中国三峡博物馆的镇馆之宝之一。有研究认为乌杨阙可能是东汉末至蜀汉时期石阙，为严氏家族墓地的墓阙②。

忠县涂井崖墓，位于重庆市忠县涂井溪，共发现墓葬15座。墓葬形制包括崖墓常见的单室、双室和多室，出土器物近3600件，其中铜钱3000多枚，并以蜀汉钱币最多。根据墓葬形制和出土器物排比，报告将这批墓葬年代定为东汉末至蜀汉时期③。

此外，重庆各区县还发现大量年代被定为东汉至南朝的崖墓。如此大的年代跨度，一方面由于崖墓这种墓葬形式开凿时间长、多家族合葬的特殊性；另一方面，是因为已有明确年代为蜀汉时期的墓葬过少，可比对材料不多，不免存在蜀汉墓葬无法被区分出来的情况。

---

①此结论为彭水县文物管理所所长杜继臣口述，尚无发掘简报。

②此结论来源于李大地、邹后曦、曾艳《重庆市忠县乌杨阙的初步认识》一文（《四川文物》2012年第4期），但尚存争议，罗二虎《重庆忠县汉代乌杨阙再研究》一文（《考古》2016年第8期）认为乌杨阙年代应为东汉中期偏晚。

③此结论来源于四川省文物管理委员会《四川忠县涂井蜀汉崖墓》简报（《文物》1985年第7期），尚存争议，钟治、韦正《忠县涂井崖墓的时代及相关问题》一文（《东南文化》2008年第3期）根据墓葬结构、建造方式、随葬品排比、时代背景以及地方墓葬特色延续性等方面，认为该墓群年代应为蜀汉至六朝早期。

调查中还发现，湖北宜昌、荆门、荆州等三国文化名城，其地市级博物馆在其地方历史文化陈列中，也均没有专门的三国时期陈列。经访问后得知，这些地方的相关专业人员也面临同样的问题，要将三国时期的文物从东汉至六朝的体系中独立出来，缺乏一定的标准，亦具有相当的难度。

（二）纪念性建筑

1. 墓葬　这一类墓葬与前所述诸墓葬有明显区别，基本未经考古发掘，甚至现已无法分辨出较明显的遗迹现象，多是根据历史故事、民间传说或配合名人故里建设而打造的纪念性建筑，冠以墓葬之名。较有代表性的有关陵、甘宁衣冠冢、刘璋墓等。

关陵，位于宜昌市当阳市关陵路，为全国重点文物保护单位。关于关羽之墓，民间素有“头枕洛阳，身卧当阳”的说法。当阳关陵建有陵墓、寝殿、正殿、拜殿、神道、碑亭、钟楼、佛堂等一系列陵墓设施，每年举行祭祀大典和庙会，影响非常广泛，是这一类纪念性建筑中最为成熟的代表。

甘宁衣冠冢，位于重庆市万州区甘宁镇甘宁村，其衣冠冢现已无迹可寻，只能通过当地老一辈知情人描述找到大致方位。当地致力于打造甘宁故里，至今还能走访获知不少关于甘宁在当地的故事传说，可见其影响力。在甘宁镇万州大瀑布景区内，还有为配合景区打造而建的甘宁像和甘宁墓。

刘璋墓，位于荆州市公安县章庄镇荆红村。该区域的地势平坦，此墓为一土台，未发现明显遗迹现象，“刘璋墓”之名为当地百姓所传。受此影响下，当地至今留下一特别习俗，逢丧葬之事，无论死者生前姓氏，墓碑上均冠以刘姓。

2. 祠庙　三国人物的纪念祠庙是本区域三国文化遗存数目最多一类，其中又以关帝庙和张飞庙最为常见，较有代表性的有云阳张飞庙、恩施武圣宫、荆州关帝庙等。

云阳张飞庙，位于重庆市云阳县盘龙社区狮子岩，为全国重点文物保护单位。关于张飞，民间素有“身葬阆中，头葬云阳”的说法。现张飞庙是为配合三峡工程建设，由云阳老县城飞凤山原状搬迁至此，号称“巴蜀一胜境，文藻一胜地”。

恩施武圣宫，位于恩施州恩施市城乡街60号，为省级重点文物保护单位。现宫内已无塑像，建筑保存情况尚好，核心区域为正殿一院，正殿对面为一戏台。这种形式在西南较有规模的关帝庙中十分常见，正殿祭祀，戏台用于表演历史剧目，是一地百姓获知并再创造三国历史故事传说的主要认识来源。据当地文史专家考证，武圣宫所处位置为恩施老城最为繁华之处，其建筑格局最晚在唐代便已形成，是官方举办大型活动的重要场地。与其相对应，最晚在20世纪90年代，恩施老城还有石关庙、石像宫，各区县有十余座关帝庙①。

荆州关帝庙，位于荆州市荆州区爱民路48号，原为清代建筑，后于抗日战争期间损毁，20世纪80年代重建。核心区域为正殿、结义楼，塑有关公像和刘关张三人列像，每年举办大型庙会，是荆州地区关羽崇拜和关公文化的重要标志。

此外，这一类祠庙有时并非作为单独建筑存在。受民间崇拜、宗教文化以及地方各类历史文化工程打造的影响，常见其与其他建筑并存共生的情况。如宜昌黄陵庙中有关羽祠、武侯祠；宜昌玉泉山风景区内有小关庙；武当山风景区中有关帝庙；十堰三义宫中既有三国人物像，也供奉道教人物；长寿区桓侯宫中还供奉药神、财神和佛教人物。这些现象植根于民间，从另外的角度反映出三国文化的影响和作用方式，是值得深入探究的。

3. 楼阁　这一类建筑相比于祠庙类规模往往偏小，多数是有一间或一小型独体建筑，其纪念意义也不在于某一个特定人物，常见纪念某个历史事件或因历史事件而衍生出的民间传说。如春秋阁，位于荆州市沙市市中山公园内，原春秋阁建于清代，民国时移于现址。传关羽镇荆州，于此挑灯夜读《春秋》，故有此名。

4. 历史事件发生处　关于这一类遗存备注有二。第一，所谓“历史事件”是个宽泛的概念，既包括历史上真实发生的事件，也包括根据历史事件而改编甚至夸张化的民间故事，还包括出于民间崇拜、个人信仰等因素完全虚构的一些情节。第二，历史事件发生的精确所在地基本难以考证，现存所谓“发生处”，多

① 恩施市文物局研究人员周学聪口述。

是寄托了当时人们某种特殊的情感。

关公显圣处，位于宜昌市当阳市玉泉山风景区内，现存两块石望表，一年代为明万历年间，上书“汉云长显圣处”；一年代为清代，上书“最先显圣之地”，由清大学士阮元敬题。此地渊源于《三国演义》七十七回“玉泉山关公显圣”，与相邻珍珠泉、关公磨刀石、小关庙组成三国文化遗存群。

张飞擂鼓台，一处位于宜昌市猇亭区猇亭古战场风景区，一处位于宜昌市西陵区三游洞景区内，两处均建有张飞擂鼓雕像，渊源于张飞擂鼓操练水军一说。

回马坡，位于宜昌市远安县洋坪镇蔡家沟村罗汉峪，现存碑亭和碑廊，为清同治年间所建。当地有民谣“走进罗汉峪，四十八道溪。草鞋磨破底，脚板磨破皮。”传关羽败荆州，逃于此地，吴军层层设阻，终捕杀之。后人感念关羽大义，不记其败绩，反说关公回马于此，吴军未得其人。主碑上背面刻关公赤兔青龙像，正面书“呜呼此乃关圣帝君由临沮入蜀遇吴回马之处也”。

此外，宜昌境内还发现有汉寿亭侯点军碑①、“张翼德横矛处”碑②，也均为这一类遗存之代表。

可以看出，这一类遗存主要依据于历史故事，或以历史故事衍生出的民间故事，其与后所述“民间故事与传说”一类遗存存在明显的区别。这一类遗存在历史故事、民间故事之后，均存在一定数量的真实遗存，以碑刻居多。“民间故事与传说”类遗存则以故事传说这样的非物质形态遗存为核心，多附会于自然景观或现代建筑之上，这些自然景观和现代建筑受到民间故事传说的影响，改变了其命名或性质，成了非物质形态遗存的载体。

（三）城址

调查区域内未发现明确为三国时期的城建遗存，基本为依据明确史实、民间故事传说而带有浓厚三国文化因素的城址。较有代表性的有江州大城、奉节白帝城、万州天生城等。

---

① 位于宜昌市点军区江南大道海底世界前，现存碑为清光绪年间所立。

② 位于宜昌市当阳市环城东路、311 省道交叉口，现存碑为清雍正年间所立。

江州大城，为蜀汉李严自永安还江州后所规划建造，利用长江和嘉陵江南北并流的天然地势，于今鹅顶岭前筑城相围，基本形成今重庆主城格局。后南宋、明清重修重庆城，均是在蜀汉江州大城基础上修补或略有扩展，即南宋重庆城，其城垣基址基本因袭蜀汉大城，明清重庆城的范围也基本是南宋城之范围[2]。

奉节白帝城，位于瞿塘峡口白帝山、鸡公山、马岭山范围内，现所谓白帝城泛指这一范围内发现的古城遗迹。白帝城所处位置为江汉平原进入四川盆地的交通要地，考古发现表明，从新石器时代这一区域便有人类活动、居住痕迹，至迟至战国便建有关隘。“白帝城”之名，文献可追溯至《后汉书·郡国志》，载：“南郡，十七城，……巫西有白帝城。”[3]3479经多年考古发掘，现已基本复原南宋白帝城即抗元山城的基本面貌，并找到了其下叠压的唐城和汉城的线索[4]45–46。

万州天生城，又称小石城、天子城，位于万州区周家坝街道天生城社区，现存遗址以南宋抗元山城为基础，清代有所重、改建。传说刘备伐吴曾屯兵于此，故又名天子城。这一传说自古有之，《蜀中广记》：“建安二十年，先主分朐忍……其西四里天子城，相传昭烈驻兵于此，常璩所云小石城是也。”[5]291这样的说法至今仍然存在，并受到当地人广泛认可。

（四）古道路

调查区域内所涉及古道有一些共同特点，基本未被开发或开发程度较低；路面未有专门修缮，处于随时代变迁自然变化状态；至今仍为当地人所使用。关于其与三国文化之关系，一类为受当地民间故事的传播影响，以三国因素命名，未有明确史料或实物支撑，如张飞古道。一类为有一定史实基础，受地方文化宣传影响而命名（或确定），但缺乏更多证据支撑，如华容道。

张飞古道，位于重庆市北碚区东阳镇西山坪大沱口。当地广泛传说为张飞于此地行军所拓修使用，现整条古道仍为当地使用，基本沿江而行，长近10公里，路面间或残存铺地石块，石料应为就近山体所取，未发现明确遗迹遗物，始建年代不明。开发程度较低，仅有少数几处当代石刻题记。

华容道，位于荆州市石首市至湖南省华容县东山镇大旺村省界，横跨桃花山。现存全长约3公里，为华容县县级文物保护单位，省界处有隘口，当地人称释曹口，应为依据历史故事附会。另有一华容道，位于荆州市监利县上车湾镇华容道村，有当地政府部门以“三国遗址”为名所立碑，指碑前现村道，长度不明。两处华容道均无明确遗址遗迹，且华容道具体位置、走向至今仍存争议，文献无明确信息，亦无相关考古发现佐证。但当地民间故事传说的传播现状及方式，以及地方政府及文化工作者宣传本地特色文化的立场和方式值得关注。

（五）民间故事与传说

本次调查的区域是三国故事传说极为丰富的地区，尤其是湖北，湖北三国传说已入选第四批国家级非物质文化遗产名录，包括人物传说、地名传说、地方风物及习俗传说等。各地为此进行了大量工作，形成了一系列关于民间故事传说辑录、研究的成果①。

这些故事传说纷繁复杂，还多有变体，大致可分为如下三种类型：

一是由真实历史故事或遗址遗迹衍生出来。以真实史实为基础而衍生出的，如诸葛亮掌握气候规律开发种植技术的故事，即是根源于其布衣躬耕的史实；以三国遗址遗迹为基础而出现的，如猇亭古战场“虎牙”“望夫崖”“遗恨洞”等故事②；以其他时期遗址遗迹为基础而出现的，如荆州换帽冢、系马冢、落帽冢等处的关羽相关故事，据当地文物部门调查，上述几处遗迹本为战国时期高等级墓葬，因当地关羽崇拜风气，关羽于其地换帽、系马、落帽的故事流传十分广

---

①较有代表性的有：程地宇、赵贵林、雷庭军著：《奉节文化大观》，人民日报出版社2011年版；高仲著：《从远古沧桑中走来的郁山》，重庆市彭水苗族土家族自治县文化广电新闻出版局编印，2011年版；东宝区文化体育和广播电影电视局、东宝区文学艺术界联合会编：《东宝民间故事》，中国文史出版社2015年版；《文化当阳》编委会编：《文化当阳》，三峡电子音像出版社2016年版；熊远桂、熊永编著：《诸葛亮荆州传说》，中国诗词楹联出版社2015年版；董乐义著：《古当阳》，湖北辞书出版社2000年版；鲍传华：《长坂坡》，湖北人民出版社2013年版；政协荆门市掇刀区委员会编：《掇刀文史》，2015年版等。

②猇亭古战场遗址，位于宜昌市猇亭区猇亭大道6号，现为当地打造景区，景区内按收录当地三国故事打造了相应景点。

泛，已形成了约定俗成的地名。

二是民间故事传说附会于自然景观或现代建筑。如宜昌玉泉山风景区珍珠泉，相传关羽殉难后，赤兔马长鸣于此，刨出此泉，眼泪落入化为珍珠。此外如荆门京山新市镇马刨泉、荆门掇刀街道马跑泉、荆州八岭山镇龙山社区马跑泉等处，均有类似故事且具相当传播范围。

三是一些民间故事已广为人知，但并不依附于任何遗址遗迹或自然景观，亦很难找寻其产生源头和时代。这一类故事传说数量在上述三种类型中为最多，并且随时代推移，其具体内容可能随时发生变化，最直观反映了民间故事传说作为非遗一种形式的发展变化过程。

二、相关问题举要

三国文化遗存尚且是一个模糊的概念，三国文化遗存研究也属于一个尚未被专门化的课题，关于其中的基本问题、基本方法尚在摸索的过程中，需要更广泛的调查、更多的材料以及更细致的思考。在调查过程中及材料整理阶段，我们针对本次调查点位、调查过程，以及过往已完成的调查工作总结了一些三国文化遗存调查、研究相关问题，虽不能以偏概全，但望抛砖引玉，引起关于如何把这些问题联系起来、如何把这一课题系统化等更深入的讨论。

（一）三国文化遗存的定性

要解决何为“三国文化遗存”的问题，首先涉及的就是何为“三国文化”的问题。对于“三国文化”概念的研究，目前最有影响力的应属沈伯俊先生之观点[6]。笔者也曾专门撰文，综述了以往对“三国文化”概念研究的不同观点，并提出了个人的意见[7]。暂且不论沈氏观点与拙文观点之差异对错，即无论三国文化应定义为综合性文化（详见沈氏三层次论）还是由三国历史产生和衍生的人类物质精神财富总和，从“三国文化”概念到“三国文化遗存”的定义，我们都面临着更实际的问题，即判定一个点位为三国文化遗存的标准问题。

在实际调查中我们经常遇到这样的问题，即面对一处非三国时期的遗存，其三国文化因素要达到何种程度才能被定义为三国文化遗存?目前常用的办法是看三国文化因素是否影响到了该处遗存的命名和主要用途，或是看当地人们对该处遗存性质的普遍认知。如前文提到的落帽冢、系马冢，它们都不是三国时期的遗迹，但由于当地三国文化民间故事的广泛传播，其名称已经不代表它们本身的内容，且被当地人群所接受。然而，明显可以看出，这样的方式主观性太强，标准不够稳定。

另外，前文已经提到，一些民间故事和传说是以自然景观或现代改建、重建建筑为载体的，过往的调查中，我们一般是以这些景观和建筑的名称作为三国文化遗存点位名形成记录。那么，这些景观和建筑算不算三国文化遗存呢?一方面，从年代和现存遗迹遗物方面讲，它们本身当然不能算作文化遗存，真正的遗存是依附于其上的民间故事传说；另一方面，它们和那些故事传说又是一体的，不仅是其载体，更是其故事内容的表现。这一问题本质上反映出三国文化现象和三国文化遗存紧密联系，但界限还很模糊。

（二）三国文化遗存调查的定性

从目前调查所得材料可以看出，三国文化遗存的类型是极为多样且复杂的。从实际材料出发，很明显三国文化遗存调查不可能是一般的考古学调查。比如，一些点位本身的保存情况极差，甚至没有明显的遗迹遗物痕迹，更没有勘探、发掘的条件和必要性；一些点位本身需要大量史料及其他背景材料支持；加之面对民间故事传说、地方风物、民族习俗等内容，考古学本身的学科方法无法满足，还需介入民族学、社会学以及口述史的方法。

从调查目的出发，面对繁杂多样的材料，三国文化遗存调查最基本的目的是通过材料的累积，建立起对“三国文化遗存研究”这一课题的研究系统。通过对各处遗存全面信息的搜集整理，建立起三国文化遗存的基本标准。只有把这些材料真正作为一个整体，才有可能深入研究其年代、性质、族属，才能建立具体的类型划分标准，才能以一个整体去发掘它们更多的价值。

以这样的角度来看，三国文化遗存研究更应属于近年来兴起的文化遗产学研究范畴，三国文化遗存调查更接近于文化遗产调查。虽然文化遗产调查目前尚未有明确的系统化方法论，但遗产学的一些概念，如遗产分类体系、遗产价值认知等，可以为三国文化遗存研究提供一些启示。

（三）三国文化遗存的年代和类型

三国文化研究毕竟是以历史学为基础的，因此，三国文化遗存的年代判定是对其研究的一大基本问题。可以明确的是，三国文化遗存的年代并不仅在于三国时期，这是基本的共识。而在对这些遗存年代问题的研究中还有一些细节需要注意。

其一，将非三国时期的三国文化遗存年代确定下来，并不代表对其研究的结束，反而是对该遗存与三国文化关系探索的开始。以我们过往的一些研究成果和本次调查所获材料举例，攀枝花营盘山古军营遗址①和打箭岩②两处点位，我们给出了对其年代、性质的看法[8]，但更应进一步考虑的是，它们是如何从与三国毫无关系演变为三国文化遗存的，那些起决定作用且流传至今的故事传说是如何产生的，甚至于该区域的诸葛亮崇拜现象是如何产生的，有什么样的历史根源和社会动因。再如，此次调查所见的张飞岈石刻③、荆州偃月城等，在解决它们年代、性质问题背后，也都有故事如何生成类似的问题。这些视角和方法其实并不新颖，也已有成熟的相关成果④，但在三国文化遗存研究上尚较薄弱。

其二，年代问题固然重要，但只是基本问题之一，并不是必须解决的问题，要依据所获材料实际情况而定。目前一些地方文化工作者，以及大量非专业三国文化爱好者在这一问题上的探索有时太过执着，在历史考证的过程中容易出现极端化的倾向。比如，仅因史书记载有其所属地区三国时期曾发生过重大历史事件，便把一些非三国时期的遗址遗迹，以及不少现在的普通地点强行考证为历史事件的精确发生地，并进一步将该遗址（地点）年代上溯至三国时期，类似于

---

① 营盘山古军营，位于攀枝花市仁和区啊喇乡，当地文物部门和百姓俗称“诸葛营”。

② 打箭岩，又名四川岩子，位于攀枝花市盐边县永兴镇，当地传为诸葛亮南征“一箭定岩（盐）边”射到石头上的箭。

③ 张飞岈石刻，位于重庆市彭水县太原乡花园村九组，当地传为张飞路过时所刻，年代尚不可考。

④ 较有代表性的如杨爱国：《故事是如何生成的——以山东长清孝堂山郭氏墓石祠为例》，《社会科学战线》2016年第9期。

“五月渡泸”之渡口所在地、华容道的准确走向、关公刮骨疗伤处等。然而，其中不少问题是依据现有材料无法解决的，甚至永远无法解决的。当然，他们对地方特色文化的热爱和宣传热情可以理解，这样的现象从社会学角度也值得关注，但于三国文化遗存研究而言，还是需要注意。

三国文化遗存的类型划分问题也是对其研究的一大基本问题。三国文化遗存是一个大概念，从考古学上讲，它跨越了极长的历史时期；从遗产学上讲，它包含了几乎全部的遗产种类。对其的研究不可能把不同年代、不同类型的遗存混为一谈。同时，只有在存在细致、有效分类标准的前提下，三国文化遗存作为一个整体概念，才能体现出区域特色。比如，在调查中我们仅从认识层面体会到川南、云南地区有明显诸葛亮崇拜现象，有广泛分布的与诸葛亮相关的文化遗存，而荆州地区则更倾向于关羽崇拜；再如成都平原祭祀三国人物的祠庙基本为独立建筑，且祭祀对象专一于三国人物，而三峡地区此类祠庙则多是神仙、历史人物混合祭祀，还多与抗战文化相关联。调查中形成的这些大略认识，需要后期细致比对。在明确分类体系下，不同区域的地方特色在不同类别遗存上如何体现便能一目了然了。此外，完善分类标准，也反过来有利于三国文化遗存本身概念标准的完善。当前，对于三国文化遗存类型问题的研究还十分缺乏，分类方式还基本停留在以年代（三国时期、非三国时期）、性质（墓葬、城址、古道、手工业等）、形式（物质、非物质）、关联性（有史实依据、附会）等大框架的粗线条划分阶段。真正合理的类型体系，应该有明确的层级，什么可以作为第一级别标准，下面可延展出哪些次级标准，最终落脚于一个个具体的点位（文化因素），这些问题还需要具体研究。

（四）口述史调查方法的尝试

在过往调查中，尤其在三国文化故事传说较为丰富的地区，我们试图运用口述史学的方法做了一些调查、研究的尝试，且已有相关成果发表[9]。在重庆、湖北，我们继续利用过往经验，开展了口述史的一系列调查，涉及超过60%的调查点位，访问、随访相关人员60余位，保存影音资料超过1000分钟。口述史及其调查方法是近年来人类学、社会学、民族学等学科讨论的热点，目前学术界对口述史学的定位、方法还有广泛讨论和争议，这里我们姑且搁置这些理论问题，主要谈谈从实际操作层面出发的一些问题和感受。

其一，调查者要充分了解点位基本情况和背景资料，制定访问提纲。首先，提出的问题要有明确的指向性和目的性，并能随机应变。口述史的访问往往在非正式的环境下进行，访问气氛是轻松随意的，受访者虽作为讲述主体，但其讲述并不会严格按调查者所想来进行。调查者必须立足于对一处点位的基本认识，明确本次访谈要了解关于这处点位的哪些信息，是关于其名称来源，还是讲述人对其结构、历史、性质的认识，还是其衍生的故事传说等等。如何平衡既获得更多信息，又达到访谈目的，需要访问中了解讲述人文化程度、性格特点，把握时间、环境，适度掌握主动性。其次，提出的问题不能有过强的引导性。调查者必须始终是客观的，一些乡镇文化站工作者，以及当地居民，在宣传地方文化热情的驱动下，甚至仅仅是在热衷于访谈活动本身的热情驱动下，可能会对某些话题即兴发挥，甚至凭空捏造，这也是民间故事传说传播的基本特征。

其二，要增强对口述记录技巧性的认识。理论上讲，讲述人所讲内容，即口述材料，与记录、整理后形成的资料，即口述史料，二者是存在区别的[10]。即时的口述记录，尤其是文字记录，本身就是对口述材料的初次加工。讲述人的文化程度、立场、与点位关系要作为基本情况了解，同时访问过程中，讲述人的语气、讲述角度，甚至一个特别的眼神，都可能传递出信息。然而口述材料被文字化后，毕竟是平面的，表现（叙述）方式是客观的，我们既要求调查者站在客观的立场，又要求去深切体会讲述人的情感，这是互相冲突的，也是口述史学在操作层面上的局限，体现出口述记录作为一项精密的技术工作的难度。此外，不同地区的方言、风俗有时也会对访谈交流、记录带来困扰，为记录工作顺利进行，必要时调查组需要加入当地既懂民情，又懂专业的人员。

其三，要重视讲述人类型多样化。就讲述主体而言，不同职业、身份和文化程度的讲述人有不同的立场，有学者将其归纳为自我表功型、感恩赞美型、以史明鉴型、历史责任型、维护正义型、公益事业型、获取报酬型、辩诬白谤型等多种[11]；就讲述内容而言，无论是口述材料还是口述史料，其历史真实是不可完全实现或证明的，但其动机真实是客观存在的。在过往和本次调查中，我们就某些条件具备的点位，往往兼顾访问政府行政工作人员、文博专业人员、乡村文化工作者、民间三国爱好者和当地居民，能够清晰发现不同类型讲述人有不同的讲述角度。同一处遗存的古往今来，可以被解读成政治文化的历史演变，也可能成为民间崇拜的载体，或也会有家族文化传承的塑造，甚至个体生活的理想图景。在一些少数民族集聚分布的地区，就还存在族群共同历史记忆的问题。因此可以看出，讲述人类型多样化有十分重要的意义，其中可以发现很多有价值的课题。

参考文献

［1］重庆市文物管理所. 重庆市忠县将军村墓群汉墓的清理［J］. 考古，2011（1）：34-59.

［2］孙华. 宋元四川山城的类型——兼谈川渝山城堡寨调查应注意的问题［J］. 西华师范大学学报（哲学社会科学版），2015（2）：1-10.

［3］范晔著，李贤注. 后汉书［M］. 北京：中华书局，1965.

［4］向渠奎. 三峡地区历史时期考古发现与研究［M］. 重庆：重庆出版社，2015.

［5］曹学佺. 蜀中广记：卷二十三［M］. 上海：上海古籍出版社，1993.

［6］沈伯俊. “三国文化”概念初探［J］. 中华文化论坛，1994（3）：98-101.

［7］郭的非. “三国文化”概念研究的回顾与思考［J］. 湖北文理学院学报，2018（6）：5-10.

［8］郭的非. 川西南—滇北地区三国文化遗存研究［J］. 成都大学学报（社会科学版），2018（4）：47-53.

［9］王旭晨. 历史是如何被表述的——攀枝花地区三国文化遗存口述史研究［J］. 成都大学学报（社会科学版），2019（1）：54-61.

［10］王宇英. 口述史：为何与何为［J］. 中国政法大学学报，2011（4）：151-157.

［11］岳庆平. 关于口述史的五个问题［J］. 中国高校社会科学，2013（5）：81-93.

GONGGONG WENHUA
公共文化

城乡融合发展背景下重庆市公共文化治理与政策创新研究[①]

吴 江 张福磊[②]

一、引言

城乡关系是我国经济社会发展中的重要关系[③]。21世纪以来，我国在城乡关系上实现了重大变革，通过实施城乡统筹、城乡一体化，城乡关系逐步向协调方向迈进，城乡发展不平衡的问题得到很大缓解[④]。随着中国特色社会主义进入新时代，习近平总书记在党的十九大提出了“建立健全城乡融合发展体制机制和政策体系”，标志着我国城乡关系进入融合发展的新阶段[⑤]。城乡融合发展，对于塑造新型城乡关系、破解社会主要矛盾具有极其重要的意义。重庆市作为我国西部地区唯一的直辖市，集大城市、大农村、大山区、大库区于一体，市情特点突出，城乡融合发展机遇与挑战并存。公共文化是新时代满足人民美好生活需求的

---

①基金项目：本文系西南大学中央高校基本科研创新团队项目“新时代公共文化服务均等化研究”（项目编号：SWU1909101）和西南大学决策咨询研究项目“加快推进重庆文旅融合发展体制机制改革和政策创新研究”（项目编号：19SWUJCZXB1）的研究成果之一。原载于《图书馆研究与工作》2020年第6期。

② 吴江（1965— ），西南大学政治与公共管理学院、西南大学公共文化研究中心教授。张福磊（1986— ），西南大学政治与公共管理学院副教授。

③刘俊杰．我国城乡关系演变的历史脉络：从分割走向融合［J］．华中农业大学学报（社会科学版），2020（1）：84-92，166．

④张克俊，杜婵．从城乡统筹、城乡一体化到城乡融合发展：继承与升华［J］．农村经济，2019（11）：19-26．

⑤潘晔．城乡关系研究的演变逻辑与评析［J］．经济问题，2020（4）：77-85．

一项公共服务，如何以城乡融合发展为契机，推动公共文化治理与政策创新成为亟待解决的现实问题。基于此，本研究采取问卷调查法和访谈法，通过对重庆市北碚、万州、忠县、武隆公共文化服务状况的实地调研，依次分析了城乡融合发展背景下重庆公共文化服务与治理的成效、问题和改进措施，以期为城乡融合发展的体制机制和政策体系的建立健全提供依据。

二、重庆市城乡公共文化服务与治理的成效

党的十八大以来，公共文化服务体系建设得到了党中央和国务院的高度重视。重庆市围绕党中央的部署，在公共文化治理上成效显著，城乡公共文化服务体系基本成型、治理机制逐步完善、服务政策不断创新、均等化水平显著提升。

（一）城乡公共文化服务体系基本构建成型

重庆市按照中央决策部署，紧紧围绕城乡融合发展和乡村振兴的战略目标，坚持政府主导、社会参与、共建共享，以服务发展、服务民生为主线，以公共财政为支撑，构建起现代公共文化服务体系建设长效机制。一是健全了公共文化投入保障机制，进一步加大了公共文化服务财政投入力度，较好保障了重大文化设施建设、重大文化惠民工程实施、公共文化场所免费开放以及重大文化活动开展。二是不断壮大人才队伍，针对农村公共文化人才短缺的状况，不断加强公共文化人才向农村倾斜，要求按照职能配齐公共文化机构工作人员，每

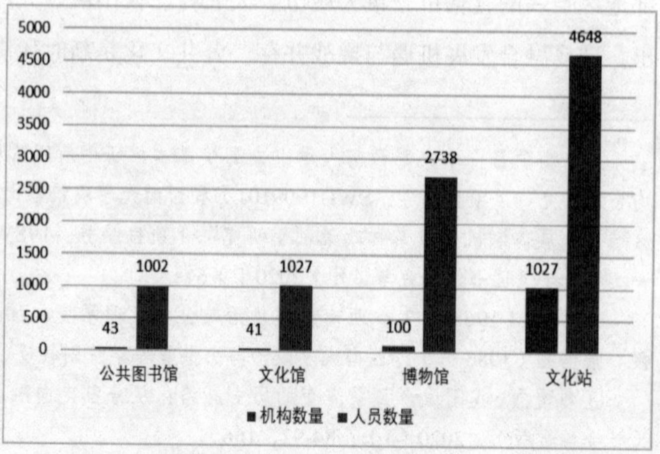

数据来源：《2018年重庆统计年鉴》。

图1 重庆市公共文化机构及人员基本情况

表1 调研区县公共文化治理的考核政策梳理

区县	考核政策文本
北碚区	《北碚区公共文化服务体系科学实绩考核办法》（北碚区人府办，2013）
	《北碚区街道（镇）综合文化站免费开放绩效评价业务指标》（北碚区文委，2018）
	《北碚区街道（镇）综合文化服务中心专项治理工作方案》（北碚区文委，2018）
	《北碚区街道（镇）综合文化站、村（社区）综合文化服务中心服务规范》（北碚区文委，2018）
万州区	《年度考核目标管理责任书》（万州文委）
	《关于做好2018年度目标考核检查工作的通知》（万州文委发〔2019〕4号）
忠　县	《2018年忠县乡镇（街道）公共文化服务率考核指标》（忠县人府办，2018）
武隆区	《武隆区政府关于购买公共文化服务考核办法（暂行）》（武隆区人府办，2019）

个村（社区）公共服务中心由政府购买不少于1个公益文化岗位。重庆市公共文化机构及人员情况如图1所示。三是加强网络建设，构建“区县—镇街—村社—院户”的四级公共文化服务网络，不断推动公共文化服务重心下沉，打通了文化供给的“最后一公里”。

（二）城乡公共文化治理的机制逐步完善

重庆市以公共文化服务效能为核心，扎实推进构建城乡现代公共文化服务体系各项改革任务，创新公共文化服务和治理机制，推动城乡公共文化服务领域活力充分激发。一是加强公共文化服务的协调机制建设。坚持以政府为主导和以基层为重点，统筹公共文化服务资源，建立起了符合重庆实际的网络健全、结构合理、发展均衡、运行高效的城乡公共文化服务一体化、可持续发展协调机制。二是加强公共文化服务的督导考核机制建设。重庆市将公共文化服务效能纳入市委、市政府对区县党委政府的考核内容，如对公共文化阵地免费开放情况进行考核，采取随机抽查、实地暗访等方式对基层综合文化服务中心开展效能督查，以考核倒逼基层公共文化服务责任落实（如表1所示）。三是加强公共文化服务的社会参与机制建设。近年来，重庆市出台了《政府向社会力量购买公共文化演出服务实施方案》《关于做好政府向社会力量购买公共文化服务工作的通知》《重

表2 重庆市公共文化服务和治理相关政策文本

发文单位	相关政策文本
重庆市委办公厅、重庆市人民政府办公厅	《关于加快构建现代公共文化服务体系的实施意见》（渝委办发〔2015〕23号）
	《重庆市基本公共文化服务实施标准》（渝委办发，2015）
重庆市人民政府办公厅	《关于做好政府向社会力量购买公共文化服务工作的通知》（渝府办发〔2015〕150号）
	《关于推进基层综合性文化服务中心建设实施方案》（渝府办发〔2016〕62号）
市级有关部门联合制定	《重庆市"十三五"时期贫困地区公共文化服务体系建设实施方案》（渝委宣发〔2015〕）
	《重庆市推进贫困地区村综合文化服务中心示范点建设实施方案》的通知（渝委宣发〔2016〕2号）

庆市政府购买服务暂行办法》等相关政策，建立健全政府向社会力量购买公共文化服务体制机制，公共文化服务社会参与机制逐步完善。

（三）城乡公共文化服务政策不断创新

重庆市在制度建设和体系完善的基础上，高度重视政策保障，不断创新政策内容和形式，构建起比较完备的公共文化服务和治理的政策体系。一是重庆市委、市政府将公共文化服务纳入全市国民经济和社会发展规划、社会事业发展规划、文化改革发展规划，编制了公共文化服务"十三五"发展规划。二是重庆市基于市情特点，明确提出了文化强市战略目标，并对重庆市现代公共文化服务体系建设的总体目标、重点任务、服务标准和保障要求作出了安排和部署，为构建重庆市现代公共文化服务体系提供了保障（如表2所示）。三是基于重庆的政策体系，各区县结合实际，也制定了相关文件和政策措施，明确了时间表和路线图，有力推动了重庆市现代公共文化服务体系建设（如表3所示）。

（四）城乡公共文化服务均等化水平显著提升

依托业已成型的城乡公共文化服务体系，重庆市加快推动公共文化服务均衡协调发展，深入挖掘城乡融合发展的文化动能。一是推动贫困地区公共文化服务跨越发展。重庆市针对14个贫困区县，精确瞄准，深入实施文化阵地设施提档升级、公共文化服务能力提升、文艺创作生产指导扶持、重点文化遗产保护利用、

表3　调研区县公共文化服务和治理相关政策文本

区县	公共文化服务和治理相关政策文本
北碚区	《北碚区基本公共文化服务保障标准》（北碚委办，2016）
	《北碚区加快建构现代公共文化服务体系的实施意见》（北碚委办〔2016〕11号）
	《北碚区建立公共文化服务体系协调机制工作方案》（北碚府办发〔2015〕75号）
万州区	《万州区加快构建现代公共文化服务体系的实施方案》（万州委办〔2016〕32号）
	《关于万州区建立公共文化服务体系建设协调机制工作方案的通知》（万州府办〔2015〕81号）
忠县	《忠县基层公共文化服务标准化建设实施方案》（忠县县委，2016）
	《忠县乡镇（街道）综合文化服务中心服务规程》（忠县文化委员会，2017）
	《忠县文化馆服务规程》（忠县文化委员会，2017）
	《忠县公共图书馆服务规程》（忠县文化委员会，2017）
	《忠州博物馆服务规范》（忠县文化委员会，2017）
	《忠县城区小区文化室（文化中心）管理办法》（忠县文化委员会，2018）
	《忠县推动乡村文化振兴工作方案》（2018）
武隆区	《关于做好政府向社会力量购买公共文化服务工作的通知》（武隆府办，2016）
	《武隆区全民阅读规划纲要及工作方案》（武隆文化委员会，2017）
	《推进武隆区村级综合文化服务中心示范点建设实施方案》（武隆党委办，2017）
	《武隆区推动乡村文化振兴工作方案》（武隆区府办，2018）

文化产业持续发展培育、人才队伍建设素质提升"六大攻坚工程"，有力保障了农村贫困人口基本文化需求。二是推动城乡公共文化服务一体化发展。根据城镇、农村人口变化等情况，重庆市积极推行公共文化固定服务向流动服务转变、传统服务向数字化服务转变、"送文化"向"种文化"转变，践行文化馆、图书馆总分馆建设，有效促进了城乡公共文化资源的合理配置。三是保障特殊群体基本文化权益。近年来，重庆市根据群体需求与特色，进一步为老年人、未成年人、残疾人、农民工、农村留守妇女儿童、生活困难群众提供了符合需求的公共文化服务，努力提高他们的文化获得感（如表4所示）。

三、重庆市城乡公共文化服务与治理的问题

重庆市公共文化服务建设由于起点低、基础差、投入不足，还存在一些突出的问题，表现在以下四个方面。

表4 调研区县保障特殊群体基本文化权益情况

区县	保障特殊群体基本文化权益相关情况
北碚区	把计生失独家庭、戒毒学员、农民工等特殊群体纳入重点保障对象，使其公平共享公共文化服务；在文化馆开辟真情会所，每年举办真情小年夜专场演出；在戒毒所建立文化艺术中心，常年开展阅读、演出、讲座、放电影等文化服务；利用流动图书车、电影放映车将文化送到农民工集中的工地；在街镇开办暑期文艺培训班；每年举办环卫工、农民工、农民工子女电影专场
万州区	为视障人群提供图书馆服务，共享公共文化服务；文化馆为留守儿童开展各种文化服务品牌的“小太阳”行动；增添留守儿童书法培训基地，畅通了公共文化服务的最后一公里；区图书馆与区残联在区图书馆一楼还开设了残障阅览室并对外开放
忠县	在基点学校全部建成卫星数字农家书屋，拓展了农村儿童数字阅读平台
武隆区	发布《武隆区“十三五”加快残疾人小康进程规划》；建立残疾人公共文化服务网络；组织开展残疾人文化周活动；挖掘培育残疾人特殊艺术种类；打造残疾人文化产业品牌，活跃残疾人文化产业市场；加强残疾人特殊艺术人才培养，组织开展残疾人特殊艺术会演

（一）公共文化服务体系建设距城乡融合发展目标要求仍有较大差距

一是城乡公共文化服务发展依然不够均衡。近些年重庆市城乡公共文化服务体系建设取得突出成绩，大幅度消除了城乡之间的“公共文化鸿沟”，但是城乡之间公共文化服务发展的不平衡依然存在，呈现出明显的“差序结构”，离城区愈远，公共文化服务愈弱。二是农村公共文化服务水平和效能不高。如调研就发现，部分乡镇综合文化站门可罗雀，不少农家书屋大门紧闭，即存在所谓“不开门，不见人”或“开门，不见人”现象，导致资源闲置和“沉睡”问题。三是农村公共文化活动供需错配问题依然突出。近些年重庆市各区县公共文化服务供给力度不断加大，但是真正面对农村、面向农民的文化产品生产始终不足，且既有公共文化活动形式较为单一，难以满足群众多元化、多样化的需求，也难以获得群众的认可与支持。

（二）城乡公共文化治理面临人才、资金等体制机制障碍

一是基层公共文化人才队伍“混编混岗”“专职不专干”“专干不专业”等现象突出。当前重庆市下辖各镇街综合文化服务中心均配备了相应编制的文化专干，但基层公共文化人才队伍普遍存在编制被侵占、年龄结构不合理、专业素质不高等问题。调研发现，乡镇文化站普遍拥有三个事业编制，但实际仅有一人为专职人员，其他专业人员则以混岗、抽调的形式从事其他工作，留守干部则年龄

在50岁左右，且普遍是由乡镇农业服务中心、计生服务站等单位转化而来，受教育程度在高中或中专及以下，文化艺术知识储备不足。二是城乡公共文化服务财政保障“投入不均”“来源单一”“持续性差”。目前重庆市公共文化服务供给的资金来源较为单一，主要以财政为主，尚未形成多元化的投资机制，企业赞助和社会捐助较少。对于街镇政府而言，其普遍存有“重经济建设、轻文化建设”的理念，其财力主要用来保工资、保运转、保民生、保中心任务或重点项目建设，对文化投入保障缺乏稳定性和持续性。三是社会参与公共文化服务存在“主体少”“玻璃门”“渠道少”等问题。当前，重庆市社会性文化服务机构规模小、数量少，且质量和水平不够高，专业性和技术性有待加强，导致公共文化服务的社会参与主体和政府购买服务的承载主体可选择性比较有限。

（三）面向文旅融合发展的城乡公共文化服务体系创新不足

一是文旅职能融合的深度不够，“两张皮”问题凸显。根据国务院机构改革方案，文化与旅游进行职能合并。但在实际执行过程中，文化部门与旅游部门的职能融合还未完全到位，依然呈现“分而治之”的情况，文化和旅游在人员、资源的融合和共享还有待深化。二是文旅理念融合亟须加强，“真融合”任重道远。长期以来，由于文化与旅游归属于不同的职能部门，导致部分基层干部对文旅融合的新发展理念还存在理解不到位的现象，片面认为文旅融合就是文化和旅游方方面面的结合，甚至以旅游统领文化工作，而不是以“宜融则融、能融尽融”探寻文化和旅游工作的最大公约数、最佳连接点。三是文旅服务融合尚存体制障碍，“深融合”前路漫漫。与公共文化领域相比，因其行业特点和原有管理体制所限，文旅公共服务体系在内涵、外延、发展依据、体系框架等方面并不十分明确，《旅游法》虽涉及少量公共服务内容，但更多侧重于产业促进和市场规范，因而如何统筹公共文化服务和旅游公共服务两大体系，实现二者的深度融合还面临着体制障碍。

（四）城乡公共文化服务体系的统筹协调机制较弱

一是城乡公共文化服务主体分散、目标分离，尚未形成整体合力。部分区县公共文化服务的执行主体相对比较分散。除文化系统外，宣传、组织、教育、共青团等党委政府部门都有各自的公共文化服务设施或项目，各自为政、独自建设、自成一体等现象不同程度出现，造成了资源浪费等问题。二是公共文化服务机构分级管理、条块分割，仍存在封闭式运行问题。区县和镇街层级的公共文化服务机构只对本级政府负责，较少考虑整合公共文化服务资源。以公共图书馆为例，绝大多数公共图书馆仍然遵循每级政府建设与管理一个图书馆的分级建设与管理体制，这形成了公共图书馆多级建设主体和多级管理主体的现状，使得实现更多业务关联存在障碍，难以在公共文化服务城乡一体化过程中发挥引领作用。

四、重庆市城乡公共文化服务与治理政策创新的建议

基于重庆市在城乡融合发展中公共文化服务存在的突出问题，本研究提出了重庆城乡公共文化服务与治理政策创新的建议。

（一）以城乡融合发展的文化动能为靶向，健全城乡公共文化共荣共生机制

1. 建立公共文化服务城乡互通联动机制

一是以区县文化馆、图书馆为中心推进总分馆制建设，加强对文化服务中心、农家书屋的统筹管理，实现农村、城市社区公共文化服务资源整合和互联互通。继续开展城乡文化互动，促进农村文化建设。二是大力开展流动文化服务，建立常态化服务机制，延伸公共文化服务范围。推进城乡“结对子、种文化”，加强城市对农村文化建设的帮扶，形成常态化工作机制。三是鼓励城区博物馆、图书馆、学校、社区以及企业等为农村留守儿童、城市流动儿童举办“文化游学”“文化夏令营”等活动，建设农民工文化驿站，保障特殊群体公共文化服务需求，提高他们的文化获得感。

2. 健全公共文化资源向农村和基层下沉机制

一是建立健全“文化下派员”和“文化专职管理员”队伍，推进文化下乡活动，创新乡村文化服务供给，使城乡居民享有同样的文化权利，共享文化成果，增强农民的文化获得感。二是吸引城市精英及乡村本土人才，大力发展文化产

业，引导企业家、文化工作者、退休人员、文化志愿者等投身乡村文化建设，在保护传承乡村原有文化的基础上，为乡村文化注入新的发展活力，丰富农村文化业态。三是充分发挥基层公共文化单位贴近群众、贴近实际、贴近生活的优势，赋予其在选择农村公共文化服务项目和方式上更大的自主权，调动基层公共文化单位积极性。四是进一步推动公共文化服务向城市社区中的小区、农村行政村中的小组和户延伸，建设小区文化服务中心、农村“文化大户”“文化大院”等，探索社区层面的文化服务体系。

3. 塑造各有特色的城乡公共文化互补机制

一是在城乡融合发展过程中要守住乡村文化根脉，立足我国乡村传统文明的基础上，有机吸取城市文明及外来文化优秀成果，推动乡村优秀传统文化渐进式创新性发展。二是农村公共文化服务建设要依托农村文化资源开展公共文化服务，充分发挥乡村风俗习惯、村规民约等优秀传统文化基因在推动文明乡村建设中的重要作用。三是要利用农村广场、戏台等公共空间，依托农村传统节庆活动、赶场等文化习俗，借助非遗技艺等生产方式、生活方式开展公共文化活动，推动农村公共文化服务通文脉、接地气。

（二）以公共文化领域重点改革为抓手，破解城乡公共文化体制机制梗阻

1. 优化城乡公共文化人才管理制度

一是区县根据文化建设实际需要，合理增加图书馆、文化馆、博物馆等文化机构编制，加强文化人才的培育培训，进一步提升队伍素质。二是加快实施文化类事业单位职员职务职级并行，缓解公共文化人才晋升压力过大的问题。三是对区、街道建立不同层次、各有侧重的文化人才评价、管理、使用体系，特别是人才评价上应单独制定基层文化事业单位职称评价办法，定向评价，定向使用，鼓励专业技术人才留在基层，服务基层。四是加强公共文化人才的上派下挂，指导帮助街镇、村社提高文化技术水平。五是足额配齐乡镇（街道）综合性文化服务中心编制，做到专人专用，积极开展文化专干“请进来、走出去”交流活动。六是积极挖掘民间文化队伍，重视发现和培养乡土文化能人，积极发挥他们在“种

文化”上的作用，建设充分展示本土特色的公共文化人才队伍。

2. 推进城乡公共文化服务供给的社会化机制

一是转变群众是公共文化服务被动接受者的观念，鼓励更多的社会力量特别是农村群众自身参与农村公共文化服务。充分尊重农村群众文化活动选择权，建立农村群众公共文化服务需求调查机制，完善按需提供服务机制。二是适应数字化时代的要求，鼓励更多的互联网企业参与提供公共文化服务产品，积极探索委托提供数字化产品的方式，为公众提供多样化的公共文化服务，提高公共文化产品的针对性。三是大力推进文化志愿服务。完善文化志愿者选拔招募、服务管理和激励保障机制，建立各区县文化志愿者注册系统和数据库，动员组织专家学者、艺术家等社会知名人士参加文化志愿服务。四是加大公共文化服务社会化承接组织的培育力度。健全完善政府向社会力量购买公共文化服务机制，扩大政府购买服务范围，鼓励社会力量参与公共文化服务，通过兴办实体、赞助活动、捐资捐物等方式提供公共文化服务，实现提供主体多元化。

3. 完善基本公共文化服务的多元投入机制

一是各级财政要加大对基本公共文化服务的投入，拓展公共文化服务建设资金筹集和投入渠道。区县级财政应足额拨付公共图书馆购书经费、文化馆（站）群众文化业务经费、公共文化机构免费开放经费及农村文化建设专项资金、非物质文化遗产保护经费。公共财政重点要扶贫扶弱，为推进基本公共文化服务“兜底线、补短板”，雪中送炭。二是创新公共文化服务投入方式，采取政府购买、项目补贴、定向资助、贷款贴息等政策措施，引导和鼓励社会力量参与公共文化服务体系建设。

（三）以推动文化和旅游深度融合为引导，创新城乡公共文化服务体系

1. 拓展城乡公共文化服务内涵，打造城乡文旅融合的“两个平台”

一是按照“宜融则融，能融尽融，以文促旅，以旅彰文，和合共生”的要求，促进农村公共文化服务与文化产业、旅游业的结合，发挥公共文化事业引领文化产业和旅游业、文化产业和旅游业涵养公共文化事业的作用，推动其成为邻里守望相助、共筑精神家园、增加城乡居民凝聚力的平台。二是围绕提供优秀文

化产品和服务、优质旅游产品和服务这一中心环节，探索文旅融合的有效路径，促进文化和旅游公共服务资源共享和整体效能提升，并依托第二批公共文化服务体系示范区，打造富有浓郁地域特色、百姓与游客欢迎、文旅深度融合的现代公共文化服务新模式，使文旅融合成为增强居民幸福感的平台。

2. 加强现有公共文化设施和旅游公共设施的整合

一是在继续提升公共文化服务保障水平的同时，将文化公共服务的投入、设施和服务内容同旅游公共服务有机衔接，将公共文化设施社会化运营试点同发展旅游有效结合，在文化公共服务设施中丰富旅游和教育功能，在旅游公共服务设施中增加文化内容。二是重点依托国家公共文化服务体系示范区、城市旅游服务中心、全域旅游服务中心等，促进文化和旅游公共服务的一体化。引导公共文化机构在服务好当地居民的同时，面向游客提供文化服务。三是推动重点旅游区域基层综合性文化服务中心、重点旅游乡镇的公共文化服务站与旅游咨询中心、旅游休闲设施统筹建设与运营；推动城市书房、特色图书馆以及流动公共文化服务设施纳入旅游目的地或旅游点规划，串联进入相关旅游线路；推动文化志愿服务进旅游景区、旅游度假区；推动农家书屋等农村文化公共服务设施与乡村旅游公共服务设施整合；推动图书馆、文化馆、博物馆等旅游服务配套功能建设，加强文创产品开发，丰富旅游产品文化内涵。

3. 挖掘乡村传统文化，促进农文旅融合发展

一是立足城市游客的乡愁情结，利用乡村传统文化的优秀因子，形成既能够“留住乡愁”又与现代文化旅游产业有机融合的具有乡村独有价值和显著地域特色的乡村文化和乡村风貌，提升乡村旅游的文化底蕴和特色魅力。二是在乡村振兴背景下，探索“农业+文化+旅游”（农文旅）融合发展模式，根据不同村社特点打组合牌，例如“家庭农场+农耕文化+农事体验游”“田园景观+山水文化+乡村山水游”“乡村风情+民族文化+民俗民风游”“美丽乡村+休闲文化+乡村度假游”“和谐乡村+养生文化+康体养生游”等。

（四）以盘活公共文化资源的存量为手段，打通公共文化服务体系运行机制

1. 以“新时代文明实践中心”建设为契机，整合公共文化服务体系

一是以全市为整体，以市、区县、镇街、村社四级为单元，以志愿服务为基本形式，以“新时代文明实践中心”建设为契机，打通城乡公共文化服务体系的运行机制、文化科技卫生“三下乡”的工作机制、群众性精神文明创建活动的引导机制。二是提高城乡公共文化人员队伍、资金资源、平台载体、项目活动的整合力度，推动基层宣传思想文化工作和精神文明建设改革创新，实现更富活力、更有成效、更可持续的发展。

2. 盘活存量资源，扩展公共文化服务体系的范围

一是要充分利用现有城乡公共设施，统筹建设集宣传文化、党员教育、科技普及、普法教育、体育健身等多功能于一体的基层公共文化服务中心，配套建设群众文体活动场地，促进文化资源的集约使用。二是要进一步破除体制障碍与政策壁垒，理顺公共文化建设的机制体制，跨部门、跨单位设立公共文化建设协调领导小组，推动工、青、妇、科、教等分散在不同部门的文化设施纳入公共文化服务体系，盘活现有存量资源，提高各类设施的使用率，提升社会效益。三是要探索打破行政边界，建立公共文化区域联盟，推进跨行政区域的公共文化服务互联互通，实现公共文化资源的共享共建。

3. 深化“校地合作”，推进公共文化共建共享

一是要拓宽和深化各区县与当地高校的校地合作，积极发挥高校在文化传播和知识创新中的源头作用，充分利用高校在高素质专业人才、科技文化场馆、先进设备设施和成熟人才培养模式方面的优势，积极探索“双学双进”公共文化合作模式。二是要鼓励高校邀请基层文化工作者到学校进行文化交流和培训，同时高校老师也要积极走进区县基层文化机构进行挂职锻炼，让师生和实践工作者相互学习。三是要引导高校学生以课程实践、专业实习、“三下乡”调研、创新创业项目训练等方式深入基层，进行公共文化服务调研，并基于学科特色，向政府部门提交关于推动公共文化服务体系建设的政策建议，服务公共文化发展。

五、结语

在党的十九大报告中，习近平总书记指出“经过长期努力，中国特色社会主义进入了新时代，这是我国发展新的历史方位”[①]。在中国特色社会主义新时代，“我国社会主要矛盾已经转化为人民日益增长的美好生活需要和不平衡不充分的发展之间的矛盾”，而不平衡不充分则集中体现为城乡社会的发展不平衡和农村发展的不充分。基于这样的背景，习近平总书记提到要推动城乡融合发展。公共文化建设作为新时代满足人民日益增长的美好生活的重要手段，有利于保障人民群众的基本公共文化权利，促进基本公共文化服务更好地实现均等化，加快城乡融合进程。基于此，本研究以问卷调查与访谈法，从城乡融合的背景出发，以重庆市公共文化为研究对象，对重庆公共文化服务现状进行了分析，总结了其发展的成效与面临的困境，并据此提出了促进城乡公共文化服务与治理创新的建议，以期通过公共文化建设和治理促进城乡社会融合，推动新型城乡关系的重塑，为实现城乡融合发展作出贡献。

①习近平．决胜全面建成小康社会 夺取新时代中国特色社会主义伟大胜利：在中国共产党第十九次全国代表大会上的报告［J］．党建，2017（11）：15-34．

地域文化元素在重庆轨道车站空间设计中的应用探讨[①]

程　荣[②]

一、地域文化与轨道车站空间

地域文化专指中华大地特定区域源远流长、独具特色，传承至今仍发挥作用的文化传统。其在特定的自然环境与社会因素等共同作用下，形成的长期稳定的社会文化，具有深厚的历史文化底蕴，同时又有鲜明的文化特色。地域文化主要以区域为元素进行划分，不同区域之间存在明显差异，差异性是地域性文化存在的基础，持续性是地域性文化存在的条件。地域性文化伴随着区域内社会的发展不断地更新，在不同的历史时代呈现出不同的文化形态。在当今社会，地域文化的传承发扬须以现代化建设为载体，利用多种媒介方式进行再现表达。

轨道车站公共空间因客流量大且使用频率高，其视觉艺术作品更易对受众产生潜移默化的影响。人们开始将车站公共空间内的艺术作品作为展示地域文化的重要方式。城市基础设施的艺术设计与地域性文化息息相关，轨道交通作为重要的基础设施与其更是密不可分，以地域性文化元素为创作源泉，融入轨道车站公共空间的设计中。对于城市建设而言，首先，对车站空间起到一定的美化装饰作用；其次，有利于提升本地乘客的文化认同和情感归宿；另外，也使现代化的工业产品更具人文气息。对于地域文化而言，不仅达到一定的装饰效果，更是自身发展的必经之路。独具特色的城市交通文化是地域文化在新时代背景下的新发

---

① 原载于《中国民族博览》2020年第9期。

② 程荣（1996—），女，山东宁阳人，硕士在读，研究方向：艺术设计应用与理论研究。

展，其不断丰富延伸着地域文化的内容。人们开始逐渐意识到轨道车站公共空间是文化展示的重要场所，国内外许多城市开始将车站公共空间的文化展示作为推动其城市发展和塑造城市形象的重要途径之一。

二、地域文化元素在重庆轨道车站空间的分析研究

（一）重庆地域文化分析

地域文化的孕育离不开特定的地理环境。重庆地处长江上游的四川盆地，区域内高低不平，长江与嘉陵江在此交汇，形成了山环水抱、江峡相拥的特色地貌，也因此号称“山城”“雾都”“火炉”。区域内长江与嘉陵江组成的水域网使重庆成为长江上游最大的港口城市。水域线路的发达，造就了独具特色的“桥都文化”“码头文化”。

民俗文化的形成离不开特定的空间结构，民众长期形成约定成俗的生活习惯，以特有的表达方式从不同角度诠释着地域文化的特性。特殊的地理位置使码头处在地势较低的河滩，长期活跃在码头附近的“棒棒军”是重庆的一张文化名片。商贩、纤夫长年游走在通航的码头之间，形成了独特的码头饮食文化——火锅。在往来交流之间，产生了以“川江号子”为代表的码头语言文化，以听评书、饮茶为代表的茶馆文化，都伴随着社会发展应运而生。重庆人幽默豪爽的个性、耿直的性格在重庆特有的“言子儿”文化中展现得淋漓尽致。历史上大规模的移民活动，造就了重庆地域文化开放包容的特色。

重庆因特殊的地理位置，从古至今，在政治舞台上都扮演着重要的角色。从古代巴国到近代包含红岩精神的战时首都，再到 1997年设为直辖市，不断地为重庆地域文化注入新血液。多变的山城地势，加之现代灯光设计，3D 魔幻地形成为重庆城市文化的一张新名片。随着社交媒体的推广，“洪崖洞”“磁器口”等景点的宣传，使重庆成为新一代的“网红”城市，为城市文化的发展助添新的动力。

（二）轨道车站艺术设计对地域性文化的表达

重庆轨道交通从开通至 2019年 12 月，在运线路 10 余条，共设车站 190

个，换乘站 21 个，里程长度居国内第六，西部第一。重庆的轻轨因地形原因穿越江河、隧道，甚至居民楼等多样景观地段，成为穿梭在山城里的移动观光路线。随着地铁文化建设，乘客们对轨道交通的认识也从交通运输工具的实体状态逐步转向为城市形象建设的文化符号。重庆轨道交通建设逐步形成线路基础设施建设与艺术空间设计协调发展模式，以“人文风情”为主题的轨道车站空间设计，比如两路口、沙坪坝、南坪等车站，采用平面装饰和浮雕的表现形式，集中讲述了重庆巴渝传统习俗，百年发展历程的老重庆回忆，寻常百姓的生活变迁等内容。以“自然人文景观”为主题的小龙坎、烈士墓等站，大面积室内涂鸦艺术，带给人们不同的视觉感受。“文化遗产”为主题的江北机场站等，以平面装饰的方式，将青花瓷艺术与重庆特色建筑景点相结合，展现出素雅、清净的文化氛围。另外，李子坝、磁器口、茶园等站无不展示着重庆地域文化风情。

（三）巴渝文化融入公共交通空间的设计思考

重庆轨道交通在过去十多年发展中，形成一线一主题的设计风采。在具体公共空间设计上仍存在很大的发展空间。首先，对于地域文化挖掘较浅，地域文化展示内容整体性不足。车站艺术设计主要从言子儿文化、老重庆记忆和阶段性展览等方面出发，对于重庆地域性文化表达远远不止这些。随着时间的推移，如何将更多时代性的文化题材转化为具体的设计内容，需要对其深入思考。其次，设计资源分布不均，具有艺术设计感的车站为数不多，多数以商业招贴为主，在车站设计方面还存在很大的空间。地铁空间内人流量的多少同样影响着车站内艺术设计的分布，网红车站——李子坝，因轻轨横穿居民楼而出名，使得外地游客慕名而来，其空间设计可作为展示地域文化的重要场所。作为城市印象的第一站，机场、火车站等人流密度较大的车站，在满足基本的导视系统后，应充分利用站点资源，积极向公众推广城市文化。另外，随着社会发展，人们对于艺术作品的质量和审美要求越来越高，艺术手段的单一性在不同程度上制约着城市文化的宣传发展。应突破以室内涂鸦、平面装饰和浮雕等传统的呈现方式，利用多种表现方式和传播媒介，增强设计作品与公众的互动性，使地域文化以更加新颖的方式呈现。

三、地域文化设计在轨道交通公共空间的创新发展

在现代化进程的今天，越来越多的建筑样貌趋于一致，公共空间偏于同质化。为提高城市文化竞争力，在城市文化的宣传推广上须立足于地域文化的独特性。设计过程中对地域文化元素的运用并不是简单的图形再现，在对文化要素、历史传统等方面充分了解的基础上，对文化内涵的提取再设计是关键。为避免设计方存在的知识盲区，过程中多方指导共同合作，将文化思想层面的内容转变为具体的艺术象征，利用重组、简化等设计手法使地域性文化的内涵在现代社会有更多的表现形式，使传统元素与新时代紧密相连。

地域文化的延续产生自人民群众，轨道公共空间的艺术设计并不是以艺术家为核心，而是立足于社区群众的精神文化需求，其艺术效果由社区群众判断。通过作品征集等方式确保公众的参与性，利用多种设计手法保证作品与公众之间的互动性。在设计过程中，充分考虑市民出行的情感因素及心理需求，利用艺术作品缓解在半封闭环境下的不适感，赋予群众感官上的享受和精神上的愉悦。在轨道公共空间内，艺术作品不仅只是感官上的欣赏，更多需要的是实用功能上的人文关怀，艺术设计不再只限于墙面上的装饰内容，对于站内的公共座椅、扶手栏杆等接触使用率较高的基础设施艺术化设计同样重要。实用与审美同在的公共艺术作品在体验中更能增强群众的认可率。

轨道交通站点在区域内呈线性连接，站与站之间构成了城市的交通网络。因此，站点并不是孤立存在的，在公共空间的艺术设计上应注重线路之间的连贯性，为避免设计主题的杂乱无章，最大程度上根据站点位置、区域文化元素等对线路主题进行梳理定位。在车站规划之初，把艺术作品与建设规划放在同一维度下考虑，形成出入口前广场、出入口、扶梯、站厅、站台、车厢至下一站的系列性的艺术长廊，使站点与内部装饰之间形成有机设计体。同时，以多样性的表现手法和丰富的设计主题避免乘客们的视觉疲劳。当具有艺术特色的车站由点及面时，对于地域文化的传承推广起到更大的促进作用。

四、结语

在新时代多媒体的传播下，重庆轨道交通的知名度逐渐提高。比如李子坝站的穿楼而过、平安站至大渡口站的九十度大转弯、红土地的全国最深地铁站等，成为网红车站多是因为重庆区域地形的自然因素，文化等其他社会因素的影响较小。近年来，重庆轨道交通逐步由主城向周边地区延伸，地域性文化为轨道交通公共空间的装饰设计上提供重要的灵感来源，将重庆的地域文化注入轨道公共交通空间设计中，逐步形成富有特色的轨道交通文化，对区域内地域文化的传承和当代城市影响力的建设具有重要意义。

参考文献

[1] 王纪武. 人居环境地域文化论：以重庆、武汉、南京地区为例 [M]. 南京：东南大学出版社，2018.

[2] 李兆友，王健. 地铁与城市 [M]. 沈阳：东北大学出版社，2009.

[3] 章萍芳. 地域文化特色的地铁车站空间艺术设计研究 [D]. 南昌大学，2008.

[4] 高睿. 论国内地铁空间中城市文化的视觉传播现状及其发展 [J]. 设计，2016（17）：140-141.

[5] 付莉. 文化共生性视角下的合肥地铁公共空间艺术设计 [J]. 兰州工业学院学报，2019，26（5）：109-112.

文旅融合背景下公共图书馆创新服务的实践及思考[①]

——以重庆地区公共图书馆为例

赵德菊[②]

2009年《文化部、国家旅游局关于促进文化和旅游结合发展的指导意见》文件中提出，文化是旅游的灵魂，旅游是文化的重要载体。10年来已经出台了系列相关政策，其中专门部署文化和旅游融合发展的中央意见主要有两个，涉及具体领域的政策文件几乎年年有，2018年4月8日，文化和旅游部正式挂牌，开启了文化和旅游融合发展的大幕。2019年1月，文化和旅游部部长雒树刚在2019年全国文化和旅游厅局长会议上指出，要推动文化和旅游工作各领域、多方位、全链条深度融合，实现资源共享、优势互补、协同并进，为文化建设和旅游发展提供新引擎新动力，形成发展新优势。并提出了“理念融合、职能融合、产业融合、市场融合、服务融合、交流融合”的文旅融合的新路径[③]。笔者通过对公共图书馆在文旅融合中的作用，列举了重庆地区公共图书馆在守好阵地服务的同时，结合地方文化、特色文化加强对重庆旅游文化的宣传，不断创新服务模式，开展了系列活动，呈现出一些文旅融合的经典案例，并对公共图书馆在文旅融合发展中提出了思考。

---

① 原载于《内蒙古科技与经济》2020年4月第8期总第450期。

② 赵德菊（1982— ），女，汉族，重庆图书馆馆员，主要研究方向：读者服务工作、全民阅读推广，曾发表论文多篇。

③ 张林林. 全国文化和旅游厅局长会议在京召开，努力推动文化建设和旅游发展再上新台阶［EB / OL］. https：//www.mct.gov.cn/whzx/whyw/201901/t20190106 836811.htm,2019-06-14.

一、公共图书馆在文旅融合时代作用

（一）渗透文旅融合新理念，推动文旅深融合，提升公共图书馆旅游形象

思想是行动的先导，要把理念观念融合放在首要位置，从思想深处，从根子上打牢文化和旅游融合的基础，推动文化和旅游的深融合、真融合。旅游是文化的重要载体，文化是旅游的灵魂。早在1981年，著名经济学家于光远先生就在《旅游与文化》一文中指出：旅游不仅是一种经济生活，也是一种文化生活，旅游业不仅是一种经济事业，也是一种文化事业；从旅游资源的角度看，文化事业的发展也具有决定作用。公共图书馆人，要紧跟时代步伐，渗透文化与旅游融合的新理念，认识到文化与旅游的融合具有很强的必要性和可行性，对外，优化图书馆的建筑风格，公共服务环境，进行提档升级；对内，加强图书馆馆员对文旅融合新理念的认识，在文旅融合的有利契机下，不断创新服务模式，提高服务质量，提升图书馆旅游形象。重庆图书馆在第二届重庆文旅新地标、首届重庆最美历史文化古迹评选活动中，凭借极具时代感和感召力的场馆建筑、内涵丰富的特色馆藏、喜闻乐见的文旅活动，成功入选重庆文旅新地标，成为旅游者的又一打卡胜地。

（二）整合文化旅游资源，守好阵地服务的同时宣传地方文化，成为旅游文化宣传的重要阵地

公共图书馆是实现文旅融合发展的重要支撑力量，要利用图书资源、文化资源方面的优势，充分开发地方文化，保护地方文化，以便借助丰富的地方文化为当地旅游产业的发展提供配合。图书馆在资源整合的过程中，还需要注意与当地景区经营者、管理者保持沟通，了解其文旅融合模式的推行状况，针对性调整资源整合策略，进而更好地发挥自身推动文旅融合产业发展的作用与功能。

二、公共图书馆在文旅融合背景下的创新服务的理论及实践案例

党的十九大以来，习近平总书记高度重视文化和旅游融合发展，并多次发表

重要讲话指明发展方向。在习总书记重要论述的指引下，公共图书馆坚持高质量发展方向，不断创新工作模式，拓展服务半径，提升服务效能，推动文化与旅游在更广范围、更深层次、更高水平上实现融合发展。

（一）“图书馆+旅游”，开启文旅的深度融合

重庆图书馆先后与重庆旅投集团联合打造了长江黄金邮轮“图书流通点”“天星小镇旅图驿站”，在“的米城市民宿”建立的24小时城市书屋，体现了“图书馆+旅游”的深度融合。

1.“图书馆+重庆长江黄金邮轮”。长江黄金系列邮轮是重庆市委、市政府为贯彻落实“长江经济带”建设战略部署，由重庆旅游投资集团有限公司于2011—2013年期间建成上线的第五代长江豪华游轮舰队，是各级部门单位大型会务及政务、商务要客接待活动在重庆市内的首选之一，也是重庆市旅游对外营销的首推项目。重庆作为新一线大城市，人口众多，文化消费具有巨大潜力；在“一带一路”和“长江经济带”中，重庆也扮演着越来越重要的角色。在文化产业的发展上，理应发挥出更加重要的作用。重庆图书馆在守好阵地服务的同时，与重庆旅游投资集团合作，建立了长江黄金邮轮“图书流通点”，并定期为邮轮送上图书期刊等馆藏资源，宣传重庆图书馆活动等资料，延伸了图书馆的服务，拓展了服务空间，推动文化与旅游在更广范围、更深层次、更高水平上实现融合发展。

2.“图书馆+天星小镇旅图驿站”。作为重庆图书馆首个在5A级旅游景区设立的“图书流通点”，金佛山是国家5A级旅游景区，同时也是世界自然遗产，自然旅游资源得天独厚。天星小镇作为金佛山旅游的一个标志性景点，占地约1.8平方千米，总建筑规模120万平方米。“旅图驿站”位于小镇入口处，占地约200平方米，提供了2000余册国学、旅游、文学等休闲类图书让游客免费阅览，有效地把小镇“慢”文化与图书“静”阅读相结合，让游客游览小镇之余，走进旅图驿站，享受阅读乐趣。

3.“图书馆+民宿”，拓宽文旅融合的服务空间（以渝中区图书馆为例）。随着旅游市场发展的日益蓬勃，民宿逐渐成为人们从事旅游活动时，尝鲜与体验另类旅游的场所，民宿最大的特点就是地方性和特色性，民宿的外观、建筑风

格、内部设施等都承载着本土文化特色，是展示、宣传本土文化的重要窗口。因为电影《从你的全世界路过》，鹅岭二厂文创园进入了更多人的视野。如果你来到二厂，在拍照打卡的同时，不妨走进“的米城市民宿”，一定会有更加意外的惊喜发现。政策优势乡村振兴战略的提出，是图书馆与民宿结合的契机，是图书馆延伸服务的最佳场所，拓宽了图书馆服务的空间，推广了全面阅读活动，融合了文旅融合的理念。渝中区图书馆在“的米城市民宿”中设立的24小时城市书房，摆放了上万册图书供游客借阅，游客休息和住宿时可凭身份证现场在自助机器上办证借阅，走进民宿图书馆，不管是老人、孩子、朋友，既能享受休闲，也能进行亲子阅读，亲切的交流等活动。

（二）“图书馆总馆+分馆”模式

江北国际机场空港分馆是重庆图书馆积极响应文旅融合发展理念，促进文化和旅游公共服务资源共享而打造的特色分馆，也是全国第一家公共图书馆机场分馆。空港分馆在江北机场不同大厅共设5个图书布点，藏有政治、经济、人文、旅游、历史、科学等各类名家经典著作及介绍重庆风土人情、历史文化的书籍共计5000册。根据反馈意见，重庆图书馆适时增补书籍，以更好地满足旅客的阅读需求。此外，重庆图书馆立足本地得天独厚的抗战文化、革命文化、统战文化历史资源和文化载体，在红岩村、中山四路、两江国际影视城等热门旅游景点打造了红岩村社区分馆、曾家岩分馆、两江国际影视城分馆等多个特色分馆，收藏、陈列介绍红色文化、民主联盟、抗战文化等方面的图书和影像文献，供广大市民借阅查询。通过这种总分馆制深入推动全民阅读与景点游览相融，培育市民人文精神，助力城市文化新地标建设，提升城市文化形象。

（三）“图书馆+活动”，助推文旅事业向前发展

重庆图书馆要按照习近平总书记对重庆提出的“两点”定位、“两地”“两高”目标和“四个扎实”要求，抓住文旅融合的契机，利用图书馆讲座、展览等常规活动，向公众推介文化旅游资源。

1. 图书馆展览、讲座（以重庆图书馆、渝中区图书馆为例）。为落实贯彻总书记一直强调让文物说话、让历史说话、让文化说话，更好地宣传了重庆文化、民

族文化，重庆图书馆献礼新中国成立70周年，开展了“百姓生活记忆展”，渝中区图书馆的“三峡大讲坛·渝中讲台”，2019年8月24日下午，主讲周老师从一张重庆的名片火锅图入手，结合最近重庆几大网红景点，给听众呈现了一个丰富多彩的重庆城。了解了现在的重庆城，古时候的巴国，将一个巴国的文化展示在了听众的眼前，让听众继续传承忠贞、精诚、革命、爱国等巴渝文化精神。

2. 展览进景区（以潼南区图书馆为例）。2019年2月28日，在潼南区文化旅游委的组织下，潼南区图书馆联合区数码摄影家协会承办的“潼南文化旅游风光图片展”和“爱心流动书吧”赠书活动在陈抟故里景区游客接待中心广场举行。从640幅摄影作品中精心选出，内容分为城市风光、古镇风光、民俗风光、水韵潼南、花漾潼南、红色风光、绿色风光七个板块，展示了潼南的秀丽山水和幸福宜居魅力。通过在景区开展风光图片展和互动赠书活动，图书馆的爱心流动书吧，不仅丰富了景区游客的休闲阅读生活，充实了公共文化服务内容，更提升了景点的文化旅游服务品质。

3. 十大网红景点赠书活动（以重庆图书馆“行走的图书”为例）。重庆图书馆2019年第四季“行走的图书”活动，重庆图书馆工作人员身穿“黄马甲”来重庆的网红地标，把重庆的文化带到十大网红景点。赠书地点：渝中区：（1）长江索道（新华路站）；（2）洪崖洞景区；（3）李子坝观景平台；（4）重庆中国三峡博物馆；（5）某知名连锁火锅（洪崖洞店）南岸区；（6）长嘉汇购物公园；沙坪坝区；（7）重庆红岩革命历史博物馆；（8）磁器口古镇；渝北区；（9）重庆两江国际影视城（民国街）北碚区；（10）重庆自然博物馆。

4. 以书为媒，宣传旅游文化（涪陵图书馆“诗和远方的结合”）。古籍和地方文献作为体现馆藏特色的重要文献资源，是一个地区宝贵的文化遗产和精神财富，具有鲜明的地域性、资料性、时代性的特点，逐步成为广大市民和游客了解一个地区文化底蕴、不同历史时期及不同发展阶段成果的特色文献资料[①]。涪陵图书馆为实现文旅融合，有效利用自身资源，以涪陵古籍文献资源、涪陵江城文

① 刘凡霆．关于地市级公共图书馆拓展文旅融合服务空间的思考——以枣庄市图书馆为例［J］．人文天下，2019，（8）：44-48．

化、非物质文化遗产等涪陵文化元素，获得前往参观旅游的欧美及拉丁美洲游客青睐，进一步深度挖掘涪陵文化的内涵，真正彰显“诗和远方”“现代与传统”的融合，将图书馆打造为对外开放的一道亮丽名片。

（四）“图书馆+文创产品”，彰显文旅融合的“重庆符号”

“文创产品是特定的文化内涵的外在表现形式，需要根据所依托的文化资源和要素，在文化灵魂和表现形式上追求内在的统一”[①]。在文创产品的设计上，应彰显文旅融合的“重庆符号”。如重庆图书馆结合自身发展及历史，设计出了重图70周年纪念邮册、纪念印章、重图出品丝绸扇、重图书签等系列文创产品，丰富旅游伴手礼的文化含量，展现巴渝文化魅力。

三、文旅融合背景下，对公共图书馆服务的思考

（1）公共图书馆如何转变观念，从思想深处，从根子上打牢文化和旅游融合的基础，推动文化和旅游的深融合、真融合。（2）结合旅游文化产业的发展趋势，公共图书馆如何创新服务模式，突出重点，抓好文旅融合[②]。（3）公共图书馆如何发挥资源优势，促进旅游文化产业的转型升级。（4）在文化和旅游的可持续发展中公共图书馆的使命等等。

---

① 陆文励，胡晓芬．博物院文创拒绝一成不变［N］．中国文化报，2019-03-30（03）．
② 旅游产业与文化产业融合发展研究［M］．北京：中国书籍出版社，2017：179-192．

重庆主城区城市空间结构演变与优化①

——基于公共服务功能组织视角

彭瑶玲　张　臻　闫晶晶②

一、引言

城市空间结构是城市的骨架，建成后改变难度较大，对城市效率、碳排放与能源消耗具有锁定作用[1]。研究表明，城市空间结构与城市公共服务功能的组织与整体运行效率密切相关。潘海啸（2008）、丁成日（2008）认为，有序的多中心模式能有效疏解大城市在中心区的过度集中，从根本上解决大城市空间结构外部不经济问题，促成服务均衡[2-3]。付磊（2012）指出多中心的空间结构有利于居住、工作的就地平衡，在空间上形成新的“最佳经济规模”，以提升空间效率[4]。赵莹（2007）提出中观结构在整个空间结构系统中具有承上启下的关键性作用，对实现（特）大城市效率具有重要的战略意义[5]。综上，合理的城市空间结构不仅有利于城市居住、工作功能的就近组织、公共服务的均衡化，还有利于提升城市运行的经济性和整体效率。

截至2015年，我国500万人口的特大城市已达12个，1000万人口的超大城市达3个③。随着城市规模的快速扩张，传统的单中心圈层空间扩张模式所引发的公

① 原载于《城市规划》2020年第44卷第5期。

② 彭瑶玲（1963— ），女，硕士，重庆市规划设计研究院副院长、总规划师，正高级工程师，中国城市规划学会城市生态规划学术委员会副主任委员。张臻（1984— ），博士，重庆市规划设计研究院正高级工程师。闫晶晶（1986— ），女，硕士，重庆市规划设计研究院高级工程师。

③ 据2015年全国主要城市统计公报、统计年鉴。

共设施服务的绩效水平降低、交通出行时间大幅度增加和运行效率降低等问题日益凸显，在城市经济转型与消费升级的同时，面临着严峻的城市功能重组与空间结构转型的问题[6]。

重庆主城区是我国"多中心、组团式"城市空间结构的典型代表，由于地处西南山地，受山水阻隔，其空间结构形成具有内在必然性，同时兼具复杂性。因此，在当前城市空间发展面临转型的背景下，以重庆主城区为例，基于公共服务功能组织的视角，从整体层面开展城市空间结构规划研究，对于有效破解山地超大、特大城市的空间结构性问题，推动新时期城市空间转型提升，建设高效低碳城市具有重要意义。

二、重庆主城区"多中心、组团式"空间结构的演进历程

（一）自然基础与空间形态特征

重庆主城区地处世界上最典型的褶皱山地—— 川东平行岭谷地区，总面积为5473平方千米。受自然条件所限，城市建设用地零碎，城市空间由山体、江河及绿地分隔为若干组团、片区，形成了大山大水、大疏大密的空间形态特征。

（二）"多中心、组团式"空间结构的规划探索历程

重庆历史上所编制的5版总体规划，都将城市空间结构与公共服务功能的组织关系作为重要的规划探索内容。

1946年编制的《陪都十年建设计划草案》是第一版总体规划，其奠定了重庆主城区"组团式"城市形态的雏形[7]。1960版《重庆城市初步规划》首次提出"有机松散、分片集中、分区平衡、多中心、组团式"的空间布局模式，该时期公共服务主要依托工作单位提供，采用"单位办社会"的方式，以满足居民的基本生活服务需求为主，设施一般包括中小学、托幼、医疗、生活用品供应等，多布置于单位大院内，生产生活空间接近。由于机动车尚未普及，生活用品采取配给制，城市中心的服务功能较弱，跨组团的出行需求极少，与这种"低标准、平均化"的公共服务状态相对应的是"低出行、高步行"交通出行特征以及点轴状

的交通组织方式。由于山水阻隔，城市呈点聚状、团状相对独立发展，呈现“大分散、小集中”的城市空间形态。改革开放后，随着“单位办社会”的解体，居民物质和精神生活水平的日益提升，大量社会化的公共服务设施应运而生，同时，随着城市道路由树枝状向网络化、系统化发展，公共服务设施开始突破原有的空间束缚，在各自适宜的区位集聚发展。1997年直辖以来，主城各区开始依托交通轴线在位置适中的节点规划建设城市副中心，“多中心、组团式”城市空间结构初步形成。历经1983版和1998版城市总体规划，这一结构在理论上更加成熟，在实践上得以延续。2007版《重庆市城乡总体规划》和2011年总规修改，在沿袭原有城市结构的基础上，提出了“一城五片，多中心、组团式”的城市空间结构，组团边界进一步明晰，组团数量有所增加，并规划了由城市中央商务区、城市副中心以及若干组团中心构成的城市中心体系[8]。随着城市的发展，规划范围也从陪都时期的约300平方千米逐步扩展到5473平方千米。经过直辖20余年的发展建设，主城区以步行商圈为特色的“一主四副”的中心体系相继建成，“多中心、组团式”城市骨架基本形成。

重庆“多中心、组团式”空间结构的形成是自然选择、社会经济发展、规划引领多重作用的结果。就公共服务功能组织的视角而言，相较“单中心、圈层蔓延”城市，“多中心、组团式”的城市具有明显的优越性。一方面，“多中心”发展有利于均衡市民对公共服务的需求，缩小出行半径，减少出行时间，分散单中心带来的交通压力，降低交通能耗和碳排放，提高城市整体运行效率；另一方面，“组团式”发展有利于适度分解特大城市规模，结合多中心统筹组织居住和工作功能，实现生产生活就近平衡，大幅度降低城市通勤量和减少交通拥挤，建设宜居城市。在重庆主城区2014年的居民机动化出行结构中①，公共交通占69.6%（地面公交49.9%，轨道交通10.98%，出租车和轮渡索道8.72%），在国内同等规模城市中最高。出行行为中步行占46.3%，在全国城市中名列前茅[9]。

① 据《2014年重庆市主城交通发展年度报告》。

三、新现象与新问题

成为直辖市以来，重庆主城区经济发展迅速，空间规模和人口规模急速扩大，2010—2013年间建成区面积扩大了约185平方千米[①]，组团界粘连发展，机动车广泛使用，并以年均17%的速度增长[②]。同时，居民人均出行次数和机动化出行比例持续上升，原有的“多中心、组团式”结构面临新的问题与挑战。

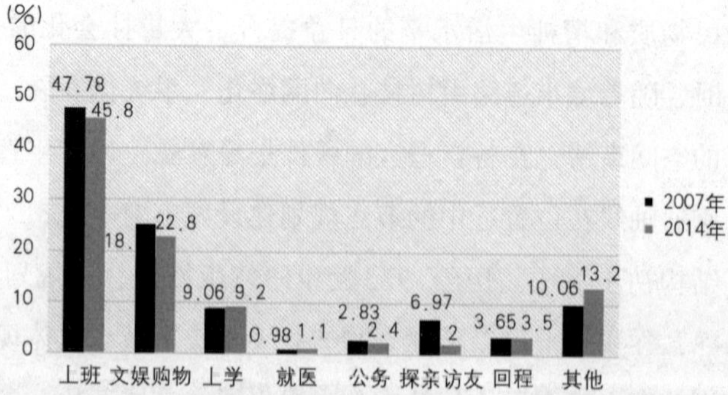

图1　2007年、2014年各类出行占比情况

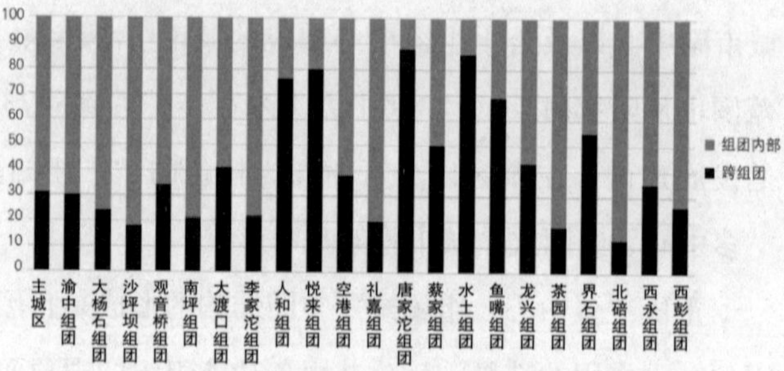

图2　2014年各组团就医出行内外占比情况

（一）人均出行次数与机动化出行比例显著增长

2014年主城区人均出行次数从2010年的2.25次/日增加到2.65次/日，小汽车的出行比例由2010年的11.5%增长至15.8%，增长明显；步行比例由2010年的47.5%下降至2014年的46.3%，呈持续缓慢下降态势[③]。

（二）以公服需求为主的出行比重上升

相较2007年，2014年居民出行中（不含回家）以文娱购物为目的占比提升了4.13个百分点，以上学为目的的占比提升了0.14个百分点，以就医为目的的占比提升

① 据重庆市历年城市空间发展报告。

② 据重庆市主城历年交通发展年度报告。

③ 据重庆主城区历年交通运行分析年度报告、居民出行调查成果分析报告。

了0.12个百分点（图1）；通过组团内外出行方式的占比分析，以满足公服需求的出行以组团内部为主①（图2）。生活交通出行的比例上升，通勤交通出行的比例减少，直观反映了城市功能由生产向消费转型的趋向。

（三）五大市级中心对居民出行的吸引进一步增强

在城市快速向外围拓展的同时，新的城市副中心、组团中心并未同步建设，主城区现有城市中心均位于内环以内。已建成的解放碑、杨家坪、沙坪坝、观音桥和南坪五大市级中心对居民出行的总体吸引进一步增强，购物娱乐活动在上述中心进一步集聚，由需求推动的中心建筑量与商业规模进一步扩大。2012年，五大中心社会消费品零售总额为1572.9亿元，占主城区总量的72.81%②。由于各种活动向既有中心过度集聚，中心无序扩大和超负荷运行，给中心及周边区域带来严重的交通拥堵和尾气污染问题。

四、原因解析与机理思考

城市空间结构表现为“需求—功能—空间—交通”之间的复杂关系，上述城市问题的出现正是四者之间关系失衡所导致，本文尝试从四者关系的视角进一步解析造成问题的内在原因与机理。

（一）马斯洛理论与公共服务需求层次

随着经济社会不断发展，民生的需求呈现出复杂多元的特征。美国心理学家亚伯拉罕·马斯洛（Abraliam Maslow）的“需求层次理论”以结构的观点和方法论，将每个人千差万别的需要归结为生理需求、安全需求、社会需求、尊重需求和自我实现需求等5个层次，并指出这些层次的需求有其内在联系和相对重要性，需求呈现金字塔的序列特征[10]。借鉴马斯洛的需求层次理论，分析居民的公共服务需求，根据需求频率、需求数量、重要程度等，可将其划分为4个层

---

① 据《2014年重庆市都市区居民出行调查成果分析报告》。

② 据重庆市商圈办提供的相关数据、重庆市统计年鉴。

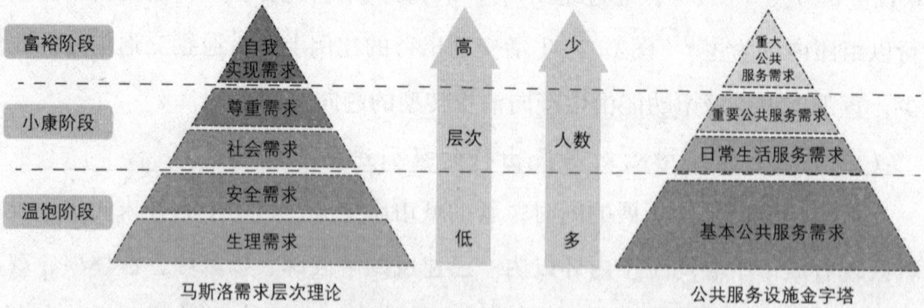

图3　需求层次理论视角下的公共服务设施分类

级，即基本公共服务需求、日常生活服务需求、重要公共服务需求以及重大公共服务需求，4个层级同样也呈现金字塔的序列特征（图3）。

基本公共服务需求是指居民为了维持生存而产生的基本公共服务供给要求，对应设施如幼儿园、社区卫生服务站、社区文化活动室、日间照料中心、社区多功能运动场、警务室、菜店、社区服务站等；日常生活服务需求是指居民为满足其日常生活而需要的公共服务，对应设施如小学、初中、街道文化中心、卫生服务中心、全民健身活动中心、派出所、街道服务中心等，是居民日常生活品质的重要保证。基本公共服务需求与日常生活服务需求均与居民生活密切相关，需求量大面广，导致的出行频率高，对城市交通影响较大。

重要以及重大公共服务是高等级的需求，虽并非居民日常生活所必需，但对于提升城市居民的物质、精神生活品质，增强居民的城市归属感和认同感，强化城市的区域辐射功能具有重要作用，对应设施如文化艺术馆、三甲医院、体育馆、科技馆等，这类需求具有综合化、专门化、高端化、小众化等特征，需求量相对较少，导致的交通出行频率相对较低。

（二）公共服务需求变化趋势与空间结构互动关系

城市中心区是公共活动与服务设施聚集的产物，并随着社会经济的发展、公共服务需求的变化，其内在功能、空间结构也在相应适应演变。在城市公共服务需求总量快速增长的同时，由于需求人群职业、收入、年龄、审美取向等的不同，而导致的需求分异进一步明显，呈现多元化、层次化、品质化的趋势，小众的高端需求开始出现。调查发现，在需求和市场导向下，重庆主城区公共服务空间聚集和能级分布上，呈现向上集聚和向下延伸两个特征。向上集聚即随着重庆国家中心城市和内陆开放高地建设，金融商务等高端服务功能在CBD进一步聚集，强化了城市的区域辐射作用及其在国际国内功能组织中的地位；向下延伸即随着公共服务需求进一步分化，副中心的功能逐步向高端化、专门化、休闲化方向发展，传统的日常生活服务功能在中心功能优化重组中被逐步边缘化甚至淘汰，同时，在街道和社区层面，自发形成大量的以住宅底商为空间形态的日常生活服务设施，与此相应，居民交通出行呈现出步行与车行平分秋色的特征。

（三）面向需求变化的城市空间结构优化思路

城市发展是一个不断由更适合的功能和空间形态替代原有功能和空间形态的过程。重庆主城区“多中心、组团式”的空间结构作为非常有优势的空间形态，曾在城市发展历程中发挥了重要作用。然而，在新的历史时期，因公共服务需求的新变化，因循城市中心体系的内在演替规律，中心体系规划也需要与时俱进。

关于多层次、多中心体系的规划，国内外已有较多成功的经验。新加坡通过建立由“城市中心区—区域中心—次区域中心—边缘中心—新镇中心—小区中心—邻里中心”有机组成的多层级公共服务中心体系，来满足多元化、不同层级的公共服务需求。其中城市中心区主要承载世界级的服务功能，是城市的功能主核；区域中心是城市外围新镇的就业中心、商业中心、交通枢纽，主要面向片区提供公共管理、医疗、图书等服务；次区域中心和边缘中心位于区域中心与城市中心区之间，主要为市民提供就业、购物等服务；新镇中心为综合性的生活服务中心，与地铁站、公交车换乘站、主干道紧密结合布局；小区中心以农贸市场和餐饮中心为主，服务半径约400米，主要经营中档商品；邻里中心以家庭式餐饮、生活购物、娱乐为主要业态，满足居民基本的服务需求，一般服务400—800住户[11]。国内的苏州、天津、合肥、成都等城市，在借鉴国外先进经验的基础上，也结合自身实际，进行了邻里中心、街道社区服务中心的规划与实践探索。

借鉴上述经验，结合《城市公共设施规划规范》等国家标准对公共设施服务层级的相关要求，笔者认为，应顺应当前需求的变化，为居民提供更加便捷、丰富多彩的高品质公共服务，结合重庆市主城区实际情况，构建更加高效有序的市中心—副中心/组团中心—街道中心—社区中心四级中心体系，实现由“多中心、组团式”向“分层多中心、组团式”空间结构模式转型（图4）。其中市级中心主要面向区域，承担国家或区域中心城市服务辐射职能；副中心及组团中心主要面向城市高、中端公共服务；街道中心、社区中心主要面向居民日常生活及基本生活服务，与此相应，通过化整为零、缩小出行半径，推动“高公交化+高步行”的交通组织模式建立，促进城市在整体运行上的消耗最小化与运行效率最大化。

五、重庆主城区空间结构优化策略

（一）完善城市副中心、组团中心，加快建设中央商务区

目前，重庆市城乡总体规划中确定的市级中心已基本建成，观音桥、沙坪坝、杨家坪、南坪4个城市副中心已建设较为成熟，西永、茶园城市副中心已具雏形，悦来、龙洲湾副中心尚处在建设中期，其他城市副中心处于规划阶段，各组团中心尚未形成。

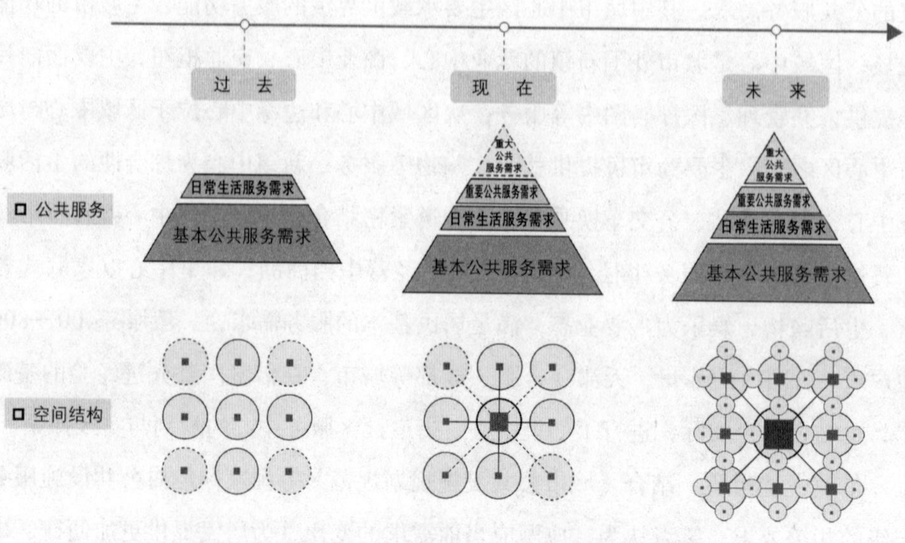

图4 公共服务需求与城市空间结构关系演变示意

因此，为有效分解既有中心的职能压力，应根据未来人口分布及规模，启动规划的副中心、组团中心的建设，积极培育悦来、龙盛、西永、陶家、茶园、龙洲湾等新的城市副中心，控制既有的4个成熟副中心的规模，优化提升其服务功能，避免水平同质化，功能趋同化，应按照承担国家中心城市中央商务区职能的要求，加快解放碑—江北城—弹子石市级中心环境提质与功能完善。

（二）培育“小、微中心”，构建完善的城市中心体系

街道和社区是城市治理的基本单元，也是城市居民获得日常和基本公共服务的主要平台。但长期以来，街道和社区的设立滞后于城市拓展和人口集聚，是城市公共服务最薄弱的环节。因此，应集中建设街道、社区层级公益性公共服务设施，构建街道、社区综合服务中心，并以此为核心，统筹街道社区教育、文体、交通、商业、游憩等相关公共服务空间与设施资源，引导形成相对集中、功能综合的基层“小、微中心”体系（图5、图6），实现基本生活服务不出社区，日常公共服务不出街道，以大幅度缩小居民日常生活半径，减少非必要机动车出行。

（三）构建与多中心结构相协同的公共交通体系

总体思路上，一是应以公共交通为主导，构建与城市空间结构、功能布局相协同一致的综合交通体系，引导城市有序拓展；二是以城市各级中心作为交通网络的锚固点（交通枢纽），建立以轨道交通为骨架，常规公交为支撑的便捷、高

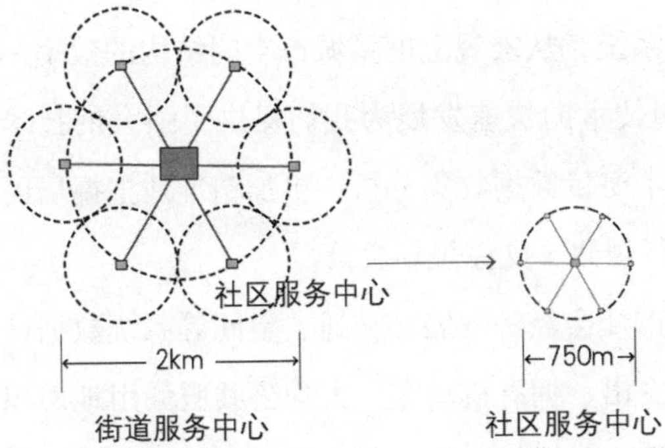

图5　街道中心、社区中心结构示意

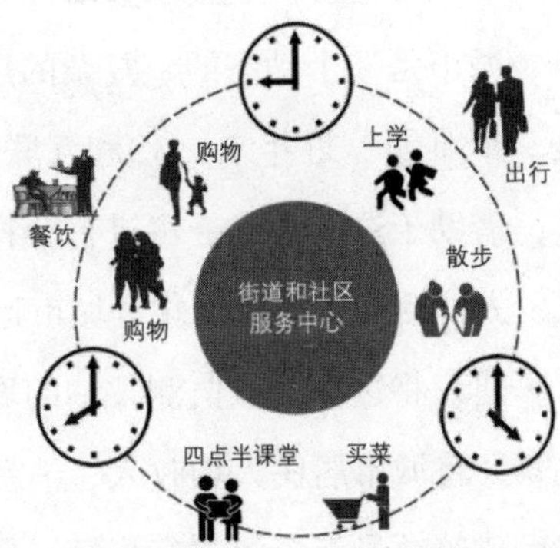

图6　中心空间的错时利用

效的交通网，将各级中心不仅作为城市公共服务中心，也作为不同层级的交通集散中心加以服务和建设；三是鼓励围绕交通枢纽进行高密度开发及土地的复合利用，建立交通与城市土地利用相协同的、疏密有致的城市空间秩序；四是从城市交通政策方面鼓励公交出行，增加轨道、常规公交线网覆盖范围，增加人口稠密区线网和站点密度，整体提升各级中心的公交可达性，总体上优化城市空间利用与低碳交通支撑体系的协同关系，提升城市时空结构的效率。

宏观层面，对于中央商务区—城市副中心—组团中心应以大容量轨道交通支撑为主，常规公交为辅，高层级的重要中心应不少于两个方向的轨道线引入，应强化中心轨道站点与常规公交的接驳；梳理近邻区域步行进入中心区的通道，建立服务周边1千米半径范围内人性化的步行系统；各中心应建设高品质、高能力的交通换乘设施，实现零距离换乘；对中心及周边现有道路进行改扩建，打通瓶颈路段，加强中心及周边停车场库的配套建设。

微观层面，应强化城市“小、微中心”与公共交通的资源整合，大力促进城市公共交通向社区延伸。应结合人口分布，就近布局街道中心、社区中心。在内部交通上，以步行、自行车、电动自行车为主，并配套建设自行车、电动自行车停车设施，考虑到重庆冬冷夏热的气候特征，应鼓励建设全天候立体步行系统，通过空中连廊连接中心与住宅小区；在外部交通上，街道中心应考虑与轨道、公交站点接驳，有条件的应设置公交首末站；社区中心应考虑与常规公交站点的接驳。

（四）以大数据为基础，建立城市运行效率的长期评价机制

城市是一个动态的、复杂的巨系统，从宏观上度量城市空间结构的效率一直是一个难题。近年来，3S和互联网技术的快速发展为我们提供了强大的技术工具，借助于这些技术，可进行全样本海量数据收集分析，更加精准地把握居民需求、人群活动、场所变化等城市运行规律，支撑规划决策。

建议将过去分散监测评估的城市社会经济发展、交通、空间等系统数据进行关联，将城市居民人均收入、消费支出、拥有机动车、人均公共服务用地面积、城市建筑总量等资源占有指标，居民出行平均时耗、基本生活平均时耗、地均产出等城市效率指标纳入长期监测、动态评估之中，进一步推动规划决策的科学

化、理性化。

城市空间结构不同，相应的交通组织方式、发生的交通量和居民出行时耗也显著不同。在经济学中，多用恩格尔系数，即食品支出总额占个人消费支出总额的比重，来衡量一个家庭或一个国家富裕程度和生活水平。提高人们的生活水平关键在于减少基本生存所需要的金钱成本占比，借鉴该思路，构建高效的城市空间结构，关键在于减少人们用于基本生活的时间成本占比。笔者认为应将居民基本生活平均时耗，即：居民城市基本生活出行所消耗的时间占总出行时间的比重，作为衡量城市运行效率的重要指标。

六、结语

未来的20到30年，是超大、特大城市形成终极城市空间结构的重要时期，目前，城市以增量或以存量调结构的空间已十分宝贵有限。2017年，重庆以及全国许多大城市都迎来了新一轮总规修编的机遇，在此背景下，城市的公共服务功能该如何有序组织、城市空间结构如何优化转型、相应的空间政策和长效评估机制应如何制定和建立，这些都将决定城市最终的时空格局、运行效率和环境品质，对此，都亟待进行前瞻性的探索与思考。

参考文献

［1］杨磊，李贵才，林姚宇等．城市空间形态与碳排放关系研究进展与展望［J］．城市发展研究，2011，18（2）：12-17．

［2］潘海啸，汤諹，吴锦瑜等．中国“低碳城市”的空间规划策略［J］．城市规划学刊，2008（6）：57-63．

［3］丁成日．增长、结构和效率——兼评中国城市空间发展模式［J］．规划师，2008，24（12）：35-39．

［4］付磊，贺旺，刘畅．山地带形城市的空间结构与绩效［J］．城市规划学刊，2012（7）：18-22．

［5］赵莹. 大城市空间结构层次与绩效——新加坡和上海的经验研究［D］. 上海：同济大学，2007.

［6］张洪波. 低碳城市的空间结构组织与协同规划研究［D］. 哈尔滨：哈尔滨工业大学，2014.

［7］重庆市地方志编纂委员会总编辑室. 重庆市志. 地理志（第一卷）［M］. 成都：四川大学出版社，1992：27.

［8］重庆城市规划志编辑委员会. 重庆城市规划志［R］. 重庆：重庆市规划局，2016：127.

［9］易德琴，严爱琼. 重庆"多中心、组团式"城市低碳规划对策研究［C］//中国城市科学研究会. 2011年城市发展与规划大会论文集. 扬州，2011.

［10］胡春晓. 居民需求导向的城市社区公共服务模式构建研究［D］. 武汉：华中师范大学，2013.

［11］方伟. 大都市中心体系规划的新趋势与新思路——基于伦敦、新加坡、上海的案例与实证探讨［C］//中国城市规划学会. 城乡治理与规划改革——2014中国城市规划年会论文集. 北京：中国建筑工业出版社，2014.

中国民主党派历史陈列馆以统战文化资源为支撑　引领高质量发展

程昌利[①]

在市委统战部坚强领导下，中国民主党派历史陈列馆牢牢把握功能定位，以重庆深厚的统战文化资源为支撑，充分发挥馆藏优势、专业优势、人才优势，在统战文化建设上狠下功夫，切实为打造“中国统战文化之都”贡献力量。

一、立足三大工程，全面补足基础设施短板

一是启动扩容升级项目，将购置、改造毗邻陈列馆的渝中大厦裙楼，把展陈面积从1万平方米拓展到近2万平方米，扩大一倍左右。充实展陈内容，将设立专门展厅，突出宣传习近平总书记关于加强和改进统一战线工作的重要思想，新建学术报告厅、影视播放厅、临时展厅和会议中心等配套设施，完善功能，提升形象，扩大影响，为陈列馆长远发展打牢基础。二是实施全国重点文物保护单位——特园遗址修缮工程，对特园旧居目前存在的屋面渗漏严重、木构件糟朽、墙体风化、白蚁虫蛀等问题进行全面修缮，保障文物建筑安全，同时为即将开展的复原陈列工作打下基础。三是启动馆藏文物预防性保护项目，通过安装文物保护囊匣合套，展厅增设实时监测与调控设备等，加强可移动文物保护，更好地保存馆藏珍贵文物，为开展统战文化教育提供文物支撑。

---

① 程昌利，中国民主党派历史陈列馆馆长。

二、立足“九个一”工程，深入推进重庆统战文化建设

根据市委统战部实施“九个一”工程着力打造“中国统战文化之都”的工作要求，组织专人对宋庆龄旧居、沈钧儒旧居、张治中旧居、李宗仁官邸、冯玉祥旧居等全市统战文化旧址集群进行了调研，摸清每个场点的基本情况，并整合编写《重庆统战历史文化旧址集群名录》，摸清统战文化家底。委托新华社拍摄制作14分钟的专题宣传片《风雨同舟大道行——重庆统战历史文化旧址集群》，以声像并茂的形式宣传重庆丰富的统战文化资源。编辑制作包含8套统一战线纪念邮票、104张旧址集群建筑、展陈精华和相关重要人物图片的《重庆统战历史文化图鉴》，充分展示重庆深厚的统战历史文化底蕴。印刷反映重庆统战历史文化旧址集群总体分布、情况介绍的《重庆统战历史文化旧址集群导览册》，在市内各统战场馆和旧址免费向观众发放。与中央电视台、军事科学院合作拍摄反映中国新型政党制度历史由来的历史文献片，目前已经提交初编版，正在积极修改之中。

三、立足宣传教育，大力提升统战文化影响力

陈列馆作为全国首个“中国统一战线教育基地”，在开展统一战线和多党合作优良传统教育方面发挥了窗口作用。开馆以来共接待国内外观众497万人次，网上陈列馆点击量940万次，其中接待正国级领导4人次，副国级领导41人次，省部级领导554人次。争取中央社会主义学院以及民革、民盟、九三学社、致公党等民主党派中央在馆挂牌教育基地，为广大统战干部和统战成员参观学习、缅怀先贤、继承和发扬老一辈优良革命传统创造条件，10年来承接全国各级社会主义学院现场教学班次2258个，接待全国各级统战系统单位、各民主党派组织2032个团队。同时，不断挖掘提炼馆藏统战文化资源，并与各民主党派中央、各民主党派市委以及市内外其他统战场馆密切协作，推出各类主题展览24个，其中《纪念中共中央发布“五一口号”70周年主题展》《纪念毛泽东同志提出“三大法宝”重要思想80周年之统战篇主题展》《中国民主党派历史陈列馆精品展》等展览曾

“走出去”，赴上海、南京、武汉、厦门、福州、郑州、佛山等18个城市和市内各区县、高校展出，反响热烈。新中国成立70周年前夕，陈列馆牵头举办快闪合唱活动《我和我的祖国》，在新华网等国家级媒体播放；陈列馆选送两位优秀讲解员同志赴北京，为“伟大历程　辉煌成就——庆祝中华人民共和国成立70周年大型成就展”进行为期五个月的讲解工作，为柬埔寨国王西哈莫尼、十一世班禅大师等国内外贵宾和广大观众完成了讲解服务，受到展览组委会的高度评价；在2019年重庆市“讲红色故事、讲革命精神”大型宣传活动中，陈列馆选送一名高级职称的同志到宣传部挂职四个月，牵头负责红色故事文本（其中，统战故事占1/4）撰写和编辑工作，受到市委宣传部的肯定。以上活动，均取得良好的社会效益，大幅提升了统战文化的辐射力和影响力。此外，陈列馆还致力于青少年统战文化教育，通过举办“统战文化小小讲解员培训班”“政治课堂”“统战文化进校园”等多种形式的社教活动，培养了一批校园统战文化宣讲员，充分彰显陈列馆以文化人、以文育人的独特功能。

四、立足学术研究，不断丰富统战文化内涵

陈列馆积极争取中央统战部和各民主党派中央的支持，整合市内外党派组织、高校、科研单位和相关专家学者的力量，挖掘重庆统战历史文化资源，积极开展统战历史文化研究。陈列馆专家团队提出的包括统战文化在内的“2+4”重庆文化体系，被市委、市政府充分肯定和采用；编辑出版《中国抗战大后方中间党派文献资料选编》《黄琪翔将军文集》《范朴斋日记》《胡厥文诗词集》等图书11本；开展《重庆文化的历史内涵和时代价值》《重庆市对我国新型政党制度建设的当代价值研究》《中间党派参政员研究》等重点课题研究13项；陈列馆主持编辑出版的《范朴斋日记》（影印本）荣获改革开放40周年重庆史研究重要学术成果奖，陈列馆参与的“民盟历史人物研究——鲜英研究”“民盟历史人物研究——范朴斋研究”“民盟历史人物研究——萧华清研究”等分别荣获民盟中央一等奖两次、二等奖一次。

五、经验总结和未来打算

（一）加强统战文化建设是陈列馆发展之基

2018年3月4日，习近平总书记在看望参加全国政协会议的民盟、致公党、无党派人士、侨联界委员时讲话指出，中国共产党领导的多党合作和政治协商制度是中国共产党、中国人民和各民主党派、无党派人士的伟大政治创造，是从中国土壤中生长出来的新型政党制度，是对人类政治文明的重大贡献。陈列馆所展示的多党合作和政治协商的历史发展过程，非常生动地展示出中国新型政党制度逐步形成的历史逻辑，非常雄辩地诠释了中国新型政党制度形成的理论逻辑和实践逻辑。问渠那得清如许，为有源头活水来。特园的历史，就是中国新型政党制度逐步酝酿、孕育的历史见证，也是重庆统战文化的历史源头之一。我们必须清醒地认识到，统战文化建设是陈列馆的发展之基。

2019年4月，习近平总书记视察重庆时指出，重庆是一块英雄的土地，有着光荣的革命传统。重庆要运用红色资源，教育引导广大党员、干部坚定理想信仰，养成浩然正气，增强“四个意识”、坚定“四个自信”、做到“两个维护”。党的十九届四中全会作出了《关于坚持和完善中国特色社会主义制度、推进国家治理体系和治理能力现代化若干重大问题的决定》，要求加强中国特色社会主义政党制度建设，展现我国新型政党制度优势。我们加强统战文化建设，就是把习近平总书记的殷殷嘱托全面落实在重庆大地上的具体行动，就是落实党的十九届四中全会精神的具体体现。

（二）加强统战文化建设是陈列馆工作之魂

陈敏尔书记指出：“特园陈列馆有特殊地位、特殊影响、特殊作用，要进一步建好管好用好，特别是要充实习近平总书记关于统一战线和多党合作的重要论述。”李静常委在听取陈列馆工作汇报时指出：“陈列馆要用好用足用活统一战线各种资源，充分展示党的统一战线的法宝作用，充分展示重庆在党的统一战线历史上的特殊地位和作用，切实把党领导的多党合作历史和故事讲深讲透讲生动。”

特园有着“民主之家”美誉，是以周恩来为首的中共中央南方局贯彻抗日民族统一战线政策的历史见证，是抗战时期民主党派开展重大政治活动的历史见证，是中国民主同盟和“三民主义同志联合会”的诞生地。1945年，重庆谈判期间，毛泽东四顾特园，与爱国民主人士共商国是。特园不仅留下了中国共产党与民主党派团结合作、同舟共济的光辉历史，而且留下了统一战线和多党合作事业薪火相传的宝贵财富。特园所蕴含的多党合作发展历史，鲜明地展示出这样一个真理，新型政党制度是从中国土壤中生长出来的，中国共产党的领导是历史的选择、人民的选择，也是各民主党派、无党派人士自觉自愿的选择。只有站在这个高度来看待问题，才能抓住陈列馆工作的根本；只有从这个角度来加强统战文化建设，才能把握陈列馆工作的灵魂。

（三）加强统战文化建设是陈列馆兴盛之路

我们要继续着力打造一批统战文化精品力作和特色品牌，使统战文化可观可感、可忆可念，把特园打造成为广大统战成员不忘合作初心、继续携手前进的教育基地，把特园建设成为仰慕先贤、同心同行的思想宝库和精神家园，在重温光辉历史中铭记合作初心、在弘扬优良传统中深化政治共识、在感悟统战文化中凝聚磅礴力量。

陈列馆将进一步深入贯彻落实习近平总书记关于加强和改进统一战线工作的重要思想，按照市委要求和市委统战部工作部署，紧紧抓住扩容升级的历史机遇，在新型政党制度宣传中发挥先锋作用，在打造“中国统战之都”中发挥示范作用，在重庆统战文化建设中发挥战略支撑作用，以“国际视野，中国立场，学术标准，统战特色，重庆元素”为标准，讲好中国共产党的故事、讲好多党合作故事、讲好民主党派故事，为重庆统战工作“争创一流、走在前列”作出积极贡献。

文旅融合背景下重庆博物馆的问题及对策探析[①]

王入仪　黄　丹　高桂鸿[②]

一、引言

近年来，重庆旅游业持续快速发展，游客接待量逐年递增，据重庆市文化和旅游发展委员会官方数据统计，重庆市2019年1月至10月全市接待境内外游客57867.57万人次，实现旅游总收入4990.47亿元，同比分别增长10.13%和32.08%。“文化是旅游的灵魂，旅游是文化的载体”，为了更好地发展旅游，提升重庆市旅游的文化内涵迫在眉睫。作为文化资源的集中体现之一，博物馆文化资源的战略地位不言而喻。2018年3月，国务院办公厅发布《关于促进全域旅游发展的指导意见》，明确要求推动文化旅游融合发展，推动科学利用博物馆等文化场所开展文化、文物旅游。因此，如何更好地把博物馆的文化资源与旅游活动融合起来，成为既值得思考又急需解决的问题。

---

① 原载于《旅游纵览》2020年第12期。

② 王入仪（1996—　），女，四川广元人，重庆师范大学地理与旅游学院硕士研究生在读，研究方向：职业技术教育—旅游服务方向。黄丹（1998—　），女，四川崇州人，重庆师范大学地理与旅游学院硕士研究生在读，研究方向：职业技术教育—旅游服务方向。高桂鸿（1996—　），女，重庆綦江人，重庆师范大学地理与旅游学院硕士研究生在读，研究方向：职业技术教育—旅游服务方向。

二、重庆博物馆的现状及问题

（一）博物馆发展现状

首先，从资源总量上看，重庆市博物馆资源丰富，发展前景大，据统计，2018年全市备案博物馆已达100家。另外，从博物馆的所属性质看，《重庆博物馆名录2018》显示：国有博物馆79家（文物行政部门管理的国有博物馆52家、其他行业性国有博物馆27家）、非国有博物馆21家，国有博物馆数量较多。其次，从资源聚合角度看，有部分博物馆资源做出了聚合尝试，如重庆红岩革命纪念馆和歌乐山革命纪念馆等联合组成了红岩连线。再次，从资源体系看，重庆市基本形成了"以央地共建国家级博物馆为龙头，国家一二三级博物馆和行业博物馆为骨干，国有博物馆为主体，非国有博物馆为补充的博物馆体系"，体系建设较为完善。最后，从服务对象看，目前，重庆市博物馆的服务对象主要是所在地城乡居民，公共文化服务职能发挥较好，除二级以上大部分博物馆是国家A级景区外（如表1所示），其他大多数的博物馆旅游服务的职能发挥较弱。

（二）博物馆的主要问题和瓶颈

1. 运营僵化，市场化动力不足

单就所属性质看，国有博物馆单位占比大，占总数的79%。一方面，国家为博物馆划拨款项、提供资源，有利于保障文化民生；另一方面，全额拨款的博物馆由于市场化动力不足，缺少市场竞争和市场淘汰，运营模式僵化，发展思路狭窄，运行守旧，员工工作消极懈怠、程序呆板。

2. 资源整合弱，聚合服务效果差

重庆市博物馆资源丰富，但没有像故宫博物院一样具有品牌效应的大体量单位。区域地理位置较为集中，但服务却没能聚合。各博物馆仍独立发展，且个体规模小、资源单一，发展受限较大。针对该问题，重庆红岩连线管理中心（红岩博物馆）首先进行了联动尝试，该区依托一线两区、五大景区，打造了以红岩文化为特色统领，以历史文化体验为核心，复合遗迹观光、文化体验、产业创意、

表1　重庆二级以上博物馆基本情况

重庆二级以上博物馆基本情况								
序号	名称	所属性质	质量等级	规模 / 平方米		景区等级	有无官网	有无文创产品
				建筑面积	展厅面积			
1	重庆中国三峡博物馆	文物	一级	45000	21000	国家AAAA级	有	有
2	重庆红岩革命历史博物馆（红岩革命纪念馆）	文物	一级	5300	4900	国家AAAA级	有	有
3	歌乐山革命纪念馆	文物	一级	–	–	国家AAAA级	有	有
4	重庆自然博物馆	文物	一级	30842	16252	国家AAAA级	有	有
5	巫山博物馆	文物	二级	13300	8334	国家AAA级	无	无
6	重庆三峡移民纪念馆（重庆市万州区博物馆）	文物	二级	15062	7000	国家AAA级	有	无
7	云阳县博物馆	文物	二级	6 021	3 447	无	有	无

数据来源：《重庆博物馆名录2018》。

休闲娱乐等多元功能的红色文化旅游目的地，联动效果明显，日均观众参观量同比处于增长状态。红岩连线的区域聚合实践从必要性和可行性两个方面证明了整合资源、聚合服务势在必行。不过，横向来看，红岩连线区域只是重庆38个区县文旅资源的一部分；纵向来看，重庆市更多的个体，仍旧处于资源整合能力较弱的单体发展阶段。

3. 文创开发缺乏创意，档次不高

受资金压力、发展思路等各方面因素的影响，重庆市各博物馆开发、制作文创产品的能力和进度参差不齐。有些博物馆比较重视，重庆市三大一级博物馆已经研发、制作并开始经营文创产品，如重庆红岩革命历史博物馆开发有红梅丝巾、红梅茶具等文创产品。但从销售的文创产品看，在丝巾、茶具上印上象征红岩精神的红梅、荷花等，只是某一个文化点与商品的简单相加，产品缺乏创意，档次不高，收益和社会效应一般。具有文创意识的博物馆文创开发尚且如此，那些没有文创意识的博物馆更不必赘述。更严重的问题是，包括二级博物馆在内，博物馆的文创产品研发、制作工作还处于萌芽阶段或者还没有开始的博物馆数量占比较大。

4. 陈展形式单一，吸引力不强

重庆市博物馆主要以文物展示、遗迹参观、科学教育为内容，表现形式单一，主要还是"隔着玻璃看""隔着话筒听"，以传统的平面、静态形式的展览陈列为主，文化内涵挖掘不足、表现不佳，观光指数偏低、体验性项目缺乏，群众参与性差，旅游吸引力不强。

5. 营销宣传渠道和手段老套

重庆市博物馆单位在营销宣传方面没有引起足够的重视，宣传渠道主要还是传统的大众媒体，宣传手段也比较老套，但随着5G时代的来临和"互联网+"思维的发展，层出不穷的传播渠道、五花八门的传播手段开始出现。传统的营销宣传渠道和手段已经不能满足和适应文化传播的需求。

三、博物馆发展的对策及未来展望

（一）博物馆发展的对策

1. 改革体制机制，激发发展潜力

博物馆具有的公益单位性质及政府全额拨款的事实短时间内不会改变、为了激发博物馆单位的潜力，一方面，要把旅游接待等相关旅游要素纳入博物馆等级评估中；另一方面，也要把旅游相关要素的服务纳入员工考核中，在贯彻落实《分类推进事业单位工资改革实施指导意见》的基础上全面推行岗位绩效工资制度，调整岗位工资及绩效工资比例，加大绩效工资比重，引进市场化竞争机制，把旅游服务纳入绩效考核，并切实地对岗位及绩效进行量化考核。当然，体制机制的改革不仅体现在员工工资上，还应该体现在员工的岗位评定、职称评定方面，要全方位、具体化地从宏观政策、中观制度以及微观规定上坚定不移地支持博物馆的文化资源与旅游产业融合，只有这样，才能最大限度地挖掘博物馆文化资源与旅游融合发展的潜力。

2.建立"博物馆护照"制度，促进联动发展

"博物馆护照"是以传统外交护照的概念为基础，以各博物馆标志为要素，设计成纸本"博物馆参观护照"，持照人可在参加护照项目的任一单位签章备书，记录参观访问旅程。一方面，可以把"博物馆护照"与"打卡旅游"相结合，通过收集各博物馆的签章进行打卡旅游，满足游客的记录与分享旅程的社交需求。另一方面，各博物馆参加单位在共同参与、共同服务、共享产品、协同运营的基础上，一起为广大游客提供包括持照人积分奖励、参观优惠等服务，促使游客尽可能地游览更多的博物馆。重庆市博物馆可以在邀请更多的博物馆及文博单位参加"博物馆护照"的基础上，深化"博物馆护照"制度，使之不单单是记录参观访问旅程的纸本，更要将其发展为一种区域联动制度。在"博物馆护照"的统筹之下，整合各分散单体资源，形成联动的博物馆聚合服务平台，强化规模效应，加快发展。

3.开发特色文创，带活博物馆

博物院的文化资源为文创产品提供文化核心和内在发展动力，同时，文创产品的发展也可以"以点带面"，创造收入、提高知名度，带动博物馆的发展。截至2016年底，故宫博物院的文化创意产品已达8700多种。故宫形式多样、全面开花的文创产品带来了良好的效益。故宫博物院前院长单霁翔曾提道："2017年故宫文创产品的总营业额达到15亿元。"故宫博物院的文创产品珠玉在前，因此，重庆市应该开放创新理念，健全研发团队，不但要开发出独具特色的文创产品，还要创新文创产品形式，如文创壁纸、文创游戏、文创输入法皮肤等，丰富文创产品形式，通过打造"网红"文创产品，以点带面、借势带动文化和旅游产业。

4.运用"博物馆+非遗"模式，促进活态展示

在深挖博物馆的文化内涵的基础上，结合"非遗"技艺（包括民间文学、传统手工杂技在内，重庆拥有159项非物质文化遗产），把文化资源以活态方式展示出来，比如，运用全景技术和互联网技术进行数字展览；利用舞台表演展示博物馆"非遗"文化；通过"AR""VR"虚拟技术情景再现展示场景；通过增加动态、活态展示，提升游客的感官体验，提高他们的互动度和参与度，增强旅游体验。

5. 创建新媒体渠道，强化传播效能

我国文旅融合的典范——故宫博物院，通过纪录片、综艺节目、社交媒体、网站群、APP等新媒体渠道进行了大力传播。故宫官网数据显示，截至2019年11月，仅故宫官方网站累计访问量就超过7300万人次，这充分展现出新媒体对博物馆发展的重要推动作用。比起传统的大众媒体，新媒体的传播更具视觉冲击力和互动性，更容易被大众接受。基于此，重庆市博物馆的发展应该顺应时代潮流，向故宫学习，多利用新媒体进行传播，逐步建立和完善官方网站、微博、微信、抖音等新媒体平台，充分利用互联网技术，进行博物馆的新媒体传播。

（二）博物馆未来展望

在文旅融合与全域旅游背景下，博物馆的文化资源在推动旅游发展的进程中显得越来越重要。重庆市博物馆数量占优，资源优势突出，市区内博物馆地理分布较为集中，在空间上具有聚合联动发展的基础。笔者相信在博物馆的积极适应、努力提升下，博物馆文旅融合质量提升、影响扩大、可持续发展的良好局面指日可待。

WENHUA CHANYE
文化产业

基于5G消息下的旅游产业发展新模式的路径思考①

崔　翠②

4月8日，中国移动、中国电信、中国联通联合举行线上发布会，共同发布《5G消息白皮书》。《5G消息白皮书》阐述了5G消息的核心理念，明确了相关业务功能及技术需求，提出了对5G消息生态建设的若干构想。未来，5G消息不仅为广大手机用户带来全新的信息消费体验，也将为旅游产业带来新的发展机遇。

一、5G消息业务概述

5G消息，是传统短消息服务的全新升级，是运营商的一种基础电信服务，相比传统短信业务功能简单、体验受限，已无法满足用户的多样化需求，5G消息基于IP技术实现业务体验的飞跃，支持的媒体格式更多，表现形式更丰富。

5G消息在继承传统短信免注册登录、免安装应用等特性的基础上，进一步实现了信息交互的便捷高效。此外，5G消息还支持加密传输、图形密码等信息交互方式，可提供信息安全保障，保护用户隐私。

根据《5G消息白皮书》，5G消息支持丰富的媒体格式，包括文本、图片和

---

① 原载于《中国旅游评论》2020年第3辑。

② 崔翠，重庆市文化和旅游发展委员会政策法规处工作人员。

音视频等。相关业务分为两大类：一是个人用户和个人用户之间的交互消息，二是行业客户与个人用户之间的交互消息。个人用户与个人用户之间的消息还分为点对点消息、群发消息和群聊消息。5G消息业务和语音业务结合可实现行业客户、个人用户在呼叫前、呼叫中和呼叫后进行更丰富、多元的信息分享和互动，为行业客户、个人用户提供差异化的、更丰富的业务体验。

二、5G消息为旅游产业带来的变革和机遇

进入数字化社会，电信运营商传统的短信业务已经难以满足用户对信息消费多样化的需求。当信息技术再次迎来跃向5G的新契机，传统短信业务亟待趁势而起，来一场转型升级。在这样的背景下，5G消息应运而生，它打破了传统短信长度限制，实现文、图、音视频、表情等融合，为旅游产业带来了变革期和机遇期。

（一）5G消息为旅游产业发展提供新的发展载体

5G消息是基于新一代信息服务国际标准打造的新型信息服务平台。相较于功能单一的传统短信，5G消息不仅拓宽了信息收发的广度，支持用户使用图文、音视频、位置、群聊等多媒体、多格式信息，更延展了交互体验的深度。5G消息以手机号为基础实现所有APP的功能，不用安装，不用注册，手机即应用，用户在消息窗口就能完成服务搜索、发现、交互、支付等业务，构建一站式服务的信息窗口。5G旅游时代，政府和旅游经营者不必依托其他平台，直接依托5G消息功能搭建一站式旅游服务信息窗口，直接为游客提供便捷、精准、智能的旅游服务。

（二）5G消息为旅游产业开辟了新的收益获取空间

5G消息业务在原生终端的消息窗口内实现，用户无须安装、注册APP或者关注微信公众号即可使用业务，政府和旅游企业可以直接通过5G消息提供服务，更多的服务收益将产生于消息窗口内，无须为多个平台、多款终端做大量的适配工作，也无须支付更多的平台使用费用，有效减少中间环节，降低服务成本，提升

企业效益。

（三）5G消息为各旅游主体搭建友好、便捷的沟通桥梁

使用5G消息，政府和旅游企业可以将旅游服务和旅游产品直接送达游客，为游客提供更加直观、丰富的富媒体信息。游客可以通过5G消息的目录服务功能，以类似应用商店的方式对旅游产品和服务进行搜索和选择，更方便地对旅游产品和服务进行咨询和反馈，也可直接在消息窗口完成产品订购。5G消息对于信息的直接获取相对于其他平台复杂的下载注册过程更能赢得游客的偏好，加之高效的互动沟通模式，使得游客更加青睐极速体验、便捷、友好的智能服务。

三、基于5G消息下的旅游发展路径思考

2020年是5G大规模商用年，5G消息业务的广泛普及将为广大手机用户带来全新的业务体验，也为旅游产业带来新的机遇，5G消息+旅游，也必将实现旅游产业的再一次腾飞。作为信息化时代下的旅游产业，如何提前布局率先抢占市场份额，更多享受新技术红利，抓住新的发展机遇期，将很大程度考验政府机构和企业的智慧力和行动力。

（一）对接5G消息标准，在标准框架下生产旅游产品和服务

5G消息基于GSMARCSUP标准构建，实现消息的多媒体化、轻量化，通过引入MaaP技术实现消息的交互化，为用户提供统一、友好的接入技术标准，政府和旅游企业要充分利用5G消息的技术优势，主动对接5G消息的各项标准，增强旅游产品技术和内容的适配性。

（二）升级旅游信息服务，在5G平台下提供智能化一站式旅游服务

相比3G、4G的文本、彩信消息，5G消息将是在大带宽、高速率和低延时的5G网络下的真正意义上的富媒体消息。作为政府和旅游企业，5G消息情景下，可以为游客提供更为丰富的旅游信息服务。例如作为目的地旅游政府，可以通过5G消息，为游客提供智能化、全方位、交互式的旅游信息服务，尤其是通过漫游5G旅游消息服务和精准的大数据分析，实现对游客信息服务的全面精准送达，游

客可以第一时间获取一站式目的地旅游资讯和服务，全面提升目的地政府的旅游信息服务水平。

（三）开拓产品生态链，拓展旅游产品深度和广度

5G消息相较于传统短信业务是体验与服务的升级和革新，可以承载和衍生出更多样的5G应用服务，这种巨大的承载力和包容性将进一步激发“鲇鱼效应”，为既有的信息服务生态格局带来更多活力。政府和旅游企业可以借助5G消息平台为游客提供旅游信息智能推送、广告宣传、预约订购、信息交流反馈、自身平台进入渠道等业务，以体验、服务、消费等方式拉长产业链、消费链，拓展周边衍生旅游产品消费，利用5G消息直接实现宣传营销和流量变现。

（四）优化产品内容，推动5G旅游消息产品的高质量发展

5G消息虽无须用户关注或注册即可直接送达，但是信息内容是否能满足游客的旅游需求，能否生产高质量的5G旅游信息，能否持续创作和输出优质信息内容，将直接影响旅游产品的生命力。因此，政府和旅游企业必须注重5G旅游消息产品的质量，深入分析产品特色、用户需求，开拓5G旅游消息新领域，为游客创作精品旅游信息，塑造产品IP价值，提升文化内涵，强化宣传营销的有效性。

（五）加大大数据应用，充分发挥科技创新和赋能作用

政府和旅游企业加大对5G信息旅游产品的科技研发投入，利用新科技，赋能新产品。大数据时代，我们需要对数据提取、共享、分析、利用，以便更好地服务于旅游产业的发展，通过大数据、“云计算”将5G信息精准送达用户，有效匹配用户需求，刺激旅游需求，实现5G信息的精准化、精细化推送。

5G消息的旅游应用前景广阔，充满想象，我们要充分发挥5G信息业务互联互通优势，助推旅游产业数字化转型发展，为旅游产业科技赋能提供新平台，为文旅产业融合提供新支撑，为旅游产业高质量发展创造新引擎。

文化产业管理专业的应用型人才培养[1]

——以重庆特色文化资源为例

赵娅奇[2]　张　燕　林　颖

大力发展文化产业，不仅是提高国家文化软实力的必由之路，更是实现中国传统文化伟大复兴、提升经济转型发展的重要举措，因此文化产业管理专业成为热门专业。该专业自2004年首批开设的4所大学增加到2018年的近200所，增长极为迅速。大力发展文化产业经济、推进文化影响力的背后，也凸显出一些问题，如文化产品单一趋同、创新性不够、区域差异小、后备专业人才严重不足等。这些问题，需要高校在教育教学中主动思考、积极行动，从而改变这一现状。

一、重庆特色文化资源融入文化产业管理专业的可行性

（一）符合"五位一体"战略背景下的"地方—高校"双赢发展需求

"五位一体"的总体战略布局以整体发展观为核心，强调经济、政治、文化、社会和生态文明的共同发展。新时期高校人才培养迫切需要与"五位一体"战略接轨，培养符合社会需求的应用型专业人才。首先，文化产业管理专业人才的培养对所在地方文化产业经济的发展起到积极促进的作用。重庆市依据文化发

---

①基金项目：本文系四川外国语大学重庆南方翻译学院 2020年校级教改课题"重庆特色文化资源融入文化产业管理专业的应用型人才培养研究"（编号：YB202001）。原载于《素质拓展》2020年7月。

② 赵娅奇（1981— ），女，汉族，重庆人，讲师，硕士，研究方向：城市人文。

展“十三五”规划，逐步达到建设“一强市三高地”（西部文化产业强市；西部文化产业创新高地、西部文化产业开放高地、西部文化产业要素集聚高地）的目标。近几年重庆市以此为引导，助推文化产业的发展，政府持续推行“人才兴文”战略，并出台了一系列促进文化产业发展的政策，成效显著。在取得卓著成绩的同时，也暴露了诸多问题。比如，文化产业体系的完善、文化空间布局的优化、文化市场主体活力的增强、文化创新能力的提升、文化市场秩序的规范、文化产品和服务的丰富等。而这些都有一个共同的解决途径，即培养文化产业管理专业人才。其次，重庆是国家历史文化名城，3000多年的历史凝聚着丰富经典的本土文化资源，融巴渝文化、革命文化、抗战文化、三峡文化、移民文化等于一炉。在文化产业管理专业人才培养中融入重庆地域特色文化，对于学生开拓文化知识，树立本土文化自信，具有重要的理论研究价值。加之本土文化资源具有易接近性、易体验性及文化亲近性，为研究重庆特色文化资源对本专业教学实践活动的开展提供可操作性，具有重要现实价值。最后，探讨重庆特色文化资源融入文化产业管理的实践教学，不仅有利于学生文创产品设计的原创性与独特性，也有利于重庆本土文化的传承、传播与创新，具有显著的经济效益与社会效益。

（二）符合文化产业管理专业人才培养的需求

目前，重庆在文化产业专业人才培养上存在数量和质量两方面问题。数量上，根据笔者团队调研显示，目前开设文化产业类相关专业的高校不少，主要集中在新闻、广播电视等媒体文化产品设计与制作方面。而设立文化产业管理本科专业的高校，重庆市目前只有3所高校，如表1所示。由此，从规模上来看就与目前重庆文化产业作为支柱产业的发展目标严重不符，人才数量缺口显而易见。质量上，根据“文化产业管理”专业全国高校排名情况来看，前10名集中在东部地区，西部学校排名普遍比较落后，反映出强烈的地域差异。

表1　重庆市文化产业管理本科设置

开设年份	院校名称	专业所属院系	学位授予门类
2010	西南大学	文化与社会发展学院	管理学
2013	重庆三峡学院	公共管理学院	管理学
2017	四川外国语大学重庆南方翻译学院	国际商贸与管理学院	管理学

文化产业管理本科专业设置的初衷，就是顺应我国文化产业快速发展的实际，为国家和地方经济发展输送优秀的创意和应用人才。因此，学校要准确把握文化产业管理的专业属性，明确办学定位，充分利用本地的优秀文化资源融入高校文化产业管理专业的师资建设、课堂教学、实习实训基地建设、毕业论文设计等各个实践教学环节，以培养出更优秀的文化产业管理人才。

二、文化产业管理专业的应用型人才培养策略

（一）明确以“服务地方发展为导向”的专业人才定位与培养方向

虽然近年来文化产业发展迅猛，但文化产业管理专业的毕业生总体就业状况却不容乐观，形成了专业热、就业冷的反差。究其原因，主要表现在以下几个方面。第一，目前高校文化产业管理专业仍然普遍沿用“重书本、重理论、重灌输”的传统教学模式，导致培养的毕业生理论知识丰富而缺乏专业实践能力和操作能力，与当前文化产业市场对实践性、创新性、应用型人才需求之间存在着较大矛盾。第二，“博而杂”“广而散”的课程设置。经过调查，笔者发现文化产业管理专业在西部地区众多院校中课程设置的多学科特征非常明显，跨越文化类、哲学类、经济学类、管理学类、艺术学类等众多学科门类。这种宽口径、全方位、复合型的课程设置，虽然具有较大的吸引力和广阔的就业去向，但是由于涉及学科领域的宽泛性和学制的有限性，往往导致学生在课程学习中存在“博而杂”“广而散”的问题[①]。第三，实践与创新创业教学体系不完善，存在实践教学与创新创业理念欠缺、实践教学质量的保障体系不健全、校内外实践教学平台的搭建及双师型教师队伍的构建不够完善等问题。因此，高校文化产业管理专业必须密切联系市场需求，树立“以服务地方发展为导向”的教育理念，更新人才培养模式，改革专业教学体系。其中关键是处理好专业人才素质培养的“复合”与“核心”、“博”与“专”、“广”与“精”的辩证关系，因此，高校需要在

① 孔维增．文化产业管理专业人才培养探析：以贵州省为例［J］．人力资源，2019（10）：7-9．

注重学生基础知识和全面能力培养的同时，强调对学生核心素质和关键技能的提升。

（二）梳理并评价重庆特色文化资源，优化专业课程体系建设

1.梳理重庆特色文化资源。高校可以借鉴欧美文化产业成长模式的研究成果，其主要依靠“人才+创意”与“资源+市场”两种驱动模式，并结合我国的实际情况梳理重庆特色文化资源。重庆作为国家历史文化名城，融巴渝文化、革命文化、抗战文化、三峡文化、移民文化等于一炉，地域特色文化资源富集。这里有以巴渝文化为代表的民族民俗文化，并延伸出巫文化、火锅文化、盐文化、码头文化、滨江文化、山水文化、桥隧文化等，以及44项国家级非物质文化遗产（截至2019年），地域文化资源十分丰富，地域文化特色十分鲜明。面对丰富多样、数量众多的文化资源，高校如何科学地选取不仅有科研价值与社会价值，而且有具备开发价值和经济价值的文化资源，既是地区经济发展的现实问题，更是地方院校文化产业管理专业人才培养中组织教学内容的出发点和立足点[①]。

鉴于上述分析，为了适应本地区文化产业发展路径，高校应持续做强“资源+市场”驱动模式，同时补足“人才+创意”驱动模式，本团队逐次对市域文化资源中“渝景”“渝技”“渝风”“渝艺”的特色资源进行挖掘和价值评估，从而对重庆地域文化资源展开深度梳理与评价，以此为依据搭建文化产业管理专业的课程体系。

2.优化专业课程体系。首先，改革课程设置体系，增加“地区文化资源特色课”板块。高校应在原有“基础课—专业课—选修课”课程体系基础上，优化课程体系设置，构建更具实用性的“基础课—专业课—特色课—选修课”课程体系。初期学校主要围绕地区特色文化资源禀赋及产业发展情况展开，设置“重庆文化资源概况”“重庆文化产业及市场概况”“文化资源实践创新”“重庆文旅融合理论与实践”等专业课程，这些特色课程的开展，旨在让学生更精准地了解市场需求，并为下一阶段学生实践及应用课程的开发提供理论基础。

---

① 向勇．创意创业家精神：文化产业管理专业人才培养的探索［J］．中国大学教学，2017（10）：26-30．

其次，加强“特色课校本教材”的开发。高校可以结合地区市场的需求，将团队科研成果努力转化为教学资源成果，实现“以研促教，以教哺研”的良性互动。“特色课校本教材”的开发除了具备普通教材开发的常备要素外，还要遵循准确定位、体现特色、注重实效和不断完善等基本原则。高校在使用校本教材过程中还需要建立科学的教材评价机制及学习效果评价机制，以达到“学研产”一体化目标。

最后，深化实践教学改革。独立学院文化产业管理专业是以应用型人才为培养目标的，更应该注重“能力本位”。高校应改变传统的按照学科划分的方法，采用以能力层次划分的方法，层层递进地培养学生的基本技能、专业技能及综合技能。为此，高校可以借鉴国外“能力中心的课程开发型”实践教学模式，融入地区特色文化资源来构建专业实践教学的内容体系。另外，高校还需加强文化产业管理专业校外实践基地建设，一是文化行政管理机关。二是文化生产或服务企业。高校可以通过建立战略合作协议，建立稳定的综合性、专业性、产学研合作的实践教学基地。

三、结语

文化产业管理专业还处于成长初期，设置时间不长，因其极强的跨学科属性，因此，在教学中普遍存在培养目标不明确、课程结构不合理、教学内容与社会需求脱节等问题，笔者认为只有从具体地区、具体院校、具体情况出发，以产业发展为导向，突出高校办学特色，切实将课程设置和教学内容落到实处，文化产业管理专业教学和人才培养中存在的问题才可能得到真正解决，才更能为社会输送应用型文化产业管理人才。

重庆市“十四五”文化旅游产业发展规划前期研究

陈　莉　黄亚玲　王成尧[①]

“十三五”以来，认真贯彻习近平新时代中国特色社会主义思想和党的十九大精神，全面落实习近平总书记对重庆提出的“两点”定位、“两地”“两高”目标、发挥“三个作用”和营造良好政治生态的重要指示要求，围绕重庆经济社会发展大局，扎实推进文化旅游产业工作，取得了很好的成绩。“十四五”期间，我市如何适应新时代新要求，进一步推进文化旅游产业高质量发展，这里谈一些思考，仅供参考。

一、发展基础

“十三五”时期，重庆市文化旅游产业总体发展良好，产业规模扩大、活力增强、实力提升，对全市经济社会发展的支撑作用不断增强，文化旅游产业发展实现了新突破。

（一）文化旅游产业规模壮大

“十三五”以来，重庆文化产业和旅游产业规模逐渐壮大，文化产业集聚效应明显，旅游收入稳步增加。2019年全市文化产业增加值同比增长10%左右。先后建成国家级文化产业示范园区1个，国家级文化产业示范基地7个，市级文化产业示范园区21个，市级文化产业示范基地99个，市级文化创意产业园区13个，

① 陈莉、黄亚玲、王成尧，重庆市文化和旅游研究院。

市级乡村文化乐园50个，市级数字文化产业园区4个，建成两江新区数字出版基地、出版传媒创意中心2个国家新闻出版产业基地。全市共建成37个文化产业特色集聚区，集聚文化企业近5000家。2019年全市接待境内外游客6.57亿人次，实现旅游总收入5739.07亿元，同比分别增长10.0%和32.1%。渝中区、武隆区、巫山县和万盛经开区被认定为国家全域旅游示范区。武隆区、万盛经开区被原国家旅游局纳入国家级旅游业改革创新先行区。

（二）文化旅游消费不断扩大

“十三五”以来，重庆文化旅游市场需求和消费逐步扩大，城市知名度快速提升。重庆获批全国首批扩大文化消费试点城市，将文化与旅游消费有机结合，扩大文化消费，引导提升旅游体验、创新文化旅游发展模式。成功举办五届重庆文化旅游惠民消费季，建立起了拥有3000多家企业的文化企业消费联盟。渝中区被授予全国文化和旅游消费示范城市称号。沙坪坝区、北碚区被授予国家文化和旅游消费试点城市。重庆连续两年成为全国旅游业增长最快城市，连续三年入选“中国旅游业最发达城市排行榜”。重庆连续两年位列“西部文化消费指数”榜首。

（三）文化旅游企业迅速崛起

2019年，我市文旅企业数量继续呈现高增长态势，全市新设立文化旅游企业2万余家，总数达13.8万家，同比增长5.3%；其中，民营文旅企业新增1.97万家，总数达13.37万家，占所有文旅企业的96.9%，社会资本加速进入文旅领域。全市新设立文化企业25284家，同比增长4.63%，年底总数达125252家，较2018年增加8.99%。2019年，全市旅游企业14036家，其中私营企业占12814家，私营企业较2018年增长5.22%，注册资本3022548.178万元，增长8.92%。其中，重庆旅游投资集团有限公司、重庆市四面山旅游投资有限公司、大足石刻影视文化有限责任公司等7家旅游投资企业获评“中国百亿旅游投资机构”，重庆海外旅业集团、重庆中旅集团和新世纪国际旅行社获评“全国百强旅行社”，接待游客人数超100万的景区达到19家，最高接待人数突破400万人次。2019年末，全市共有旅行社673家，其中全国百强旅行社3家，位居西部第一、全国第七。全市星级饭店达到173家，其中五星级饭店27家，在西部名列第二，在全国位居前十强。截至2019年底，全市拥有国家A级旅游景区253个，包括：5A级景区9家，4A级110家，3A级82家，2A级51家，1A级1家。全市拥有市级以上旅游度假区17个。五星级及按五星级标准建造的内河游轮达到24艘。

（四）区域差异化发展特征明显

近两年，“一区两群”各区域旅游业彰显特色、协同发展。渝东北三峡库区城镇群和渝东南武陵山区城镇群旅游接待及收入增速明显高于主城都市区。渝东南片区增速最快，且两年均保持了15%左右的增长，乡村振兴、脱贫攻坚和“大武陵”旅游发展等战略显现出良好效果。武隆、巫山成功创建国家全域旅游示范区，黔江区濯水古镇、彭水县阿依河景区成功创建国家5A级旅游景区。2018年，“大三峡”区域接待游客1.46亿人次，同比增长16.1%，实现旅游收入1111.6亿元，同比增长33.4%，接待入境游客131.54万人次，同比增长12.83%。2019年，渝东北三峡库区初步统计接待游客1.23亿人次，实现旅游收入1125亿元，同比分别增长15.4%、38.3%。2018年三峡游轮接待游客62.9万人次，实现稳步增长。签约重大旅游招商引资项目830余亿元，发展动能进一步增强。

（五）文化旅游产业项目稳步推进

“十三五”以来，重庆积极推进文化旅游产业招商引资，稳步推进各区（县）文化旅游项目，扎实抓好旅游度假区项目、世界温泉谷项目、三峡后扶项目等重大签约落地项目建设，55个涉旅重点项目有序推进。2019年，48个文化旅游项目被列入市级重点项目；成功签约140个优质文旅招商项目，签约金额4190亿元。我市文化旅游产业完成旅游固定资产投资1366.81亿元，同比增长14.49%，签约重大项目140余个，签约金额4000余亿元。因旅游业带动，全市住宿业、餐饮业营业额同比分别增长11.5%、13.5%。北碚区温泉健康小镇、綦江区旅游特色小镇等6个重点旅游项目顺利落地。重庆马戏城、弹子石—龙门浩老街、重庆建川博物馆、华熙live演艺中心、旅游演艺《归来三峡》等已建成开放；对外文化贸易基地、解放碑时尚文化城、国家文物保护装备产业基地、洋炮局1862文创园、重庆文旅城、仙女山星际未来城等正顺利推进。

二、发展目标

要将文化旅游产业培育成全市综合性战略支柱产业。2009年我国颁布的《文化产业振兴规划》首次将发展文化产业上升到国家战略高度，“十三五规划”更是确立了文化产业“到2020年，文化产业成为国民经济支柱性产业”的发展目标。而旅游产业也早已在“十二五”期间基本完成了战略性支柱产业目标。我市在文旅融合新背景下，在执行中央坚定不移转方式、调结构，推动经济高质量发展的部署过程中，文化和旅游产业将进一步发展，成为全市综合性战略支柱产业。到2025年，我市文化旅游合计增加值可达2500亿元，年均增速10%以上，GDP占比8%以上。文化产业增加值可达1100亿元，GDP占比3.8%以上；旅游产业增加值可达1600亿元，GDP占比5.5%以上。

三、发展理念

（一）坚持创造性转化、创新性发展

创新引领、创意驱动，创造性转化，是文化旅游产业打造吸引力、创造力、竞争力，谋求未来长远发展的核心动力源泉。十九届五中全会指明了“坚持创新”在我国现代化建设全局中的核心地位。“十四五”期间，应坚持对重庆本土优秀传统文化的继承发扬、推陈出新。坚定文化自信，深入挖掘重庆优秀传统文化，并激活其生命力。深入整理重庆文化旅游资源的特点，凸显文化特色，探索文化价值，研发文化产品，刺激文化消费，构建浓郁的文旅创新发展氛围。

（二）坚持科技助力、数字化驱动

十九届五中全会提出，把科技自立自强作为国家发展的战略支撑。重庆被确定为“中国智博会”永久会址，两江新区等数字经济产业园人工智能、大数据、物联网等产业加速集聚，腾讯、阿里巴巴、华为等智能化“头部企业”纷纷在渝布局，正是为推动文化旅游和科技深度融合、文化旅游产业提升发展提供了有力的科技支撑。“十四五”期间，将继续坚持以科技创新为引领，深入实施以大数据智能

化为引领的创新驱动发展战略行动计划，利用现代网络通信、大数据、云计算等新技术，催生文化旅游新业态、新产品和新服务，构建文化旅游产业新格局，实现智慧文旅，建设西部创新中心，助力全国大数据智能化应用示范城市建设。

（三）坚持文旅融合、培育支柱品牌

文化与旅游的融合发展，文化强调如何将文化价值落地，旅游强调文化为魂。文化和旅游产业的发展重点在于如何运用创新理念引领融合。“十四五”期间，要深刻把握文化和旅游的内在关系，推动文化产业和旅游产业吃、住、行、游、购、娱等要素的深度融合。实施品牌提升战略，塑造知名文化品牌，发展特色文化城市，培育文旅融合支柱性品牌产业。

（四）坚持顺应需求、提升消费规模

随着国民经济持续快速发展，文化消费需求质量不断提高、数量不断增加。目前重庆正在实施消费升级行动三年计划，并以创建国际消费城市为契机，探索打造“国际消费示范区”。十九届五中全会强调，要形成强大国内市场，构建新发展格局，畅通国内大循环，促进国内国际双循环，全面促进消费。文化和旅游产业作为商旅文体联动示范项目重要环节，则应根据群众规模化、品质化的消费需求，顺应文化和旅游消费提质转型升级新趋势，深化文化和旅游领域供给侧结构性改革，从供需两端发力，不断激发文化和旅游消费潜力，努力使我市文化和旅游消费设施更加完善，消费结构更加合理，消费环境更加优化，文化和旅游产品、服务供给更加丰富，推进打造国际文旅消费中心城市。

四、发展机遇

（一）有利条件

1．区位优势。重庆作为西部大开发的重要战略支点，处在“一带一路”和长江经济带的联结点上，在国家区域发展和对外开放格局中具有独特而重要的作用。同时，作为成渝双城经济圈中最重要的两个极点城市之一，“巴蜀文化旅游走廊”建设目标，也对重庆加强成渝合作、发挥支点支撑和辐射带动作用、助力内陆开放高地建设等提出了更高要求。

2．资源丰富。重庆是世界上最大的内陆山水都市，天然生态城市。重庆历史文化厚重，既是巴渝文化的发祥地，又是抗战文化、红色文化的集聚地。重庆旅游资源涵盖了大都市、大乡村、峡谷大川、温泉湖泊、民俗风情、历史文化等多种类型，为构建层次化、系列化、特色化的具有世界吸引力和竞争力的文化旅游体系奠定了坚实基础。

3．创新发展。随着互联网的发达、自媒体和社交媒体的发展，重庆的城市特质、地域特征和文化特色得到了多样化的传播和充分的展现，凭借独特的文化魅力吸引了众多外来游客，树立了良好的城市形象，具有较高的知名度和吸引力。重庆正在推进建设西部创新中心，实施创新驱动发展战略，为重庆文化旅游产业的创新发展提供了有力支撑。

（二）面临形势

1．国际合作不断加强。全球化背景下，中国作为世界经济增长的重要引擎，与国际间的合作日益密切。重庆作为国际对外开放格局中具有重要战略地位的城市，也必将迎来更多对外交流和国际合作的机会，为重庆文化旅游产业的对外开放提供了契机。

2．国家建设发展机遇。西部大开发、长江经济带等国家建设政策的施行和共建“一带一路”倡议的提出，为重庆谋求新发展增添了动能，也为重庆文化旅游产业的发展提供了强有力的支撑。

3．重庆文化强市建设机遇。近年来，重庆深入推进文化强市建设，通过挖掘巴渝文化内涵，深化文化交流合作，完善文化发展保障支撑体系，打造重庆文化生态圈，有效发挥了文化的引领作用，提升了重庆文化软实力，推动了重庆文化繁荣发展。

五、“十四五”重点任务和方向预判

（一）调整升级传统产业结构

一是做强新闻媒体矩阵。紧紧围绕融合媒体现代化发展趋势，深化市级媒体

“中央厨房”建设，聚焦“互联网+”，推进重庆有线智慧广电数据中心建设，紧跟5G建设发展趋势，布局开展5G、4K、8K、AI、VR、区块链等前沿技术实验与应用，加快传统媒体与新兴媒体的融合发展，创新融媒体产品，推进“两江上游云”融媒体云平台建设，逐步建立融合发展、形态多样、竞争力强的新型新闻媒体矩阵。二是推动出版产业升级转型。发展数字出版、绿色印刷等新型出版业态。依托国家级数字出版基地，创新数字出版技术，丰富数字出版内容，打造我市数字出版文化品牌。推广绿色印刷技术，在全市建立绿色印刷体系，推动印刷产业与高新技术的融合。三是引导演艺产业集聚发展。扶持舞台艺术精品创作，组织优秀剧目申报2021年度国家艺术基金，积极参与国家舞台艺术精品创作扶持、西部及少数民族地区艺术创作提升计划、中国杂技艺术创新、庆祝建党100周年美术创作等国家工程。推进重庆音乐厅、重庆芭蕾舞剧院等项目前期工作。依托地标性演艺场馆、院团驻地、民间小剧场、演艺空间、艺培机构等构建都市演艺集聚区。推动“重庆演出院线”全市覆盖。四是建立文化资源产业化转化体系。普查梳理我市文旅资源，推动文化资源创造性转化、创新性发展。加强文物价值研究阐释，推出重点文物保护研究成果。扩大文保单位开放范围，推进巴渝传统风貌开发，推动非遗项目产业化传承，实施传统工艺产业化振兴，落实文化文物单位文创产品开发试点，大力发展文博产业。

（二）健全现代产业体系

推动文化产业体系优化升级，推进产业基础高级化、产业链现代化，提高经济质量效益和核心竞争力。一是前瞻性布局数字文化前沿领域。顺应数字化发展趋势，实施文化产业数字化战略，加快发展数字文化新型业态。把握我市西部创新中心建设机遇，培育研发创新功能，形成产学研一体化的国家级创新基地。推进“文化+科技”的跨界融合，发展技术领先、竞争力强的数字文化创意产业。二是提升动漫游戏产业竞争力。培育动漫游戏产业集群，打造动漫游戏产品研发和创新基地。扶持本土企业优秀原创内容的生产，打造知名IP。完善动漫游戏产业链，推动动漫游戏衍生产业的发展。三是打造当代艺术产业高地。发挥重庆作为全国当代艺术基地的优势，壮大艺术品交易产业，建立完善的艺术交易产业链，健全艺术品交易体制，打造重庆艺术大市场。四是加快形成文化创意设计服务产业优势。大力发展文化创意设计服务产业，设立设计创新中心，培育设计创新人才，推动设计创新的研发和应用。扶持一批设计服务企业，形成本土设计品牌。举办设计创新交流活动，提升我市设计创新影响力。

（三）培育发展特色产业品牌

一是建设全国重要的影视基地。建设一批影视基地、电影小镇、纪录片基地，彰显重庆历史文化名城和“山水之城·美丽之地”魅力。出台政策和资金扶持，吸引优秀影视人才，支持我市本土影视企业的发展。培育完备的影视产业链，建立电影拍摄“一站式”服务平台。搭建影视企业与文创企业的合作平台，推动我市影视衍生产业的发展繁荣。形成全市“全域影视基地”的文化氛围。二是发展文化用品装备制造产业。推进重庆文化旅游装备制造产业园建设，打造全国领先的应用研发中心和智能制造创新平台，打响我市文化用品装备制造产业品牌。推进“文化+科技”融合，发展文化科技装备制造产业，提升我市文化科技装备制造在全国的竞争力和影响力。科学布局文化用品生产格局。三是发展大数据智能化文旅产业。依托重庆西部创新中心建设和智博会永久会址的机遇，大力发展大数据、云计算等智能技术，培育智能产业，改造传统产业，推动数字产业化、产业数字化，发展现代服务业。建立人才保障机制，吸引和培育科技创新人才。四是建设国际消费中心城市。培育文旅消费核心品牌，统筹消费供给，优化消费环境、消费支撑，大力发展夜间经济，增加优质夜间产品供给。引进、培育、做强旅游演艺和文创产品开发等新业态。举办文化和旅游节事活动，吸引文旅消费。拓展入境旅游市场，吸引入境消费。推动智慧文旅建设，优化文旅消费体验，提升文旅消费水平。

（四）培育壮大文旅市场主体

一是做大做强龙头企业。充分发挥龙头企业的示范带头作用，发挥其品牌影响力和竞争力，实现文化旅游产业的高质量发展。激发文旅市场主体活力，巩固和发展公有制经济，鼓励、支持、引导非公有制经济发展。发挥好全域旅游发展专项资金和文化产业发展专项资金的撬动作用，充分调动市场主体的积极性，构建大中小微企业协调发展、齐头并进的文化旅游市场格局。二是培育文化旅游产业知名品牌。推进文化旅游产业与科技、金融、制造、商贸、农业、康养、休闲等行业融合发展，培育特色鲜明、竞争力强的文化企业，形成一批知名文化旅游品牌，综合提升文旅融合发展水平。三是推动文化旅游产业万众创新。建设文化旅游产业综合服务平台，营造稳定、公平、透明的营商环境，形成创新创业氛围，推动“大众创业、万众创新”，支持文旅产业企业的发展。

（五）建设完善文旅市场体系

一是扩大文化旅游消费市场。积极参与国内国际双循环，充分利用国内国际两个市场文化旅游资源，打造联结文化旅游产业国内国际双循环的战略枢纽。推进西部、“一带一路”和长江经济带文化旅游消费大市场体系建设。培育一批服务重庆、辐射西部地区的现代文化流通企业和文化旅游产品物流基地。推进文化旅游产业全域化、全球化。二是推动文化旅游消费转型。把握消费升级大趋势，提升传统消费，培育新型消费，适当增加公共消费，优化文化旅游产品供给结构，推动文化旅游消费供给升级，完善文化旅游消费设施和环境，培育新型文化旅游消费模式。提升文化旅游消费品质，建立中高端服务型消费体系，推进文化旅游消费个性化、定制化发展。三是优化文化旅游市场发展环境。深化文化体制改革，强化文化旅游市场服务和监管，构建有序开放的现代文化旅游市场体系，发挥市场在文化旅游资源配置中的积极作用。

（六）做大做优文旅融合格局

一是加快建设国家文化产业和旅游产业融合发展示范区。推动渝东南地区文化产业和旅游产业业态融合、品牌融合，推出一批文旅融合企业和产品。二是推动文化产业园区发展。合理规划和规范发展文化产业园区，实施文化产业园区、基地聚集发展工程。支持先进文化企业园区的发展，发展各具特色、竞争力强的文化产业园区，提升我市文化产业园区发展水平。推动文化产业园区的文旅融合创新发展，实现业态创新、品牌创新。三是推动文化创意产品开发。扩大优质文化产品供给，推动打造“成渝地·巴蜀情”等文化品牌。立足于对本土文化旅游资源的深度梳理和挖掘，坚持创新性转化、创造性发展，打造文化创意精品和文创品牌，将文化和旅游资源有机结合，丰富文创开发内容。四是推动文化旅游演艺高质量发展。立足于本土人文风韵，打造文化旅游演艺精品剧目。推动精品文化演艺剧目面向旅游市场，带动文旅消费，实现文化旅游演艺的专业化、品牌化、规模化。五是推进文旅小镇发展。壮大一批特色化、差异化的文旅小镇，实现品牌打造。完善文旅小镇运营管理机制，优化管理水平和服务质量，提升游客体验。发挥核心产业优势，做到宜游、宜居、宜业，实现产镇融合发展，丰富和提升人们的生活品质，有效推进乡村振兴和新型城镇化建设。

（七）建立全方位对外开放平台

一是建立开放保障体系。制定利于扩大入境旅游的政策环境和服务配套。深化“一带一路”、长江经济带、成渝地区双城经济圈、三峡地区和武陵山地区文化旅游产业交流合作，推动互利共享。推动建设巴蜀文化旅游走廊，打造国际范、中国味、巴蜀韵的世界级休闲旅游胜地。深化与四川、陕西、贵州、湖北、湖南等省市合作，共同打造“大川西、大三峡”世界旅游目的地。积极推进重庆国际文化旅游之窗项目集群建设，打造国际交流交往平台。二是深化对外文化交流。围绕“一带一路”，推广重庆“山水之城·美丽之地”形象。加强重庆与“一带一路”沿线地区的人文交流，积极参与中国—中东欧文化创意产业论坛等重大活动，开展文旅推广活动，传播重庆文化旅游品牌。引进吸收国外文化艺术精品。充分发挥我市海峡两岸交流基地作用，深化与港澳台地区的交流合作。举办2020重庆全球旅行商大会，争取承办2020年西部文博会，加强对外交流合作。三是加强对外文化贸易。围绕“一带一路”，建设国家对外文化贸易基地，打造辐射西部地区和长江经济带的对外文化贸易市场。支持企业开拓国际市场。

风光风情风物三位一体
“文旅推介＋直播带货”传统媒体的新实践[1]
——以重庆“区长县长双晒直播”为例

郭蓓蓓[2]

2020年是决胜全面建成小康社会、决战脱贫攻坚的收官之年。今年夏天，重庆启动了“晒旅游精品　晒文创产品”大型文旅推介活动，全市各个区县通过“区长县长双晒直播”“文旅精品90秒”“区县文旅精品荟”“云上文旅馆”等，在各大平台渠道全方位展示文旅亮点、拉动文旅消费。以“双晒”为品牌的文旅宣传推介和消费引导机制持续深化，影响不断提升。

新冠肺炎疫情发生以来，“区长县长直播带货”不是稀奇事，但是区长县长们接踵上电视、拼融媒为家乡文旅特产代言，可算媒体新景观。在“晒旅游精品　晒文创产品”大型文旅推介活动中，互动性极强的“区县长双晒直播”备受热捧，一方面源于“主播”身份的新鲜感，另一方面，区长县长们利用自身的公信力，能够把好产品质量关，给网友带来了充分的信任感。梁平、渝中、铜梁、万州等多个地区的“区长县长双晒直播”由重庆广播电视集团（总台）融媒体新闻中心策划执行。其间，重庆广电发挥自身优势，将直播形式、舞台设计、带货内容等多方面升级，在场景化、实景化、主题化的创新形式中，助力“带货热”。同时，重庆广电不断拓展传统媒体表达的边界，提升节目的现实意义与价值内涵。

---

①原载于《新闻研究导刊》2020年11月第11卷第22期。

②郭蓓蓓，女，重庆人，硕士，主任记者，研究方向：新闻实务。

一、晒风光："上天下地"沉浸式体验，推荐精品旅游路线

在重庆"双晒"活动中，"区长县长晒直播"板块并非完全是网友们熟悉的"直播带货"，与李佳琦、薇娅式的直播带货最大的区别在于，它不是单纯的卖东西，而是以区长县长的视角深度挖掘重庆这座城市，聚焦各个区县的文化旅游产品，展现它们的地理优势和风土人文，同时，借助各大传播平台的影响力和区长县长自身的公信力，推介重庆，让这座城市的风光风情风物一站式出圈，推动疫情常态化防控下文旅市场的全面恢复，从而加快驱动当地经济发展，为实现脱贫攻坚输入能量。因此，梳理推荐地方的文旅精品成了"区长县长双晒直播"中非常重要的环节。

在铜梁"双晒"直播中，铜梁区区长姜国杰推荐了两条铜梁精品旅游路线——历史文化之旅：安居古城→铜梁龙景区→刘伯承秘密藏身处→邱少云烈士纪念馆→铜梁博物馆→铜梁匾额博物馆，在外景主持人的带领下，采取航拍与地拍，虚拟演播室与实景拍摄相结合，透过屏幕，网友就能触摸历史，仰望崇高。田园都市游：原乡中央公园→望山公园、见水公园→黄桷门爱情树→巴岳山→玄天秀水生态画廊→中华龙温泉，虚拟演播室再次发挥作用，在演播室里，区长和主持人漫步在主题为"原乡风情"的最美马拉松赛道上，铜梁的原乡风情在行走中被他们娓娓道来，田园与都市在铜梁无缝衔接。

在两江新区"双晒"直播中，两江新区党工委副书记、管委会常务副主任王志杰为网友们梳理出了三条旅游路线："开放之旅""智慧之旅""时尚之旅"。"开放之旅"：沿着果园港→两路寸滩保税港区→悦来国际会展城的路线，通过直升机航拍的VCR，带着网友拥抱白云、鸟瞰两江。"智慧之旅"：沿着礼嘉智慧公园→两江协同创新区→两江机器人展示中心→两江新区航空航天产业园的路线，生动展示两江新区的智慧之城建设。"时尚之旅"：透过直播镜头，网友们和王志杰一起"云打卡"两江新区热门景点，感受"山水百园游"和"动感时尚游"两条线路，既赏美景，又享游乐。

在90分钟的直播过程中，区长县长们推介当地的精品旅游路线成为重头戏。在璧山、綦江、万州、万盛等区县的"双晒直播"中，重庆广电充分发挥了传统媒体的技术优势，把虚拟演播室，外景VCR与演播室内的互动相结合，融合采风、

表演、访谈、互动等多种表现手法，进行“内容种草”。此外，将当地的美食、特产、文创产品自然地融入进来，让嘉宾们大饱口福和眼福的同时，也让观众感受了巴渝文化的魅力。一个地区的文旅特色，就在这些丰富的自然风景和独特的地方美食引领下，被巧妙地呈现在了观众面前。为后续销售当地旅游景点的门票和酒店民宿套票铺垫了足够的情绪，也将有效地带动当地的文旅产业，将脱贫攻坚落到实处。

二、晒风情：讲好重庆故事，带动地方人文精神出圈

巴渝大地历史悠久，文化厚重。然而，在过去很长一段时间，在重庆飞速发展的过程中，不少珍贵的传统文化资源并没有得到足够的重视，更没有被深入挖掘、整理和活化。两季“双晒”活动让各个区县大量“沉睡”的人文宝藏被重新唤醒。这些被唤醒的人文宝藏，如何用试听语言来呈现呢？实际上，“双晒”直播并不是传统意义上的电视节目，受众群体也不仅仅是电视观众，重庆新闻频道与手机直播形成了2个节目矩阵，为了让节目的呈现更具创意化和年轻化，重庆广电的创作团队从策划之初，就十分重视受众分析，充分尊重年轻观众的收视习惯和兴趣点，以便打造出更加具有“网感”的创新节目形式。最终，“区长县长双晒直播”没有选用明星带货的模式，而是希望以素人为线索，把各个区县的文旅资源串联起来。用普通人的亲身经历和真切感受来打造节目，用亲近感与“反差萌”锁定网络年轻人关注的兴趣点。

在石柱“双晒”直播中，县长左军穿起了土家族的民族服饰走进直播间，消除了网友对县长的刻板印象，一下子就拉近了和观众的距离，左军用他不太标准的普通话给网友们讲述了曾经的深度贫困乡石柱中益乡人民用“敢吃黄连苦，不怕辣椒辣”的劲头脱贫致富的故事。如今的中益乡成为石柱脱贫道路上的一个缩影，也成为土家人脱贫精神的深度写照；在梁平“双晒”直播中，拥有300万网络粉丝的“美食视频博主”大兵哥哥被邀请走进直播间，在和梁平区区长蒲继承的互动中，梁平特产竹海山珍被巧妙地融进了大兵哥哥的人生逆袭故事中；在两江新区“双晒”直播中，海归博士陈玮来到了演播室现场，阐述了一段自己创业在两江、生活在两江的心声，两江作为国家级新区不仅全球带货，更全球引才，

给观众耳目一新的感受。

重庆的美，固然出于大山与大江的相倚，高楼与梯坎的相邻，但重庆更吸引人的地方还在于这种城市的底蕴：一方水土养一方人，爬坡上坎的地形特点、重工业的城市基因和嗜辣的饮食习惯，孕育了重庆人耿直、豪爽、实干的性格特点。所以，不论是区长县长，还是被请进演播室的素人嘉宾，他们在解锁当地人文精神宝藏的同时，大屏小屏还通过VCR的方式，进一步强化相关内容在线上传播的力度，扩大节目内容的影响力，让更多人看到山城重庆的魅力——这里不仅有网红景点，更有深厚的巴渝文化、英雄的红岩文化、壮丽的三峡文化和杂糅包容的移民文化。正是这些丰富的文化基因造就了这座城市的性格——开放包容、敢于创新，不仅有“颜值”，而且有“气质”。

三、晒风物：旅游精品+文创产品，直播场景的多样性助力带货

在这次重庆“区长县长双晒直播”活动中，区长县长直播带货的商品分为两大类：旅游精品和文创产品。旅游精品包括各个区县的景区门票和酒店民宿的住宿套票，文创产品则包括当地的特色旅游纪念品和地方特色农副产品。直播电商让“养在深闺”的好东西有了更多被人看到的机会，区长县长在直播中，只需展示最真实的生产生活场景，讲好产品背后鲜活的故事就成功了一半。

一个半小时的“双晒”直播，时长不短，怎么才能留住观众？既需要内容的丰富性，也需要视觉的冲击力。节目组在直播场景的多样性上下了大功夫。在重庆广电策划执行的多场“区长县长双晒直播”中，基本上都由“主演播区+虚拟演播区+直播分会场+VCR短片+多屏互动”五大部分组成。区长县长和主持人组成“双晒”搭档，围绕各区县的文旅亮点进行访谈，对重点文旅精品和文创产品进行推介，有机地串联起VCR和各个分演播场、连线直播点，并与网友开展互动。与此同时，还充分运用多屏互动，电视大屏、第1眼互动直播屏等，实现连线对话、网友问答、晒单、点赞等互动。

石柱的蜂蜜，巫山的脆李，巫溪的土豆，梁平的有机大米……各个区县的特色农副产品陆续登场，主持人、普通农户、企业老板、厨师、网络达人、手工

艺人等成了“助力团”，走进直播间与区长县长一起带货。带货环节中，最有特色的当属各区县精心挑选出来的文创产品：荣昌的非物质文化遗产荣昌安陶、夏布、丝绸折扇，渝中的蜀绣，万州的木梳，璧山的微刻工艺品，石柱的京剧名家秦良玉的京剧优盘……在直播间里，以娱乐化和游戏化的零售方式，秒杀、直播价格、抽奖等活动福利刺激观众的参与热情，增强了直播的观看性，实现了正能量的文化滋养功能。

亮眼的带货数据、“旅游推介+直播带货”的吸睛效果……“双晒”直播打通了内容生产、宣传推广、融媒互动、下单变现的全流程通道。事实上，“区长县长双晒直播”不仅仅为直播带货，更致力于长效“引流”，希望在普及直播带货的同时，帮助引导建立电子商务渠道，为各区县的电商发展带来长期帮扶。

四、结语

重庆集合多方资源打造的“晒旅游精品　晒文创产品”活动可谓意义重大、正当其时。在“区长县长双晒直播”实践中，重庆广播电视集团（总台）融媒体新闻中心与电商平台的融合直播进一步探索了“电视+”的表现形式，以创新的模式结合当下的带货直播的新样态，实现了传统媒体的新表达，拓展了传统媒体表达的边界，提升了节目的现实意义与价值内涵，推动了各个区县的品牌建设与产业发展，成为助力脱贫攻坚的排头兵，实现了经济效益与社会价值的统一。

参考文献

［1］韩毅．流量变销量！看重庆“双晒”如何为产业助势［DB/OL］．重庆日报，http：//cq.people.com.cn/BIG5/n2/2020/1005/c365402-34334229.html，2020-10-05.

［2］李盛楠，张雅馨．把“直播带货”做成电视节目！这家卫视有不一样的做法［DB/OL］．广电独家，http：//www.csbtv.com/Csbtv/20200623/1_1_15730.HTM，2020-06-22.

WENLV RONGHE
文旅融合

“晒文化·晒风景”：建构重庆文旅融合发展话语体系的五个维度

罗锐华[①]

话语体系是以特定的思想文化、价值观念、意识形态为核心的话语表达系统，是文化软实力的重要体现。文旅融合话语体系建构的实质，在于形成和塑造适合于区域文旅融合特色和发展路径的话语解读、论证及传播等过程。科学建构城市文旅融合的话语体系，是提升城市文化和旅游竞争力、影响力与城市形象传播力的重要方式和路径。历时四个多月的重庆市“晒文化·晒风景”（简称“双晒”）大型文旅推介活动，38个区县（自治县）和两江新区、万盛经开区的党委书记以“导游”身份，通过全媒体传播方式向全国乃至全球游客推介当地的文化旅游资源，在全国和市民中引发热烈反响。据不完全统计，截至今年8月9日，“双晒”首发作品累计阅读量、点赞量超过24.5亿人次。实践是话语体系的基石。“双晒”活动的创新实践过程，丰富和更新了重庆文旅融合发展的表达、陈述、解释与评价话语体系，在建构重庆文旅融合发展话语体系上进行了成功的探索。

一、以守正创新为统领的文旅融合发展主导话语

文旅融合发展主导话语在文旅融合发展话语体系的总体架构中居于统摄地位。文旅融合发展话语的表达、创造、传播以及文化议题的设置都受文旅融合发展主导话语的支配，都必须体现和贯彻文化发展的主导方向。文化发展的主导权是维

① 罗锐华，重庆社会科学院文史研究所副所长、研究员。

护意识形态安全、自主确定文化发展方向，选择文化发展道路，优化文化发展方式，促进文化繁荣兴盛的权利和权力。“双晒”活动以新时代中国特色社会主义思想和习近平总书记对重庆提出的“两点”定位、“两地”“两高”目标、发挥“三个作用”重要指示精神为指导，彰显了打造内陆开放高地、建设山清水秀美丽之地和推动高质量发展、创造高品质生活的发展要求，体现了抓大保护促绿色化、抓大文旅促品质化的发展思路，蕴含着共产党人为人民谋幸福的初心与使命。习近平总书记指出：“用宽广视野吸收人类创造的一切优秀文明成果，坚持在改革中守正出新、不断超越自己，在开放中博采众长、不断完善自己，深化中国特色社会主义道路”。各区县委书记高度重视“双晒”活动，他们不仅是创作团队的领头人，而且全程参与拍摄。主办单位、承办单位和有关历史、文化、旅游专家，对每个区县的“双晒”作品实行三次集中评审，严格把关，确保了坚持以正确的思想引导社会舆论，坚持以社会主义先进文化引领社会文化进步。在“双晒”活动中，全市各区县委书记精神抖擞地担任“书记晒文旅”电视短片主角，他们以“金牌导游”的身份亮相屏幕，推介本地的自然山水、历史人文、风情风物，这不仅在重庆是第一次，而且在全国也是第一次，这个创新举措立即吸引了市内外社会各界的广泛关注。

二、以重庆故事为核心的文旅融合发展创造话语

话语内容是话语体系建构的核心要素。文旅融合发展的创造话语即立足文旅融合发展变革思维方式，创造反映文旅融合发展本质和发展趋势的话语。“晒风景”使各区县的美丽风光闻名天下，“晒文化”让重庆的厚重文化动人心魄。重庆故事是对重庆优秀文化经过不断地思考、过滤、提炼而形成的文化遗产，它是重庆人民的人文精神、道德规范以及精神气质的集中表达，是巴渝儿女的智慧结晶，是新时代重庆文旅融合发展话语体系建设必须厚植的沃土。总体而言，“双晒”创作的“重庆故事”的源泉在于社会实践，始终立足社会实践，坚持五大发展理念，努力挖掘文化资源，创新文化资源运作方式，推动文旅融合话语内涵的吐故纳新。习近平总书记指出：“历史和现实都表明，一个抛弃了或者背叛了自

己历史文化的民族，不仅不可能发展起来，而且还可能上演一场历史悲剧。”牢固树立文化自信是提升我国文化话语权的题中应有之义。文化自信是对文化历史成就的矢志不移的肯定，对文化发展前景的坚定不移的信念。重庆是有着三千多年历史文化传统的城市，是国家历史文化名城，有着丰富的历史文化资源。“双晒”活动通过拍视频、讲故事的方式，对源远流长的巴渝文化、巍峨壮丽的三峡文化、彪炳千秋的革命文化、轰轰烈烈的抗战大后方文化、独树一帜的移民文化、别具一格的统战文化、丰富多彩的民族文化和魅力无穷的山水文化进行了阐释和演绎，是对重庆风景、文化的再发现、再识别、再提升、再传播，锦绣纷呈，佳品迭出，创造出了贴近时代，符合受众的新的文旅发展的优美话语，体现了具有重庆特色、重庆风格的地域文化特征。各个区县书记的出发点和落脚点体现在对巴渝文化历史和传统的认同，他们对当地优秀的文化传统做了风格各异的梳理，特别是对其中的亮点、特点做了形象的介绍，脉络清晰，层次分明，守“根”护“魂”，以充满激情的积极的情感倾向展现了对本地区文化发展和远景的高度自信，彰显了巴渝儿女最根本的价值取向、精神追求和文化情怀。

三、以文化自信为灵魂的文旅融合发展表达话语

文旅融合发展表达话语是文旅融合发展话语体系的基础。文旅融合发展表达话语是指宣示文化立场、阐明文化观点、发表文化见解，体现文旅融合发展主体的利益诉求。每一种文化都有表达自身价值的意义，展现自身思想风采的权利，只有将文化信息资源通过各种形式呈现在世人面前，文化所承载的丰富内涵、秉承的基本理念及坚持的价值导向才能有形、可感，文化也才具备了产生吸引力、影响力与话语权的可能。习近平总书记指出：“社会主义文艺是人民的文艺，必须坚持以人民为中心的创作导向，在深入生活、扎根人民中进行无愧于时代的文艺创造。”“双晒”活动坚持从群众中来，到群众中去的文化理念，坚持一切为了人民、一切依靠人民的服务导向。不少区县的“一把手”从活动的策划开始就深入群众，深入生活，深入实际，从人民群众生动的生活实践中汲取智慧和营养，用人民群众喜闻乐见的形式进行表达，

实现政治术语和文旅口号的通俗化、平民化，使话语更加“接地气”“有底气”“聚人气”。人民是文旅融合发展话语的创造者和提供者，也是文化成果的享有者。为了奉献出人民喜闻乐见的精品力作，许多区县的活动策划创作团队以“语不惊人死不休”的精神对作品进行精益求精地雕琢，有的修改次数达到70多次，表现出把实现好、维护好、发展好广大人民的根本利益作为活动的出发点和落脚点。有的书记在推介本地的文化和风景时，以面向世界、面向未来、面向现代化为引导，移步换景，流连忘返，极好地演绎表达了在山水之城、美丽之地“行千里，致广大”的价值意蕴，生动平实，扩大了文旅融合发展话语传播的广度、深度、厚度。

四、以媒体互联为支撑的文旅融合发展传播话语

文旅融合发展传播话语是建构文旅融合发展传播话语体系的重要支撑。它是指运用各种媒介手段整合文化信息资源，交流、传播文化话语，宣传、推广文化价值观念以扩大文化话语影响力。如果说文旅融合发展话语的创造、表达是努力让文旅融合发展话语发出“自己的声音”，那么文旅融合发展的传播话语要做的就是扩大文旅融合发展话语传播的能力和音量，努力将“自己的声音”传得更广、更远、更深入人心。文旅融合发展的传播话语对文旅融合发展话语交往的向度、广度、深度和力度有着深刻影响。当今世界，掌握强大文旅融合发展话语权的国家必定具有雄厚的传播实力，而这种传播实力正是一个国家和地区现代传播技术、现代传播媒介和现代传播团队的集成和体现，它是国家和地区传播能力和文化软实力的重要标志。“双晒”活动创新传播平台，运用多种传播载体，推动话语信息的多向度传递，从而提升传播能力，扩大辐射面和影响力。“书记晒文旅”在重庆卫视进行首播，“区县故事荟”在《重庆日报》进行首刊，“炫彩60秒”在重庆卫视《新闻联播》进行首播，“新重庆”“上游新闻”“第1眼”客户端及“重庆发布”微信公众号则进行二次传播。根据3个类型的作品特点和媒体的传播特性、受众特征，各区县在创作上各有侧重、各有特点，通过报纸、电视、广播、PC端、两微、客户端、手机报、阅报屏、影院等媒介进行多样化传播，做到“点”“线”“面”的紧

密结合。同时，注重时间与空间的相互配合。每个区县“一把手”以本身自带的媒体效应，用大众易于理解和接受的语言和方式来讲、来说、来导，展示出传播的现场感和亲和力，使地方主政官员的“代言”效应得到充分显现。

五、以“晒文化，晒风景”为焦点的文旅融合发展议题设置话语

文旅融合发展议题的设置话语是指主动提出议题、设定议题、聚焦议题以影响文旅融合发展的话语。设置有利于自身的议题，并吸引众多参与者按照拟定的框架规则共同行动，是运用文化话语权提升文化软实力的一项重要方式。议题与普通的话题不同，在生活中普通话题俯拾皆是，但参与者往往具有随机性、暂时性、偶然性，无法对人的思想行为产生深远的影响。而议题则是着意构思、精心策划的重大话题。成功策划与设置的重要议题，不仅制造社会的热点，吸引人们的眼球，而且牵动人们的思想，引导人们的行为，使人们自觉不自觉地根据设置的特定议题来思考与行动，进而有效地影响社会的发展。“双晒”活动设置的“晒文化，晒风景”是文旅融合发展话语积聚、生长、发展的圆心，围绕这个议题产生的相关话语体系承载着议题旨在传达的在山水之城、美丽之地“行千里，致广大”价值目的，议题参与者在这个框架中进行交流的过程是不断聚焦、了解、深化话语价值观的过程。“双晒”活动对媒体主动发起话题讨论的议程设置权，突出议题策划的互动性开放性，准确把握受众关注点，采用受众可接受的话语方式，尽可能减少了“言不及义”“言不尽意”现象，避免了因文化认知差异而带来的“文化损耗”，有效引导了舆论，传递了正能量。

“双晒”活动建构文旅融合发展的主导、创造、表达、传播和设置的话语体系，在不同层次、不同方面体现着文旅融合发展话语权的运行效果。这五部分之间也是相互依存、相互呼应的整体，任何一方的缺失都会影响其他方面作用的发挥，削弱其整体力量。“双晒”以文旅融合发展的主导话语为核心，以文旅融合发展创造话语为灵魂，以文旅融合发展的表达权、传播话语为两翼，以文旅融合发展议题的设置话语为补充，相互配合，整体发力，主动、即时、到位地占据话语空间，凸显出文旅融合发展话语权的最大价值，是一次成功的建构文旅融合发展话语体系的生动实践。

释放国家全域旅游示范区效应：重庆市武隆区推进文旅高质量融合实践[①]

申丽娟　刘小刚[②]

一、引言

随着“文旅3.0”时代的到来，人们在旅行时不再仅满足于单纯的“跑景”“吃住”等传统方式和内容，而是在考虑旅游价值、深度体验生活的基础上进行文化与生命感悟。加强文旅之间有深度的、高质量的融合，不仅有助于更好地满足新时代人们日益增长的文旅美好生活需要，还是中央和地方回应文旅行业发展趋势的高度自觉[③]、增强和彰显文化自信的重要举措。重庆市武隆区依托于首批国家全域旅游示范区的平台，融入厚重的山水文化、历史文化、民俗文化、红色文化和非遗文化底蕴，积极推进文旅高质量融合的探索实践，荣获了全国“2019文旅融合高质量发展十佳区（县）市”。因此，系统梳理武隆区的实践做

①基金项目：本文系西南大学决策咨询研究项目“加快推进重庆文旅融合发展体制机制改革和政策创新研究”（项目编号：19SWUJCZXB1）；重庆市研究生科研创新项目“机构改革背景下重庆市区县政府文化旅游职能融合研究”（项目编号：CYS19103）的研究成果。原载于《图书馆研究与工作》2020年第6期。

②申丽娟（1986—　），女，西南大学公共文化研究中心研究员，西南大学政治与公共管理学院副教授，硕士研究生导师。刘小刚（1986—　），重庆市武隆区委政策研究中心研究一科副科长。

③傅才武．论文化和旅游融合的内在逻辑［J］．武汉大学学报（哲学社会科学版），2020，73（2）：89-100.

法，进而总结其成功的经验及其启示，对全国类似地区推进文旅融合具有积极的借鉴意义。

二、武隆区作为国家示范区推进文旅高质量融合的背景

2018年3月9日，国务院办公厅发布《关于促进全域旅游发展的指导意见》，指出“深入挖掘历史文化、地域特色文化、民族民俗文化、传统农耕文化等，实施中国传统工艺振兴计划，提升传统工艺产品品质和旅游产品文化含量”[①]，对文旅产品提出了融合要求。2019年7月25日，重庆市文化和旅游发展委员会印发《关于支持特色文化产业加快发展的实施意见》，指出“丰富景区景点文化内涵，重点发展主城历史文化旅游圈、长江三峡特色文化旅游带和渝东南‘三民’特色文化旅游带，支持建设富有文化特色的休闲街区、特色村镇、旅游度假区，依托巴渝文化、抗战文化、民俗文化、温泉文化、宗教文化、石刻文化、工业文化等特色资源创新开发多类型、多层次、多业态的文化旅游精品”[②]，进一步强调推动文化与旅游在更广范围、更深层次、更高水平上实现融合发展。武隆区作为原国家级贫困县和武陵山连片特困地区重点县，努力推进旅游业全域发展，于2019年9月20日被文化和旅游部正式确定为首批国家全域旅游示范区。依托于国家示范区的平台，武隆区坚持破旧立新，创新管理机制、执法监管和用地供给；坚持差异发展，加快景区建设；开展全球营销，提升品牌价值。为了进一步释放国家全域旅游示范区的效应，深度挖掘武隆文化元素，加快推进“旅游+文化”深度融合发展，已经成为武隆区未来一段时期内的重点工作之一。

① 国务院办公厅关于促进全域旅游发展的指导意见：国办发〔2018〕15号［A/OL］．［2018-03-22］．http：//www.gov.cn/zhengce/content/2018-03/22/content_5276447.htm.

② 重庆市文化和旅游发展委员会关于印发《关于支持特色文化产业加快发展实施意见》的通知：渝文旅规〔2019〕12号［A/OL］．［2019-07-30］．http：//www.cq.gov.cn/zsyz/zszc/cyfzl/szfbm3/202001/t20200114_4605703.html.

三、武隆区推进文旅高质量融合的探索实践

（一）加强文旅融合保障，促进服务提档升级

一是提高文旅融合政策保障力度，为文旅融合营造良好的政策环境。武隆区成立以书记和区长任双组长的文旅融合工作领导小组，高位推动全区文化和旅游产业融合发展工作，在重庆市率先将原区文化委和区旅发委整合组建成立“区文化和旅游发展委员会”，具体统筹全区文化和旅游融合发展。召开全域旅游工作领导小组会议，审议《创建国家级文旅融合示范区工作实施方案（送审稿）》《武隆区民宿质量等级划分与评定（试行）（送审稿）》等议题，并出台了《关于做好政府向社会力量购买公共文化服务工作的通知》《武隆区“十三五”文化发展规划》《武隆区全民阅读规划纲要及工作方案》《推进武隆区村级综合文化服务中心示范点建设实施方案》《武隆区推动乡村文化振兴工作方案》等政策文件。武隆区财政每年整合安排1.8亿元的文化旅游发展专项资金，重点支持全域文化旅游创意策划、规划设计、品牌创建、公共服务、品牌推广、市场营销、人才培训及乡村旅游发展奖补。

二是加强人才队伍建设，促进文化与旅游高质量融合发展。武隆区积极开展文化志愿者招募工作，招募文化志愿者15名。已组建了街道、村（社区）三级志愿服务队伍，引导街道职工、群众注册成为志愿者，定期组织开展政策宣讲、法制教育、文体活动等志愿活动，打通基层公共文化服务“最后一公里”。实施“三区”人才计划文化工作者专项、“千人计划”文化艺术人才等项目，引进紧缺文旅人才2名。开展各级各类文化旅游人才培训，努力提升文化旅游市场执法队伍和基层文化队伍的整体素质。

三是加快文化服务提档升级，推动文旅融合服务向纵深发展。武隆区启动区美术馆、区非遗保护中心建设，科学规划滨江路雕塑墙和滨汇文化体育长廊建设，在游客接待中心内建设“24小时自助图书馆”“朗读亭”为游客提供文旅服务。持续推进“文图”两馆总分馆制建设，逐步覆盖所有行政村，做好“两馆一中心”免费开放工作，让群众充分享受均等的公共文化资源。目前武隆区已建成一级文化

馆、二级图书馆、区级博物馆各1个，24小时自助图书馆3个，乡镇综合文化服务中心26个，农家书屋186个，文化中心户480个，公共文化场地达3万平方米。

（二）走文旅融合新路，铸就武隆文旅品牌

一是加大优秀传统文化的开发力度，创建特色文旅项目。武隆区在乌江“纤夫文化”基础上延伸创新打造大型山水实景演艺项目“印象武隆”，累计演出2300余场，收入3.3亿元，获得“中国首届视界大赏年度最佳旅游演出奖”“中国旅游总评榜年度旅游品牌大奖”等20多项荣誉，200余名当地演员每年人均增收36000多元。“印象武隆”大型实景演出项目以生动形象的方式宣传了武隆传统文化，将当地的特色文化与全域旅游进行深度融合，不仅有效扩大了武隆文化影响力，同时也整合了社会资源，促进了当地劳动资源再就业，提升了经济效益，俨然已成为重庆市文旅融合的一张亮丽名片。同时，武隆区成功申报了后坪天池坝、浩口田家寨、沧沟大田村等4个国家级传统村落等，进一步丰富了武隆区的文化旅游业态。

二是以国际化视野，打造重庆市文旅融合亮丽新名片。武隆区开展大量文旅活动，举办国际徒步越野赛、仙女山国际露营音乐节和风筝节、芙蓉江龙舟挑战赛等。连续成功举办的15届国际山地户外运动公开赛已成为国际三大顶级品牌赛事之一，已成为武隆文化旅游享誉全国的活动品牌。与《满城尽带黄金甲》《变形金刚4》等一批国际国内极具影响力的影视作品成功合作，进一步提高了武隆文化旅游的全球知晓度和美誉度。同时在Facebook、Twitter等全球顶级社交媒体上大力宣传武隆旅游形象广告、线路产品、营销活动等图文讯息；先后组织到欧洲、“一带一路”沿线国家及东南亚有关国家进行旅游推介；仙女山景区与瑞士少女峰景区成功签订“共建景区”合作协议书，与瑞士格林德瓦市正在推进建立友城。在全国征集“唱响武隆”歌曲，收获了一批立得住、传得开、留得下的优秀原创歌曲。联合央视策划拍摄了《远方的家》《江河万里行·乌江山水话武隆》等纪录片，面向海内外宣传，提高武隆区旅游国内外知名度。

三是深入挖掘传统文化、地域文化、民俗文化、民族文化等，为旅游赋予“新灵魂”。武隆区加大对田家寨、冉家沟、冉家湾、河坝、石莲寨、大田古村落和芙蓉湖特色村寨等民俗与民族村寨建设，深入挖掘其历史民族文化内涵，加强游客文化体验。同时培育若干乡村文化旅游节庆品牌，举办一年一度的武隆民歌节、白马山茶文化节、万峰林海骑行大赛、庙垭油菜花节、凤来民歌会、后坪山歌节和民族乡镇苗族芦笙节等文旅节会活动，让乡村旅游节事活动四处开花。

（三）整合文旅服务资源，创新文旅服务方式

一是以科技为支撑，提供精准的文旅服务。武隆区喀斯特旅游区、仙女山旅游度假区以及土地乡等3个乡镇的智慧乡村旅游建设，成功列入第一批重庆市智慧旅游景区（度假区）创建名单。与腾讯公司联合打造全国第一个区域性智慧旅游平台"一部手机游武隆"。"一部手机游武隆"致力于提供集吃、住、行、游、购、娱等资源为一体的特色化旅行生活服务，打造武隆高品质、可信赖、独特性、更便利的全域旅游服务体系，从而实现精准管理、精准营销、精准服务。在国际市场方面，武隆区组建首个旅游境外营销专业网站（i-WuLong国际网站），并向全球进行发布推广，成为重庆市第一个拥有国际化文旅推广平台的区县，也标志着武隆文旅宣传营销迈向国际化。

二是促进文旅资源融合，切实提高文旅服务效能。武隆区开发"武小仙""隆小马"两个旅游文创的IP形象，并将两个IP形象植入景区，在景区内设置众多的以吉祥物为主的体验项目。在对外的宣传推广上统一形象、统一口号，形成武隆独有的文化旅游IP形象，并在此基础上开发了200多项文创产品，市场反响良好。同时，武隆区也逐步将公共图书馆、文化馆、博物馆等纳入旅游线路中来，让游客在游玩中感受到武隆独特的文化魅力。

三是不断提高自然遗产和文化遗产的保护力度，在传承的基础上进行大胆的文化创新。武隆充分利用26项市级非遗名录、161项区级非遗名录，及200余名市、区级非遗名录代表性传承人，加大了对武隆区自然遗产、文化遗产的保护传承和活化利用，让非遗文化进校园、进社区、进景区。已建成5个市级非遗传承教育基地、10个非遗传习所，积极开展民间、民俗、民族文化表演活动，举办全国性文化遗产艺术节，传承文化，包装景点，塑造武隆文旅品牌。同时，武隆区以白马山与仙女山动人的爱情故事为主线，重点锁定旅游观光、婚恋会议、亲子

娱乐、运动休闲和康养度假等，将悬崖、茶山、石林等自然景观与白马仙街、浪漫天街、真爱礼堂、爱情魔方、飞天索桥、琴台茶寮、野奢茶庄等文化景观相结合，形成爱情主题鲜明、体验内容丰富的文旅融合型景区，吸引情侣观光旅游。

四、武隆区推进文旅高质量融合实践的经验启示

（一）坚持以文化凝铸旅游之魂

文化是旅游的灵魂，旅游是文化的载体，二者和合共生，相辅相成、互相促进。从文化的角度，旅游为文化提供了良好的传播途径，让文化落地，打破文化是“虚无缥缈”的固有思维，让文化成为“看得见、碰得到”的实体；从旅游的角度，文化实际是旅游的内在核心竞争力，是一个地区旅游业发展的内在灵魂，只有将文化与旅游紧密结合，旅游业才具有生命力。文化和旅游相互支撑、优势互补、协同共进，形成新的发展优势以及新的增长点，才能创造文化活力持续迸发、旅游发展质量持续提升、优秀文化产品和优质旅游产品持续涌现的新局面，更好满足人民美好生活新期待、促进经济社会发展、增强国家文化软实力和中华文化影响力。

（二）坚持政府主导

文化和旅游部部长雒树刚在2019年全国文化和旅游厅局长会议上就文化和旅游融合提出了“理念融合、职能融合、产业融合、市场融合、服务融合、交流融合”六大路径，分别从政府职能、政府机构设置等维度来思考文化和旅游的融合问题。政府在文旅融合过程中应主动承担“推动者”和“保障者”的责任，充分发挥其调控职能，严格把控文旅融合的方向，营造良好的政策环境与经济环境，充分整合社会资源，将社会各界的力量凝聚成一股合力，共同推动文化和旅游的深度融合。

（三）坚持为民惠民共建共享

建设人民满意的服务型政府要为人民服务，思人民所思，想人民所想。文旅融合应坚持将人民的利益放在首位，一方面是让人民的钱包“富”起来，让人民

在文旅融合过程中的物质需要得到满足，切实感受到文旅融合所带来的好处；另一方面是让人民的精神文化生活“富”起来，使人民无论是作为文旅产业的生产者还是消费者，都能接受文化的熏陶，感受文化的独特魅力。文旅融合不该是政府自己的事情，社会力量应积极参与到文旅融合建设的过程中来，这样既有利于加快文旅融合的进程，又有利于社会各界对文旅融合政策的理解，以获得更多的支持。

（四）坚持“传承+创新”

文旅融合要深入挖掘本地区传统文化，加大对传统文化、古村落、非物质文化遗产等文化资源的保护力度，充分利用传统文化资源打造特色古镇、文化体验带、文化体验区等发展文化旅游业。此外还应将传统的文化赋予新的时代意义，充分利用“互联网+”技术，以国际化视角打造全新的旅游形象，以旅游文化形象输出本地文化。将传统的地方文化赋予新的乡愁情怀，以错位式发展提供多品种旅游消费产品，以慢生活及特色文化吸引更多的游客。

五、结语

推进文旅高质量融合是“文旅3.0”时代中央、地方与社会达成的共识，对释放文旅消费内需潜力、推动经济高质量发展、增强文化自信具有重大意义。武隆区依托于国家全域旅游示范区这一平台，积极推进文化与旅游的深度、高质量融合，虽然还存在着交通等文旅配套服务设施不足、用地等文旅融合要素保障不够、文旅产业质量和效益不高等问题，但在一定程度上实现了文旅融合发展，其经验值得借鉴。

重庆康养旅游产业的基础条件分析与融合发展研究[①]

杨　静[②]

2019年，重庆市将康养产业列为年度重点调研计划，提出要科学谋划产业布局和重点发展，充分发挥政府和市场两方面作用，努力把康养产业培育成重庆市新发展的重要产业[③]。与此同时，重庆市旅游发展规划也将康养度假作为旅游产业发展的新风向，倡导由传统的观光旅游、单一的避暑旅游，向“气候养生”“四季康养”全面升级。在此背景下，重庆市康养旅游产业将面临新的发展与思考。

一、康养与旅游的关系

康养，可理解为健康和养生。其主体是人，对人的生命周期不同阶段进行健康养护，与旅游皆有放松身心、令人愉悦的目的。2016年，国家旅游局发布的《国家康养旅游示范基地标准》对康养旅游进行了定义，指出康养旅游是“通过养颜健体、营养膳食、修身养性、关爱环境等各种手段，使人在身体、心智和精

---

① 基金项目：2019年重庆电子工程职业学院课题——《乡村振兴战略下重庆“康养+智慧健康旅游”融合发展的路径研究》阶段性研究成果。原载于《南方论坛》2020年2月上。

② 杨静（1982—　），女，重庆垫江人，本科，讲师，研究方向：旅游管理，健康管理，酒店管理等。

③ 戴娟．“康养+”能否成为重庆下一个经济增长点？［N］．重庆日报，2019-08-05（009）．

神上都达到自然和谐的优良状态的各种旅游活动的综合”，同时确定贵州赤水等5个国家康养旅游示范基地，这标志着康养旅游作为新兴的旅游形式，正式登上舞台。作为低碳绿色产业，康养产业覆盖面广、辐射力强、带动性大①。而重庆丰富的康养旅游资源，有助于生态康养资源的产业化形成。

二、重庆发展康养旅游产业的基础条件

（一）广阔的康养客源市场条件

从本地市场看，重庆康养旅游市场需求广阔。据《重庆市养老服务发展蓝皮书》预计，到2020年全市60岁以上老年人口将超过800万人，占总人口比重将达到24%。这一市场近年来呈现数量多、增速快的特点。同时，随着亚健康人群数量的增加，大众对临床、心理和社会的综合治疗需求也呈上升趋势。而随着青少年及幼儿群体家庭对健康的重视，自然体验、生态研学、亲子健身等康养旅游项目必将受市场青睐。

从外地市场看，随着重庆知名度提升，旅游客源持续攀升。据重庆市文化和发展委员会科技与大数据处的统计，2019年1—7月全市接待境内外游客33968.71万人次，同比增长10.31%。其中接待入境游客198.47万人次，同比增长4.40%。另据马蜂窝旅游网和重庆市旅游数据中心联合出品的《2019年重庆市自由行大数据系列报告》显示，重庆市的旅游热度涨幅为142%，位列全国第四。其中，“温泉”成为重庆旅游的搜索热词，反映了重庆康养旅游的巨大潜力。

（二）丰富的康养旅游资源条件

重庆气候四季分明，降水充沛，空气湿润，全市空气质量优良，地处北纬280°—320°之间，是适合于人体健康养生的生存区间。独特的山水城市地貌，让重庆具有爬坡上坎、穿江绕城的休闲健身气质，形成了独有的风俗文化。市内先进的医疗服务，和周边宜居养身的天然地貌，构成丰富的医疗旅游资源，也成

① 刘冬．智慧旅游视域下旅游产业化创新策略分析［J］．科技创新导报，2019，16（10）：243-244．

为吸引市内外游客来此疗养度假的重要条件。

自然资源上，重庆发展康养旅游得天独厚。据统计，截至2019年，重庆市森林覆盖率达48%，预计2020年将达51%。全市现有市级以上森林公园和生态公园85个，面积281万亩。其中国家级森林公园和生态公园27个，面积206.9万亩。这些森林资源广泛分布于以川东平行岭谷山地为主的主城地区和西部区县，遍布重庆各区县，且与境内山、河交叉分散分布，形成了具有空间分散、地域性强的特点。同时，作为世界温泉联合会唯一授牌的“世界温泉之都”，重庆全市已发现温泉矿点146处，可采水量约为5.6亿立方米/年，全市一半以上区县有地热资源，现已建成众多涵盖休闲、度假、SPA等类型的温泉旅游景区或度假村，是全国温泉旅游发展最成熟的地区之一。

（三）良好的政策环境支持

早在2015年国家林业局就正式印发《林业发展“十三五”规划》，提出要大力推进集旅游、医疗、康养、教育、文化、扶贫于一体的林业综合服务业。这对森林资源丰富的重庆，是产业融合升级的推动力。重庆市也提出要在“三峡、山城、人文、温泉、乡村”五个方面深入发展旅游，在2022年实现旅游业成为综合性战略支柱产业。2019年，康养农业、康养制造、康养服务构成的多元行业体系被列为推动重庆产业结构转型升级的重要推动力。其中，康养旅游作为重庆康养九大发展业态之一，是重庆“一圈两群”区域协调发展格局的重要一环，将为打造“山水之城、美丽之地”康养品牌而助力。加之重庆作为“一带一路”和长江经济带的依托，发展康养旅游，实现产业融合升级的环境已经形成。

三、重庆康养旅游产业的发展方向思考

根据重庆独特的资源环境和市场特点，重庆康养旅游产业具有良好发展前景，对此可作如下思考。

（一）凭借独特的城市地貌和温泉资源，发展城市休闲体育和康养旅游

重庆独特的山城地貌，非常适合开展体育健身项目。事实上，重庆已成功

举办或承办过如国际漂流赛、国际马拉松、国际攀联世界杯攀岩赛、奥林匹克日长跑活动、中国国际山地户外运动等国际国内知名赛事。而长跑、登山、龙舟、自行车等老百姓喜爱的体育建设项目在重庆拥有广大的群众基础，配以重庆独特的山城气质，结合魔幻3D城市的旅游形象，可以开发针对白领、青少年、退休人员等广大城市居民的城市体育旅游。此外，主城及其周边丰富的温泉资源，可以助力城市体育旅游，为人们体育运动后提供休闲放松之处。城区间可加强互利合作，优化康养旅游产品供给，打造具有重庆特色的城市休闲体育和康养旅游产品①。

（二）利用区县森林和山地资源，发展乡村度假康养旅游

研究表明，森林康养具有缓解压力、释放紧张情绪、提高免疫细胞活性、增加抗癌蛋白数量等作用，非常符合现代人追求养生的市场需求。如前所述，重庆拥有的丰富森林资源，可以学习发达国家先行经验，开展具有森林保健、养肺养生、休闲休憩等功能的康养森林旅游②。例如，在森林中较为平坦宽阔、空气负离子含量较高的区域的地方，建立瞭望广场、森林驿站等“自然吧台”；利用自然坡度，在较为平缓、植被覆盖率高的区域建立养生步道，以实现休闲放松、适度健身、释放压力的康养作用。此外，可以通过产业结合、企业合作的方式，建立森林疗养中心，针对游客的特质和个性需求，开发医疗、保健、养生、健体等不同的康养+旅游的产品组合，在药膳、食疗、森林疗养等方面进行挖掘，建设以区域性老年康复、预防医疗等为目的的健康保健设施。学习借鉴丹麦的森林疗养花园模式，深度发展森林康养旅游，形成重庆乡村度假康养旅游的精品特色。

（三）创新思维，将智慧旅游与智慧康养融合，实现产业升级

旅游和康养，都是信息依赖型产业。康养旅游的产业化，需要将各相关部门的资源优势最大化。其中，信息技术，是康养旅游融合发展和升级的关键要素。近年来，重庆市在智慧旅游和智慧康养的建设上，已经有一定的成果，笔者认为

---

① 吕利云．基于智慧旅游平台的婺源乡村旅游提升研究［D］．南昌：江西师范大学，2015．

② 刘照，王屏．国内外森林康养研究进展［J］．湖北林业科技，2017，46（5）：53-58．

还可以从以下层面进一步系统化和深入化。

1. 政府层面应建立智慧康养旅游的公共服务平台，从基础数据、政策决策、应用服务等方面提供信息的发布与支持。平台可以从基础建设、旅游出行、信息发布、资源保护、共享机制等方面入手，以物联网、云计算、数据挖掘和处理等技术为基础，实现重庆康养旅游信息的体系化。

2.企业层面可以大数据为中心，打造智慧运营的模式。从线上攻略、预订到地理定位、全景展示、情景体验、健康监测等企业运营角度入手，结合VR技术、景区智能服务等技术，从智慧营销、智慧服务、智慧管理三个体系进行建设，全面实现康养旅游的智慧化。

四、结束语

综上所述，重庆具有丰富的康养旅游资源。基于智慧旅游和智慧康养建设，可打造一批产业要素齐全、产业链条完备、配套服务完善的综合性康养旅游目的地，进而推动重庆旅游与健康服务业的融合发展。

川渝地区旅游合作博弈与对策研究①

任鹏飞②

近年来，随着第三产业逐渐成为川渝两地收入最大占比产业，蓬勃发展的旅游业已成为两地经济增长的重要因素之一[1]。2018年，川渝两地第三产业增加值分别为20928.75亿元、10656.13亿元，各占生产总值的51.45%和52.33%，均超一半之多（见表1）。文化、生态资源丰富的川渝地区借助自身优势快速发展，然而要实现持续增长的目标，就必须树立合作共赢的观念，通过整合资源实现两地保质增量发展。协同合作既符合共赢目标，也迎合市场需求，或将成为未来区域旅游的主要形态。因此，研究川渝两地旅游合作利于行业发展，具有重要的理论与实践意义。

表1　2018年川渝地区GDP情况

地区	地区生产总值（亿元）	三次产业增加值（亿元）			人均地区生产总值（元）
		第一产业	第二产业	第三产业	
四川	40678.13	4426.66	15322.72	20928.75	48883
重庆	20363.19	1378.27	8328.79	10656.13	65933

数据来源：《中国统计年鉴》。

一、研究概述及方法

长期以来，旅游合作始终是实现可持续发展，避免恶性竞争的必经之路。众多学者从合作的模式、机制、措施等角度进行研究。基础理论方面，王苏洁通过竞争优势理论探讨了长三角城市旅游的合作发展问题[2]；焦爱丽应用比较优势与地域

① 原载于《当代经济·月刊》2020年第7期。

② 任鹏飞，中南民族大学经济学院。

分工理论、增长极理论等分析了东北地区的区域合作[3]。合作机制方面，孙宏斌用共生理论分析了东北三省的生态旅游区域合作机制[4]；周婷从影响程度不同的角度分析了泛珠三角区域旅游合作机制对可持续发展的作用[5]。

本文采用文献研究、理论分析和博弈论的方法，基于静态信息博弈与合作博弈的理论建立模型，对川渝两地的合作博弈进行分析，讨论不同决策行为对利益主体的影响并得出结论。

二、川渝旅游合作基础

（一）发展概况和资源基础

2018年，四川旅游总收入10112.75亿元，同比增长13.3%，突破“万亿大关”。重庆旅游总收入达4344.15亿元，同比增长31.3%（具体数据见表2）。世界旅游业理事会发布的《2018年城市旅游和旅游业影响》报告显示，2007—2017年全球旅游增长最快的前十名城市中我国占据四席，重庆居首位。

数据表明川渝两地旅游业发展迅速，逐步具备支柱产业地位。趋势良好、潜力巨大的发展态势为合作打下了坚实的基础。基于可持续发展的角度，两地应加强资源整合，加快推动旅游产业共同发展[6]。

旅游资源上，川渝地区独具特色、享有优势，有国家级历史文化名城8座，国家级文物保护单位47个，国家级自然保护区17处，国家重点风景名胜区13处等。同时，两地位置相邻、山水相连，几千年来经济、文化交流频繁，在民俗、文化等方面有很多相似之处[7]，这为促进两地合作提供了重要的资源基础。

表2 川渝地区旅游发展概况（2014—2018年）

年份	国内旅游总收入（亿元）		国际旅游外汇收入总额（百万美元）		入境旅游人数总计（万人次）		入境旅游外国人数总计（万人次）	
	四川	重庆	四川	重庆	四川	重庆	四川	重庆
2018	10112.7	4344.15	1511.65	2189.89	369.8233	279.9768	276.4701	159.0009
2017	8825.39	3308.04	1446.54	1947.59	336.17	224.85	241.29	136.21
2016	7600.52	2645.21	1581.68	1686.82	308.79	180.89	219.23	119
2015	6137.6	2251.31	1180.87	1468.57	273.2	148.1	193.44	98.98
2014	4838.34	2003.37	857.68	1354.44	240.1667	126.3578	169.6567	80.6452

数据来源：《四川省统计年鉴》《重庆统计年鉴》。

（二）客源市场和交通基础

截至2018年底，四川、重庆人口总数分别为8341万人、3102万人，各占全国总人口的5.98%和2.22%。川渝地区有成都、重庆这样的千万级以上人口的特大城市和绵阳、德阳等中等城市以及众多小城镇。不难看出，两地潜在的客源市场比较庞大。不断完善的交通网络也为两地间客流的顺畅流动提供了保障，极大地促进了两地发展[8]。

三、川渝旅游合作发展面临的问题

（一）协同发展目标有待明确

虽然两地旅游业发展迅速，但由于经济、资源、基础等存在差异，导致两地发展目标、发展方式也不同。加上区合作涉及部门多，很难达成一致。属于不同组织的部门之间，相互独立的规划和目标加大了协调的难度。同时，城市间的壁垒、不同的收费标准、旅游成本和相关利益直接影响了城市和地区之间的进一步协同合作。在分治格局下，要把不同地区的利益和目标统一起来存在困难。

（二）旅游产品同构，缺乏创新

目前，川渝旅游发展的配套产品以休闲旅游纪念产品为主。基于自然景观、地域风情和城市特色的休闲旅游直接导致旅游空间结构和产品结构相同的局面，严重的产品同构持续增加了运营成本。

（三）协同合作机制有待完善

由于川渝区域一体化仍处于非制度化阶段，超区域管理机构缺乏法律效力和刚性约束。加上相关政策和制度的缺失，导致两地旅游业竞争出现了秩序混乱、手段不规范等问题[9]。

四、川渝旅游合作的博弈分析

（一）博弈模型假设条件

1．四川政府A和重庆政府B作为两地管理部门，是以自身利益最大化为目标的理性“经济人”。由于两地旅游资源的相似性和互补性，合作可以提高综合竞争力，提升发展效益。

2. 两地间有“合作”和“不合作”两种策略选择。采取合作需要付出c的合作成本。双方都选择合作则可以使四川旅游收入增加Ra，使重庆收入增加Rb；只有一方选择合作可以使四川旅游收入增加Sa，使重庆收入增加Sb。其中Ra>Sa>0，Rb>Sb>0，双方都不合作则维持现状。

博弈的三要素如表3所示，博弈矩阵中参与人的收益为收益的变化情况。

表3　两省政府间区域旅游合作博弈

		政府B	
		合作	不合作
政府A	合作	（Ra-c，Rb-c）	（Sa-c，Sb）
	不合作	（Sa，Sb-c）	（0，0）

3. 由于双方都选择合作是更利于自己的，所以Ra+Rb>2c；但因双方合作无法自发达成，所以Sb<c。近几年四川旅游总收入均高于重庆，而外汇收入则低于重庆。综合来看，博弈参与方是稍微强势的四川和稍微弱势的重庆。假设合作时四川在旅游业上的增加量比重庆多，即Ra>Rb，Sa>Sb，Ra-Sa>Rb-Sb。

（二）均衡求解

情况1：Sa>c且Rb-c<Sb。博弈唯一的纳什均衡为（合作，不合作）。

这时虽然双方都选择合作可以获得更多的总收益，但由于重庆旅游收入体量较小，从合作中获得的收益增长减去成本后较低，不如不合作。虽然收益增量变小，但是不需要付出成本。所以在四川选择合作的情况下重庆会选择搭便车。

情况2：Sa<c且Rb-c<Sb。博弈唯一的纳什均衡为（不合作，不合作）。

这时双方都选择合作可使总收益更大，重庆从合作中获得的收益增长减去成本后不如搭便车。而四川选择独自投入资源开展合作的收益又不能覆盖成本，也不会选择合作，这时就出现了“囚徒困境”，出现了无效率的结果。

情况3：Rb-c>Sb。博弈存在纳什均衡（合作，合作）。这时如果预测对方选择合作，双方都会通过合作获得更多收益。在这种情况下，如果Sa<c，则同时也存在纳什均衡（不合作，不合作），合作不一定能达成，要通过协调并签

订协议。

（三）均衡解的再讨论

1．情况1中的均衡结果有悖于公平原则。当前重庆旅游体量约为四川的43.4%，然而其外汇收入却比四川要高，说明重庆旅游发展潜力较大，其吸引力在国内没有得到释放。如果双方共同投入资源进行开发，可预见在较长时期内重庆旅游收入增长的绝对值比四川小，但其增速可能比四川快。因此重庆应摒弃搭便车的想法，积极合作，实现快速增长。

2．情况2中虽然只存在唯一的双方都选择不合作的均衡。但如果考虑到长期博弈，双方足够看重未来的收益，合作可以达成。如果Rb-c>0，只要重庆对未来收益的贴现率不小于1-（Rb-c）/Sb，则两地都选择合作，不过四川可能要分担更多的成本。

3．情况3中重庆从合作中获得的收益较高，使得其不会选择搭便车。但如果四川没有表现出合作意向，重庆也不会主动选择合作。

（四）博弈结果对川渝旅游合作的启示

1．合作共赢观念的一致认同。由博弈均衡讨论可知：为促进合作，四川要发挥主导性作用，重庆则应积极配合，把握机遇提升竞争力。

目前，两地已共同开发了跨省旅游线路，部分景区和企业间已开始合作。但受市场宣传、设施建设及发展不均等因素的制约，市场潜力还有待进一步发挥。因此，两地政府和企业要为促进深入的合作采取积极有效的措施，打破行政壁垒，对合作中的相关事宜定期协商，加强相互信任，建立企业联盟或一站式服务体系，共同宣传区域旅游品牌，以促进合作的长久发展，共同建设良好的旅游合作环境。

2．合作模式与利益分享机制的共同选择。合作模式和利益分配是影响合作的重要因素。双核空间结构因能在区位和功能上实现最大程度的互补而在两地空间形态中得到了广泛的应用。两市是各自区域的旅游集散地，在经济文化方面对周边地区具有明显的辐射效应，具有引导作用。因此，川渝地区应选择以成都、重庆为中心的双核城市圈模式和以成都、重庆为主的多城市圈发展模式，继续扩大在长江上游地区的旅游影响力。

为避免资源的无序开发和环保义务的推诿，政府间应通过共同开发、合理规划、完善基础设施、共同监督管理等方式有序安排合作方的利益共享机制，以促进合作，产生互利互补、融合共生的效益。

五、川渝旅游合作建议

（一）建立完善的合作协调机制

合作机制的完善是建立合作的前提，成立由川渝政府牵头、地方政府参与的旅游合作组织是促进合作良好发展的前提。两地应实行战略联盟，建立互利共赢的伙伴关系，明确发展目标和利益权责。在相关制度和规定中，明确双方发生争议时的协调程序和不当行为的处罚条款，成立第三方组织协调矛盾，负责解决合作中的冲突。本着互惠互利的原则，建立以定性与定量相结合的合作评价机制，全面考察川渝旅游合作的成效。

（二）构建统一的信息交互平台

两地应建立川渝地区信息中心，定期、公开发布川渝地区旅游经济政策及相关信息，通过网络媒体渠道传播旅游相关信息。建立统一的统计指标体系，完善假日旅游预测系统和预警信息发布系统。通过合作，实施旅游大数据工程，吸引企业积极参与智慧旅游建设和信息数据共享。

（三）完善配套的旅游基础设施

在现有交通网络逐步完善的前提下，要继续把道路与城市、风景名胜区联系起来。保证核心区至周边水平、垂直干线通畅。采取“联动售票、异地转乘”等有效措施促进服务便利化，加强公共设施标准化建设。建立跨省市的大型旅游集团以及分工明确、联系紧密的中小旅游企业，最终形成合理的梯度卖方市场结构。产业合作方面，打造跨区域旅游品牌，包装推出世界遗产、风景名胜等主体文化。采取纵向、横向一体化、多元化的扩张发展战略，整合资源，增强地区间开放性，实现区域内生产要素自由流动。

（四）提升旅游管理水平

针对旅游业对活动环境安全性要求高的特点，结合当地现状，两地应共同努力，建立常态化的旅游安全危机、应急管理机制。从各个方面加强监管，对可能发生的安全事件，制定完善的处理方案和应急预案，未雨绸缪。

参考文献

［1］李炼，罗国云．川渝旅游业合作基础研究［J］．时代经贸，2007（7）．

［2］王苏洁．基于竞争优势理论的长江三角洲城市联合发展［J］．江苏商论，2009（9）．

［3］焦爱丽．东北地区区域旅游合作研究［D］．东北师范大学，2016.

［4］孙宏斌．东北区域生态旅游合作主体利益分配机制研究［J］．边疆经济与文化，2017（5）．

［5］周婷.区域旅游合作机制对旅游可持续发展的影响研究［D］．海南大学，2018.

［6］杨国良，白忠．四川国内游客结构特征分析［J］．四川师范大学学报（自然科学版），2003（4）．

［7］林凌，杜受祜，刘世庆，邓立新，郭岚，付实．川渝合作共建繁荣报告［J］．中国城市经济，2004（1）．

［8］刘惠君．强化川渝联动共建西部经济高地［J］．中国发展，2001（1）．

［9］朱晓晴．基于增长极理论的川渝合作旅游初探［J］．西安文理学院学报，2011（4）．

新常态下旅游经济发展及其特征分析[①]

陶　丽[②]

在新常态下，各地旅游业纷纷挖掘自身旅游潜力，树立更清晰更有特色的旅游文化标识，发展更高效的旅游经济营销手段，创造更具有特色文化的旅游风景，以此来应对新常态带来的机遇与挑战，显而易见，想要更快更好地发展，就需要树立特色，打出风采，下文就以重庆市为例，说明旅游经济发展的规划与特征。

一、重庆市旅游形象定位以及挖掘自身旅游经济潜能

要想让旅游业蓬勃发展，在新常态的机遇与挑战中获得更快更好经济发展，就必须要有明确的形象定位与具有特色的旅游标识，这要从重庆市自身特点出发，而分析重庆市的自身特点，无外乎就是自然地理环境与人文特点两类。

（一）重庆市自然地理环境

重庆是中国内地最大、最著名的山城，是重庆有别于其他城市最有名的特点，山峦起伏，总结起来有以下几点：

1. 山城的特色保留得较为完整，在城市化的建设中，并没有抹去重庆市山城的特色，反而变得有一种“奇怪”的美，颇具蒸汽朋克的感觉，重庆市就像一张

① 原载于《经济纵横》2020年9月。

② 陶丽，中共重庆市大足区委党校。

折叠的多维空间，从一座大厦进去，上了顶楼却是一条马路；站在高楼大厦顶，头顶还会有轻轨经过；明明走在宽大的马路上，可一低头却看到下面几十米又是另一个世界，等等，这让很多人戏称："重庆市进来容易出去难，跟着导航一定会迷路"，迷宫似的山城风格，是重庆市的最大特色。

2. 重庆市的交通系统纵横交错，让人有上天入地的感觉，不得不说，这样一座立体折叠的城市，建设交通系统肯定耗费了不少心血，一座座的高架桥、一座座的轻轨，虽然看着有些"奇怪"，但运行却又井井有条，将安全度与难度完美融合在了一起，不少人心心念念去重庆旅游，都想要体会一下重庆市的轻轨，会有种过山车的感觉。

3. 虽然是一座山城，但重庆市的现代化建设却不落后，房屋、道路、街市都依山而建，山路盘郁，楼观飞惊，各种现代化的高楼大厦林立，繁华喧嚣，尤其到了晚上，江边的风情、夜景、烟花，又为城市带来一种不一样的装扮，让见识过的人无不叹为观止。

（二）历史文化与人文特点

重庆市历史悠久，一直是巴渝文化的中心，尤其是在近代史上，更是有浓墨重彩的戏份，在抗日战争时期，重庆作为国民党政府的大后方中心城市，是"二战"反法西斯战争远东战场的指挥中心，重庆人民与日军的无差别轰炸抗争了5年之久，到了现代，重庆是中国的第四个直辖市，近现代的历史文化孕育了巴渝人吃苦耐劳、艰苦奋斗、热情好客的民风，如今的解放碑已经不是鹤立鸡群，但其承载的精神会成为人文特点一直流传下去。除此之外，任何与重庆有关的话题都绕不开火锅，重庆的湿度高、温度也高，导致重庆人民常用火锅祛湿，慢慢的就形成了丰富的火锅文化。

（三）和其他竞争对手综合分析

开发旅游中的经济产品，必不可少的就是要和相邻的、存在竞争性的城市进行对比，研究旅游文化的相似性与差异性，这样才能扬长避短，发挥自己独有的优势，而如果说要与重庆作对比的话，最合适的城市当然是成都和西安了。

先说西安，西安最大的旅游特色来自其浓厚的历史文化底蕴，十三朝古都的底蕴是重庆比不上的，但重庆的现代化气息却要比西安更浓。再对比成都，事实上，重庆与成都极其相似，以至于许多人都分不太清，两者相比较，重庆在地形上更蜿蜒，成都则是四四方方一座城，成都人文特色多了些烟火气，能动口绝不动手，而重庆人文特色却多了些江湖气，能动手绝不动口，建筑师汤桦泽曾比喻说："如果成都是娇娃，那么重庆可能是一个汉子。"

综合分析可知，重庆市的旅游形象定位和旅游经济产品建设，要从自身出发，同时规避相邻竞争城市的旅游特点，没必要去和西安比较历史底蕴，而要突出自己现代化的建设，没必要和成都去比较城市的方正，而要体现城市的摩天风、朋克风，主要还应该围绕"山城""猎奇""豪迈好客民风""抗战文化""现代都市"等标签展开，找寻自己的竞争优势。

二、重庆城市旅游业发展推动下的特征分析

旅游产品体系由观光旅游产品系统、休闲度假旅游产品系统、专项旅游产品系统三大系统组成，在三大系统中，还有一些更详细的划分，例如都市休闲购物、休闲美食之旅、温泉度假村、历史文化遗迹旅游、民俗风情旅游等，由此也形成了较强的特征性，下面一一分析。

（一）创新和完善了旅游产业新链条

重庆市城市旅游产品体系的构建，与经济发展有着必然的联系，在新常态的推动下，重庆市的旅游业经济发展迅速，其最大的特征，就是形成了较为完整的旅游产业链条，行业间跨界融合的趋势越来越明显，旅游品质化消费诉求带动产品新链条不断创新，越来越多的特色融入了进来，纯玩无购物、高端酒店、定制游、都市休闲、旅游体验馆、旅游演艺、打卡网红地、文化主题酒店等，非遗、戏剧、杂技、曲艺、美食、人文、麻将等都在尝试加入进去，可以说重庆旅游业的快速、健康发展，离不开旅游产业新链条的完善与成功开发。

（二）创造了人文特点与旅游产品的深度融合

游客来重庆观光游玩，自然而然会接触到重庆市的人文特点，但又不会太过

深入，导致了解不深，能吸引人但留不住人，而人文特点优势是一个城市旅游的重点，如果说地标景点是城市旅游的外在形象，那么人文特点就是城市旅游的内涵，相比于看腻了的大型旅游观光地，市井集市成了旅游人群新的兴趣点，这样的例子有很多，比如日本的筑地、西班牙的波盖利亚、新加坡的牛车水、北京的三源里等菜市场和集市，旅游人群不光想了解旅游景区，更想了解风土人情，深度体验旅游地的生活，围绕这一现象，将人文特点与旅游产品深度融合，有极强的推动意义，旅游产业链的完善，是推动深度融合的基础，能更有效地进行重庆旅游形象的传播与推广。

（三）开发了新的经济旅游营销模式

重庆集大城市、大农村、大山区、大库区于一体，贫富差距、城乡差距、区域差距“三大差距”并存，旅游经济产品新链条的构建和完善，为开发新的旅游营销模式提供了机会，首先，旅游产业链的完善，使得旅游管理局有更清晰更有效的途径，可以将财力、物力、人力统筹规划，做到联合营销，以少带多，以点带面去开发较为困难的旅游经济产品，衍生了诸如专属导游、精致小团等系统性旅游且富有特点的模式，在旅游过程中，为消费者提供更优质的服务，依托产业链，旅游营销将消费者旅游中“吃、住、行、游、娱、购”六要素都包含在了其中，在“吃”的过程中会为你推荐“住”的地方，在“住”的地方已经开始考虑“行”的路途，在优秀的经济营销模式推动下，从经济发展方面也会反作用于重庆旅游业的产业链条，使其快速、健康发展。

三、重庆现有旅游形象定位及发展

重庆的旅游形象定位主要还应该围绕“山城”“猎奇”“豪迈好客民风”“抗战文化”“现代都市”等标签展开，找寻自己的竞争优势。这个可以以重庆市历年的旅游口号来分析，最初重庆面向全球推出的口号是“重庆，非去不可”，后来变更为“大山大水不夜城·重情重义重庆人”，之后又更改为“山水之都·美丽重庆”，把重庆“山城”“水景”“现代化都市”的特点体现了出来，总结而言极为具有山水特色的现代化旅游城市，继而在完善现有的长江三峡、大足石刻等观光旅游产品的基础上，开发了都市休闲购物、休闲娱乐、花样美食等旅游产品，看起来不错，但事实上，重庆还正在发展的道路上，重庆众多的旅游资源其实都没有得到很好的开发和利用，潜力并没有被挖掘透彻，服务水平较差，体现在交流和饮食方面，做不到无障碍交流，而饮食是重庆最大的特色之一，但口味的兼容性却很低，喜欢的人流连忘返，不喜欢的人只能望而却步。

笔者认为，在旅游形象定位上，重庆应将“山城”和“现代化都市”融合在一起，打造专属的蒸汽朋克风格，重庆的海陆空立体交通，有小香港之称，核心商圈中，高楼林立，繁华喧嚣，是世界十大摩天城市，如果不能将城市多元性的特点巧妙利用，无疑是一种遗憾，当然，一千个人心中有一千个哈姆雷特，这仅是笔者一家之言。

四、结语

旅游业是近年来蓬勃发展的朝阳产业，随着国民经济收入的不断增长，对于旅游业经济发展的刺激非比寻常，但总体来说机遇与挑战并存，各大城市旅游地想要当地旅游业能快速稳定发展，就需要从自身的特点出发，打造更具有特色的旅游经济产品，同时加大产业链，挖掘市场宽度和深度，实现当地经济发展的有机结合与资源升级，这样才能更好地应对蜂拥而至的旅游消费者，留下良好的口碑。

重庆乡村旅游扶贫模式创新性研究[①]

刘　婷[②]

在党的领导下，我国愈加重视乡村扶贫工作，尤其是一些连片贫困地区，不仅提出通过产业化实现扶贫开发，而且要对乡村资源进行利用，培育出具有特色的优势产业，让乡村经济得到良性发展，从而帮助乡村脱贫，走上致富道路。其中旅游扶贫是较为重要且有效的方式，因此，相关人员应该把乡村旅游与扶贫工作相结合，创新扶贫模式，这样既能让扶贫群众参与其中，加入乡村旅游经营中，还能使其获得一定红利，改善乡村经济，提升扶贫效益。

一、加强重庆乡村旅游扶贫的意义分析

首先，可以解决农民就业。以渝东南为例，该区主要以土家族以及苗族为主，其不仅在自然风光上较为秀美，而且生态环境相对优良，同时少数民族的风情特色为乡村旅游提供了资源，吸引众多游客到渝东南进行旅游。在这个过程中，为农民提供就业机会，留在乡村就能实现就业，使农村劳动力得到有效吸收。同时，渝东南发展乡村旅游一方面能够形成农家乐这一产业链，让游客品尝渝东南特色食物的同时，进一步感受当地文化，另一方面可以促进农村产业有效

① 基金项目：重庆城市管理职业学院科研项目“脱贫与防贫：重庆农村可持续根治贫困问题研究”（编号：2019KYXM012）。原载于《中国集体经济》2020年8月第24期。

② 刘婷，重庆城市管理职业学院。

分工，对渝东南农家乐经营进行拓宽，从养殖业覆盖到农副产品加工，这样既能形成一整条产业链，还能为渝东南地区的居民提供众多就业平台，从而使农民就业问题得到解决，帮助他们脱贫。

其次，可以增加农民收益。在发展乡村旅游时，必须利用好当地特色，如农产品，当地居民通过对农产品的加工，不仅可以把其制作成较为精美的礼品，增强土特产的价值，还能为农民创设一定收入，从而带动乡村经济，使其实现繁荣发展。例如，在一些重要旅游景区，很多外来游客会在乡村就餐或者住宿，因此，乡村旅游可以发展农家乐，为游客提供餐饮住宿，这样当地居民能够开设属于自己的农家乐，对其灵活经营，不但能够为居民创收一定营业额，还能很好地满足游客需求，使乡村资源得到利用，防止乡村资源出现浪费或者闲置。

最后，可以优化产业结构。在以往的渝东南地区，其一直处于较为单一的模式，大多以农民进行耕作为主，使得乡村产业结构不完善，但现在不同以往，发展乡村旅游不但能够对农村交通以及商业进行有效促进，还能带动工艺产品的发展，向游客销售旅游纪念品，在传播乡村文化的同时，可以使乡村中的产业结构得到有效调整。同时，乡村旅游能够帮助农村实现市场化道路，这样既能科学调整目前农村面临的产业比例失衡现象，还能使渝东南地区具有的资源优势得到展现，进而发展为经济优势，推动乡村发展。

二、乡村旅游扶贫模式的主要类型

（一）社区参与模式

社区参与模式主要是指在对扶贫地区进行旅游开发时，由政府以及当地社区共同完成，实现对乡村旅游的开发。该种模式在开发时，会有一定外来群体加入其中，与当地居民一起面对风险、共同分享利益，一般情况下，外来群体主要是提供资金，共同参与基础设施方面的建设工作，对乡村设施进行改善，而当地居民主要是以土地或者森林进行入股，参与旅游开发等工作，同时，当地居民能够在景区完成就业，这样既能对景区进行科学管理，还能获取一定收入。但该种模式有一定适用条件，需要重庆某些地区在旅游资源方面相对丰富，例如武陵仙山，一方面游客对武陵有所了解，增加了他们对武陵仙山的观赏兴趣，另一方面武陵仙山在地理环境方面具有优势，夏季游客到武陵仙山能够乘凉避暑，从而吸引了众多游客进行观赏。同时，当地部门也结合本地旅游资源，根据游客需求开发休闲旅游产业，这样既能调动社区居民共同参加，还能使扶贫综合开发得到实施，让一些贫困农户拥有稳定收入。

（二）景区帮扶模式

景区帮扶模式主要指利用一些风景名胜区实现对乡村旅游的帮扶，一方面风景名胜区在游客心中有一定知名度，能够吸引游客观赏，另一方面其在经济方面也有一定优势，可以为乡村提供良好的经营条件，同时能够让乡村剩余的劳动力实现就业，对一些周边经济不够发达的地区进行帮扶，让这些村庄能够实现脱贫致富。在这个过程中，景区主要起到极化作用，不仅能够解决农村道路以及水电问题，还能让村民具有创收机会，这对于改善村庄经济有积极意义，让景区快速发展的同时，也能为周边村庄提供有利条件。早在2010年，重庆市政府就对周边地区进行开发，发展旅游示范区，不仅使重庆市居民参与到乡村旅游扶贫项目中，带动了重庆周边乡村发展，而且在本市掀起一阵旅游扶贫浪潮。根据2018年调查结果显示，乡村旅游人数达到1200多万，其中接待游客900多万人，使武陵以及蒲花河村等地经济得到有效改善。

三、重庆乡村旅游扶贫模式创新性策略分析

（一）整合资源

重庆地区在资源方面有很大优势，如果当地没有对资源进行有效集聚，不但会造成乡村资源浪费，还会影响资源效益的发挥。因此，要想使乡村旅游扶贫得以顺利进行，必须整合资源，多管齐下，确保政策在贫困地区得到覆盖，科学利用资金。首先，乡村要对现有旅游资源进行开发，了解生产要素，打造具有重庆特色的乡村旅游风貌，让旅游产业具有亮点，从而形成良好的规模效应。其次，

乡村应该结合本地文化以及风俗习惯，开发乡村物产，为游客打造具有乡村故事的良好形象，这样既能使乡村旅游在市场中占据竞争优势，还能使乡村旅游扶贫更加精准。最后，乡村要对社会资源有效整合，利用政策优势，为乡村争取更多资金以及人才，让更多人才能够投身到乡村旅游扶贫事业中，这样不但能使扶贫地区居民思想意识发生转变，还能对乡村科学管理，提升乡村经营管理能力。贫困地区应该加强招商引资，对现有社会资源有效引导，使扶贫产业进一步优化，通过乡村旅游来带动当地其他产业，吸引更多乡村人员返乡创业，如开办农家乐，完善乡村餐饮业。例如，武隆县积极招商引资，不仅与济南市相互合作，共同签订东西扶贫协议，为武陵县获得一定帮扶资金，而且与市委合作，完善武陵县基础设施，拓展基础产业。

（二）精准扶贫

在扶贫工作中，必须树立精准扶贫这一新战略，一方面精准扶贫能够避免之前粗放式扶贫存在的弊端，另一方面能够对扶贫对象仔细识别，把扶贫资金落实到贫困对象手中，对其精准帮扶，实现精确管理。所以，乡村旅游扶贫必须先确定扶贫目标，开展扶贫项目，确保项目符合帮扶对象实际情况，能够满足他们需求，避免扶贫目标出现偏差，影响乡村旅游扶贫效果。首先，在扶贫资金方面，应该落实到每户甚至每人手中，对于有劳动能力的贫困农民，要为其提供工作以及就业机会，让他们加入乡村旅游工作中，这样既能使他们从乡村旅游中获得一定收益，还能提升农民对乡村旅游的经营，由于农民对当地乡村文化较为了解，能够为游客进行全面介绍，从而帮助管理人员有效经营，让乡村旅游扶贫有序进行。其次，当地部门要对乡村进行合理开发，根据旅游标准进行管理与经营，有效维护乡村旅游市场秩序，避免出现宰客现象，影响游客满意度。重庆高度重视乡村旅游扶贫，不仅把其视为扶贫攻坚重要工作内容，而且一直坚持把贫困乡村放在首位，对其精准帮扶，让乡村设施以及村貌得到改善，确保全村居民都能受益。

（三）加大宣传力度

在新媒体语境下，为乡村旅游扶贫带来很大便利条件，因此，贫困地区应该利用网络优势，展现乡村风貌，借助故事传说打造具有乡村特色的旅游品牌形象，并运用网络终端进行有效宣传与传播，让更多人了解乡村旅游，从而完成扶贫任务。例如，重庆武陵在很多电视节目中都出现过，一些明星到武陵体验当地文化，感受当地乡村风貌，所以，武陵县一方面能够借助明星效应打造特色文化，让游客体验明星项目，另一方面可以借助快手或者抖音等短视频终端进行宣传，展现武陵地区的文化，吸引更多人到武陵游玩，完善营销模式。此外，乡村可以开设具有主题性的旅游体验活动，并通过短视频方式进行录制，开展网络营销，网友既可以在网上咨询信息，还能实现网络预订，从而提升旅游扶贫项目的信息化水平。

（四）创新机制

乡村旅游扶贫是一个大项目，需要多个部门进行密切合作，其中创新机制有重要作用，不仅关系着扶贫动力，而且影响着扶贫效益，所以，必须创新体制机制，这样才能使乡村旅游实现惠民。首先，可以实行“旅游+N”这一模式，根据乡村特色开发旅游资源，把旅游与农业或者商贸相结合，通过旅游项目实现差异化扶贫。对于一些贫困户，应该增加扶贫项目资金，对其有效帮扶，同时签订帮带协议，在乡村旅游项目中，优先考虑贫困户雇佣，让贫困户能够通过自己的劳动力改善家庭条件。其次，可以实行订单农业模式。有的地区农业资源相对丰富，因此，当地部门可以把农业与乡村旅游进行结合，实现农旅融合，让游客观赏乡村农业基地、体验农业活动、品尝农产品，这样既能形成农旅产业链，还能使农民增收问题得到解决，从而走上致富道路。

四、结语

由于重庆市贫困人口分布较广，应用乡村旅游扶贫这一模式不但能提升扶贫效果，还能让贫困地区具备造血功能，提升贫困地区经济水平，因此，必须发挥乡村旅游价值，从而使贫困地区脱贫致富。

参考文献

[1] 陈祥碧，唐剑. 长江上游少数民族地区旅游扶贫实施现状及问题研究——以重庆石柱土家族自治县为例 [J]. 贵州民族研究，2016，37（04）：147-152.

[2] 毛峰. 乡村旅游扶贫模式创新与策略深化 [J]. 中国农业资源与区划，2016，37（10）：212-217.

[3] 郭又荣. 全域旅游视角下河南旅游扶贫研究 [J]. 湖北文理学院学报，2018，39（11）：30-34.

[4] 陈雪钧，李莉. 精准扶贫视角下民族地区乡村旅游扶贫模式创新——以重庆市渝东南民族地区为例 [J]. 江苏农业科学，2019，47（05）：337-341.

[5] 廖军华，黄艳. 我国旅游精准扶贫研究进展及对新时代旅游精准扶贫研究的启示 [J]. 重庆社会科学，2019（05）：80-88.

[6] 黄葵. 重庆渝东南地区乡村旅游扶贫对策研究 [J]. 重庆第二师范学院学报，2014，27（06）：52-54.

[7] 覃文静. 乡村旅游扶贫模式创新与策略深化 [J]. 旅游纵览（下半月），2018（02）：151.

论革命历史类博物馆在文旅融合中发展红色旅游的策略[①]

——以重庆红岩革命历史博物馆为例

李华伟[②]

在中国悠久的历史长河中，文化和旅游始终密不可分。2018年，我国将原文化部和原国家旅游局重新整合，组建文化和旅游部，标志着文旅融合发展新时代的到来。推进文化与旅游的深度融合既能彰显文化底蕴，又能提升旅游品位。革命历史类博物馆作为红色文化传播的重要载体，是全国红色旅游的首选地，是弘扬革命优秀传统、传播爱国主义教育的重要基地，大力推进革命历史类博物馆发展红色旅游，具有十分重要的现实意义和指导作用。近年来，全国各地发展红色旅游的热情高涨，旅游景区加快规划与开发步伐，旅游产品种类不断丰富，游客数量呈现增长趋势，红色旅游在文旅融合发展中绽放出了新的魅力。

一、革命历史类博物馆是红色旅游的重要阵地

红色旅游主要指以中国共产党领导人民在革命战争时期建功立业所形成的纪念地、纪念物为载体，依托其承载的革命历史、事迹以及精神内涵，组织游客开

---

① 原载于《新闻研究导刊》2020年2月第11卷第4期。

② 李华伟（1984—　），重庆人，本科，重庆红岩革命历史博物馆文博馆员，研究方向：博物馆学。

展缅怀先烈、参观学习的主题性旅游活动。革命历史类博物馆是红色旅游中的重要组成部分，在文旅融合机遇下肩负着新的使命，它承载着革命先辈留下的宝贵精神力量，蕴含着深厚的历史和文化积淀，能帮助人们了解革命历史，引导人们传承革命精神，是宣扬民族精神和开展爱国主义教育的重要阵地，也成为游客在红色旅游中“打卡”的必到之处。[1]红色旅游市场潜力巨大，文旅融合为革命历史类博物馆社会职能的发挥提供了更为广阔的空间，博物馆只有在明确自身优势和公众诉求的前提下，不断探索、找准定位、保持自我，才能谋求真正的创新发展。

二、革命历史类博物馆红色旅游发展现状

文化和旅游的融合迎来了新的发展机遇。目前，革命历史类博物馆红色旅游发展势头良好，越来越多的游客更愿意在节假日走进博物馆追忆和缅怀历史，收获一些感悟与精神力量，并且年轻人对红色旅游的认同感也越来越强，正在成为红色旅游的中坚力量。然而，革命历史类博物馆在发展红色旅游的过程中也存在一些问题，主要表现在以下方面：

（一）革命历史类博物馆管理体制不完善

我国国有博物馆基本采用事业化管理方式，这种管理体制使博物馆缺乏应有的自主权与独立性，难免导致博物馆在红色旅游开发中出现一些问题，比如博物馆的展陈创新能力不足、同质化倾向严重、经营管理方式落后、配套服务设施不完善等。[2]文旅融合对革命历史类博物馆的公共服务能力提出了更高的要求，但由于管理体制的束缚，一些革命历史类博物馆没有明确的定位和方向，不能很好地发挥自身优势，无法推动红色旅游高质量发展。

（二）革命历史类博物馆过于注重说教性，有距离感

红色旅游具有很强的政治导向色彩，是以接受思想教育为主要内容的旅游方式。革命历史类博物馆所展示和讲解的内容过于注重说教性，陈列展览的形式趋于单调，沉闷的色彩比较浓重，容易使游客缺乏观看的耐心，从而产生距离感。有些革命历史类博物馆虽然意识到了游客审美观念的变化，在表达方式上寻求改

变，但由于缺乏清晰的战略定位，没有制定顺应文旅融合形势的发展计划，依旧赶不上整个旅游市场的变化速度。

（三）革命历史类博物馆宣传力度不大，文创开发意识薄弱

革命历史类博物馆对外宣传途径较为单一，宣传面不广，针对性不强，没有借助互联网上的诸多新媒体工具加大宣传力度，导致公众获取博物馆信息的渠道比较少。革命历史类博物馆红色旅游产品开发力也很薄弱，没有将自身特色与旅游商品有机融合，而是单纯对馆藏文物的简单复制，缺乏新意，产品与一般旅游商品雷同，不能激发游客的购买欲望，从而不能满足市场需求。

（四）革命历史类博物馆基础设施建设薄弱

革命历史类博物馆作为传播革命历史文化的重要场所，要保持高度的社会责任感，构建良好的公共服务体系。就目前来看，有些革命历史类博物馆对基础设施建设的财力投入不足，在节假日旅游高峰期会出现游客如厕难，馆内休息区座椅提供不足，博物馆周边乘车难、停车难等情况。文旅融合为红色旅游带来了新的使命与要求，革命历史类博物馆需要完善红色旅游景区基础设施建设，提升公共服务质量，使红色旅游环境更加便利和舒适。

三、革命历史类博物馆在文旅融合下发展红色旅游的创新路径

（一）深入了解公众对革命历史类博物馆红色旅游的需求和动机

旅游具有开阔眼界、调整心态的作用。红色旅游不仅要突出“红色”，体现革命文化的真实性、科学性和严肃性，还要做到寓教于乐，融入观赏性、互动性和趣味性，才能吸引游客，满足游客对红色旅游的根本需求。革命历史类博物馆可以按照游客类别对其意向进行调查研究，通过对比不同类型的游客在参观动机、参观行为和对博物馆态度等方面的特点，分析游客心理与行为的规律性，并吸取其他博物馆旅游开发的成功经验，突出自身特色，制定一套具有针对性的改进措施，使红色旅游既能满足游客的文化需求，又能为游客带来全方位、综合性的感官体验。重庆红岩革命历史博物馆把对游客的问卷调查常态化，利

用各类平台倾听游客心声，内容涉及游客参观目的、吸引因素、满意程度等方面，从中查找问题、总结经验，有针对性地改善自身工作，优化红色旅游的参观体验和教育效果。

（二）加大革命历史类博物馆科技创新力度

现代科技的进步，促进了革命历史类博物馆的现代化进程，为文旅融合下红色旅游产业的发展带来无限可能性，游客的需求、行为和体验也随之发生改变。革命历史类博物馆将VR（Virtual Reality，虚拟现实）、AR（Augmented Reality，增强现实）等现代科技手段融入陈列展示，能复原历史文物古迹和重现相关历史事件，让游客深切感受到革命斗争的艰难困苦和革命先烈的英勇无畏。只有全面提升科技创新能力，才能推动文化和旅游各领域的全方位深度融合，实现革命历史类博物馆红色旅游的可持续发展。重庆红岩革命历史博物馆基本陈列“千秋红岩——中共中央南方局历史陈列”改陈后，特别注重科技手段的运用，其中数字体验厅内的双曲三维穹幕通过互动投影、AR、VR等先进技术，呈现出3D影片《愈炸愈强》等内容，通过独特的视角与有震撼力的画面，讴歌了重庆大轰炸期间重庆人民坚强不屈的精神气概，使游客真正融入那段艰苦的抗战岁月，优化了游客的互动体验。现代科技的运用强化和提升了博物馆的教育意义和公共服务效能。

（三）推动革命历史类博物馆文创产业蓬勃发展

随着红色旅游热潮涌动，革命历史类博物馆、红色主题景区等成为游客首选的旅游之地。游客来到博物馆想把一些记忆带回家，文旅融合背景下，博物馆文创产品便以另一种方式满足了游客把博物馆文化带回家的愿望。红色旅游文创产品与一般旅游商品不同，其研发要依托馆内藏品进行设计与创新，尽可能还原历史和文化的本来面貌，体现红色精神内涵。红色旅游文创产品要以游客需求为导向，通过开展游客消费意愿调查，深入了解游客的消费心理特点，开发好的产品，刺激游客的购买欲望，从而带动红色旅游产业快速发展。还可以定期举行文创大赛，鼓励和支持社会力量参与，集合众人智慧获取更多具有思想性、艺术性与实用性的创意方案。重庆红岩革命历史博物馆开发了许多文创产品，其中“红梅”系列的茶具、围巾、化妆镜等深受游客青睐，这些产品承载着红岩精神的历史内涵，能使游客睹物思情。可见只有依托红色资源开发出满足游客需求的文创产品，才能引起共鸣。

（四）完善革命历史类博物馆基础设施建设，优化红色旅游环境

文化和旅游融合发展速度加快，对红色旅游的公共服务质量要求也越来越高。革命历史类博物馆需要完善景区基础设施建设，大力净化景区旅游环境，全方位提升服务质量。要加强革命历史类博物馆停车场、步行道、公厕、标识标牌、解说系统、应急避难场所等公共服务设施的建设，全面开展博物馆景区、交通干道、游客集散中心和周边环境的综合整治行动。重庆红岩革命历史博物馆一直在朝创建国家5A级旅游景区的目标奋斗，以实现服务品质和社会影响力的提升。歌乐山烈士陵园景区步道的建设将博物馆所属白公馆至渣滓洞看守所旧址串联起来，有效缓解了博物馆景区人车争流问题，沿途还进行了园林绿化，大大提升了景区形象。

（五）“以展带会、以会促游”，拓展革命历史类博物馆产业链

每个革命历史类博物馆都有其自身的革命历史故事和极具科学研究价值的珍贵文物，非常适合举办爱国主义教育展览。博物馆可以开展各类展览和宣讲进机关、进社区、进校园等系列活动，并筹办相关学术研讨会、座谈会、论坛等，邀请国内外知名的博物馆馆长、专家学者等参加。通过一系列的对外宣传和文化交流活动，不仅可以更好地促进红色文化交流，也可以提高公众对红色旅游的关注度，从而吸引更多游客前来革命历史类博物馆参观、学习，形成“以展带会、以会促游”的文旅融合发展模式，延伸革命历史类博物馆红色旅游的产业链。重庆市在各中小学校启动“小萝卜头”进校园活动，重庆红岩革命历史博物馆是主办单位之一，通过宣讲“小萝卜头”的故事、观看主题巡展、赠送书籍等形式，培育了学生的民族精神。各中小学校也组织学生参观重庆红岩革命历史博物馆所属白公馆、渣滓洞看守所旧址等，在激发学生爱国主义情感的同时，还带动了红色旅游发展。

（六）加强革命历史类博物馆人才培养

革命历史类博物馆发展红色旅游需要改革创新、与时俱进，还要结合自身

特点积极培养红色旅游人才。首先，应该提高对博物馆从业人员的录用标准，制定内部培训计划，并不定期进行职业考核，给博物馆工作人员提供深造学习的机会，打造符合新形势下革命历史类博物馆红色旅游产业发展需要的高素质人才。此外，各级政府必须充分认识到革命历史类博物馆发展的重要性，加大财政支持力度，划拨专项资金，帮助和扶持博物馆人才培养计划。重庆红岩革命历史博物馆有培养五类人才的发展规划，分别是研究人才、讲解人才、演艺人才、创意人才和经营管理人才，致力于将博物馆打造成全国一流的红色旅游目的地。

四、结语

文化和旅游的融合为开发红色旅游提供了良好的环境与政策保障，革命历史类博物馆要不断深入挖掘红色资源，加大改革创新力度，实现红色旅游的高质量发展，使红色旅游呈现出更加丰富多彩的面貌。

参考文献

[1] 代明霞. 革命纪念馆在红色旅游中的地位和作用探究 [J]. 文物鉴定与鉴赏，2019（20）：134-135.

[2] 虞虎. 让博物馆成为文旅融合的窗口 [N]. 中国旅游报，2019-06-14（003）.

艺术美、人文美、生态美[①]

——对重庆两江四岸夜景景观提档升质的思考

周　波　谢怀建[②]

一、引言

夜景是重庆城市的另一张名片。重庆夜景已走过了亮化与简单美化的初级阶段，需要向艺术美、人文美、生态美的高级阶段发展。如何在城市夜景中体现重庆夜景的艺术特点、人文精神、生态景观三大特色，这是当前重庆城市夜景质量提升重点，更是正在提档升级的重庆市两江四岸夜景重塑必须解决的关键。

二、增强两江四岸夜景的艺术美

城市夜景的艺术美不是白昼城市景观的夜间再现，而是城市照明景观的艺术表达，是城市夜间的光艺术再创造。当照明由可视功能转向美视效果后，照明工程就在技术的基础上实现了艺术与人文的华丽转身：一方面，它有工程技术属性；另一方面，它更是城市夜景观的宏大艺术品。而艺术不仅仅只体现出美的属性，更要反映出艺术风格与思想文化意义。“美学的核心是审美价值论”[③]。因此，城市夜景的美不应仅仅是没有文化意义上的绚丽多姿、美轮美奂，更是用光

① 基金项目：2018年重庆市哲学社会科学规划项目“绿色照明理论与重庆地域文化融合设计研究”（编号：2018YBYS166）。原载于《照明工程学报》2020年8月第31卷第4期。

② 周波，四川美术学院公共艺术学院。谢怀建，重庆交通大学交通文化艺术研究所。

③ 黄宗贤．百年中国美术大众化思潮的流变与影响［J］．美术，2019（3）：10-14．

的语言来反映具有城市精神的夜景艺术之美与文化之美。

要使重庆两江四岸夜景景观具有艺术之美，就需要重构丰富的照明艺术空间和意境，优化夜景景观观赏者的视觉美感，从而使两江四岸的夜景具有符合地域环境和地域风貌的艺术风格。两江四岸的夜景艺术风格可以通过以下途径来实现。

锦绣河山美如画，城市夜景也可以优美如画。而绘画艺术是有流派特色的，要使城市夜景美如画，有独特的艺术风格，可以从让城市夜景具有如绘画艺术的独特风格着手。这就需要运用光语言来艺术地展示城市夜景。绘画风格多样，就东西文化分类，有西画与国画；就西画门派分类，有古典主义、浪漫主义、现实主义、印象派、象征主义、表现主义、立体主义等；就国画分类，从画法到形式都多姿多彩：画法有工笔、效法、白描、没骨等，形式有水墨、青绿、浅绛、泼墨、白描等。重庆两江四岸的照明景观完全可以根据夜景景观的艺术需要，采用不同绘画风格来实现城市照明景观的艺术化。

重庆既是一座历史悠久的城市，又是西部最早开埠的城市。用光艺术反映重庆历史文脉需要根据景观点的历史形成文化背景来实现。重庆南岸集中了大量开埠历史遗迹：立德乐洋行、法国水师兵营、安达森洋行、永兴洋行等，目前这些遗址总体的照明景观是以投光+线性洗墙方式体现出来的，如果既保留当前凸显建筑景观形态，同时又增加新古典主义绘画的照明手法展现这类历史遗址的光艺术景观，不仅可丰富夜景的形式与风格，同时更符合历史印记——新古典主义流行于欧洲18世纪末及19世纪，而这一带洋行与法国水师兵营的开办时间正处于19世纪末至20世纪初。

目前，两江四岸众多的历史建筑、现代建筑与山、水、路、桥的关系等，多是通过泛光照明、投光+线性洗墙、点线勾勒、局部投光、光雕塑、建筑媒体等形式来展现的，表现方法较单一，其中在反映江、桥、路、建筑、山林等方面运用最多的是线型灯，用中国画术语说，属于“工笔画”。如果采用更多的绘画手法，对一些重要的、有历史意义的景点与建筑采用国画的“没骨”“白描”“浅绛”等艺术照明手法，就可使夜景景观达到既风格多样，又充满艺术品位，使夜景景观柔融和谐地凸显于所处城市夜幕中。同样，随着灯具的智能化，LED、

RGB灯具控制技术的发展，智慧照明在城市照明景观领域应用不断深入，将重庆两江四岸城市夜景打造成为艺术风格各异的城市夜景——古典主义、浪漫主义、表现主义、象征派等的艺术画面亦是可行的。

三、展示重庆两江四岸夜景的人文美

城市是“有城市文化与城市精神的”[①]。城市文化与城市精神不只是抽象的理论，更反映在城市的各类物质的形态与“非物质文化”（“非物质文化”不仅指联合国教科文组织的《保护非物质文化遗产公约》中的非物质文化，还泛指精神化类非物质的文化品，如：历史传说、民间掌故、城市地名来源等，这些东西是城市文化的重要方面，通过光艺术体现出来，可以更好地弘扬具有特色的城市文化）的存在中：从物质层面来说，城市的重要建筑、城市地标、历史文化道路、景观大道等都是城市文化的物质载体；从精神层面来看，城市地名、城市故事、民间传说是城市文化的非物质载体。城市艺术照明既能通过对城市物质文化——建筑、桥梁、道路、标志物等的“光再塑”突出城市文化，更应以光的艺术语言来讲述城市历史故事、民间传说、地名渊源等，使城市夜景不仅能流光溢彩，还能充满人文意蕴。

目前提出的两江四岸夜景提质，以突出“山、水、城、桥”四大元素、“立体山城”“光影江城”“魅力桥都”等景观是值得肯定的，但在强调文化自信的今天，如果不在照明景观中体现城市的“非物质文化”显然是不够的。对于一个有三千多年历史底蕴的城市，通过夜景展示其历史魅力是非常必要的。

如何通过照明景观来反映历史文化呢?我们认为，两江四岸夜景的人文美景需要从以下两大方面来推动。

（一）认识上要将重庆历史文化作为夜景内容来展示

作为城市的重要名片，重庆夜景不仅要反映重庆的物质文化，更要展现重庆的“非物质文化”——历史文脉、城市个性、城市精神。非物质文化的历史文

① 涂文学．城市文化研究应重视区域背景［J］．南京社会科学，2019（1）：52-56．

脉、城市个性与城市精神，表现在城市的许多方面，尤其反映在历史上形成的、闻名遐迩的著名景观中，反映在流传下来的历史传说中，及由历史传说而起的地名中。从长江到嘉陵江沿岸，从渝中区、南岸区到江北区、沙坪坝区的滨江路路域，其著名景观方面有黄葛晚渡、龙门皓月、海棠烟雨、字水宵灯、洪崖滴翠、佛图夜雨、歌乐灵音等；其历史传说与地名则有海棠溪、涂山、呼归石、文峰塔、望龙门、储奇门、朝天门、千厮门、曾家岩、牛角沱、佛图关、相国寺、万寿桥、良心桥、化龙桥、虎头岩、猫儿石、红岩村、滴水岩、龙隐路、小龙坎、忠恕沱、石门、磁器口等，许多地名都源于历史故事、掌故、传说，并含有丰富的历史文脉与城市精神。

这些都可以城市照明光的形、色、线等，以工笔、效法、白描、没骨、渲染等绘画艺术手法将其打造成具有独特艺术风格的夜景。这样的夜景景观，不仅留住了重庆城市的历史记忆，还能将重庆的精神文化、独特性格都彰显出来。

如果夜游两江的游轮能将已打造出的反映重庆城市文化夜景景点的典故与历史传说等，恰到好处地导入解说词中，形成夜景景观与历史文化、城市精神的互动融入，来自世界各地的游人就会因此游而加深对重庆的文化了解，就不再是眼花缭乱地看了花花绿绿的美丽夜景而过眼云烟，而是赏景学史，观灯悦情，使重庆历史文化名城夜景景观深入人心、挥之不去、景象萦绕。

（二）操作上注重照明技术与艺术的有机结合

用照明艺术讲述城市故事、凸显城市精神应将照明技术与艺术结合起来，具体操作上，可从凸显、“留黑”、诱视、重塑、光刻等多个方面进行。

1. 凸显，指凡是对城市性格能产生重要视觉影响的建筑、道路、标志物（这里专指城市特有的山、水、岩之类标志），在夜景景观设计中以光艺术的技术手段实施景观强化，使景观具有夺目的视觉效果，以照明景观凸显城市性格。

2. “留黑”，对不能显示城市特色的舶来品建筑、道路景观等，以中国画留白的方式在城市照明中“留黑”——让照明光亮远离这一建筑空间，通过这种“留黑”遮挡城市夜景景观的“视觉肿瘤”，反衬、凸显城市夜景观中具有城市个性的照明景观，强化夜景中的城市性格。（“留黑”是借用城市规划所说的

“留白”一词，留白本是中国绘画中的术语，指书画艺术创作中为使整个作品画面、章法更为协调精美而有意留下相应的空白，留有想象的空间。城市规划借用这一术语，为城市规划中生态建设、文化建设留有余地。留黑用在城市照明艺术中，就是为城市照明景观文化留下展示背景，因为光艺术的显现，必须有黑色的夜幕做背景。）

3. 诱视，指在“留黑”地段的夜幕中，以动态的、间歇性的光线诱导视线转向，使人眼光因诱视光线转向诱视目标——具有城市个性与特色的夜景景观，这类夜景景观，属于那种因景观的历史文化性质不应张扬存在某种神秘的景观，因此亮度不彰、向度变幻，当视线被引向此处时，会发现别有洞天的景观效果。

4. 重塑，即通过艺术设计实现夜景景观重塑。指在一些特殊“留黑”地域，为表现城市性格需要，借助原建筑、道路等留下的空间，以灯具和照明之光重构城市照明景观，使原本平庸的建筑与道路景观变得具有城市性格，成为展示城市个性的夜景。

5. 光刻，对那些通过照明可使城市的肌理得到充分表现从而突出城市个性的景观，以可视而不张扬、清晰而不夺目的光雕方式将能凸显城市性格的轮廓光雕刻出来，使城市的道路、边界、建筑肌理清晰，以光语言表现城市夜景个性空间形态。

四、推动两江四岸照明景观的生态美建设

两江四岸最有条件打造成山清水秀之地，但山清水秀不应仅限于白昼，亦应体现在夜晚，而实现两江四岸照明景观的生态美是落实重庆城市照明景观提质的重大举措。从照明艺术的角度而言，城市照明景观的生态美必须以生态美学与生态文化为指导，通过艺术设计打造出具有生态美学价值的城市夜景，唤醒人们的生态意识，激发人们的热爱自然情怀，使生态文明的价值观融入观景人的思想深处，才可以说推动了照明景观的生态美。

打造两江四岸夜景的生态美可以从以下几个方面推动。

1. 注重照明生态"留黑"。城市照明背景在夜晚，故"留黑"亦是为城市照明留有自然生态、文化生态、艺术生态的空间。从生态文明的角度而言，照明的亮度需要尊重生态科学。

科研人员在过去的二三十年间，发现了人工照明对鸟类迁徙、生长存在不利影响，不健康的照明对动物、植物以及人类的生物钟都有着不良影响。因此，2017年的诺贝尔生理学或医学奖颁给了发现"控制昼夜节律的分子机制"的三位科学家[①]。20世纪80年代，为保护昼夜自然生态，国际暗天协会（International Dark-Sky Association，IDA）成立了，其使命在保护夜间天环境的黑暗，以及科学提升室外照明的品质。浙江杭州市自2018年2月1日起施行《杭州市城市照明管理办法》，明确要守住"黑天空保护区"，避免光污染。

"留黑"的前提条件是对城市所在地域的生态环境充分了解，因此，需要建立在动植物生态学基础上的大量调查，这项工作总体而言，国内城市做得并不够，因此需要现在起步，做好相关生物科学调研，为未来的城市生态照明做好基础工作。

2. 加强"媒体建筑"的生态文化普及。所谓"媒体建筑"指城市照明借助建筑玻璃幕墙作为画面，形成各类画面与景观，将建筑转化为媒体，成为构成城市夜景景观的重要组成部分。尽管有人对媒体建筑"不提倡"，认为媒体建筑"会形成一种光污染"[②]，但由于其视觉效果好、画面优美，因此近年来媒体建筑却得到了较快的发展。

提升城市照明景观的生态照明品质可从四方面着手：一是控制这类媒体建筑，以免因光面积超限度扩大而产生更大的光污染；二是借助这种景观的视觉效果，渲染生态景观画面（世界的、中国的、本地的），激发人们对自然的热爱，增强人们对生态环境的保护意识；三是借助这种大面积的媒体建筑，宣传生态文

---

①刘刚，刘晓彤，苏琛浩．人工照明对鸟类影响研究综述［J］．照明工程学报，2017，28（6）：70-76．

②解析城市景观照明发展现状及未来方向［EB/OL］．（2016-01-26）．http：//www．qianjia．com/html/2016-01/26_257306.html．

明知识、生态伦理道德；四是注意时段控制，对这类媒体建筑的使用，应有一定的时间控制，不应每夜长时间亮屏，而应根据季节、节日、夜间时段有规定地亮屏，以达到美视、宣传的效果，同时亦能尽量减少城市夜景中的光污染。

3. 城市照明更多地创新使用自然模拟光。模拟自然之光作为照明景观是当前及未来生态照明艺术大趋势。目前重庆已开发出了“以园中花、草、树、月为素材，开发出具有自主知识产权、低能耗、无侵扰光的‘月光’照明投影系统，解决了人工光对动植物侵扰这一难题；以‘星光’照明为题，通过布光优化、精确控光及智能控制系统的运用，大幅度降低了山脊照明的整体亮度及能耗、延长了照明设施的使用寿命。在保证视看效果的前提下，避免了城市地标高亮度照明所引发的光污染”[①]的相关问题。而且重庆夜景已走过了追求“亮起来”的阶段，这个阶段的城市夜景不是越亮越好，越绚丽多彩越好，而应是通过照明使城市的地域文化、生态文化、历史文脉得到彰显。因此，在两江四岸一些有条件的地段（如从化龙桥至土湾段）的夜景中创新使用模拟自然光——“月光”“星光”“萤火光”等，不仅有节能、减少光污染的效果，还能使人产生亲近自然的情感。而模拟星、月、萤火虫之光既满足了照明的可视可见度，又强化了城市夜景的近自然生态景观，使照明在情感上、环境上融入了自然，例如两江新区照母山照明景观。

4. 推动城市的智慧照明，减少照明的光污染。将大数据、云计算、空间地理信息以及人的视觉生理特征应用于两江四岸的照明应用中，利用计算机技术、大数据与半导体光源的结合，使半导体光源得到合理的应用，又能将光污染降到最低。

5. 建立科学的城市照明规范。《城市照明管理规定》于2010年颁布实施，但这个规定主要是原则性的，在各地景观照明上还大有工作可做。不同的城市应根据地域生态特点，建立起与之相适应的科学的景观照明规范。重庆应学习杭州保护黑天空的做法（重庆与杭州存在某些相似之处），在两江四岸的不同地段、

①严永红，胡宗光．生态视角下的重庆照母山森林公园夜间光环境设计［J］．中国园林，2019（1）：139-144．

夜景景观核心段、城市园林、城郊山地原野等，按照生态环境的要求，制定不同的亮度标准。符合地域环境的科学照明规范，是最大限度地减少光污染、提升城市夜间生态质量的保证。

五、结束语

重庆两江四岸夜景景观实现艺术美、人文美、生态美所必需的条件如下：

1．大数据、智能化等高科技手段的运用。两江四岸照明景观的艺术美、人文美、生态美需要将大数据、智能化等技术运用到照明景观中，才能实现应有的夜景景观视觉效果。正如没有数字影像设计在可视技术的突破，上海世博会中会动的清明上河图就不可能产生；没有智能化的高科技手段的运用，两江四岸夜景景观的艺术美、人文美、生态美打造就难以取得应有的视觉效果。

2．借助中国传统灯会艺术。中国照明艺术有悠久的历史传统，从东汉时期的“燃灯祭斗”到南北朝时期的元宵灯会，再到唐宋时期灯会的兴盛，至明朝时灯会艺术发展到新的高度。新中国成立后灯会得到了进一步发展。2008年国务院批准将灯会列为第二批国家级非物质文化遗产名录。改革开放以来，灯会艺术得到了更大的发展，制灯工艺和现代科技紧密结合，将电子、建筑、机械、遥控、声学、光纤等新技术、新工艺用于彩灯的设计制作，将形、色、光、声、动相结合，将思想性、知识性、趣味性、艺术性相统一。借鉴中国传统灯会艺术，让照明艺术在表达重庆历史文化、生态美学上取得新的突破，将使重庆两江四岸的夜景景观更加充满人文意蕴，更加绚丽多彩。

WENHUA CHUANMEI
文化传媒

党报集团期刊集群应对新冠肺炎疫情的实践与探索[①]

——以今日重庆传媒集团为例

刘自良[②]

今日重庆传媒集团是以今日重庆杂志社为龙头，整合《红岩春秋》《新闻研究导刊》经营部分组建的期刊集团。《今日重庆》杂志是重庆市面向国内外公开发行的大型综合性外宣期刊，是重庆市委重要时政资料图片指定刊发媒体；是重庆最具影响力的时政、财经、人文、城市类外宣读本和航机读本，有着“重庆外宣第一刊”的美誉，被誉为重庆名片。《红岩春秋》是全国集中学习研究宣传红岩精神的中心刊物，是重庆市唯一公开出版发行的党史刊物；《新闻研究导刊》是新闻传播类学术刊物。

今日重庆传媒集团成立以来，采取一刊一策、整合资源、细分市场的理念，强化主业、多元发展，初步形成刊、网、端、微、库、台一体化的全媒体格局。其形成以传统媒体产品、新媒体产品、影响力品牌活动产品、衍生类产品等为代表的四大产品体系。

新冠肺炎疫情暴发以来，今日重庆快速反应，启动应急响应机制，积极应对，巩固主流媒体阵地，及时引导舆论，坚持做到保出版、保安全、保发展；确保了各项工作有力有序推进，在抓好防控的基础上，实现采编与经营工作两不误、两加强。

---

① 原载于《新闻研究导刊》2020年3月第11卷第6期。

② 刘自良，今日重庆杂志社总编辑。

一、坚守职责使命，稳固阵地保出版

（一）健全组织，构建应急响应宣传报道体系

新冠肺炎疫情暴发在春节期间，绝大多数的员工均在休假，并且很多人都离开了重庆，人员很难立即收拢。但疫情就是命令，作为主流媒体，今日重庆始终牢记党报集团媒体的职责使命。疫情面前，没有退缩，立即启动应急响应，建立了防疫宣传应急报道指挥机制，组建了7人应急报道小组，并专门为其配备了相关防护器材，保证能随时执行上级安排的机动采访任务，做到招之即来，来之能战。疫情期间，该应急报道小组克服各种困难，坚持做到每日参加市新闻发布会，并按照有关安排，完成相关疫情防控宣传报道任务。

（二）守好阵地，全媒发布权威信息及时引导舆论

疫情前期，由于信息的不对称，网上谣言满天飞，引起市民恐慌。作为期刊集团，纸质期刊由于出版周期的局限性，加之出版流程的要求，以及发行的限制，不能立刻完成纸质出版。疫情不等人，在此情况下，我们充分发挥今日重庆全媒体矩阵的优势，以网、微、端为依托，在今日重庆网及今日重庆微信公众号分别开设了“众志成城抗疫情”专栏，及时发布来自市区（县）政府新闻办的权威信息，引导舆论，消除恐慌。据不完全统计，疫情发生以来，今日重庆共发布疫情防控相关网络稿件900余条、微信稿件100余条、焦点图片3000余张。

（三）精准服务，生产优质内容产品助力全民战疫

平面设计及深度内容是画报类媒体的优势。在战疫的过程中，今日重庆围绕战疫期间的阶段性任务，充分发挥纸质期刊优势，用高度、宽度、深度、亮度的内容全面呈现战疫情况，服务市民。

一是推出《防疫指南》手册，普及防疫知识，疏导公众紧张情绪。春节期间，当防控升级后，我们立即启动应急反应机制，开通远程办公系统，紧急组织了一个小型编辑制作团队，加班加点，从创意方案、内容采写编辑到编排设计，仅仅4天，就拿出了两个版本的《防疫指南》手册。上报市委宣传部审定，并在

新媒体中进行推送，服务区县和社区抗疫工作。《防疫指南》向公众普及了疫情防控知识，疏导了公众的紧张情绪。

二是推出《重庆战疫》系列特刊，深度内容全景呈现战疫状况。围绕战疫的阶段性任务要求，我们结合期刊集群中各刊的定位，策划实施了《重庆战疫》系列特刊出版计划，以旗舰媒体今日重庆为龙头，策划实施了一组系列特刊，分为《重庆战疫·与时间赛跑》《重庆战疫·我们在行动》《重庆战疫·致敬最美的你》，精心采写相关内容，用图文并茂的形式，全景呈现重庆战疫情况，用行动展现出了可贵的新闻理想。《红岩春秋》在主题策划的基础上，结合当前战疫情况，也推出了"最美逆行"专稿，用史学的思维将历史与现实，重庆与孝感有机联系在一起，展现了两地心手相牵、血浓于水、共同战疫的时代精神。《新闻研究导刊》瞄准定位，以抗击新冠肺炎视野下的加快增强主流媒体传播能力研究为主题，积极开展学术研究，对疫情报道及时进行梳理及理论提升，以此指导抗疫报道实践。三大期刊各擅其长，优质内容助力全民战疫。

三是推出精细化数字内容，满足群众宅家阅读需求。疫情期间，社区实行了封闭式管理。为满足群众宅家阅读需求，我们及时进行调整，推出《今日重庆》《红岩春秋》电子期刊，免费向公众开放。同时，公开征集战疫图片，讲好图片故事。利用今日重庆微信公众号，推出了"抗疫影像"系列图片故事，反映重庆本地和对口支援湖北战疫情况。这些图片故事现场感强，生动活泼，一经推出就引起大家共鸣，目前已推出20余期。

（四）社会宣传，公益广告彰显媒体影响力

战疫期间，我们在市防疫宣传组的统一调配下，与相关社会企业一起，积极开展公益广告创作，通过横向联合，资源整合，推出了2个版本的防控手册，以及30秒视频防疫公益广告。这些公益广告在电视台、网站、社区电梯，以及相关户外公益广告大屏播放，并通过新媒体放大传播，增强了人民的战疫信心，也彰显了主流媒体的社会责任和传播影响力。

二、坚持以人为本，构建防控体系，全力以赴保安全

生命重于泰山。疫情面前，人人都是防线。为此，我们始终把人的安全放在首位，坚持防控优先，着力构建立体防控体系，全力以赴保安全。

（一）加强疫情防控统筹管理

专门成立今日重庆疫情防控工作领导小组，负责统一指挥、协调、管理单位疫情防控工作。自上级部署安排疫情防控工作以来，今日重庆传媒集团第一时间响应要求，总编辑亲自抓，编委成员具体抓，对接上级安排，统筹做好集团各级疫情防控工作。成立疫情防控工作领导组，全力做好各项疫情防控工作；及时出台了相关文件，明确工作举措，逐级压实责任，周密部署防疫工作。

（二）坚持防疫制度落实

一是坚持24小时值班制度。及时组织贯彻落实上级指示精神，研究制订疫情防范方案预案，处置疫情防控重点工作。二是坚持每日报告制度。疫情发生后，每天组织全员排查健康状况、居住地疫情、家庭来访、活动路线等详细情况，并通过移动运营商大数据系统核实员工活动轨迹，切实做到心中有数和人员、健康、路线、安全“四清”。迅速制定《今日重庆疫情防控相关措施》，结合单位实际明确39条防控措施，并对外地返渝人员，全部落实14天居家隔离；对进入办公区人员，严格落实登记、测体温、消毒、洗手等防范措施，规范就餐和办公秩序，有效切断病毒传播途径，把风险隐患禁于未萌，止于未发。三是实施弹性工作制度。在保证工作推进的基础上，避免人员聚集，防止交叉感染；抓实防控举措分区分级平稳复工复产，采取了三分工作法，即1/3人员到岗、1/3人员轮流到岗、1/3人员休年假，最大效能地减少疫情输入。

（三）全力以赴做好相关保障

在疫情防控物资极为紧缺的情况下，采取自购与向上级协调申购相结合的方式，及时购置口罩、消毒液、体温枪等物资并发放到位。考虑到疫情防控形势严峻，在统筹做好防控与恢复生产两不误的前提下，为切实解决员工后顾之忧，为符

合条件的每一位员工购买了一份“敬业福”员工商业保险，激发了员工工作激情。

（四）坚持以上率下，充分发挥党组织的“战斗堡垒”作用

疫情期间，我们进一步强化党员先锋模范作用，要求领导在一线、党员到一线，以上率下，全力抗疫。疫情期间，总编辑带头值班在岗，全时坚守，加班加点抓疫情防控；复工前，亲自组织对办公区全面消毒，亲自筹措疫情防控急需物资；复工后，每天逐个点位、逐个人员排查疫情防控制度落实。一个党员就是一面旗帜，疫情初期，由于信息不对称，加之人们对病毒的认知还不够，防疫物资还未到位，社会上存在一定的恐慌。为消除大家的负面情绪，为圆满完成市政府新闻发布会报道，春节假期开始，副总编辑杨光毅带头做采访，写稿子。口罩等防疫物资到达后，亲自驾车为一线采编人员送去了口罩等疫情防控物资，这一行动，让每一个员工都感受到了单位的温暖。领导干部以上率下，党员一线战疫的模范行动，让党支部的“战斗堡垒”作用进一步强化。

三、坚持目标导向，经营创新生产自救保发展

疫情就是命令，在宅家做好防护的基础上，我们积极应对，创新经营，努力恢复生产。一是转变工作模式，实现线上线下的有机联动。疫情改变了生活，同时也改变了工作方式。疫情之前，人们早已习惯了在集中的办公场地进行办公的方式，由于疫情，这种方式被打破。疫情期间，我们开通了网上办公系统，统筹安排人力物力，线上线下有机联动，确保工作不因疫情而停摆。二是目标导向，坚持任务不减。在全力做好防控工作的基础上，我们围绕年度目标，任务不减，标准不降，干劲不松，抓好各项工作的落实，确保杂志社工作的正常运转。三是积极开展生产自救。受疫情影响，我们的经营工作受到巨大冲击，编委会及时分析疫情防控形势，研究对策措施，细化制订了4项生产自救行动计划，经编委会研究通过后具体实施，确保在疫情特殊时期，企业首先要“活下来”，进而才能取得新发展、新进步。为此，在认真分析疫情及其影响的前提下，我们提出了应对疫情开展生产自救4项行动计划，并认真组织实施。

“现金为王”。严控现金流，保证6个月之内账上资金能够维持企业正常运转；用好政府相关政策，目前已向相关单位和部门申请了稳岗返还和减免办公楼租金等政策，用政策性红利为经济赋能。

“瘦身塑形”。在危机期，砍掉负现金流业务，保持主营业务的正常运营。进一步进行扁平化管理，节省人力物力，对公司岗位价值重新评估，做好人岗匹配和薪酬设计工作。严控行政办公费、差旅费、销售费用，除维持单位运转的必须开支项外，其余开支一律削减或暂停。高管带头降薪，员工工资绩效视年度目标进度任务实际完成情况上下浮动，分级分类进行考核后发放。用严格绩效考核的办法进行调节，既合乎法又合乎情。

数字创新。面对此次疫情大考，倒逼数字化转型步伐加快，通过对消费者圈层化、社群化的理解，用新的工具重建消费者关系；优化产品结构，以人为销售节点，充分使用新工具、新手段。

全员培训。通过学习行业专业技能，找差距、补短板，重构知识体系，寻找创新机会点，增强专业能力尤其是新媒体应用能力。通过生产自救，集团2月份拿下农行、邮储银行、招商银行、武隆扶贫办等优质广告客户，创造了新的收益点。

四、应对新冠肺炎疫情的几点启示

突如其来的新冠肺炎疫情，对全社会是一场巨大的考验，给新闻媒体同样带来了巨大的挑战。如何在应对疫情中充分发挥新闻媒体的作用，有效引导舆论，做到为百姓心理解压、情绪解躁、防控解惑，对早日战胜疫情有着十分重要的作用，需要深入探索研究。此次战疫实践和防控探索，也给了我们几点启示：

（一）科学防疫，纸质出版物在疫情初期稳定社会情绪大有可为

新冠肺炎疫情发生后，群众不可避免地产生了恐惧、紧张和慌乱情绪。这个时候，及时疏导群众不安情绪，有效引导全社会科学防范病毒传播，成为主流媒体肩上沉甸甸的责任。宣传不能停，新闻不能少，越是关键时刻，新闻媒体越要传播科学、权威、正确的声音，越要批驳各种谣言和小道消息。新闻媒体必须

一手抓好疫情防控，一手抓好防疫宣传，推出形式多样、通俗易懂的防疫宣传画册、防疫倡议书等宣传品，及时张贴到大街小巷，发放到群众手中，营造平稳有序的舆论大环境。群众耳边响起了科学权威的声音，谣言杂音自然就站不住脚，纸质出版物对稳定社情民心必将产生积极而深远的影响。

（二）“封城”战疫，新媒体传播能力加速催生数字经济

由于新冠病毒传染性强、传播途径多样、潜伏期较长，防控疫情最直接有效的举措就是减少外出和人员聚集，避免交叉感染。疫情虽然挡住了群众出行的脚步，但是挡不住群众的物质文化需求。除了吃饭、睡觉以外，居家隔离的群众迫切需要了解疫情的最新动态情况，全国乃至全世界的重大时事信息，同时需要观看、阅读个人感兴趣的新闻、音视频作品、文学作品等多种产品，甚至需要在线上办公，完成各项工作任务。可喜的是，随着信息技术的飞速发展，通信传输速率有了极大的提升，应用软件也是应有尽有，能够满足人们足不出户，就实现学习、工作、娱乐的各种需求。受疫情的影响，新媒体使用人群快速增长，数字经济的热度迅速提升，数字经济时代已经来临。

（三）后疫情时代，优质数字出版内容助推期刊转型

迅速发展的网络技术推动了数字出版时代的到来。海量的信息、快速的传播、低廉的成本是数字出版产业的明显优势。同时，数字出版内容有报纸、杂志、书籍和音视频作品等多种形式，出版单位众多，出版内容繁杂，市场竞争日益激烈。面对丰富多彩的数字出版内容，群众选择面广，审美水平和要求日益提高，个性化需求差异越发明显。优质数字出版内容由于其内容的权威性、形式的多样性、质量的稳定性和对群众需求的精准把握，必然造成“吸粉”效应，形成受众不断增加的良性循环，进入发展“黄金期”。

五、党报集团期刊集群应对新冠肺炎疫情的对策

（一）疫情初期，可制作别册及其他公益宣传DM单

针对疫情初期稳定民心的关键点，期刊集群必须充分发挥自身优势，调配精

干力量，把疫情防控的措施、要求，迅速制作成宣传画、手册、公告、告示等别册，迅速分发到街道、乡镇、村、社区等基层组织和千家万户，及时安抚公众情绪，引导大家科学做好防范。

（二）疫情中期，可整合数字出版资源并精准推送

对于持续时间较长的疫情，在疫情中期阶段，期刊集群应该针对不同人群了解时事、办公、学习、娱乐等方面的需求，立足自身实际，把权威的声音、群众感兴趣的内容整合起来，精准推送给用户群体，满足公众的不同需求，用优质出版资源为群众心理解压、情绪解躁。同时，以此为契机，推动期刊集群积极转型，以适应疫情时代传播及阅读需求。

（三）疫情结束，可制作特刊珍藏历史

疫情平复后，期刊集群应围绕党和政府领导人民群众抗击疫情的重大成果，把抗击疫情中的工作亮点、英雄人物、先进事迹、经验教训等内容进行深度报道，推出特刊或专刊；并结合成果展等多种形式，把战疫的英雄事迹宣传好、弘扬好，起到珍藏历史的作用，为建设美丽中国，实现伟大中国梦营造和谐奋进的良好氛围。

六、结语

困难面前，党报集团期刊集群应积极发挥自己的核心作用，充分利用新时代信息技术的优势，创作出人民群众迫切需要了解的信息，以促进自身的不断发展。

如何利用媒体融合助力城市文旅宣传[①]

——以重庆广电为例

李浩然[②]

随着网络传播的飞速发展，以及5G传播技术的日益成熟，短视频平台不仅成为商品销售、娱乐大众、传播资讯的工具，同时也成为地方文旅宣传的全新阵地。“网红城市”一说也由此诞生。以2018年的重庆为例，一个关于“重庆轻轨穿楼”的视频，在网络平台上的全年观看量超过1亿，神曲《重庆，你一定要去》的播放量超过3.8万，洪崖洞的夜景、现代感与魔化感交融的重庆五层大楼、城市爬坡电梯、街头的棒棒军等城市元素，通过抖音走红，吸引了无数网民欣然前往。而重庆的洪崖洞景区，也从寂寂无闻的商业街区，一跃成为全国的网红景点，成为来渝游客的必打卡景点，在2018年的端午节小长假期间，接待的游客人次爆发式增长，游客增长数据达到了150%。

2018年的这一现象引起了重庆地方的文化旅游管理部门的重视和研究。2019年3月，新华网发表重要文章《“网红之城”重庆：一座“站立着的城市”》，重庆市委主要领导对此文章内容作出重要批示——在文旅融合和城市形象宣传上开动脑筋、拓展思路。这给重庆的主流媒体提出了一个新的指示和要求，也就此诞生了媒体融合助力城市文旅宣传的生动案例。从2019到2020年，扎实的数据和

---

① 原载于《西部广播电视》2020年第12期。

② 李浩然（1982—　），汉族，重庆人，硕士，重庆广播电视集团（总台）融媒体新闻中心记者，研究方向：广播电视。

正在发生的事实一次次地证明，在之后的这段时间里，重庆的城市形象宣传和文旅发展取得了极大进步，城市文化旅游创收跃居全国前十，城市文化形象排名在网络端进入前五，甚至多次成为中国网民票选的“最想去旅行”的目的地。与此同时，重庆广电的融媒体新闻中心成立，媒体融合走向了深入阶段，其重要工作之一就是围绕城市文旅发展做好宣传推广。本文就以重庆广电为例，探讨重庆广电如何利用媒体融合的契机助力城市文旅宣传。

一、活动直播提高城市知晓度

重庆广电拥有电视传播的天然基因，其媒体融合过程中充分利用了视频直播这一强力手段。2019年1月1日，新年钟声刚刚敲响，重庆广电第1眼APP的《陪你跨年接力直播》的观看人数即将突破10万。为了这一场直播的成功，策划团队计划完整展示解放碑商圈的人潮变化，时间从2018年12月31日中午11点开始，这场直播已经持续了13个小时。重庆广电融媒体新闻中心每一位付出辛劳的同志，都已激动地准备好手机，想要截图定格“观看人数100000”的瞬间，可惜没人成功。因为观看人数的数字，每一秒都在更新，不停地往上涨。

十万的点击量，并非是靠一时运气，这其实是一支紧密团结、配合默契、经验丰富的队伍辛苦换来的成果。第1眼APP是重庆广电集团强力打造的视频新闻类APP，为保证新闻的时效性、贴近性和服务性，重庆广电集团制定了《第1眼全媒体突发报道预案》，对每个岗位的具体工作都作出了细致要求。2018年12月28日，重庆轨道4号线一期和环线东北半环开通首日；2018年12月31日至2019年1月1日的跨年。这两次直播都是在新闻事件即将发生前10个小时临时启动，融媒体新闻中心经过研判，迅速启动了直播报道应急预案。预案启动后，各岗位都放弃原定的休息计划，全员到岗各司其职，立即进入工作状态。从前方直播记者的就位，到后方直播通道的搭建，仅仅一个晚上就完成了长时段直播的准备工作。如此高效的背后，一是因为融媒体新闻中心根据以往的经验，已经总结出一套成熟的直播方案，从直播的流程、技术的对接、到直播的推广，都有章可循；二是因为制片人、编辑、记者高度磨合，锻炼出一支能打“硬仗”的，来之能战、战之能胜的专业队伍。

“第1眼陪你跨年直播”从2018年12月31日11点起，至2019年1月1日凌晨1点结束，到底有哪些干货，可以让这场直播持续14个小时之久？融媒体新闻中心的几十名记者，遍布洪崖洞、磁器口、长江索道等全市各大旅游景点，从白天到晚上，手机和4G包并用，同时给手机端和电视端进行现场直播连线。第1眼架设在全市多个制高点的24小时景观镜头，带来了丰富的直播画面，特别是解放碑上空的独家摄像头，更是为不能亲自去现场的网友，带来了独特的观看体验。重庆市公安交巡警总队与第1眼APP独家合作，各区县交巡警支队每隔一小时回传景区周边实时路况，在直播过程中，向广大市民提供出行提示和实时路况诱导等信息。直播还很接地气。你的2018年获得了什么？2019年有什么样的计划和心愿？主题采访与分享贯穿直播，让新年的主题得以凸显。记者在亲戚家直播团聚吃饭、农家的炭火烤羊、走上街头体验游客乐趣，都让这场直播更加贴近百姓生活。来自辽宁大连的网友留言，认为直播“非常好看”。有网友留言称“重庆夜景很美”，还有网友说“在家里看第1眼直播，全视觉感受迎新之夜”“能在外地看到重庆，感到很幸福”。

在直播过程中，第1眼客户端先后在不同时段对直播链接进行了推广，利用推文、宣传海报等，多次在粉丝群、微信朋友圈进行引流。同时，还利用微信公众号“第1眼新闻”“630很有料”以及官方微博，在网络矩阵进行宣传，使直播最大程度曝光。因为直播内容全景式立体地展示出重庆“山水之城 美丽之地”的旅游风貌，重庆市文化旅游委的官方微博，主动转发了第1眼的直播链接，吸引了市内外网友的大量关注。

二、“双晒”活动提升文旅品质

2019年6月的端午小长假，重庆接待境内外游客超过1046万人次，同比增加10.8%。与此同时，小长假期间，因人流量太大，重庆交巡警每天下午开始，对洪崖洞景区、长江索道、解放碑商圈及其周边道路进行交通管制。

当重庆成为当之无愧的旅游热点城市，我们却不得不面临一个尴尬的问题——游客过度集中在洪崖洞、磁器口等景点，严重影响城市交通出行和游客体验的同时，还有许多具有深厚文化历史底蕴的景区缺乏足够的宣传。如何把游客带离洪崖洞？如何在宣传中引导游客分流？是重庆主流媒体应该思考的一个问题。

从洪崖洞在网络视频中的火爆现象来说，复刻版的重庆吊脚楼，利用灯光夜景的包装，对广大受众具有简单直接的感官刺激。灯光熄灭之后，游客心中却只能留下“网红”的印象，缺乏对城市人文的深度消费。

可喜的是，重庆市委市政府携手各区县共同策划的“晒文化　晒风景”活动成功开展，一方面聚焦挖掘巴渝优秀历史文化资源和精神内涵，另一方面注重培育地方文化与旅游产业融合的根基。双晒活动取得的巨大成功，也助推了区县文旅资源推介的“叠加效应”，如重庆广电融媒体新闻中心打造的“保护卧佛”特别直播就是一次叫好又叫座的探索。

三、媒体与文旅相互融合

2019年6月29日，作为国家文物局选定的首批川渝石窟保护示范项目，世界文化遗产大足石刻宝顶山卧佛、小佛湾造像启动保护修缮。作为全市唯一的世界文化遗产，喜逢盛世大修，事件背后有着文物保护、地方历史、宗教文化、雕刻造像艺术、景观设计等丰富的文化内涵。重庆广电融媒体新闻中心，通过前期调研，作出了一个决定——与大足石刻方面深度合作，抓住这次文旅宣传的良好契机。

6月29日当天，重庆卫视和重庆新闻频道并机直播了《保护卧佛》特别节目，重庆广电第1眼APP也在网络端进行了同步直播。今日头条、新浪微博等十多家商业媒体主动要求参与转播。网络直播点击量达30万，评论留言4000多条。电话尾数0067的网友在第1眼直播间留言：作为一个长期生活在欧洲国家的华人，今天看到直播大足卧佛，真的感动！

3小时的直播不仅受到了市文旅委和大足石刻方面的好评，在网络端也赢得了好口碑，重庆广电作为主流媒体的影响效应得到了有力彰显。

（一）将传统内容年轻化

为了对“保护卧佛”特别直播进行预热，第1眼APP在前期与大足石刻的文物专家深度沟通，选取了一批经典石刻造像，用手绘漫画的形式，原创制作了“保护卧佛系列漫画”。一经推出便获得网友的大量点赞，还有不少人向第1眼APP索要漫画表情包。这种漫画式表达，拉近了年轻人与传统内容的距离，降低了文化消费的门槛，有效提升了网络传播率。同时，还为后续开放大足石刻文创产品提供了良好契机。

（二）将严肃内容趣味化

石刻造像数百年保持着一个姿势，第1眼APP利用视频特技，尝试着让这些经典造像有了表情和动作的变化，并配上了重庆方言台词。一批“动起来”的短视频，在严肃的传播主题下增加了趣味化元素，使其更加符合网络传播规律。

（三）将纪实内容戏剧化

第1眼APP将比较平实的纪实内容进行了冲突化、探秘化包装。例如：小编通过查阅大量文献和大足石刻官方提供的独家资料发现，1940年梁思成所拍摄照片，与现今的大足卧佛一尊雕像存在巨大差异，与文物保护的“依旧修旧”理念存在重大矛盾。于是，设置悬念，唤起网友好奇心和解密冲动。另外，对“九龙浴太子”雕像背后的神秘暗道进行曝光，提前抛出谜题制造网络热点议题。

（四）将单向直播互动化

在大小屏并机直播中加入了网友有奖答题的互动环节。这些题目融入了有关大足石刻的许多知识，网友在第1眼APP直播间参与答题的过程中，由单向“观看”直播，变为双向的“参与”直播。同时，“我与卧佛合影征集”活动，也吸引了500多位网友投稿，通过老照片在直播中讲述自己与卧佛的故事。

正是通过这些努力，这场直播在开始前，就给予了社会大众极高的关注度和期待感。央视、新华社以及重庆地方各媒体在看到这些宣传预热后，都纷纷希望加入直播。无奈大足石刻方面接待能力有限，无法容纳其他媒体再进入石刻修缮现场。重庆广电无疑在这场竞争中占得了先机。

电话尾数5320的网友在直播间留言：第一次知道大足卧佛是去年回国期间，当时6月份正在成都旅行，偶尔听当地老人讲在重庆还有一个大足卧佛，今天在北京打开电视第一次看到，虽然很遗憾没有去成，但是今天看到这样的场景，这样的文物，感动！在中国像这样的文物还有很多，应该需要我们中国人来保护。

电话尾数5685的网友在直播间留言：真心感谢重庆电视台推出的这档节目，也非常感谢第1眼APP的并机直播，画面的优美与知识性一体，自己对于大足石刻的了解，真是今天才第一次。感恩重庆电视台！感恩第1眼APP！

让来渝游客不仅仅去洪崖洞打卡，还要带他们欣赏到更多的重庆风光、民俗风情、人文风韵，这需要主流媒体在全媒体平台不断创新、深耕细作。“保护卧佛”特别直播，也正符合了广电部门大力倡导“小成本、大情怀、正能量”的自主创新方向，是具有中国风格、中国气派的自主原创节目。

四、多样化新媒体产品提升文旅体验

重庆广电第1眼APP在重庆首创24小时不间断高空景观直播摄像头，在重庆具有标志性的地标建筑附近安装高清摄像头，对城市景观进行全天候直播。这项技术目前与上海东方明珠24小时摄像头、东京铁塔24小时摄像头、香港太平山24小时摄像头齐名，逐渐打造成重庆文旅的知名品牌。目前，第1眼已经开设了三组景观镜头《24小时看山城》《城市之巅看两江汇流》《夔门天下雄》，累计全球观看人次达3000万。重庆广电仍在与各区县文旅单位协商，计划拓展更多的景观镜头。

重庆广电第1眼APP还利用各种新手段、新方法，制作了一大批新媒体产品，通过新媒体矩阵的发布，获得了较大的影响力。例如：《H5|踏春赏花　高颜值打卡地走起》《H5|带你逛山城步道》。同时，第1眼充分发动区县媒体力量，深度挖掘全市各区县文旅亮点，全程联动协作，生产出一批有影响力、有传播力、有感染力的新媒体作品。例如：《江北城的前世今生|一座千年古城　今成现代金融业之都》《铁山坪：以樱花的名字呼唤你》《老街　轮渡　黄桷树　重

庆这里美到时光静止》。

五、结语

在城市文旅发展过程中，离不开城市媒体的宣传助力。城市媒体在融合发展过程中，充分将传统媒体手段与新媒体传播方法相结合，充分挖掘城市历史和发展亮点，充分研究受众对文旅的需求，精准发力、以小见大，改变传统叙事手法，讲好新时代的城市故事，才能对当地城市文旅发展起到应有的持续助推作用。

新媒体背景下网红景区营销策略思考①

高红艳②

一、引言

第45次《中国互联网络发展状况统计报告》显示，截至2020年3月，我国网民规模达9.04亿，其中短视频用户规模达到了7.73亿，占网民整体的85.5%[1]。互联网技术与移动智能硬件的快速发展与普及，使网络成为人们获取信息的主要方式。微博、微信、短视频等新媒体也成为营销的新阵地，各行各业纷纷借助各新媒体平台推广自己，旅游目的地也通过新媒体对旅游资源进行包装和推广，进而打造“网红景区”。

“网红景区”是指借助微博、短视频等网络新媒体获取网友大量关注从而走红的景区。这些景区借助网络媒体平台发布景区视频或照片，吸引游客关注，并通过提高景点知名度使景区游客量迅速攀升，最终使其成为重要出游目的地[2]。在新媒体背景下诞生了各式各样的网红景区，如重庆洪崖洞、青海茶卡盐湖、西安永兴坊的“摔碗酒”等[3]。这些网红景区开始普遍籍籍无名，通过各种渠道的新媒体营销，贴上了“花样标签”之后迅速蹿红[4]，紧接着各地景区争相模仿，俨然是一款极具特色、大受欢迎的旅游产品。网红景点的出现，体现了业界借力移动互联网技术谋求自身发展的成功探索，同时也反映了旅游者对模式千篇一律的大众景点的厌倦。

---

① 原载于《经济论坛》2020年8月第8期总第601期。

② 高红艳，贵州财经大学工商学院副教授、博士，研究方向：旅游地理。

网红景区的出现给旅游目的地带来了巨大的机遇和挑战。毫无疑问，网红景区的成功打造可以为旅游目的地带来明显的客流与经济效益，比如，2019年十一长假的重庆，随着洪崖洞、长江索道、穿楼轻轨李子坝站等景点在网络走红，游客接待量达到3859.61万人次，成为全国接待游客最多的城市，同比增长10.6%，而旅游总收入则高达187.62亿元，同比增长32.8%。“网红”一词，一方面代表着很流行很受大众欢迎，但另一方面也隐含着昙花一现的命运，已有研究显示，“网红”发展多表现出生命周期短暂、发展轨迹呈抛物线的现象[5]，网红景区作为网红经济的构成部分，如何持久发展是网红景区必须直面的现实问题。网红景区是当下旅游市场现象级话题，但文献梳理发现对关注该现象的研究成果还不多见，“网红”旅游目的地的出现，无疑是一种现象级的目的地营销事件[6]，论文从营销角度切入，分析网红景区营销中存在的问题与改进策略，为网红景区可持续发展提供参考。

二、网红景区发展过程及特征分析

（一）网红景区发展过程

经典影视剧与综艺类节目带火的景区是早期网红景区的萌芽，如影视剧《三生三世十里桃花》与真人秀节目《爸爸去哪儿》的取景拍摄地云南普者黑，依靠精心处理后的唯美场景画面与明星的影响力吸引了众多的游客，2009年热映全球的好莱坞大片《阿凡达》中大量素材取自湖南张家界景区，张家界景区利用客户对该电影的关注，建立起看“阿凡达哈利路亚山”就去张家界景区的广泛认知，激活了景区原本的潜在客户。“旅游+影视”成为该时期旅游行业跨界整合的新营销方式，但传统媒体对旅游目的地的曝光量提升有限，且无法让目的地与观众之间产生直接的联系。

而后随着微信、微博等主流社交媒体平台和以马蜂窝为代表的旅游社交平台在旅游领域的普及运用，旅游者的信息收集与交流方式、旅游消费方式都发生了根本性改变，而旅游目的地及旅游企业一方面通过自媒体经营实现景区推广，另一方面借助旅游达人对潜在旅游者的影响力实行无痕营销。旅游达人通过文字博客、微博、朋友圈、公众号等一系列操作将各种旅游景点描述给大家，通过镜头带着大家去体验旅游，使得旅游景点的关注人数和实地旅游人数实现数量激增的目的。因此微营销时代，景区自媒体推广、旅游达人无痕营销与普通旅游者的打卡行为共同制造了第一代网红旅游目的地。

2017年以来，以抖音、快手为主的短视频平台进入商业化的成熟期。与以图文为主的信息浏览相比，短视频能让观看者在短时间内获取更加生动形象且直观的信息，因此更契合时间碎片化状态下大众的消费需求，也更好地吸引了用户的注意力和关注点[7]。短视频成为继微博、微信、客户端之后对旅游行业影响最显著的新媒体。普通旅游者中越来越多的人也开始用视频来记录旅行并通过各类短视频平台进行发布，飞猪发布的《旅行达人数据报告》显示，有64.4%的旅行达人已经以视频作为内容输出方式。短视频平台巨大的流量接口、广泛传播性及强大的社交属性催生了数量众多的网红旅游目的地。

（二）网红景区特征

新媒体营销平台在网红景区的孵化中功不可没，新媒体营销背景下的网红景区通常具有以下特征。

强烈的画面感。网红景区通过旅游达人及普通旅游者，在各新媒体平台上发布的唯美场景照片吸引着潜在旅游者的眼球。视觉冲击对人的感受而言是最直观的，网红景区利用大众游客对“打卡照”的心理需求特意打造了一些拍照场景，这些场景色彩鲜明，布光自然，摄影社拍出来的照片或视频，加上滤镜、修图、剪辑等工序后成为具有强烈画面感、刺激大众视觉神经的唯美场景，经过精心处理后的图片和视频再搭配上极具画面感的文案，就成了传播端的热点，推动了粉丝群体向现实游客的转化，画面感越强、给人印象越深刻的景区越能从众多的旅游目的地中脱颖而出，最终成为网红景区。

强烈的代入感。“代入感”原指在小说、影视作品或游戏中，受众产生一种自己代替了小说、影视作品或游戏中的人物，产生一种身临其境的感觉，也就是把自己想象成主角的一种行为。大多“网红景区”都拥有特色休闲娱乐项目，游客亲身体验之后在新媒体上发布的照片与视频，使受众产生强烈的代入感，即使没有亲临现场也能够从视频或画面中感受到项目的乐趣，获得有真实感的间接经验。这些休闲娱乐项目带给参与者的快乐感、惊险感、刺激感，又通过景区图片或视频传递给观者，让人产生想要参与其中的出游动机。如西安永兴坊的摔碗酒，隔着抖音视频人们也能感受到“摔碗酒得平安”的氛围，想象自己也如视频中豪迈的西北人一样去喝上一碗，然后狠狠一摔。

新奇的个性化。追求差异化体验是旅游者出游的主要动机，因此具有新奇感与个性化的事物更能引起潜在旅游者的注意，尤其是吸引作为旅游消费市场主力军的80、90后年轻群体的关注。新生代的旅游者对世界充满了探知欲，愿意尝试而且勇于探索，在旅游目的地的选择上更多表现为求新求异的特点。具有足够的新奇感以及个性化的景点借助新媒体能迅速引发新生代社交圈的关注而成为网红景区，如重庆李子坝轻轨站“穿楼轻轨”的景观因兼具强烈的画面感与个性化成为全国性网红景区。

三、网红景区新媒体营销存在的问题

（一）“过度”的新媒体营销与较低的游客满意度

现在的网红景区普遍运用抖音、快手等短视频软件，通过网红或者素人的大量传播与转发迅速打响知名度。然而这也带来了极大的问题，许多网友乘兴而去败兴而归，惊呼为“照骗”。而导致网红景区“见光死”的原因，正是因为过度的新媒体营销推广。景区经过精心策划，剪辑放大了景区的某些优点和个别亮色，用滤镜美化后的照片和短视频营造出各色“天然美景”，手机屏幕前的人自然充满向往，忍不住想去一览“芳华”。然而真实的景象没有了美颜加持，只有同样受网图吸引前来打卡而导致拥堵的人群，游客收获的不是美景而是失望。景区因在短期内涌入过多游客导致超载现象频发，游客实际体验感知与预期之间落差过大，游客体验差、满意度低成为网红景区普遍存在的问题[4, 8]。新媒体营销成就了网红景区，但过度渲染反而导致游客因为预期过高而满意度降低，让景区失去了本身的色彩。

（二）营销模式大众化与景点体验同质化

模仿、复制、跟风在中国市场是一个很明显的现象。电影《战狼2》大卖之后，一批主旋律电影如《空天猎》紧跟而来，再好的模仿与复制，也会让观众由腻而乏。而网红景区的体验内容同质化现象也正日益严重，如重庆彩虹小镇、焦作磨石坡村、浙江温岭的小箬村呈现的内容都为五颜六色的房屋，体验方式也主要表现为拍摄各种美美的“打卡照”，游客吐槽“除了拍照，还能干吗？”大部分“网红景区”都是靠抖音等APP，拍摄类似的视频，同样的题材，相似的场景，大众的营销模式，这样的千篇一律自然也会让观者审美疲劳。如全国范围内有将近十家名为“天空之境”景区或项目，大多采用玻璃台面模仿青海茶卡盐湖结晶体湖面，利用玻璃反射与折射打造类似天空白云皆在脚下的空灵效果，但这些仿造景区多粗制滥造，提供的体验项目也只是三五分钟就完成的拍照打卡。

（三）内容营销缺乏文化支撑

许多“网红景区”虽然一夜爆红，却也“昙花一现”。通过抖音APP上搜索发现，有关西安、成都、重庆等“网红”城市的旅游话题受到热议，但一些游客的旅行体验并不好。很多网友在短视频评论区表态称，没有文化、没有内涵、缺乏管理的网红景区不过如此。如今人们在旅途中，追求的不一定是奢华，但一定要有自己的文化个性。哪怕是喝个大碗茶，或是看一出传统戏，游客都希望享受到用心做出来的东西，感受到其中原汁原味的文化。重庆市渝中区的枣子岚垭后街是重庆慢行系统山城步道的一部分，在城市改造中步道两侧的墙面与梯坎被涂鸦和彩色贴面瓷砖装点一新，吸引了不少游客（甚至是外国游客）在此拍照打卡，成为重庆又一新的网红景区，但是枣子岚垭后街的打造却招致部分居民的感叹：“历史已经被完全覆盖了”，步道两侧墙面的内容是重庆最知名的几个景点——洪崖洞、李子坝、长江索道等现有文化标签的展现，难道枣子岚垭的历史就不值得上墙吗？

（四）网红景区新媒体营销中的口碑危机

新媒体已然成为广告投放最迅速最高效的平台，也是“网红景区”最直接的宣传媒介。新媒体当中的微信、微博和短视频APP等社交媒体是成就网红景区的主要推手，随着社交媒体向移动端转移，旅游者或潜在旅游者之间的交流更加便利，但这种具有开放性、交互性、隐匿性的移动社交媒体平台上，人人都可以发表自己的意见，也就意味着谁都有资格随意评价。十个个体就有十个“哈姆雷特”，谁也不能保证一个景区能让所有人都满意。新媒体出现后，消费者购后评价的“自觉性”明显被调动起来，因为相对直接的投诉而言，在网上写篇“战斗檄文”更容易，如果再有其他网友附和，消费者的激情会更加“燃烧”。水能载舟亦能覆舟，那些因新媒体营销而生的“网红景区”，也可能因其而消亡。

（五）网红景区基础设施发展滞后

景区基础设施跟不上其蹿红速度，接待能力不足。不少“网红景区”是一夜爆红，游客随之暴增，而景区并未预知到会有如此大的客流量，没有提前完善设施，甚至不具备接待能力。比如电影《少年的你》热映后，彻底带火了一系列取景地，许多旅游平台甚至发布了“少年的你”旅游打卡攻略，结果因为前来打卡的网友太多，产生各种垃圾，破坏了当地的环境，也给周围居民的工作和生活带来了许多不便和困扰。电视剧《都挺好》中的苏家老宅的拍摄取景地，随着该剧的热播变成了“网红景区”，许多该剧的粉丝前来打卡，然而这原本只是一座普通民用住宅，许多慕名前来的人未经原主人允许就私自闯入别人家中，给主人带来了严重困扰。这些“网红景区”原本只是普通的地方，成为“网红景区”完全是因为新媒体的推动，但景区本身不具备接待能力，也没有完善的基础设施，景区的爆红，只是给周围居民徒增困扰。

四、网红景区新媒体营销改进策略

（一）营销工作以服务质量为核心

景区超载、服务设施不完善、服务流程设计不合理、服务过程管理不善等因素都会导致网红景区游客体验差、满意度低。旅游业的核心价值是以游客需求为本，为游客提供满意的服务。因此，以服务质量为核心应该成为网红景区营销的重要内容。服务不仅体现在景区从业人员的服务态度上，在硬件设施上也应展现全方位的服务。

首先，围绕“衣食住行”完善服务基础设施。道路严重拥堵、景区内卫生脏乱、停车难是许多“网红景区”的通病。网红景区在营销中重视景区推广的同时，应未雨绸缪积极应对即将面临的客流高峰压力。如景区周围应修建停车场，确保可以容纳足够车辆。加大景区环境卫生的整治管理，设计科学的服务流程以有效传递景区服务，以此提高网红景区的接待能力与服务水平。其次，线上的服务亦不能忽视。网红景区应及时在旅游网站、旅游软件、微信公众号等相关平台更新景点最新动态，为消费者提供问询、票务、团购等全方位全过程服务。再次，设置评价平台，便于大众监督且及时反馈有关信息。

（二）适度营销管理游客预期

网红景区游客满意度低的另一重要原因是景区过度营销，出现实景和宣传大相径庭的尴尬。网红景区用过度精修、剪辑的图片和短视频进行宣传推广提升了游客预期，而游客实地旅游后的体验与期望之间又产生了明显落差，由此导致满意度低。低满意度必然影响顾客信任，甚至出现较差的口碑。“买家秀”和“卖家秀”观感反差过大的景区产品只会沦为一次性消费品，因此网红景区的可持续发展必须重视适度营销理论的运用。与过度营销相对的适度营销策略，强调将适度原则贯穿于目标顾客选择、产品（包括服务）、价格、渠道以及信息传播等各营销层面[9]。对于网红景区而言，该策略主要强调在信息沟通营销层面适度进行推广，而不是为了提高知名度和美誉度过分地夸大宣传。

（三）运用内容营销凸显景区文化个性

据文化和旅游部综合测算数据显示，2019年国庆小长假期间参观人文景点的游客总占比高达66.4%，其中参观历史文化街区的游客占比达59.45%，参观博物馆的游客占比为41.26%[10]。以上数据充分显示了文化活动丰富了旅游市场，富有文化底蕴的景区才是旅游行业的常青藤。

网红景区通过新媒体将景区呈现在用户面前，而景区间的差异性正是景区的卖点与吸引力之所在。网红景区吸引的游客大部分都抱着猎奇心态前来游玩，当游客的新鲜感过去，就变得索然无味。网红生命力取决于其是否有内容，网红景区的生命力亦取决于自身独特的文化底蕴。重庆洪崖洞夜景与西安永兴坊的“摔碗酒”火爆至今的原因得益于其背后的历史文化支撑，洪崖洞当地独特的建筑格局与“摔碗酒”的文化习俗就是其特有的文化标签，高辨识度、长变现周期的文化符号。因此想要改变其抛物线型发展轨迹并延长其生命周期，网红景区必须要充分重视内容营销，发掘自身特点，打造具有高辨识度、个性鲜明的文化IP，运用文化旅游思路展现景区的文化内容，挖掘景区的文化个性，在通过拍摄照片整理素材抓住旅游者眼球的同时，用有思想和有价值的话题来吸引旅游者的内心，使“网红景区”历久弥新。

（四）网红品牌打造“网红景区”

作为“网红景区”营销必然要依靠网红元素，利用网红在各新媒体拥有的资源进行内容营销，形成相应的品牌效应，提高景区知名度。寻求与“网红景区”形象吻合的网红人群，邀请他们到景点来“打卡”，并将他们拍摄的视频、照片发布在其高流量的公开社交平台上，将景点打造为特有的网红品牌，如“李佳琦推荐去的景点”“papi酱都说好看的地方”等。因为这些网红名人都拥有较高知名度和粉丝量，通过他们推介的景点，自然会使他们的粉丝也愿意前来一睹景区真容。所以景区要学会利用网红品牌打造“网红景区”，达到营销的目的。通过网红打造网红品牌，利用网红品牌包装“网红景区”，从而产生粉丝效应增加客流量。

（五）精准营销打造营销模式

信息大爆炸的互联网时代，如何吸引游客的关注是旅游营销的关键。新媒体对“网红景区”发展的影响显而易见，相关旅游平台统计数据显示许多游客正是通过抖音、微博等新媒体渠道了解并选择旅游目的地。如果这些景区只是在平台简单地发布宣传视频，吸引游客必然事倍功半。可能有些景点歪打正着被喜爱的游客多次转发而获得大量关注，但这样的情况只能是少数，具有随机性和不确定性。景区在新媒体营销时为了减少这样的不确定性，加强其浏览量和关注度，就必须用精准营销打造营销模式。

精准营销需要在正确的时间点，通过正确的渠道向正确的客户发送正确的信息，以此对目标客户的购买决策构成影响[11]。网红景区通过精准营销，利用大数据分析旅游者与潜在旅游者的出游动机与行为规律，利用大数据进行统计分析，明确旅游者对景区的评价与需求[12]，依据旅游者的需求提供有针对性的服务和产品，或者完善现有的服务和产品，而不是简单直接地进行信息推送，网红景区的营销运作需要更加精准和规范。同时，在新型传播方式下，潜在旅游者更倾向于信任社交圈子的信息来源，网红景区需通过社交平台的搭建对粉丝群体进行定向营销。

参考文献

［1］国家互联网信息中心. 第45次中国互联网络发展统计报告［R］. 2020.

［2］白梦，赵书虹. 游客视角下生态型网红景区可持续发展研究［J］. 旅游研究，2019，11（6）：41-53.

［3］许曦. 短视频营销与网红景点的打造——以洪崖洞景区为例［J］. 中外企业家，2019，（33）：238-239.

［4］张忠德. 让景区的“网红”之路走得更远［N］. 中国旅游报，2019-05-17（3）.

［5］师婧菲. 新媒体语境下网红发展的“抛物线”现象研究［J］. 新媒体研究，2018，11：56-59.

［6］文捷敏，余颖，刘学伟等. 基于网络文本分析的“网红”旅游目的地形象感知研究［J］. 旅游研究，2019，11（2）：44-57.

［7］徐琬玥. 新媒体时代短视频APP的风靡——以抖音短视频为例［J］. 传播力研究，2018，2（8）：82.

［8］丁慎毅. 网红景区“变味”服务应该“补钙”［N］. 中国商报，2018-08-09（2）.

［9］李飞，李达军，路倩. 避免新产品由“先驱”变“先烈”——适度营销理论的引出［J］. 清华管理评论，2017.6：56-63.

［10］2019年国庆假期文化和旅游市场情况［OL］. 文化和旅游部网站，2019-10-07.

［11］菲利浦·科特勒. 营销管理［M］. 上海：上海人民出版社，2006.

［12］徐俪榕等. 精准营销研究综述及移动化社交媒体下的新发展［J］. 中国林业经济学，2018，5（3）：102-107.

影像城市与城市印象[①]

——重庆城市电影中的“意象表意”

饶曙光　秦笠源[②]

城市影像记录着世间百态，同时也建构着现代城市新的文化空间和社会关系。电影通过蒙太奇手法重构城市空间，在贴近生活的同时，突破生活现实与虚构剧情之间的界限，使空间、情境、人物与故事在影片中重新建立联系，使观众在对影像的感知和现实生活体会的交织中产生强烈的代入感。观众对城市的印象大致可分为两种：一种是城市符号，即在城市空间中客观存在的建筑景观以及长期形成的市容市貌、民风民俗等；二是城市意象，即人们受到所处文化环境影响，通过观影产生的主观感受，进而提炼形成的“虚拟城市”形象。黑格尔在《美学》中指出，“艺术的任务在于用感性形象来表现理念”，“艺术表现的价值和意义在于理念和形象两方面的协调和统一”。[③]一部相对成功的城市电影往往能够使符号与意象两种元素统一，并使人们产生共鸣。

与传统的大都市城市电影相比，以重庆为主要取景地的电影在叙事内容、人物形象塑造、地域文化的展现上具有更鲜明的地域特色，以人物视角为切入点，再加上符合电影气质的城市景观，使画面空间更具造型性和独特性，和重庆多元的文化气质和深厚的人文内涵一起，构成了一种具有鲜明文化特色的城市电影类

---

① 原载于《民族艺术研究》2020年第4期。

② 饶曙光，上海大学兼职教授，博士研究生导师，中国电影评论学会会长，原中国电影家协会秘书长。秦笠源，北京电影学院电影文化研究院硕士研究生。

③［德］黑格尔．美学．第1卷［M］．朱光潜译．北京：人民文学出版社，1958：86．

型。近年来，以光影描绘重庆的影视作品层出不穷，不同导演眼中的重庆地域景观亦有所不同，多部在重庆取材拍摄的电影取得了优秀的票房成绩，受到了来自国内外电影界的关注。这些影片中既有真实的城市场景再现，也有艺术化的再创作表达，观众在观看它们时，不再被动接受剧情的灌输，更多是主动地融入电影空间中，潜移默化地对其现实生活和人物情感产生全方位认识，形成精神层面的多维度认知。

一、多元景观与氛围营造

随着城市的快速发展，重庆的面貌和景观被不断改变，环绕的群山、纵横的江河以及高低不平、坡坡坎坎的地界，将现代与传统包容其中——现代时尚的高楼大厦和老旧的瓦屋矮房同时存在，形成对比冲突，重重叠叠、参差错落的城市景观的摄录赋予了电影丰富的层次感和空间感。法国哲学家居伊·德波在《景观社会》中认为“世界已经被拍摄”，“景观正在改变观众观看电影的角度，并且成就一种物化的世界观”。[①]近年来的多次影像实践印证了重庆这座城市地域景观的资源丰富和难以抗拒。重庆独特的地域景观与影视艺术所需要的光影表达高度契合，使得这里可以创造出拥有光怪陆离、纷纷攘攘视觉快感的画面，并在不断地重复和强调中，让这些城市景观成为观众认识和阅读重庆这座城市以及构建重庆城市电影的符码。

（一）空间感：独特的地理环境

“名城危踞层岩上，鹰瞵鹗视雄三巴。”重庆地处中国西南部，四川盆地边缘。有“山城”“雾都”等称号，环绕的群山赋予了这座城市雄伟的气质，纵横的江河又为这座城市增添了一份诗意和灵性，整座城市给人一种神秘感和梦幻感。这样一种独一无二的城市空间特色使重庆具有了影像探寻的价值，其丰富的地域资源也使其城市电影有了更多景观选择的先天优势。重庆以解放碑

---

①［法］居伊·德波．景观社会［M］．张新木译．南京：南京大学出版社，2017．

为中心，向北到江北横跨长江，向南到南坪横跨嘉陵江，是两条江交汇处的码头城市，江上大桥林立，江边码头众多，这造就了其历史悠远的码头文化。重庆的气候属于亚热带季风性气候——春季湿润暖和；夏季高温酷暑多暴雨，是国内有名的“大火炉”；秋季时间短暂，阴雨连绵；冬季霜雪较少。常年雾气弥漫。

借助特殊的地理环境和天气特性，赋予这些自然要素复杂多变的象征意义，这对推动情节发展、展现和深化主题发挥了极其重要的作用。重庆氤氲的雾气与起伏的地势结合在一起，既可以营造出适合惊悚电影恐怖、悬疑的氛围，缠绵悱恻、欲语还休的文艺片同样也能与之贴合得恰到好处。影片《迷城》（章家瑞，2010）开场笼罩在城市上空的阴沉浓雾奠定了全片阴郁诡异的氛围；结尾夕阳下笼罩在漫天薄雾里的妻子李春燕眼神空洞，回望与丈夫刚结婚时的喜悦，到如今的相互欺骗与伤害，婚姻生活里的挣扎与失望宛在目前；《秘岸》（张一白，2007）中凡丽一家就住在雾气弥漫的江边，影片中的室外场景也大多笼罩在雾气之中，父亲开车坠江的事件改变了家人的生活，一切都走向未知。雾的意象如此高频出现，不仅仅从视觉上增添了画面的朦胧感和美感，更是借助雾的特性以无声映衬的方式将人物的内心世界视觉化和形象化，其在影像特征和隐喻方面具有明显的一致性和规律性，从而构成了影响和决定城市电影叙事内容的潜文本。但工业化时代开启以来，雾作为城市化发展的副产品成了城市病的象征，尤其是在批判现实主义文学中雾的意象屡见不鲜。重庆城市电影中对“雾”的意象的多次使用从某种程度上理解，也是对现代城市中人与创造物的分离、物对人性的异化、人与人的隔离等现象的反映与批判，因电影底层叙事的基调及其现实主义风格，雾的意象更多地使用在隔绝人物与城市、现实和理想的象征性场景中。

除了雾以外，重庆还是一个多雨的城市，一年有一半以上的时间是雨季，其雨大致可以分为阴雨和暴雨两种类型。阴雨昏暗冷郁的色调加上湿漉漉的空气，营造出压抑阴郁的气氛，往往令人心生失落、哀愁和忧伤。在暴雨的冲刷和肆虐下，个体生命遭遇的挫折和磨难，往往一触即发——此时的重庆就不只是一个气候特色独特的自然空间，还是一个具有强烈的戏剧冲突、话语展示和情感体验的场域，每个角色都可以在这个特定的空间中释放自己的情感与张力。重庆特殊地形衍生出街巷的复杂多样性，配合下雨的场景，形成了一种凌乱、错落、被挤压的画面感。影片《火锅英雄》中劫匪和刘波最后决斗之时，暴雨倾盆，狭长陡峭的长梯，青黑色的石阶，老旧的墙壁，互为背景；路人撑着黑色的雨伞走过，无人关心近在咫尺的搏斗，主人公头顶上密布交错的黑色电线，与垂直落下的雨水相互交织，形成交错密布的复杂图景，满身血污的劫匪和刘波打斗于层层叠叠的石阶之上，犹如两只困兽；此时越下越大的雨，不断冲刷着两人残存的理智。镜头下的暴雨场景和一级级的台阶、幽深的巷弄等现实生活中的重庆景观被融为一体，形成凝重和孤寂的气氛，其与二人纠葛胶着的紧张气氛相配合，刻画人性最后善与恶的交锋，给观众带来强烈的感官冲击。最后，当绑匪意外撞车横尸马路，刘波终于拿到于小慧当年写给自己的信时，天空也悄然放晴了。

（二）立体感：高低起伏、参差错落的城市建筑

各种场景元素只有相互结合起来才可以形成完整的城市意象，一个有质感的画面中可能会出现多个标志性建筑物，结合不同的空间节点，会进行各种边界的分割，多条纵横的路径会穿行其中。城市电影中最常见的就是以建筑、地势、气候等营构各类区域意象，而节点、边界与路径往往是穿行其中的道路、街巷，在电影中起到引导与衬托的作用。重庆老城区依山而建，新与老、内与外、平与立往往被压缩在一个相对狭小的空间中，穿楼轻轨、过江缆车、立交桥、步道阶梯、楼顶天台、高低起伏的马路等诸多城市意象相互重叠，相互累加，使这座被戏称为“5D城市”的立体感通过镜头的不断运动得到了全面展现，观众可以更为直观地感受到场景所在城市的异质性，因而更容易融入剧中人物的精神世界中。

以闻名世界的穿楼轻轨为例，影片《从你的全世界路过》中在繁华热闹、明亮璀璨的城市夜景中穿梭的沿江轻轨上，陈末教幺鸡学习如何与听众进行良好的交流，两人互相安慰，打开心扉；《火锅英雄》中的于小慧上班时也搭乘同一

班江边轻轨，频繁选取这一代表性的城市景观除了用以展示社会残酷无情的阶级分层外，似乎更强调的是为了生活每日重复着两点一线生活的小人物们的平凡生活，在生命的轮回中无力抗争的彷徨与迷茫，从而完成了角色、意象、空间三者的共同建构。

《少年的你》的导演曾国祥曾这样评价过重庆城市立体感给他带来的创作灵感："重庆有很多大型立交桥、高楼，也有小巷子，就像个迷宫。把人物放在这里，有一种逃不出这个地方的感觉，这有助于呈现出青春期难以逃避的忧郁情绪。"[①]正是在重庆这个被压缩的、折叠的、有加速度的立体城市空间中，陈念和小北之间的空间嫁接或者说壁垒消弭进行得更加自然，生活单调、人物单纯的高中生和小混混在空间中的相遇也更具合理性。影片中陈念家生活的筒子楼是重庆小市民居住的标志性建筑场所，筒子楼一般呈八边形，像一口深井，黑压压的"井壁"之下白天黑夜的界限都甚是模糊，站在最底层向上看，光明和希望似乎都在触手可及的地方，但是人们却仍然像井底的蝼蚁一般无法企及，这呼应了陈念压抑、困窘的生活处境；走道狭窄、空间局促、建筑密集，配合忽明忽暗的色调设计带给观众一种失落感与窒息感。还有小北护送陈念上学时经过的皇冠大扶梯，是亚洲第二大、第二长的一级提升坡地大扶梯，全场112米，全程运行需要耗时2分30秒，垂直高度较高。对于电影观众来说，绵长、垂直的电梯景观会对人的感官造成强烈的冲击，成为一种梦幻化的具象物。皇冠大扶梯不仅仅是市民出行时习以为常使用的交通工具，也是最直观最贴切的"山城"的地标。影片里两人共同搭乘电梯又保持着距离，在两条互不相通的轨道上，陈念偷看小北，在小北的保护下开始有了笑容，就像是影片接下来的画面里，路边覆盖着植物和泥土的墙面上洒进了清晨的第一缕阳光，明亮又温和，加上轻松舒缓的配乐，似乎让陈念拥有了继续努力的勇气，生活开始充满希望。而紧接着的是小北去威胁魏莱的片段，站在另一条轨道上的小北处于阴暗的色调中，眼神坚毅——似乎也在

---

①《重庆版〈少年的你〉重走易烊千玺走过的路》. 新浪重庆：http：//cq.sina.com.cn/shopping/xiuchang/2019-10-30/shop-iicezzrr6014997.shtml，2019-10-30。

预示着二人共同前进时要面临的种种问题，他们都要在命运齿轮的推动下，不由自主地前行。

二、本土方言与情感共鸣

方言不仅承载着丰厚的地域文化内涵，是中国不同地域划分的核心标志，更是地方人文气质沉淀的结晶；采用方言能够在环境铺设、人物塑造、主题深化、情感表达等方面为影片提供一定的帮助。重庆城市电影里重庆方言在台词、旁白中的运用，也是其受到普罗大众喜爱的重要原因之一。重庆方言亦称重庆话、渝语，属西南官话，受码头文化的影响，重庆的方言中总是带着一种豪爽的江湖气，重庆人日常对话中的地方性歇后语和儿化音较多，时不时夹带着粗口和惯用语，显得更有气势，重庆城市电影真实还原这一语言特色，这既符合影片中人物性格的设定，也贴切反映了现实生活中重庆人的基本特质。例如在很多影片中出现人物争吵的情节，他们的重庆话对骂剑拔弩张、咄咄逼人——这样的对白设计凸显重庆人粗犷豪放的性格特质，更使剧中人物充满了现实的生命力，观众不仅看到了，而且听到了性格各异、有情有义、满腔豪情的、生活在重庆码头上的“江湖儿女”的声音。当下的重庆城市电影多是反映底层民众生存状态的现实主义题材电影，其叙事逻辑多带有后现代主义的印记，即反对“在场的形而上学”，消解中心与整体，主张去中心的底层叙事、零度叙事，力争个体的原生态，注重地域环境的真实再现、注重人物语言的真实再现、注重人物个性与情感的真实再现，将底层空间里小人物的窘困处境和焦虑心态赤裸裸地展现在银幕上，使得观众感觉到他们就生活在现实的重庆市井之中，从而引发普遍的情感共鸣。

由于地域的差异，方言的传播能力有限，但这种让人似懂非懂、听一半猜一半的方言却往往能够引发听者的新鲜感和好奇心，从而增加作品的趣味性。对于很多外地人来说，重庆话自带一种诙谐、幽默的俏皮感，因此大多数的重庆城市电影中总能巧妙糅合进当地语言的这一亮点。例如在电影《火锅英雄》的对白中，时常出现“都是兄弟伙”“锤子个兄弟”“真臊皮”“老子想给你一锤子”“瓜婆娘”等方言特色用语，这除了让观众感受到其粗犷生猛的主人公性格设定外，更能使人在轻松诙谐的氛围中感悟片中所要表达的普通人最朴素的价值追求，在会心一笑中引发人们对现实生活的关注与思考，从而颠覆了人们传统意义上对英雄人物“不食人间烟火”的理想化建构，呼应电影“火锅英雄”的平民、反英雄式的设定。影片中三人在无意凿通银行金库时，面对堆积如山的现金和身负巨债的现实，于晓东那句“胆大骑龙骑虎，胆小骑个老母鸡”的方言歇后语，反映出了三个小人物内心的挣扎以及其面对违法之事蠢蠢欲动的试探心理，后来刘波回的“骑龙骑虎太累了嘛”则是对三人此时有心无胆的自嘲和自我宽慰，生动传神又不失幽默。与此同时，绝大部分重庆城市电影都不止有一种方言贯穿其中，总是通过普通话、外地方言与本土方言的交汇和碰撞，反映本土居民对外来文化的抵触，或者反映外来移民无法融入本土乡情的孤独。《火锅英雄》的女主角于小慧是在重庆长大的外地人，在工作岗位上她使用普通话交流，见到多年不见的老同学又说起了不够标准的方言，对应着她在工作岗位上被同事排挤，在现实生活中无法找到自身定位和目标、摇摆不定的人物设定，片中四个劫匪戴着动物面具，统一着装，用普通话质问威胁对方，也仿佛寓意着外来新兴文化对重庆本土秩序的入侵与挑衅。这种语言上的反差，也为这部主流商业电影增添了一种别具特色的艺术魅力和观赏价值。

三、特色饮食与人文气质

说起重庆，自然离不开重庆的特色美食。渝派川菜采用重料取味、注重对味的烹饪方法，形成麻辣鲜香、味浓味厚的口味特色，造就简单明快、粗犷大方的品相风格，十分适合重庆人食用，彰显了两江码头文化别具一格的江湖风范。生活中，巴渝人民嗜辣成性、无辣不欢的形象早已深入人心，这也成为其轻易无法替代和无法模仿的地域性格特征。而就重庆地区而言，可能是由于潮湿的自然环境，重庆人需要辛辣带动血液循环驱寒；也可能是因为重庆这座山城内高低起伏的道路耗费了重庆人的大量体力，辛辣可以帮助辛劳的人们排出虚汗、缓解疲劳。生活总是搭配着食物的五味而存在的，离开了饮食这一文化意象，任何一部重庆城市电影都会显得不完整。重庆城市里的烟火气，也正是在烹煮粉面、颠勺快炒的摊贩以及大汗淋漓、大快朵颐、划拳谈天的饕客的点缀下，变得更加令人向往的。不管是街边烟雾缭绕的烧烤，还是清新鲜嫩的青菜和厚厚的浇头共侍一碗清水面的小面，还是红油满溢、分量十足的“江湖菜”，其呼之欲出的鲜香麻辣味道，仿佛能穿透银幕弥漫到每一个观影者的口中，同时征服观众的视觉和味觉。

而在这所有的美食中，火锅可以说是重庆的第一名片，是重庆人民最钟情、最难忘的城市记忆，也是重庆城市电影中不可替代的指示性的角色。重庆被评为“中国火锅之都”，来到重庆，不管是白天还是夜晚，无论是在繁华的商务区还是在残旧的老街道里，都能看到“一锅红心，沸遍万家”的盛景。当然，重庆火锅的闻名不仅在于它风靡已久的麻辣口感，更在于它所包含的文化意蕴。硕大的汤锅包容万物，围而操筷捞食，这与中国人民追求和谐共存的价值取向相符；也可选定一格各自喜好的麻辣或清汤来求同存异，且涮且吃，不同食物的下锅顺序和最佳赏味时间都不同，又诠释遵守秩序、各取所需的传统理念。在影像中，火锅既可以烘托如火如荼的电影气氛，也可以成为故事结尾团团圆圆的形象表征。总之，火锅可以在同一部电影中呈现不同的含义似乎又毫无违和感，这源于它包容多样的文化内涵，因而它成为诸多导演钟爱的文化符号。在重庆，火锅的深入人心带动的是火锅业的兴盛，正如影片《火锅英雄》里刘波妈妈说的“重庆的火锅店，比街上的出租车都还多”，于是火锅店也就成了重庆城市影像中常见的取景地。火锅店不仅仅是一种商业物质的表征，也能完美承载平民百姓在生活中为人处世的复杂心态。其小小的空间里没有妨碍各色人等心理情绪的尽情释放，被生活所累的人们在这里可以撕下伪装，尽情释放第一欲望，嬉笑怒骂，宣泄对尘世的不满，抱怨命运的不公——它不仅能体现出主人公们鲜明的性格，还是铺陈剧情起承转合、设置戏剧冲突的最佳空间。影片《受益人》开头为了交代主人公吴海的生活处境，以及骗保时两个当事人不同的心境和性格特点，选择了位于防空洞中的自助火锅店作为场景，以其平价实惠的自助火锅和狭小的就餐环境寓意着主人公吴海拮据的生存现状。与此同时，吃饭时拿塑料袋偷菜，被发现后慌忙逃窜被店员追打；同伴钟振江却慢条斯理地结束用餐，假意喊打后正大光明地离开——这段戏以镜头的不断切换形成他们二人之间的强烈对比，吴海憨傻、拮据、心存善念但又爱占便宜的形象和钟振江工于心计、阴狠手辣的形象便塑造到位了。此外，防空洞这一抗日战争时期为重庆人民提供庇护和容身之地的场所，在今天也一样拥有着特殊的文化价值和商业价值，当年重庆110万平方米的防空洞是历史上最大的城市防空工程，遍布全城，如今在重庆人民的生活中，它仍然以地下商场、麻将馆、台球馆、火锅店等方式存在着。《火锅英雄》中刘波、许东和王平川合伙开了洞子火锅店，在重庆防空洞内其火锅店真实空间环境的呈现过程中，也完成了对主人公所处小空间的内外格局和大社会物质环境的介绍以及三个主人公的性格塑造。在火锅店里，他们是相处了几十年的老同学和兄弟；在火锅店外，他们一个是沉迷打麻将赌博的小混混，一个是没有家庭地位的“耙耳朵”，一个是火锅店的实际经营者——他在火锅店转卖后要去外地投靠亲戚。老同学防空洞火锅店似乎也正是三位没有正式工作的主人公在社会中最后的容身之地，虽然这最后的容身之地也即将面临经营不善被转卖的境地。

四、微观叙事与时代故事

文化转型背景下，城市之于城市电影，不再只是一个抽象的背景，而更多的是成了反映城市变革的潜文本。无论是在城市的物理空间还是社会空间中，其多元性特征使重庆城市这个场域深具电影性。从整体上来看，重庆城市意象可以成为一个“想象的共同体”，其对城市空间中现实生活的真实反映，是需要经过电影创作团队不断感知和探索，并结合影像技术不断发挥想象力来呈现的，只有这样做，才能在电影问世时被观众不同程度地接受。一方面，重庆在现代化进程中，也遭遇着中国其他城市发展中所面临的相同问题。生活在时代变革中的人民群众，承受着心理上与现实中的巨大落差，快节奏的生活带来的压力和对未来的迷惘同时充斥着在城市中生存的底层百姓的生活，使其生活充满了不确定感和戏剧性，这些可以说是中国普遍存在问题的缩影，是深刻故事发生的天然温床。

而另一方面，重庆老城区“依山而建，两水环抱”的总体格局没有变化，老城区常住人口相对集中，生活方式传统，分布格局少有大的改变，解放碑街区、朝天门、长江索道等象征旧城生活的地标性建筑都予以保留，新式建筑多分布在新城区，或者仍按照地形高低起伏穿插分布于旧城之中，通过电影镜头的切换，可以将新与老、中与西不同的意象安排在同一影像中，让观影者在第一时间里感受到这座城市里的人们经历时代变革后不变的情怀，自然而然地将剧情冲突与城市新旧交替的张力相结合。比如频繁出现在重庆城市电影中的著名街道——“十八梯”。“十八梯”是重庆最传统的老式居民区，位于渝中半岛，连接上下半城，似乎所有关于传统重庆的印象都可以在这里复现，层层叠叠的步行台阶、陡峭潮湿的石阶窄巷、熙熙攘攘的茶馆和陈旧的民居，时而落寞、凄凉，时而喧嚣、温润，可以说，市井生活的所有物象元素都在这里有迹可循；还有摇着扇子品茶闲聊的老人、热火朝天搓麻将的中年男女、高声叫卖的小贩、大快朵颐的食客、追逐打闹的孩童、步履坚定奋力前行的“棒棒”……人们自得其乐与忙碌的生活、邻里生活与市井贸易交织在街头巷尾，也正是这些共同构成了观众想象中的重庆的烟火气、市井气、江湖气。

叙事者是解读城市影像的关键人物，他们是注视和解释城市空间的主体，观众正是通过他们的眼睛和情感去观察和体验城市生活的。从角色设置上来看，重庆城市电影中大部分影片都是以城市中的小人物为主要叙事者的，这主要是因重庆城市的地域特点所决定的。在重庆，比较稳定的中产阶层在城市社会结构中占比较高，人员流动频繁，阶层之间的分界模糊、相对差距较小。因而与较为传统的北上广城市电影相比，重庆城市电影所反映的社会生活相对而言是静态的，剧中角色往往是在一个相对狭窄的生存空间中，被生活推着前进，除了被逼无奈的反抗外，少有抗争和要努力改变命运的自觉。所以综合来看，重庆城市电影更多的是一种自然主义地对市民的生活状态的静态写实描述，少有微言大义和宏大叙事，但这并没有掩盖重庆城市电影对社会现实的反思，只是不再“文以载道”，否定“道在文先”的先入为主，而是回归到电影“讲好一个故事”的“初心”，从市井小民的生活出发，在真实的生活氛围中描写其现实生活。正如贾樟柯导演作品《三峡好人》的英文名字Still Life（静物）所暗喻的那样，奔流不息的是大江和城市的发展，在原地徘徊的却是人。因此当代重庆电影一直遵循选择社会底层人物作为叙事者的基本逻辑，以观众在日常生活中便能接触到的平凡人物为想象和代入的媒介，以小见大，以微知著，在邻里闲聊、好友相聚、一日三餐、休憩娱乐中寻到电影艺术的“本真”和“人情味”。今年年初苹果公司推出用苹果手机拍摄的新年贺岁短片《女儿》，讲述的是一名女出租车司机带着女儿一起开出租车的故事，女主人公的原型是来自武汉的一名女出租车司机，影片却把电影的发生地置换到了重庆，其开头小小的黄色出租车出现的背景是笼罩在薄雾中高楼大厦的江对岸，黄色是画面中唯一的一抹暖色，周迅饰演的母亲和自己的女儿正在换轮胎，两人的亲密互动似乎暗示着在冷漠阴冷的城市里只有亲人是彼此唯一的温暖。还有母女坐在江边老房子的房顶上看书聊天时，从人脸特写拍到远景，其背后是拥挤的压抑的看不到边际的高楼，仿佛高楼里从高到低每一户人家都有一个故事，坦诚地放在观众面前的是单亲妈妈的生活困境、女性工作者的困境，还有其与老一辈人之间的沟通困境。

电影中展现的城市未必是真实的城市，电影中讲述的故事也未必在城市里发生过，但城市电影所要反映的一定是这座城市独有且真实的人文情怀和文化气质。重庆城市的自然特色、社会特点都是独一无二的，更是复杂的、多变的。抽离出同质化的灯红酒绿表象，探寻繁华世界之外平凡生活中暗藏的文化底蕴和意义，需要电影艺术所营造出的“意”“象”的光影体验，透过自然环境、城市街道、人文元素等一系列意象化符码，以变幻多元的镜头为视觉引导，使之产生新的视觉文化背景下的地域新表征，在光影与情感的交织中构建出一种极富意象化的重庆城市图景，进而使观众在主观意识上能够近距离地感受到城市电影试图传递出的“温暖”和“深情”，这是当代重庆城市电影创作的成功经验，也是我们电影人未来必须守望的“初心”。

新媒体对重庆旅游产业营销升级的推动[①]

刘钰佳[②]

当前网络技术的快速发展，推动了国内进入信息化产业时代，在这种时代背景下，网络及网络新媒体等快速发展，改变了人们生活与工作的形态，旅游产业营销对于旅游项目的推广也受到网络的影响，呈现出多样化的发展态势。重庆市在进行旅游产业营销的过程中，利用当前较为火热的视频平台如抖音、快手等，增强对外宣传的力度，成为人们当前旅游的热门城市，从这一现象可以看出，新媒体本身具有成本低、信息覆盖面积广泛、传播速度快等特点，同时还能够与受众互动，与传统的报纸电视等具有显著的区别，对于旅游产业营销而言，有着重要的影响，本文分析新媒体对于重庆旅游产业营销所产生的影响，希望能够更好地利用新媒体实现旅游产业营销的效果。

一、新媒体与重庆旅游产业营销的概述

（一）新媒体与旅游产业营销的联系

新媒体主要指的是电视、广播与报刊等传统媒体以外，基于网络信息化所构建出的新型媒体传播形态。新媒体主要体现了数字化背景下的信息传播形态，通过新媒体构建出虚拟的网络空间环境，在这种虚拟网络空间环境中，通过新媒体的信息推送，为观众提供一种对于外部信息的感知，从而让观众在新媒体所构

①原载于《营销探秘·经营版》2020年12月。

②刘钰佳（1985—　），女，汉族，重庆工业职业技术学院，硕士，讲师研究方向：区域旅游发展研究、旅游扶贫与生态保护研究等。

建的虚拟环境中，产生对某一目的地的向往和憧憬，并转化为实际的行动。新媒体作为当前信息化技术的产物，需要依托网络信息化技术以及计算机技术，通过互联网、网络视频平台等发布信息。新媒体所传递的内容一般由专业团队制作，所以具有明确的目标受众，可以产生较强的社会影响力。在新媒体中传播旅游信息，主要有移动传播和网络传播两种模式。首先是通过移动智能设备，如笔记本、iPad、手机等方式，为人们推送多元化和便捷的数据信息，具体而言主要有如下几种途径：去哪儿、同程网APP、抖音、B站、快手、微博、微信、QQ等等。通过这类信息平台为观众提供相应的资讯信息。一些旅游专业网站，主要由政府旅游管理部门所开设的网站、各大门户网站所提供的旅游服务、一些大型旅行社所提供的旅游服务等等。

（二）重庆旅游产业营销的发展

重庆是我国的直辖市，位于西南巴蜀地区，以风景秀丽和热情好客的群众基础受到国人的喜爱。重庆在微博和抖音上有着较高的热度，凭借着盘旋复杂的立体交通系统、八楼的二路汽车以及穿山越岭的轻轨站等等，吸引众多的游客到重庆欣赏美景。在抖音视频平台上，重庆的视频受到人们的广泛关注，对于重庆地区的旅游产业营销产生了强大的推动作用。抖音视频平台的用户众多，且覆盖范围非常广泛、信息传播速度迅速，利用这些城市经典所具有的独特吸引力和视觉美感，使重庆成为人们趋之若鹜的网红城市。在我国进入4G网络时代以后，自媒体短视频大量出现在人们的视线中，其中抖音的用户数量已经超过了6亿人，在抖音视频平台上，重庆城市的宣传短片超过了两百万个，城市形象宣传片播放量超过一亿，具有重要的影响力。在重庆的新媒体视频宣传片中，主要以磁器口古镇、解放碑、临江门、长江索道、洪崖洞以及李子坝轻轨等景点为代表，成为重庆城市宣传的热门旅游景点。

在全国旅游产业快速发展的态势下，重庆旅游产业发展的速度也在不断提升，成为全国旅游目的地的热点地区，在城市旅游中，重庆地区文化旅游如洪崖洞、红岩连线、三峡博物馆等成为游客的必经之路。而重庆的旅游产业发展与新媒体上对于重庆的宣传具有重要的影响力，所以重庆旅游城市也成为新媒体发展和推动的重要表现之一。抖音、微博等新媒体成为人们了解重庆和认识重庆旅游信息的重要工具，在各种形式的新媒体宣传中，重庆凭借着独特的文化特征获得了快速的传播，推动了当地旅游产业的快速发展。

二、新媒体对于重庆旅游产业营销升级产生的推动作用

移动网络的广泛应用促使新媒体成为人们接收信息的主要渠道，也成为旅游项目和城市营销的重要平台，精巧的构思和策划就可以实现低成本营销的效果，并且在网络空间中产生病毒式传播的效果，从而产生理想的宣传效果。重庆在进行旅游产业营销的过程中，以李子坝轻轨站、长江索道以及洪崖洞为热点内容，通过抖音、快手、微信以及微博等新媒体进行对外宣传，使更多的人了解和认识到重庆的旅游景点。典型的如重庆洪崖洞，由于类似宫崎骏的动画片场景，所以在网络空间中获得了大量的曝光，李子坝轻轨站由于穿楼而过的奇特形式，也受到了人们的关注，引发了网络空间中的热议。重庆这些网络热点地区逐渐成为中国网红地标性的存在。过去长江索道是重庆人们日常出行的交通工具，受到《疯狂的石头》《无名之辈》等电影的影响，长江索道成为代表重庆文化的重要景观，也成为人们到重庆旅游一定要体验的项目之一。

利用新媒体进行旅游产业营销并不仅仅只有重庆地区。贵州地区针对高温省区所推出的高速五折以及度假区优惠等服务，吸引高温地区的人们进入贵州旅游避暑。这一方案在自媒体上得到了广泛的传播，得到了全国人民的海量关注。陕西西安利用新媒体进行旅游传播，通过与抖音等短视频的合作，将西安利用现代化多媒体的方式推送到人们面前。根据相关的数据统计，西安在春节期间接待游客一千万人次，与去年相比增长超过66%，旅游收入增长超过128%。西安市通过与新媒体合作，推送了大量的旅游信息，视频数量超过五十万条、播放量超过五十亿次，新媒体对于当地旅游的推动效果产生了显著影响。

新媒体为城市提供了大量的外地游客，重庆政府充分把握住这一时机，并大力推动和发展城市旅游产业，城市旅游的发展成为城市经济增长的重要因素。重庆市将旅游产业的发展打造成为城市的主体产业之一，并且将重庆建设成为全球

性的旅游目的地。地方政府对于旅游产业的重视，直接带动了当地人们的经济与生活发展，在经济支持以及政策的推动下，旅游业向着更加繁荣的方向发展，旅游产业以及旅游景点也应当进行升级调整，从而适应人们的旅游需求和变化，并推动当地人们积极参与到旅游的产业发展中，为重庆的游客提供良好的体验，并留下美好的感受，为后续的口碑传播，以及游客的再次到来打好基础。

三、利用新媒体推动旅游产业营销升级发展的思路

（一）凸显地方文化特色，利用创新性的营销吸引更多游客

在进行旅游产业营销之前，必须要充分地熟悉当地旅游文化资源，并且对于城市的文化旅游产业具有全局性的把握，深入挖掘当地的地方特色，找到游客出行旅游的核心诉求，根据市场实际需求找到文化旅游宣传的着力点，在此基础之上，做好网络宣传文案，利用一些优秀的宣传形式吸引游客的关注。其次是要培养旅游市场的文化需求，通过深度旅游的方式吸引到潜在的游客。旅游产业营销应当关注对于城市文化的挖掘，旅游媒体应当注意培养市场上的文化需求，并加强传播方式和传播内容的多样化，利用新颖和创新性的营销手段吸引游客的关注，从而激发和引导游客产生旅游需求。当前游客旅游需求正在向着多元化的方向发展，媒体在宣传重庆地方文化的同时，应当关注到宣传内容和宣传形式的创新，为旅游产业营销增加内涵，以更加有趣和新颖的方式吸引群众，从而增强信息传播效果。

（二）明确旅游信息传播的策略，合理控制信息传播的过程

重庆旅游产业在进行营销和文化传播的过程中，应当从整体层面出发，以全局意识制定出相应的传播策略，防止在传播的过程中出现负面效果。一方面传播文化旅游信息应当遵循相应的策略，并关注整体传播的过程，确保做到传递重庆地区文化的正面形象，防止出现负面舆论。此外制定传播策略还要根据当前新媒体的环境进行及时调整，确保重庆旅游的顺利发展。在制定旅游信息传播策略的过程中，必须要建立起完善的信息反馈机制，调整信息传播的策略。信息反馈是信息传播活动的重要组成，对于信息的传播和控制具有非常重要的作用和影响，旅游媒体必须

要充分利用网络媒体的优势，增强与游客的互动，这样一方面可以优化和完善信息反馈机制，另外还可以对游客的建议和意见及时处理。针对信息反馈到的内容，对旅游产业营销的内容进行调整与优化，从而达到理想的信息传播效果。

（三）增强旅游产业营销中的文化内涵，引导游客积极参与互动

新媒体传播对于旅游产业营销而言具有重要的影响力，可以利用新媒体的方式提升当地的地方文化传播效果，重庆地区的城市文化具有一定的特色，但是和一些旅游文化较为发达的城市比较而言，其旅游产品和旅游的形式存在一定的差距，所以重庆进行旅游产业营销的过程中，应当深入挖掘自身的文化内涵，利用地方文化特色吸引更多的游客，并且推动地方文化的对外传播。新媒体凭借着网络技术，可以实现远程交流，打破时间与空间的限制，旅游产业营销的过程中，应当充分利用这些优势，增强传播的效果和传播形式，与游客展开线上互动，深化游客对于重庆的关注。另外还要积极地引导和鼓励游客主动传播，利用视频、图片以及文字等方式，将相关信息传播到网络空间中，从而产生理想的信息传播效果。

四、结束语

综上所述，在当前的网络信息化时代，新媒体成为旅游产业营销的重要手段，是旅游项目发展的重要挑战，同时也是获得良好发展的机遇，只有充分利用好新媒体与互联网，才能进一步放大旅游项目的吸引力，从而吸引到更多的游客游览，使旅游项目获得更加健康和长远的发展。

参考文献

［1］姚君宛．“互联网+”下菏泽牡丹旅游业营销创新研究［J］．合作经济与科技，2020（16）：78-79.

［2］朱春兰．旅游网络营销4C策略探析［J］．国际公关，2020（08）：295-296.

［3］李翘楚，吴长亮，郝道青．“互联网+”视角下秦皇岛旅游业网络营销策略研究［J］．电子商务，2020（07）：1-2.

受众视域下抖音对重庆城市形象的建构①

胡佩知②

移动互联以及智能移动设备的逐渐普及，简单的图文无法满足受众的感官需求，全方位展示生活图景的短视频应运而生。随着无限流量套餐的推广，低价值成本消费为短视频观看以及创造提供了广阔的市场，同时使短视频市场呈现出指数发展趋势，迅速成为学界以及业界的关注焦点。通过相关文献分析，得出短视频对城市形象的研究主要是从短视频的影视文本出发采取内容分析以及个案分析的方法，对短视频中重庆形象构建的特点以及存在的优势、劣势等进行分析，并提出相关的对策建议，但是从受众角度对短视频进行研究的较少，本文主要从受众角度对短视频中重庆形象的建构进行研究，运用问卷调查的方式，以重庆市内以及重庆市外使用抖音视频的用户为研究对象，得出使用抖音短视频用户与短视频中的重庆城市形象构建关系。

一、抖音对城市形象建构的文献评述

2016年为短视频“元年”，随着短视频呈“井喷式”发展，学者对于短视频的研究逐渐深入，笔者通过对知网的文献检索，输入“短视频”以及“城市形象”关键词，发现国内对于短视频中城市形象的研究主要集中通过符号学、叙事

---

① 基金项目：重庆工商大学研究生“创新型科研项目”，编号yjscxx2019-101-12。原载于《西部广播电视》2020年第2期。

② 胡佩知（1994—），女，汉族，湖南怀化人，研究生，研究方向：新闻媒介与新媒体。

学以及城市空间理论等方面，并通过分析抖音中城市传播形象的特点，对比官方与民间城市形象传播的差异，得出抖音中的城市形象更加亲民，贴近受众的话语体系，同时也存在过度商业化以及内容单一化的弊端，提出建立以政府为主导的，从用户角度出发，与专业团队合作的全方位媒体矩阵。

一些学者主要探讨短视频对城市形象发展的正面以及负面的作用，孙淑娴提出短视频使用“符号性”的载体、碎片化的传播方式、“算法”推送机制以及交互式体验助力城市形象传播，丰富城市内涵，构建城市文化，提升城市旅游经济的发展。①然而，王勇安认为短视频在城市形象传播中存在过度商业化的短视频内容以及用户自律性问题导致城市形象的不良印象。②

同时，也有学者从空间生产角度探讨抖音对城市形象的建构。王凌峰基于空间生产理论认为短视频对重庆城市形象进行重构，存在传播主体多元化，内容叙事日常化以及传播渠道自媒体化，提出重庆通过短视频的空间生产专项，将其知名的空间生产资源转化为个体用户积极参与生产的短视频，并通过自媒体平台互动传播走出一条不同于以往政府主导的城市形象宣传的道路。③李文甫等人指出，抖音短视频为城市形象传播提供新的契机，再造了新城市空间，打破了对传统城市形象的感知，丰富了对城市的认识。

此外，学者从不同的理论视角分析城市形象传播的特点。邓元兵等人结合城市形象CIS理论利用内容分析的方法对重庆城市形象进行视觉识别、理论识别、行为识别以及听觉识别特点分析。得出抖音平台中重庆城市形象的热播短视频以正面叙事为主，并与本地文化、美食、城市景观等与城市有关的内容更容易成为“爆款”，而政府形象等高度流行的内容较少。此外，普通网民成为城市形象宣传的主

---

①孙淑娴．短视频时代下城市形象的构建与传播——以长沙市为例［J］.记者摇篮，2019（9）：9-10.

②王勇安，杨忠杨．移动短视频和城市形象建构传播的关系——以抖音App宣传西安为例［J］．长安大学学报（社会科学版），2019，21（1）：42-50.

③王凌峰．短视频对重庆城市形象的塑造与重构——基于“空间生产”理论的分析［J］.青年记者，2019（26）：90-91.

力军，多样化声音成为展现城市特色的重要一环。最后，短视频虽然数量庞大，却依旧能烘托出城市的发展理念。杜积西等人在西部城市形象在短视频的传播中通过案例分析指出当前短视频的传播特征，宽松的传播环境和多元化的主体，多元化的内容以及被激发的创新意识，网状传播模式以及现象级的传播效果。此外，西部三座城市在抖音上的构建过程短视频运作模式多样化，传播内容多元化，传播效果突出。针对现状提出相应的建议善用平台，明确定位，转变思维。

其次，一些学者通过对比分析官方的城市形象传播与抖音中城市形象传播发现，官方和民间的城市形象传播存在差异，但民间的城市形象传播使城市形象从高冷走向亲切。鲍立泉基于二元视角的短视频城市形象建构策略，从官方和民间两个角度出发，运用文本分析的方法对抖音上的武汉城市形象进行分析，认为短视频平台上存在官方和民间两种话语体系，存在创作主体差异、呈现方式差异、表现内容差异、传播效果差异，是一种二维城市形象建构过程。并且，针对当下这种二元话语体系提出明确适合传播平台的城市定位、官方与职业媒体人合作、通过节日赛事打造城市品牌等策略。杨春迎则通过描述现象、反思问题并寻求文旅融合时代短视频在城市形象传播中的应用和发展，其认为抖音短视频通过音舞元素、仪式场景以及消费标签等方式，呈现“不一样”的城市形象，并通过陌生感、圈层化与正能量的方式表达城市意蕴，带动了城市影像书写方式的变革，让城市形象传播从高冷走向亲切，为城市文化传播带来生机。

一些学者认为，抖音使城市形象产生新的符号，碎片化的个人传播重构城市形象。杨静提出短视频成为南京城市多维形象构建的新符号，并通过采访和调研的方式，以BEST城市符号在南京城市形象构建为实例，分析南京城市形象在短视频发展中的沿革，得出短视频的城市形象的传播效果以及传播力度大于传统的宣传手段。谭宇菲等人以个人视角为切入点，通过分析城市形象的多维符号，指出短视频个人传播的差异化“拼图式”的构建城市形象传播框架，并以个人层面进行城市形象传播，形成城市形象新共识，同时也存在不足，提出将宏观传播与微观传播相结合共同构建城市形象。

也有学者从叙事学角度对比分析城市宣传片与短视频中的城市形象传播差

异。陈阳从叙事学角度论述了短视频与城市形象传播的关系。运用叙事学理论，从短视频的微叙事模式角度，通过叙事主题、叙事符号、叙事空间三个维度比较分析城市形象建构传播过程中短视频与城市形象宣传片之间的差异，认为短视频的微叙事特点带来了城市形象多层次、多元化的建构，弥补了官方城市形象宣传的不足。

通过分析短视频中城市传播形象中的特点，一些学者提出相应策略，认为短视频改变了城市形象传播方式，为城市形象的传播提供了新的契机。邵慧通过对抖音中的宁波城市形象分析，认为短视频拥有较好的用户黏性以及接地气的表现手法，是传播方式从“他塑”向“自塑”转变，宏大叙事向个体叙事转变、单项传播向双向传播转变。但孙斐认为短视频在城市形象的传播中面临内容同质化、传播效果标准不明、平台缺乏系统规划计划、信息表达多元化有待提升。因此，接丹丹提出，政府应该立足城市资源进行主动定位、从用户角度出发，与专业团队合作，跟随热点创造优质内容，进行媒介资源整合，形成全方位传播矩阵。邓元兵提出短视频在城市形象传播中注重共情，主流媒体带动价值传播，注重用户传播感受，打破平台壁垒，注重二次传播。

通过上述对文献的分析，得出从受众角度对抖音短视频中的城市形象建构进行分析较少，因此，本文从受众理论视角出发，研究抖音短视频如何影响受众，建构重庆城市形象。

二、研究方法

目前，城市形象推广的手段十分丰富，短视频作为当前最为火热的媒体传播方式，是新媒体时代的巨型“流量池”。为了能够深入了解重庆城市形象传播的现状，从受众对重庆城市的媒介形象入手，结合研究需要，本文采取了问卷调查的方式来搜集资料。本次调查问卷的主要内容分为四个部分。第一部分是对被调查者基本情况的了解；第二部分是受众对重庆城市形象的认知调查；第三部分是对关于抖音APP的使用情况的调查；第四部分是抖音APP对重庆城市形象传播的调查。通过专业的网络问卷平台，填写问卷，并借助社交平台如微博、QQ分享，微信朋友圈转发，通过病毒式传播的方式，首先将问卷发送给亲友、同学、同事，再请他们向身边的亲朋好友等扩散。本次调查于2019年8月13日至8月25日进行，共回收问卷307份。调查对象既包括生活在重庆本地，也包括重庆市外的居民。

在此次调查对象中，49.84%为男性，50.16%为女性；在年龄分布上，16.94%的调查对象为20岁以下，62.87%的调查对象为20至29岁，参与调查对象以年轻人居多；在受教育程度上，22.8%的调查对象为高中以下的学历，19.87%为大专学历，32.57%为本科学历，24.76%为研究生学历，绝大多数参与者受过高等教育；职业分布以学生为主，其次为公司职员，公务员或事业单位工作者；在月收入上，34.85%被调查对象收入为2000元以下，32.57%被调查对象月收入为2000元至5000元，19.54%被调查对象为5000至8000元，13.03%收入为8000元。

三、研究结果

（一）重庆城市形象的认知评价

1. 重庆首要印象认知：受众认为重庆的首要印象为“山城”和“美食之城”。不管受调查者是生活在重庆来认识重庆还是通过媒介认识重庆，对重庆的首要印象为“山城”及“美食之城”，而“旅游城市”“文化都市”以及“国际化大都市”位列其后，这与重庆天然的地势地形密切相关，也是独特的地理特征造就了重庆以麻辣为主的饮食习惯。

2. 重庆整体形象认知：大部分受众表示重庆城市形象“好”，总体呈现正面的认知评价。不管是居住在直辖市、省会城市、市/县级、乡村以及港澳台以及海外地区的受众中，大部分人对重庆整体印象表示“好”，其次对重庆整体形象认知表示“一般”以及“非常好”，由此可见，受众对重庆城市形象整体认知主要以正面认知为主。

3. 重庆城市需要提升的方面：重庆城市形象在文化宣传以及市容市貌方面

急需提升。从传统媒体的报纸电视，到门户网站、论坛贴吧以及抖音快手等短视频平台的受众表示，重庆在重庆城市形象的文化宣传方面有待提升，其次为市容市貌、市政服务、经济水平以及其他。因此，重庆在城市形象建构方面需要深挖重庆的人文底蕴以及历史文化。

（二）抖音用户的使用情况

1．抖音用户的使用习惯：大部分受众表示每天都会使用抖音、平均时长30分钟以上，使用时间段不固定。在抖音APP使用频率中，47.85%被调查者中选择“每天”，37.1%选择“偶尔”；在对抖音APP每天平均使用时长中，49.46%被调查者选择使用30分钟；在对抖音使用时段中，40.86%被调查者表示使用时间段不固定，38.17%选择“20:00-24:00”时间段，18.82%选择“12:00-16:00”时间段，11.83%选择“16:00-20:00”时间段，10.22%选择“8:00-12:00”时间段，1.61%选择“0:00之后”时间段。由此可知，绝大部分调查者使用抖音的时间段不固定，这符合抖音信息碎片化传播的特征，其次晚上是抖音使用时间段占比较大，符合人们下班后休闲娱乐的需求，早上、下午以及凌晨之后抖音使用的时间段人数占比较小，符合人们日常工作学习以及睡觉的需求。

2．短视频的消费与生产：大部分抖音用户选择重庆旅游景点以及美食类型的短视频进行消费，并表示会在抖音平台上发布重庆的相关视频内容。可以看出，大部分消费短视频内容的用户基本会将重庆相关视频的内容发布到网上传播，基于受众的分享的心理需求，希望将自己的所看所想分享到相应平台进行传播，当传播的内容获得其他用户点赞和评论时，短视频生产者将对抖音平台保持较高的忠诚度，刺激其生产相关优质的内容。

3．短视频“使用与满足”：绝大部分短视频用户以娱乐为目的进行短视频内容消费，其中，消费最多的为旅游美食类短视频。通过对抖音用户消费短视频的类型以及需求进行交叉分析，在多种类型抖音短视频内容中，大部分用户选择旅游美食的重庆短视频进行浏览，这与重庆为“美食之城”的首要印象密切相关，并且，大部分用户基于娱乐以及消磨时间的需求对短视频进行消费，而旅游美食以及幽默搞笑的短视频的内容恰好能满足受众娱乐以及消磨时间需求。

（三）短视频中城市形象传播效果

1. 抖音中重庆城市的媒介形象与真实度是否相吻合，大部分抖音用户认为比较符合。认为重庆媒介形象吻合度最高的为20岁以下的人群，而30—49岁这个年龄阶段的人群表示，重庆实体形象与其在短视频中展现的媒介形象完全不符合，基于年长人的经验域较广，对事物的认识较年轻人有更多认识以及批判性的思考，因此，可能出现对短视频中的重庆城市形象的叛逆性解读。

2. 抖音对重庆城市形象传播作用，认为抖音增加了受众第一重庆城市形象的了解程度，并对其城市形象有较大提升。77.01%用户表示通过抖音短视频增加了对重庆城市的了解，11.23%表示“没有”，11.76%表示“不确定”，但是大部分人表示抖音对重庆城市形象提升度较高，因此，可得出短视频在重庆城市形象提升上发挥着显著作用。

3. 抖音中重庆城市形象传播内容：传播内容质量高但存在重复度高且内容单一的弊端。通过对用户对抖音中重庆城市形象传播内容评估调查，大部分用户表示抖音中重庆城市形象传播内容质量高，但是存在重复度高且内容单一的弊端。由此可以看出，抖音中传播内容最多就是李子坝穿楼、洪崖洞、观音桥以及火锅等相关议题的传播内容，造成重庆城市形象标签化，从而容易形成受众刻板印象。

传播学视域下的城市传播影视话语表达[①]

——以重庆为传播参照样本

杨光毅[②]

一、引言

关于城市传播，其背景就是已成全球趋势的“城市化”。美国的刘易斯·芒福德，这位集城市规划家、文学评论家、建筑评论家和社会哲学家为一身的学者，曾出版《城市发展史——起源、演变和前景》一书。作为著名的城市研究学者，芒福德在半个世纪前就说，“这个世界实际上在很多方面已经变成了一个城市”。[③]

可以看看另外的佐证：2017年，联合国发布《2018年版世界城镇化展望》，并罗列出相应的人口统计和增长预测数据。联合国发布的这一报告称，以2017年4月27日为世界人口数的统计截止时间，全世界人口已达75亿。这一报告的另一个相关数据是，统计截止日的世界75亿人口，有55%居住在城市。据此，这份《2018年版世界城镇化展望》得出了这样的结论：城市化进程势不可挡。

正是基于这样的大背景，“城市化”和“城市”这两个观照对象成为学界尤其是规划领域和社会学界持续保持热度的研究方向。然而，出于各种各样的原因，“城市化”和“城市”的研究更多局限在土地空间、经济空间和文化空间等

---

①原载于《新闻研究导刊》2020年4月第11卷第8期。

②杨光毅（1968— ），重庆人，本科，主任记者，研究方向：新闻传播。

③孙玮．城市传播的研究进路及理论创新［J］．现代传播，2018（12）：29-40．

某种程度上侧重于物化的空间领域，缺少对更高层级且某种意义上是最高层级和终极层级的社会空间的关注。这种研究的不平衡和研究元素的相对缺失，客观上会造成对“城市化”和“城市”的偏颇理解，进而因正向和反向逻辑关系的断裂使研究结论不可避免地出现这样的情况：在单一论题和孤立视角下都毫无瑕疵，但在“城市化”和“城市”的全要素关注状态下与真实程度难以形成正向关联，极大地弱化了研究的意义和拉低了研究成果的价值。

解决方案之一是跳出单纯的土地空间、经济空间或是文化空间，以城市中的人为核心，站在由所有城市元素构成的社会空间上来审视“城市化”和“城市”，以规避研究中的“只见树木不见森林”。之所以强调以人为核心，是因为人是城市中最重要、最关键的元素，其他所有城市元素都是以人为中心构建的，缺少了“人”这个元素，城市中其他所有元素都无法形成有价值、有意义的相互关联和依附关系。

由此带来的论题即城市传播。单从字面上理解，城市传播无非就是“城市”与“传播学”的结合。但从理论研究层面考量，“城市”与“传播学”都各自成为庞大的、系统的学科，在一个新的研究领域，将两大学科从内在逻辑关系和外在介质关联嫁接在一起，客观上必然导致传播学关注的城市内涵，必须覆盖城市的土地空间、经济空间、文化空间、社会空间等等，进而在城市传播的实作中，城市的自然地理、建筑地理、经济地理、社会地理、人文地理这五维空间构成的传播对象达成了城市传播对城市构成要素的全覆盖。

传播内容之外，城市传播的另一极是传播介质。广义上看，能够达成城市传播效果的介质，包括显性介质，如电视、广播、报纸、杂志、网站、自媒体、图书、城市画册、城市推介手册等，也包括隐性介质，如人（口口相传）、市集、展会、论坛、影视、文体赛事等。本文选取城市传播介质里隐性介质中的影视话语这个表达维度，以中国西部唯一的直辖市重庆作为分析样本，尝试勾勒出影视话语维度模式下城市传播的内涵、外延、历史脉络、路径和效果。

二、发端：影视话语维度传播的“集体无意识”

出于表达需要，借用瑞士心理学家、分析心理学创始人荣格的分析心理学用语“集体无意识”。所以，本文所涉“集体无意识”仅为字面意思表达，是指城市传播在使用影视话语维度之初，传播人及其所使用的传播介质本身，普遍并未意识到这是城市传播的一种有效载体和模式。

以重庆为例，当影视与城市被放置在同一个框架内，无论是影视制作方、城市管理者，还是传播终端的受众，在最初的数十年间，并未意识到作为影视作品拍摄地的城市，其整体或者部分客观上已完成效果或大或小、传播面或宽或窄、受众或分散或集中的传播行为。完全准确的信息无考，但根据历史文献记载，在重庆拍摄的第一部电影应该是故事片《歧途》，拍摄时间是1933年。《歧途》中的场景，主要以重庆主城区的道门口、李家花园（今鹅岭公园）、川东师范学校（今劳动人民文化宫）为取景地。因年代久远，加之知晓程度不高，受传播渠道和手段所限导致传播面较窄，电影《歧途》附带的重庆城市传播效果并未得到较为充分的呈现，限于当时的技术条件等客观因素，影视话语维度的城市传播难以达成效果最大化。

不过这并非重点，核心要义是《歧途》成了影视话语维度下重庆城市传播的“无意识行为”的发端。经久沉淀的城市传播效果，在物质上的技术加持和精神上的经典怀旧叠加后，最终得以传播效果的爆发式显性释放。

以在重庆拍摄的3部经典影片为分析样本，即可从影视话语维度大致得出对城市传播效果长久性、集中爆发式和反复呈现的特性。

案例一：《烈火中永生》。改编自小说《红岩》的故事片《烈火中永生》，讲述的故事耳熟能详：重庆解放前夕，江姐在丈夫被敌人杀害后，去华蓥山区参加农村武装斗争，她和许云峰由于叛徒出卖被捕后，在狱中严守党组织秘密，同敌人展开顽强斗争。从受众角度考量，“红岩”“渣滓洞”“白公馆”“大坪”等诸多重庆元素在片中以影视话语的方式加以传播，在成就经典的同时，也成为受众窥见重庆这座城市历史和文化的窗口。

案例二：《雾都茫茫》。张波、王进导演的彩色反特侦破片《雾都茫茫》在重庆拍摄，将重庆一条原本籍籍无名的小巷“春森路”推向了全国，并在地理层面和人文层面成为重庆城市构成要件中一个特殊的符号。

案例三：《等到满山红叶时》。从逻辑关系上说，影片讲述了发生在三峡的异姓兄妹悲欢离合的故事，为当时已蜚声海内外的长江三峡再添一把影视话语传播的火，更成就了此前并未进入受众视野的三峡红叶——从2007年开始，重庆巫山县已连续举办十三届巫山红叶节，“红叶”也因此成为巫山最为厚重的旅游元素和符号之一。

上述关于城市传播的影视话语维度，在影视剧拍摄及公映时段，自始至终并未让城市传播成为有意识的行为，完全处于无意识状态，这受限于当时的经济社会发展条件、城市管理侧重、城市传播意识、消费水平和消费观念等诸多方面。从影视创作者来说，其作品最终形成的城市传播正向效果完全是一种迟滞的“无心插柳”。

三、觉醒：特定语境下的“行为自觉”

这里所强调的“特定语境”，特指“全球城市化”和“城市传播介质多元化”相叠加的大环境。这种大环境的显著特征之一是城市传播的觉醒和传播城市意识的增强。基于传播介质的多元化、选择的多样化，加之影视在城市传播中逐步显现的潜移默化的强大影响力和明显效果，传播对象和传播介质之间达成了高度的诉求契合。最典型的案例无疑是浙江横店。为配合谢晋拍摄《鸦片战争》，于1996年搭建并开放的浙江横店影视城，在走过24年后，已成为全球规模最大的影视拍摄基地，中国唯一的“国家级影视产业实验区”，“横店”本身因影视介质，毫无悬念成为浙江、中国乃至世界的一个特殊辨识元素。

如此背景下，城市传播看好并选择影视介质，影视介质主动寻求城市传播的利益连接体，均属顺理成章，一拍即合，影视话语维度的城市传播顺势成为一种“行为自觉”。

仅就传播学而言，笔者认为沙莲香的定义迄今尚未过时。她认为，“从最一般的意义上说，传播是社会信息的传递”“传播是社会性行动，传播关系反映社会关系的特点”“传播答题可以划分为四种基本类型，即自我传播、人际传播、组织传播和大众传播”。[①]据此，落脚于影视话语维度的传播从类型上可界定为大众传播，是一个开放互动的过程。“开放”“互动”这两个关键词，本质上决定了影视话语维度的城市传播在范围上的广度和在交互上的可行性。

还是以重庆作为分析样本。据不完全统计，20世纪30年代至今，全部或部分在重庆取景的影视作品已超200部。年代久远但依旧有印象的，诸如1937年的《夜半歌声》、1940年的《东亚之光》《塞上风云》；20世纪80年代至90年代末的，如《雾都茫茫》《重庆谈判》《席卷大西南》《山城棒棒军》；2000年后，《疯狂的石头》《十面埋伏》《满城尽带黄金甲》《火锅英雄》《从你的全世界路过》等次第在重庆登场。

这些影视作品对重庆的城市传播效果已经得到充分的佐证。《山城棒棒军》中对重庆特定元素性场景如朝天门、山城巷、解放碑等的刻意选择，以及地域文化特色明显的方言对白，已明显表露出利用影视话语进行城市传播的意图，有机利用影视作品传播城市的意识凸显，城市传播的行为自觉呈显性表达趋势。时隔19年后登场的《火锅英雄》，将故事架构在重庆的防空洞与遍地开花的洞子火锅上，再加上重庆方言这个加强型元素的催化，让重庆在整部影片中成为一个不可抹杀的存在，人们从一部95分钟的电影中，不断被强化重庆、重庆话、火锅、防空洞、轨道交通、长江索道等构成城市特质的特色元素，并作为电影基础语法与城市传播无缝对接。

来自民间的意见普遍认为，无数影迷因为《疯狂的石头》认识了重庆，《火锅英雄》让他们爱上了重庆火锅，《从你的全世界路过》让更多人想从全重庆走过……从传播学角度理解，这都是城市传播与影视话语维度双向“行为自觉”在“传播”这一话题领域的成功实操。

这种“行为自觉”带来的“无意识代言”效应，无疑让影视作品对城市传播的效果形成加权效应。究其原因，是知名导演和演员由于自身极强的受众黏性，影

①沙莲香．传播学［M］．中国人民大学出版社，1990：29．

响力叠加到影视作品上，导致城市传播的效果在同等传播中产生加法甚至乘法的增量。《十面埋伏》和张艺谋、章子怡一起，带火了永川茶山竹海；《火锅英雄》与陈坤、白百何一道，“一不小心”给重庆火锅代言；《满城尽带黄金甲》携周润发、巩俐、刘烨、周杰伦等一众明星，给本就极具知名度的武隆天生三桥再添一把火。

毫无疑问，城市传播与影视话语维度的相互“行为自觉”对接已成越来越明显的趋势。

四、结语

城市传播，是不是可以理解为“传播城市”？单纯从语言逻辑上说，这样的界定没有问题，并可通过符合逻辑规范的延展扩展到另一个命题：“传播城市”究竟需要“传播城市的什么东西”，由此将城市传播对象有机纳入。但我们在此探讨的城市传播是希望将城市的全元素置于“人本”的框架下，一切以“人”为核心，构建以人为基准点的城市传播格局。

主要出于4个方面的考虑：其一，从城市传播的内容而言，城市的全要素均可作为传播对象，但这些传播对象无论是自然、建筑、经济、社会、人文还是包罗万象的其他，都是围绕着“人”这个核心元素构成的。没有了“人”这个最基本也是终极元素，就如一座空城，其“人”之外的所有其他元素都失去了存在的意义，更不用说具备传播价值了。其二，从城市传播的介质来说，“人”在其中扮演的是主体角色，无论是本文探讨的影视介质，或者是本文并未涉及的城市传播的其他所有介质，人都是作为主体存在，并在传播介质中与客体形成有机、有效关联，决定介质进行城市传播的具体手段、时间截取、对象选择、效果预判等等，甚至是风险把控。其三，从城市传播的受众考虑，构建以人为基准点的城市传播格局不言自明。城市传播的受众无疑是人，因而城市传播的内容、表现形式、语言范式、叙事风格、传播时机，都需要充分考虑主体受众的年龄、职业、身份、偏好、习惯等诸多因素。其四，从城市传播的效果来说，也是基于以“人”为核心指标的评判模式。

以哲学的思维模式审视，在城市传播中，城市是对象，也是功能，传播本身也成为城市功能的一部分。不可避免地，“人”这个要素，在城市和城市传播中都成为基础元素和终极要素。

[WENHUA YICHAN

文化遗产]

重庆市“十四五”非物质文化遗产保护规划初步探讨

张书源[①]

重庆市“十四五”非物质文化遗产保护规划，是贯穿2021年至2025年我市非物质文化遗产保护工作的中期规划，用以确定未来五年发展的目标和方向。为此，要全面贯彻落实习近平新时代中国特色社会主义思想和党的十九大精神，深入开展关于我市非遗保护工作中长期发展的全局性、前瞻性、关键性、深层次问题研究具有重要意义。下面提出一些基本想法。

一、“十四五”发展基础概述

近年来，我国非物质文化遗产保护工作以习近平新时代中国特色社会主义思想为指导，非遗保护制度建设不断完善，工作机制不断健全，工作队伍不断壮大，非遗实践日益活跃，社会认同不断增强，初步建立了符合中国国情、具有中国特色的非遗保护制度。在国际国内持续加强对非物质文化遗产保护力度的大环境下，重庆市的非物质文化遗产保护工作坚持体系建设的工作思路，围绕建设政策法规、保护项目、传承人、区域整体保护、基础设施和工作机制等六大体系建设整体推进，机构由无到有，力量由弱变强，政策机制日益健全，队伍规模逐步扩大，资金投入稳中有升，见人见物见生活的保护理念深入人心，传承实践日趋活跃，全社会对非遗保护的参与热情日益提高。全市非遗保护工作呈现良好发展局面。

① 张书源，重庆市文化和旅游研究院。

（一）法律体系逐步建立

依据《中华人民共和国非物质文化遗产法》，我市先后出台了《重庆市非物质文化遗产条例》《重庆市非物质文化遗产专家评审办法》《重庆市人民政府办公厅关于加快武陵山区（渝东南）土家族苗族文化生态保护实验区建设的意见》《重庆市传统工艺振兴计划》《重庆市非物质文化遗产名录项目代表性传承人管理办法》等法律法规、政策性文件，保障了全市非遗工作依法推进。

（二）保护传承体系基本建成

目前，我市共有44项国家级非遗代表性项目，707项市级非遗代表性项目；60名国家级非遗代表性传承人，699名市级非遗代表性传承人；3400多项区县级非遗代表性项目。全市已设立国家级文化生态保护实验区、国家级非遗生产性保护示范基地各1个，市级非遗生产性保护示范基地87个，109个市级非遗传承教育基地。

（三）工作机构逐步完善

2014年市文化行政部门设立了非物质文化遗产处，统筹管理、组织协调全市的非物质文化遗产保护工作；同年挂牌成立市非遗保护协会，率先在全国省级协会中加挂中国非物质文化遗产保护协会分会的牌子；全市38个区县，均已明确非遗工作承担单位，区县级非遗保护机构整体建设和运行情况整体较好。

（四）保障机制正在形成

市财政每年专项资金稳定在400万元左右。同时，按照《重庆市非物质文化遗产代表性传承人管理办法》，自2014年起，市财政给予国家级、市级代表性传承人的配套补助增加1000元，达到6000元。各区县根据财政状况，不同程度地增加了投入，随着经济社会快速发展，全市非遗财政投入将保持稳步增长。

（五）学术研究成果不断推出

各区县积极组织形式多样的非遗理论研讨活动，《永城吹打乐》《秀山花灯》等一批富有学术史料价值的著作出版问世，各地形成了浓郁的学术研讨氛围。

（六）品牌工作逐步树立

成功举办四届重庆非物质文化遗产暨老字号博览会，打造了非遗的活动品牌。举办了3届重庆市民间文化艺术之星评选活动，形成了演艺类非遗项目的活动品牌。

总体上看，我市非遗保护工作目标明确，思路清晰，机制有效，推进扎实，成绩显著。但是工作中依然存在一些普遍性、倾向性的问题：一些地方对非遗保护重要性认识不到位，“重申报、轻保护，重开发、轻管理”的现象不同程度地存在；政策措施保障虽有加强但仍然不到位，缺乏科学的保护规划、具体的项目计划、有效的工作管理机制和必要的经费投入；保护机构和人员不到位，兼职和临时聘用人员较多，素质参差不齐，队伍不够稳定。这些问题都要在“十四五”的工作中引起重视。

二、“十四五”规划理念的思考

“十四五”时期重庆市非物质文化遗产保护工作依据《中华人民共和国非物质文化遗产法》和《重庆市非物质文化遗产条例》，以“科学保护、提高能力、弘扬价值、发展振兴”为主要任务，深入推进非物质文化遗产保护工作，完善非遗传承体系，提升非遗保护传承水平。围绕国家提出的新时代非遗保护工作的指导方针“科学保护，弘扬振兴”，在现有发展基础上有一个大的提升，有些工作还要有本质性的突破。

（一）指导思想

以习近平新时代中国特色社会主义思想和习近平总书记关于弘扬中华优秀传统文化的重要论述为非物质文化遗产保护工作的根本遵循，全面贯彻党的十九大和十九届二中、三中、四中、五中全会精神，贯彻落实《中华人民共和国非物质文化遗产法》《重庆市非物质文化遗产条例》，紧紧围绕习近平总书记对重庆提出的“两点”定位、“两地”“两高”目标、发挥“三个作用”和营造良好政治生态的重要指示要求，统筹推进“五位一体”总体布局，协调推进“四个全面”战略布局，紧紧围绕成渝双层经济圈建设重庆文化强市和国际知名旅游目的地的目标定位，坚定文化自信，继承和弘扬中华民族优秀传统文化，秉持见人见物见生活的理念，坚持创造性转化和创新性发展，在保护和传承中发展，在发展中提高保护能力和水平，把促进社会主义精神文明建设和推动区域经济社会全面发展结合起来，推动非物质文化遗产保护利用更好地服务于经济社会发展，满足人民日益增长的美好生活需要。

（二）发展原则

1．保护非遗实践、传承能力和实践环境原则。提高实践能力，确保非遗的存续力，促进非遗融入现实生活，实现发展振兴。

2．尊重主体地位、调动各方积极性原则。尊重传承人群的主体地位和创造性表达权利。鼓励和引导社会力量广泛参与，促进非遗传承实践成为广泛的社会自觉。

3．创造性转化、创新性发展原则。尊重非遗基本文化内涵，弘扬当代价值，推动非遗在人民群众的当代实践中实现创造性转化、创新性发展，不断增强非遗的生命力和传承活力。

（三）发展目标

通过5年的努力，我市的非物质文化遗产保护传承体系更加健全，人民群众对非物质文化遗产的认同感、参与感、获得感显著增强，社会广泛参与非物质文化遗产保护传承的生动局面基本形成。

——增强传承能力。加强传承人保护力度，到2025年，对国家级非遗代表性传承人开展记录，全面记录和整理他们掌握的独到技艺，建立科学的记录体系。组织非遗传承人群参加研修和培训，累计培训3000人，提高非遗传承人群文化自信和可持续发展能力。

——弘扬民族文化。加强整体性保护力度，按照遗产丰富、氛围浓厚、特色鲜明、民众受益的建设目标，建设武陵山区（渝东南）土家族苗族文化生态保护实验区，努力创建长江三峡（重庆）文化生态保护区，对非遗及其得以孕育、滋养的人文环境实行整体性保护。

——提高非遗的可见度、美誉度和影响力。加强非遗传播力度，到2025年，打造1个以上非遗传播品牌，提高专业化、规范化、品牌化水平，扩大影响力。

三、“十四五”规划主要任务建议

（一）夯实非物质文化遗产保护基础

一是开展非遗资源深度调查。对名录保护工作进行复查验收，摸清传承现状和发展脉络，进行文字、图片、音频、视频资料数据全程、全景式收集整理，研究整理深度调查成果。二是加强三级名录体系建设。积极做好申报国家级、市级、区县级非物质文化遗产代表性项目的工作。三是加速构建非遗数据库及共享平台建设。建成集文字、图片、音频、视频资料数据的重庆非物质文化遗产数据库。并以数据库为依托，构建以电脑、电视、手机为终端的重庆非物质文化遗产专业网；创建普及教学、创作表演、发展研究、文化创意研发为一体的非物质文化遗产信息资料平台。

（二）培养非物质文化遗产保护传承人才队伍

一是建立科学规范的传承体系。在传统传承基础上，结合实际，发挥职业院（校）专业优势，将口传身授民间技艺形成规范、系统、科学的教学方案，开发民族文化特色课程、精品课程和校本教材。二是壮大非物质文化遗产传承人队伍。新培育国家级、市级代表性传承人，优化传承人年龄结构，完善传承人动态管理、进退机制和保护激励机制。三是依托高等院校，普及非物质文化遗产知识教育，提高全民保护意识。四是组建一批知晓非物质文化遗产传承规律和需求、懂专业、善管理、实干敬业、结构合理的高素质非物质文化遗产保护工作团队，全面参与非遗保护工作。

（三）加大文化生态保护区的建设力度

高质量建设国家级文化生态保护实验区——武陵山区（渝东南）土家族苗族文化生态保护实验区，保护实验区内的6区县按照总规尽快制定子规划，并严格按照总规划、子规划实施，探索非物质文化遗产保护传承促进当地经济绿色发展的途径，确保地方经济社会发展与民族文化保护相协调，充分发挥实验区的示范带动作用。建立“长江三峡（重庆）文化生态保护区”，争取成功列入市级文化生态保护区，条件成熟时申报国家级文化生态保护实验区。市级文化生态保护区参照国家级武陵山区（渝东南）土家族文化生态保护实验区开展规划和建设工作。探索建立区（县）区域性或以单个项目为中心的文化生态保护区。

（四）促进非物质文化遗产合理利用融合发展

一是促进非物质文化遗产保护传承与旅游相融合。充分挖掘民族文化多样性，在旅游发展中提升文化品位、拓展文化内涵。在旅游线路、景区增设非物质文化遗产原生态文化活态展示区、生态博览馆等，设立相关的器具、手工制品的展示体验区域，开展非物质文化遗产特色的民俗活动、展演活动，传播传统知识和技能。二是促进非物质文化遗产合理利用与文化产业协调发展。建立“重庆市非物质文化遗产创意研发中心”等创意基地，大力研发民族服饰、特色美食、传统族医药、手工制品、纪念品等非物质文化遗产衍生产品，支持非物质文化遗产衍生产品项目入驻产业园区，发展一批特色产业、建成一批龙头企业、助推形成一批著名品牌。三是促进非物质文化遗产保护与小城镇建设创业就业相结合。利用各种宣传展示平台，激励传承人、工艺大师提高技能，发现和培育更多有发展潜力的传承人、工艺大师等，结合小城镇建设过程中，带动当地富余劳动力就业，促进农业产业结构调整、生态环境优化和贫困群众持续增收。

（五）开展非物质文化遗产广泛传播

一是举办好以非遗为主题的宣传展示活动。精心策划和组织好一年一度的文化遗产日活动，积极配合好文化遗产宣传月的活动；依托国家法定节日，如春节、元宵节、端午节、中秋节等，积极策划和组织以相关节日为主题的非遗专题宣传展示、展演活动。积极参加国内外相关非遗主题活动。积极参加文化部和重庆市举办的中国非物质文化遗产博览会、中国成都国际非遗节、中国文化周、重庆文化周等活动。二是全力打造文化品牌。在尊重民间信仰和非物质文化遗产内涵的基础上，重点选择一批代表性的民俗节庆活动，扶植形成一批国际知名的重庆原生态民族节庆品牌。如“丰都庙会”“大足宝顶香会”“苗族踩山节”等国家级、市级非物质文化遗产，保护节日原真性，加大传播力度，形成特色文化品牌。同时，打造好“重庆市民间文化艺术之星选拔赛”和“重庆市非遗博览会”品牌活动，形成有特色的非物质文化遗产展销活动品牌，将非物质文化遗产融入人民生活之中，以专业化、市场化、高端化的展演、展销品牌活动为联结，逐渐在社会树立起非物质文化遗产回归生活的保护理念。

（六）加强非物质文化遗产理论研究

一是健全非物质文化遗产保护发展研究体系。综合发挥市非物质文化遗产保护中心、相关文化艺术研究等机构作用，办好重庆非物质文化遗产研究中心，完善以高等院校和科研院所为主、社会学术力量广泛参与的非物质文化遗产保护发展理论研究队伍。二是推动非物质文化遗产精品创作。推出一批以重庆传统音乐、舞蹈、戏曲、杂技等为重大题材的演艺精品。推出重庆非物质文化遗产专著和系列丛书，以及非物质文化遗产项目的口述史、调查报告、田野笔记、研究论著等。三是强化知识产权的保护和运用。利用知识产权法律制度保护非物质文化遗产，加强非物质文化遗产产品、创新作品的版权保护，促进非物质文化遗产作品的生产性转化，加大非物质文化遗产衍生产品的版权、商标保护力度，形成一批拥有自主知识产权的非物质文化遗产知名品牌。

（七）加强非遗展示交流平台建设

加快“重庆非物质文化遗产博览园”的规划建设，作为非物质文化遗产研究、收藏、利用、展示、科普、教育、培训、交流、传播等的重要平台。将其打造成为国内一流的非物质文化遗产展示交流传播基地。积极规划建设各区县非物质文化遗产专题博览馆或展示馆，鼓励社会力量建设非物质文化遗产基础设施，利用航空、高铁、城市轨道交通等城际交通服务站点，建设一批展示重庆非物质文化遗产的窗口。组织传承人、民间艺术表演队伍参与国内外文化交流活动。

非物质文化遗产生态旅游开发研究[①]

马大来　杨光明　张　帆[②]

一、非物质文化遗产的概念和特征

联合国教科文组织第32届大会通过的《保护非物质文化遗产公约》给出了非物质文化遗产概念，对非物质文化遗产的概念作如下定义："各社区、群体为适应他们所处的环境，为应对他们与自然和历史的互动，不断使这种代代相传的非物质文化遗产得到创新，同时也为他们提供了一种认同感和历史感，由此促进了文化的多样性和人类的创造力。"在我国，国务院于2005年出台的《关于加强文化遗产保护工作的通知》中，将非物质文化遗产定义为：各种以非物质形态存在的与群众生活密切相关、世代相承的传统文化表现形式，包括口头传统、传统表演艺术、民俗活动和礼仪与节庆、有关自然界和宇宙民间传统知识和实践、传统手工艺技能等及上述传统文化表现形式相关的文化空间。截至2018年，国务院公布了4批1372个国家级非物质文化遗产代表性项目。针对众多的非物质文化遗产保和利用，我国非物质文化遗产的工作方针是"保护为主、抢救第一、合理利用、传承发展"，这也体现了非物质文化遗产的特征要求。非物质文化遗产具有民族性和地域性明显、形式多样和内涵丰富、集体性和传承性突出、独特性和活态性结合等重要特征。正确理解其特征有利于在开

①基金项目：2017年重庆市社会科学规划项目（项目编号：2017BS34）。原载于《合作经济与科技》2020年第3期。

②马大来，杨光明，张帆，重庆理工大学管理学院。

发中注意保护其完整性和原真性，使旅游开发和遗产保护有效结合，实现非物质遗产旅游可持续发展。

二、重庆市非物质文化遗产旅游可行性分析

（一）重庆市旅游发展迅速，市场开发潜力巨大

2016年6月，重庆市政府通过了《重庆市旅游发展总体规划》，明确提出将重庆旅游产业打造成为综合性战略支柱产业。在此背景下，重庆市的旅游取得骄人成绩，旅游产业保持良好发展势头，有效促进全市经济社会发展。伴随着抖音、头条等短视频对旅游的大力宣传，重庆市一跃成为全国知名的网红打卡城市。数据显示，2018年重庆市共接待境内外游客达到5.97亿人次，创造旅游总收入4344.15亿元，较之2017年分别增长10.13%和31.32%。作为西部地区知名旅游城市，重庆市在相关政策指导下，紧紧围绕“山水之城·美丽之地”目标定位，加快实现重庆旅游业发展升级。此外，2019年重庆市重大旅游招商项目取得显著成就，全市26个区县和市旅游集团共招商重大文旅项目达到43个，投资1704亿元用于项目建设。可以说，旅游业已成为重庆市不可替代的支柱性产业，发展速度快，市场潜力大。

（二）重庆市历史文化悠久，资源富集程度高

重庆市是重要的历史文化名城，自古就是历史悠久，文化灿烂的地方。产生于旧石器时代晚期的铜梁文化、产生于春秋战国时期的巴渝文化、产生于清末的开埠文化、产生于抗日战争时期的陪都文化、产生于解放战争时期的红岩革命文化以及汉文化为主体的各民族文化，共同构成重庆文化脉络。重庆市拥有数量众多的少数民族，各民族都有自己的语言、歌舞、服饰、独具特色的神奇传说和节庆活动，甚至连民居建筑和生产、生活用具都别具风格。重庆市文物资源品位高，市级以上重要文物保护单位为269处，其中全国重点文物保护单位55处。重庆市自然资源丰富，类型多样，品质优良，特色突出。重庆市的山岳、江河、峡谷、垂直气候、喀斯特、珍稀动植物景观等旅游项目美誉度在全国名列前茅。按照旅游资源分级评价，重庆市拥有230个优良级旅游资源。富集的旅游资源为旅游业发展带来勃勃生机，推动着整个重庆市的经济发展。

（三）重庆市民族风情浓厚，非物质文化遗产丰富

重庆市是一个多民族的直辖市，拥有少数民族达到55个。截至2017年，全市少数民族达到210.3万人，占到全市总人口比重的6.5%，其中少数民族较多的有土家族、苗族等。少数民族人数聚集较多的乡镇达到45个，有8个民族乡。就非物质文化遗产而言，悠久灿烂的民族文化遗产，多姿多彩的民族民间风情，源远流长的民间传统技艺，丰富深邃的民族文献古籍，绚丽夺目的民族文学艺术，为重庆文化建设与旅游业的发展提供了得天独厚的优势资源和广阔发展空间。截至2018年1月，来自重庆市文化研究院的统计数据，重庆市国家级非物质文化遗产达到44项，市级非物质文化遗产达到511项，涵盖民间文学、传统音乐、传统舞蹈、传统戏剧、曲艺、民俗、传统美术、传统手工技艺、传统医药、体育游艺竞技等类型。总之，重庆市的非物质文化遗产丰富，种类齐全，为旅游业的发展提供了良好资源基础。

（四）政府部门高度重视，旅游开发体系完善

非物质文化遗产保护传承及利用是一项复杂的社会系统工程，为此重庆市高度重视非物质文化遗产的保护和传承工作，于2012年专门出台了《重庆市非物质文化遗产条例》，明确规定对于有历史、文学、艺术、科学价值的非物质文化遗产采取传承、传播等措施予以保护。重庆市文化和旅游发展委员会下设非物质文化遗产处，并有专人负责非物质文化遗产保护、传承、利用工作。重庆市还专门成立了"重庆市非物质文化遗产保护协会""重庆市文化艺术研究院"，并以此为依托，为旅游产业的快速发展提供智力支撑。此外，重庆市进一步加大非物质文化遗产在整个旅游业的嵌入力度，以此发展壮大旅游产业体系，实现旅游产业链条的进一步延伸。特别是重庆加快推进"旅游+文创"，通过整合现有的非物质文化遗产资源，加快培育和引进特色文化企业，进一步完善与旅游相关的文化产业。

三、重庆市非物质文化遗产旅游开发的原则

（一）以人为本，可持续发展原则

任何旅游项目的设计开发都必须以满足人的需求为出发点。非物质文化遗产本身就是一种人类在不断积累过程中传承下来的文化素材，其应用也是和人绑在一起

的。这种旅游资源开发要注意人本原则，既要关注传承人对该种文化的态度和对开发的意见，又要进行合理的旅游开发。只要抓住人本中心，旅游开发不仅使得本地居民生活水平得到改善，而且能够满足消费者物质和精神上的需求，促进游客和当地居民和谐相处。非物质文化遗产大多是与群众生活密切相关、世代相承的技艺，具有很强的独特性、民族性和地域性。因此，非遗一般是以言传身教的方式传播，随着老艺人的退出和传统生活方式的改变，这类遗产面临着艰难处境。要保证非物质文化遗产旅游开发的可持续性，当务之急是在尽量保护其原真性和完整性基础上，培养更多非物质文化遗产继承人，并在详细的旅游规划下进行旅游开发。

（二）经济、社会和文化效益相结合原则

就目前开发状况来说，遗产旅游的经济效益日益显现，越来越多的地方都热衷于非物质文化遗产的申报以及相关旅游开发，特别是个别成功项目更是激起开发者的热情。对其旅游开发和利用中，应达到的社会效益、文化效益从某种意义上来说应该比经济效益更重要。开发者应珍视非物质文化遗产的文化性和民族性，以及其带来的良好社会文化效益，尤其是文化传承人对本民族本地区文化的认同感和自豪感。要以良好规划和优秀管理体系为前提，这样旅游开发不仅可以为企业创造更多经济利益，也会为当地居民创造更好的生活条件。同时，还要保证在取得较好的经济效益情况下，当地政府才有实力对相关文化进行更好更细致的保护和开发。

（三）民族原真性和地方特色性原则

很多遗产项目都与少数民族的生产生活息息相关，在旅游开发过程中如何合理有效地保护其民族原真性和独特性值得思考？如果仅仅进行单纯的商业化运作，很可能导致真实文化成分被取代，不仅有可能导致民族原真性的丧失，而且最终会失去消费者。同时，民族原真性还关乎中华民族的文化传承，少数民族文化的消失可能导致民族认同感和自豪感下降。民族的才是世界的，在保护其原真性基础上，旅游开发带来的经济社会效益才有意义。非物质文化遗产旅游的吸引力在于其根植于特定地域文化，具有旺盛生命力。随着越来越多的旅游者对趋同性的东西丧失兴趣，为此各地方应结合自身资源特色进行合理规划，做到求新求异。此外，各地区应该摒弃过时观念，在“人无我有，人有我优，人优我特”的创新观念下寻找到拥有地方特色的开发模式。在民族文化原真性的保护下和地方特色的突出下，非物质文化遗产旅游将会拥有更好发展空间。

（四）参观体验与趣味性相结合原则

非物质文化旅游资源本身就是一些民间传统技艺，具有不可转移性，因此它需要静态和动态结合的表现形式来向人们展示其独特价值。开发过程中需要注重旅游项目的参与性和趣味性。例如，在展现民间年画技艺时，应尽量让游客参与其中，并由年画传承人讲解年画具体制作过程，让游客亲身感受到民间艺术的旺盛生命力。此外，在突出体验性和趣味性的同时，要针对不同游客，满足他们在参观游览中参与、尝试、体验、学习的需要；在参观体验和趣味性相结合基础上也应该注意民族文化厚重性和庄严性，通过技艺和相关表演的展现，加强游客对本民族文化的认同。

（五）依法保护与有效开发相结合原则

非物质文化遗产是历史文化遗留下来的宝贵财富，十分脆弱，对其全面保护需要得到足够的重视。依法保护是非遗资源进行旅游开发的前提条件，有效地进行保护必须有切实可行的法律法规作为支撑。同时，鉴于重庆市的非物质文化遗产分布广泛，旅游开发过程中要注意协调各方利益，相互合作，进行有效开发。此外，重庆市在开发非物质文化遗产过程中不要贪多求全，要把握自身地方特色进行合理规划；注意协调好旅游开发与遗产保护、产业发展与当地经济发展的关系；注意商品化和市场化对其造成的破坏，尽量在原真性和民族性基础上实现旅游开发。

四、重庆市非物质文化旅游开发模式

（一）特色博物馆和茶馆式开发模式

博物馆作为一种收集、保存、研究和集中展示有关历史文化、社会、科技等相关文物的机构，不仅具有展示地区特色和传统文化的宣传功能，还有进行国民教育、艺术熏陶的作用。当前重庆有各类博物馆87个，3个国家一级博物馆，其中仅重庆中国三峡博物馆的馆藏文物就达到10万余件。特色博物馆模式就是在非物质文化遗产丰富地区，对本地区的各种资源进行整合开发，收集相应的手工艺品和特色民俗用品等进行集中展示。博物馆内还配有专门的讲解员，通过现代化的声像技术来满足游客求新求奇的心理需求。对于民间传说和故事等民间文学，建议采用茶馆式模式，配有古色古香的乡村音乐的小茶馆可以让游客在品茶过程中享受娱乐盛宴。此外，这种特色茶馆一般选址在民俗村寨里，并要求一定的可到达性和便利性；在音乐器材和内部器物上应该尽量做到原汁原味，给游客不一样的文化体验。

（二）旅游节庆式和乡村旅游式开发模式

重庆市每年都会在不同旅游季节适时推出一些旅游节庆活动来吸引国内外游客。在已有节庆活动的基础上，重庆市可以将非物质文化遗产作为一个亮点培育出一大批文化旅游节庆活动。例如，重庆磁器口庙会、鬼城庙会、国际啤酒饮料节、美食文化节、铜梁龙灯艺术节、大足石刻艺术节。它们已成为国内外知名节庆活动品牌，同时也使得重庆市丰富的民族文化得以保持和发扬。与此同时，乡村旅游式的非物质文化旅游开发也得到很好发展。很多遗产本身都来自乡村，民族性和地域性很强，通过乡村旅游形式让消费者可以零距离接触到真实的民族文化，在原生态的环境中感受乡村情趣。各个地方可以根据地域特色和民族特色，设计出不同风格的乡村旅游形态，并结合相关遗产项目对本地区的旅游进行整合开发。

（三）实地民俗文化村和民族生态文化保护区开发模式

当前，重庆市拥有中国历史文化名镇18个，市级历史文化名镇28个。这些历史文化名镇将民族文化、历史文化与自然风光相结合，创造出具有丰富文化内涵的旅游胜地。有鉴于此，通过实施民俗文化村和民族生态文化保护区模式，有利于更加完整地展现少数民族鲜活的生活场景和相关手工技艺的制造加工流程。此外，这种开发模式在发展旅游业方面有较大优势，一方面开发中不需要大量修筑建筑，只要在原有民居基础上进行相关修饰和对配套硬件设施进行完善就可以运营，利于节约成本；另一方面可以把一些具有特色的风味食品、手工艺品、服饰服装等直接提供给旅游者，使得消费者身临其境地感受原汁原味的民俗文化，深切感受民族风情，对非物质文化产生强烈感情。

（四）非物质文化遗产旅游开发示范研究基地开发模式

非物质文化遗产旅游开发示范研究基地是指以一定的非物质文化遗产为基础，对客源市场和经营模式不断进行整合和研究，推出让消费者满意的旅游产品，并在当地甚至整个重庆市起到示范效果的旅游开发模式。它的作用就是以带头的形式在保护性开发的前提下，有效地进行非物质文化遗产旅游研究，并对其进行开发和市场推广。由于示范研究基地具有引领作用，建议将其设置在主城区，一方面《印象重庆》的播出在国内外的旅游市场和学术界都引起巨大反响，知名度很高；另一方面主城区非物质文化遗产资源集聚度较高，且拥有的游客数量最多，可以最大限度地实现旅游资源与游客人数匹配。此外，重庆市还推出《长江》《紫气东来》等一批文化艺术精品，深受游客喜爱。这种以点带面的示范效应可以让民族文化产品与旅游市场有效对接，形成彰显重庆特色的旅游产品。

（五）非物质文化遗产博览会和旅游展览相结合模式

非物质文化遗产博览会和旅游展览相结合的模式适合于加强非物质文化的宣传，起到保护该种文化形式和加快旅游开发的作用。当然，这种模式必须是在政府大力支持和企业介入相结合的形式下，在进行长期准备和细致安排的基础上组织才能实施，具体由承办单位邀请具有代表性的非物质文化遗产传承人参展，并让他们集中展现各自特殊技艺的制作或生产过程。例如，2019年5月由重庆市文旅委、市商务委、荣昌区政府联合发起，在荣昌区夏布小镇举办“第四届重庆非物质文化遗产暨老字号博览会”，邀请全市各区县230个非遗项目和知名老字号集中展出。这种非物质文化旅游博览会和旅游展览相结合的模式不仅有利于加强人们对非物质文化遗产的认识，提升老字号的品牌效应，而且有利于带动当地和周边地区经济发展。

（六）旅游商品开发和手工艺品深加工模式

开发与非物质文化遗产相关的商品有利于增加旅游产业效益，也是对其保护和利用的有效途径。这类商品具体包括具有鲜明民族特色传统的工艺品、日常用品、服装服饰以及相关的旅游纪念品等等。同时，在旅游商品开发过程中还应该充分考虑到对质量的监控，所开发商品应符合非物质文化遗产的文化内涵。此外，针对一些具有特殊工艺的民间技艺，要特别注意对其深加工，提高它们的欣赏价值和收藏价值。当前在手工艺品深加工方面，重庆市各区县表现十分踊跃，经过数年发展，已形成荣昌折扇与工艺陶、垫江棕竹手杖、三峡石砚、綦江农民工版画与竹编等一大批知名度很高的旅游工艺品。

五、总结

重庆市是旅游资源丰富，民族文化灿烂的旅游城市，非物质文化遗产十分丰富，有很好的旅游开发前景。在及时充分的保护下，借助旅游开发的相关模式，创造性地对非物质文化遗产进行开发，既可以加速重庆市的旅游业发展，又可以促进对非物质文化遗产的保护，从而实现非物质文化遗产旅游的可持续发展。

参考文献

［1］江娟丽，杨庆媛，张忠训，苏康传. 重庆市非物质文化遗产的空间格局及旅游开发模式［J］. 经济地理，2019.39（6）.

［2］罗锐华. 非物质文化遗产保护的多维创新：重庆例证［J］. 重庆社会科学，2013（6）.

［3］余继平，余仙桥. 传承人的视角：重庆彭水非物质文化遗产资源保护与发展研究［J］. 重庆文理学院学报（社会科学版），2018.37（1）.

［4］罗敏. 非物质文化遗产生产性保护与产业化发展探析——以重庆传统手工技艺为例［J］. 重庆文理学院学报（社会科学版），2017.36（4）.

浅析水下文化遗产保护管理措施及成效[①]

——以白鹤梁题刻为例

蒋 锐[②]

重庆白鹤梁水下博物馆系在三峡工程最重要的文物保护项目——白鹤梁题刻原址保护工程基础上建设而成（图1）。白鹤梁题刻是世界大河流域现存水文遗产中一颗璀璨的明珠，从公元763年至1963年，古人通过长期观察，连续记载了自唐迄今1200年间72个年份的枯水水文信息，梁上现存165段题刻集历代名家文学、书法之大成，不仅是当地民众在千百年历史进程中所创造的灿烂文化，更是在长期的历史淬炼中所传承至今的文化遗产，具有极其重要的科学、历史、艺术价值。1988年，白鹤梁被国务院公布为全国第三批重点文物保护单位；2006年被国家文物局列入《中国世界文化遗产预备名单》；2008年联合国教科文组织将其列入世界文化遗产预备名单。

在举世瞩目的三峡文物保护中，白鹤梁题刻原址水下保护工程系难度最大、科技含量最高、投资最多的文物保护项目。为此先后论证了10年，提出了7个保护方案，最终采用了“无压容器”原理方案，以修建水下博物馆的形式对题刻进行原址水下保护。工程总投资2.1亿元，2003年动工，历时7年，共有14名院士参与其中。2009年5月18日，白鹤梁题刻原址保护工程及水下博物馆正式落成，实

---

① 原载于《自然与文化遗产研究》2020年2月第2卷第1期。

② 蒋锐（1976— ），重庆中国三峡博物馆白鹤梁保护管理处馆员，研究方向：文化遗产保护管理。

图1 白鹤梁题刻原貌（摄影 曾年）

现了白鹤梁题刻的原址原貌保护和观赏，成为世界上同类文化遗产成功保护的首例，联合国教科文组织将其誉为世界首座非潜水可到达的水下遗址博物馆①。

一、保护管理措施

（一）确定机构，让日常管理“顺”起来

2010年4月，重庆市政府召集市级相关职能部门、涪陵区委、区政府研究决定，由重庆中国三峡博物馆、涪陵区博物馆、重庆峡江文物工程有限责任公司联合成立白鹤梁水下博物馆试运行管理机构，负责试运行期间管理工作。

2010年12月，按照重庆市政府构建以重庆中国三峡博物馆为龙头的重庆历史博物馆群的精神，重庆市编委下发《关于增加重庆中国三峡博物馆内设机构的批复》（渝编办〔2010〕349号）文件，同意成立重庆中国三峡博物馆白鹤梁保护管理处暨重庆白鹤梁水下博物馆，将白鹤梁纳入三峡博物馆管理体系。

白鹤梁以古水文题刻的保护与展示利用为主线，以申报世界文化遗产、精品景区和国际一流的有特色的水下博物馆为目标，在国内外尚无同类文化遗产开放运行管理经验可借鉴的世界级难题下，积极探索有利于白鹤梁事业发展的体制机

①蒋锐．利用白鹤梁效应打造涪陵文化品牌的思考［J］．科学咨询（科技·管理），2015（18）：19-20．

制，制定保护管理措施，有效推动白鹤梁古水文题刻保护工作的开展，拓展了三峡文物保护成果可持续发展的无限空间。白鹤梁水下博物馆自成立以来，人员分工明确，岗位职责到位，规章制度完善，先后制定了行政、人事、财务、接待等30多项管理制度，规范运行管理标准。围绕防火、防盗、防雷击、防水下突发事件、防水下建筑隐患、反恐防暴“六防”工作重点，制订了消防、反恐防暴等10余个安全预案，建立了应急救援队伍。

实施切合白鹤梁实际的游客高峰控制性接待措施，达到开放运行最佳效果。由于特殊的参观环境所限，博物馆最初的日最大承载量只有1000人，通过对保护工程的设计要求和参观承载量制约因素的分析计算，制订了《游客高峰期应急处置方案》，科学核定博物馆日最大承载量为2700人、瞬时最大承载量为495人。严格规定每批次人数和进入水下参观间隔时间与区间，合理控制游客接待量、加快游客参观流程，既满足更多的游客参观需求，又防止馆内人满为患降低参观质量和安全隐患压力。

（二）“申遗创A”，让保护管理“严”起来

白鹤梁水下博物馆成立伊始就确立了以古水文题刻的保护与展示利用为主线，以申报世界文化遗产、创建AAAAA级景区和打造国际一流的有特色的水下博物馆为目标。

2006年，白鹤梁题刻被国家文物局列入“中国世界文化遗产预备名单”。2011年6月，重庆市文广局、重庆中国三峡博物馆、涪陵区政府成立了市区两级申遗领导小组，正式启动申遗工作。近年来，白鹤梁水下博物馆先后与北京大学、北京工业大学等签订协议，完成了白鹤梁题刻申遗文本和保护规划的编制工作，对其保护范围和建设控制地带进行划定，为白鹤梁的控制性保护奠定了基础。2014年重庆市政府颁布实施了《重庆市长江白鹤梁题刻管理办法》，进一步明确了各级政府及相关部门的保护管理职责和任务，强化了白鹤梁题刻依法保护管理力度。2015年，白鹤梁题刻本体及水环境监测项目获国家文物局批准立项，成为中国世界文化遗产预备名单中唯一批准实施的同类项目。

在做好文物保护的同时，如何将白鹤梁题刻文化资源禀赋以及水下40米独特

的旅游参观模式进行更好地呈现，为游客营造一个舒适的参观环境，是博物馆开放初期的重点。2011年，博物馆启动了国家AAAA级旅游景区和重庆市旅游服务标准化示范单位创建申报项目。对照标准要求，对交通、服务、卫生、安全等方面进行全面提档升级，提升了硬件设施，强化了服务质量。与此同时制定了108项企业标准，逐步形成了制度管人，流程管事的标准化、规范化管理模式。2013年，白鹤梁水下博物馆被评为AAAA级旅游景区，这也是涪陵区第一个AAAA级旅游景区。

（三）科研研发，让题刻保护“准”起来

白鹤梁题刻水下原址保护工程集多专业、多学科技术，是世界水下文化遗产原址保护展示的首例，在世界范围内尚无保护管理经验可借鉴。

开放运行之初，博物馆存在着运行基础设施不稳定、能耗高、水体情况复杂、透明度周期性欠佳、灯光照明设施落后、藻类和生物膜生长、展示效果欠佳等影响到日常开放运行，需要不断进行探索解决和完善的问题。针对上述情况，白鹤梁水下博物馆坚持以科研、科技为先导，以运行实践为基础，加强白鹤梁题刻保护。2010年以来，白鹤梁水下博物馆先后与重庆大学、青岛中国海洋大学等合作，开展科研课题和设施设备提档升级，寻求科学的保护措施，在揭示保护体内水质变化的影响因素以及相关规律，探索提高水下题刻保护体安全性、提升展示观看效果和降低运行成本等方面取得良好成效。

白鹤梁水下保护体内注满了4500吨过滤后的清水，水质的清澈程度是游客观赏题刻的必要条件。博物馆运行初期，水下保护体内出现水体透明度变差，绿藻滋生、微生物生长较快，灯饰及钢构件锈蚀等问题，严重影响了题刻本体安全和参观效果。

2011年6月—2012年3月，白鹤梁与重庆大学环境学院联合开展了“白鹤梁题刻水环境现状分析”的课题，进行了第一阶段研究，取得了水下保护体水环境变化影响因素和变化规律等研究成果，并对保护体内的灯光设施等硬件措施和运行管理模式进行了改进。2012—2015年，第二阶段监测分析开启。通过对水质取样检测，浊度常年控制在0.7—0.9NTU之间，透明度明显提升，藻类繁殖减缓，有效抑制了水下保护体内藻类生长，水体透明度明显提高，水质清晰和可见度达到

96%以上，参观效果大为改善。2014年，白鹤梁自主研发循环水缺水报警及自动补水装置，通过对实时循环水量的监测，调节补水量大小，保证了循环水系统的安全稳定运行，降低了水能耗。保护体补水量的逐年下降，减少了大量补水对题刻本体的冲刷，降低了文物及水下建筑体的安全隐患。

（四）项目提升，让文化遗产“靓”起来

1. 水下保护体灯光改造

水下保护体灯光改造——白鹤梁题刻保护体内水下照明系统是目前国内唯一应用在文化遗产展示的深水照明系统[①]。最初应用的LED光芯技术，在当时这一领域尚处于领先行列。一代灯具当时使用的是铝合金材质的灯盘，在使用中发现铝合金材质在水中分解产生氧化铝，覆盖在题刻表面和漂浮在水中，严重影响了观赏效果。

2010年，在重庆市文物局的支持下，重庆中国三峡博物馆委托上海交通大学对水下照明系统进行了第一次提档升级，将第二代灯盘材质替换为不锈钢，水下照明灯源采用暖光源，基本满足了水下保护体参观“看得见”的要求。但随着认识水平和展示艺术内涵的提高，水下灯光照度均匀、视觉效果平淡、不能突出重点题刻等问题逐渐暴露出来。同时，重庆大学“白鹤梁古水文题刻水环境现状分析”表明，暖光源是藻类生长较快的原因之一。为了更好地展现白鹤梁题刻，通过改进光照强弱度以延缓水中藻类和题刻生物膜的生长，2012—2014年，在重庆市文物局专项经费支持下，白鹤梁水下博物馆相继与中国海洋大学、上海交通大学海科集团多次开展灯光升级改造相关课题研究[②]，编制完成《白鹤梁题刻保护体内水下照明系统更新改造实验技术报告》。2013年国家文物局批准同意白鹤梁题刻保护体灯光改造工程立项，2014年5月批准该项目方案设计，2016年该项目由中船重工719所和上海交通大学海科集团实施完成。

---

①李隆田. 由“看得见”到“看得清”：白鹤梁水下保护体内的灯光改造［EB/OL］.（2017-03-21）［2019-12-13］. https：//news.artron.net/20170321/n917371.html.

②李童彤. 造世界首座非潜水可到达水下博物馆涪陵白鹤梁涅 · 重生［EB/OL］.（2018-07-30）［2019-12-13］. http：//www.sohu.com/a/244090516_384655.

2．观察窗玻璃更换工程

白鹤梁题刻水下参观有23个观察窗，观众通过观察窗近距离观赏水下题刻，这样的呈现方式是不同于国内外其他文物保护工程的核心价值所在。2013年2月发现部分观察窗玻璃因长期受长江水的压力、水体腐蚀逐渐老化，透光度降低，出现不规则的“银纹”，存在严重的安全隐患。2013年12月，重庆市文物局、重庆中国三峡博物馆、白鹤梁水下博物馆向国家文物局进行专题汇报。2014年5月国家文物局作为抢险项目，批准“白鹤梁题刻参观廊道观察窗整改及玻璃更换工程”立项和方案设计。2015年4月由重庆峡江文物有限公司代建，中船重工719所具体实施施工的工程正式完工。这项工程既是一次新材料与水下文物保护相结合的科技应用，也是水下施工作业的一次巨大挑战，在世界文化遗产保护史上也是绝无仅有的尝试。新更换的航空有机玻璃透光度达到92.1%，抗压强度高、抗冲击性强、抗衰性能较好，使用寿命长，消除了水下参观廊道观察窗的安全隐患，延长了玻璃更换的周期，提升了题刻在水下的辨识度和整体观赏效果，解决了制约白鹤梁水下博物馆正常开放的重大瓶颈。

（五）遗产监测，让文物安全“稳”起来

白鹤梁题刻水下40米原址保护和参观的特殊模式，对文物本体和游客的安全都提出了巨大的挑战。参观廊道等建筑体长期没入长江水下，如何有效地监测水下建筑体位移、钢筋形变、保护体裂隙等不安全因素是摆在我们面前的巨大难题。

2012年3月，原设计安装单位武汉理工大学对原有电监测和光纤检测进行维修、改造，恢复了2套监测系统的数据传输、数据采集，为水下建筑体承载能力提供数据来源，为科学判断水下建筑体安全与否提供数据支持。

2013年5月，委托中国电建集团成都勘测设计研究院对交通廊道及保护体的建筑基础形变、穹顶界面土压力、钢筋形变、保护体裂隙等重点部位进行监测，每月对水下保护体的运行状况作安全监测报告。通过近几年的监测数据，得出保护体建筑基础形变、混凝土应变、钢筋应力等监测参数走势正常，部分测点虽有波动，但均在可控范围内，保护体目前运行状态良好等结论。

2015年，白鹤梁水下博物馆自主研发空气质量监测系统，通过对重点部位设立的温湿度和二氧化碳监测点位的实时监控，远程调节馆内各处空气质量，为合理设定游客承载量提供了数据支撑，为科学控制空气质量提供了依据。2013年，白鹤梁水下博物馆与相关机构合作，完成了《白鹤梁题刻本体及保护环境监测体系建设立项报告》文本。该项目共设立12个大项、41个小项的监测指标，通过建立对文物本体、水环境、空气质量和游客流量等动态信息的监测，获得了影响文物本体及游客参观安全的基础性数据，提高了预防性保护和监测管理能力。该项目也是首个针对水下文化遗产本体和保护环境的预警监测项目。

（六）科普社教，让水下文物“活”起来

为增强游客对文物知识的了解，解决白鹤梁展陈无实物较枯燥的问题，博物馆从运行初期就积极探索服务方式，推行免费讲解，将博物馆变成生动的课堂，让每一个游客都能深入了解白鹤梁题刻的文化内涵。通过开展白鹤梁“人日修禊”、中国农民丰收节等系列活动，将博物馆科普知识与观众互动相结合，加强社会教育和科普宣传，扩大文化资源共享公众面。注重宣传手段和教育方式的多元化，以白鹤梁历史文化资源和科技保护工程为基础，引导学生和市民走进历史，体味悠久灿烂的中华文明，激发对家乡文化遗产的关注和热爱。让文化遗产保护理念融入普通市民和学生心中，让遗产的历史记忆得以传承。

图2 “一江碧水——家乡的河”科普研学活动（重庆白鹤梁水下博物馆提供）

2013年以来，白鹤梁先后被评为全国科普教育基地、国家水情教育基地、全国中小学生研学实践教育基地。通过开展“让瑰宝走出去，把公众请进来”的系列巡展、“一江碧水——家乡的河”科普研学、“君自故乡来，可知故乡事”文化沙龙等系列社会教育活动，在充分发挥博物馆教育功能的同时，扩大了宣传，聚集了人气（图2）。

二、保护管理成效

通过不断探索和工作运行实践，白鹤梁题刻实现了有效保护、合理利用和可持续发展。近年来通过立法和保护规划明确了白鹤梁题刻保护必须遵循的基本原则和工作方针，杜绝因政府人事更替带来的长官意志和不遵循文物发展客观规律的个人随意性；通过对水下保护体内石质文物现状及水环境进行定期监测和深入分析，得出题刻石质几无泥化，保存状态良好的科学结论；建立了水下保护体内文物定期清洗和检测制度，以确保水质清晰，题刻完好，水电能耗较同期明显降低；水下部分系统实现了程序化、智能化控制，合理调节光照强度，延缓水中藻类的生长速率，突出了重点题刻的展示效果，保护体内水质清晰度和可见度达到95%以上，有效地提升了参观效果，使水下题刻实现从看得见到看得清的突破①；以世界大河文明为背景的白鹤梁古水文题刻展陈内容更加丰富，手法更加多样，视觉冲击力更强烈，千年文化底蕴更加凸显；合理设定了博物馆日最大承载量、日最长开放时间，电梯、循环水设备系统日最长运行时间，建立白鹤梁可持续发展的良好运行管理机制；建立长效、完善的监测系统，对水下题刻现状、藻类生长、水下保护工程安全情况等进行全面监测，确保安全；在文化遗产保护、交流互访、输出展览、可持续发展等方面开展国际互鉴与合作，通过加入联合国教科文组织全球水博物馆网络和召开国际学术研讨会，持续扩大白鹤梁国际影响力，助推白鹤梁申报世界文化遗产；通过走出去、请进来开展科普研学活

①胡黎明．白鹤梁题刻水环境现状与水下展示提升问题［J］．中国博物馆，2015（3）：108-114．

图3　水下保护体内题刻保护展示现状（重庆白鹤梁水下博物馆提供）

动，完善了博物馆的教育功能。

白鹤梁水下博物馆自开放以来，相继获得FIDIC（菲迪克）国际2015年度工程项目优秀奖、国家文物局“2009年度文物保护科学与技术创新奖”一等奖、全国文物系统先进集体、国家AAAA级旅游景区等称号，累计接待观众200万余人次，经济效益和社会效益逐年凸显。

三、下一步的措施

1. 扎实推进申遗基础工作。对保护体内外题刻开展考古调查，摸清题刻保存现状，为遗产保护的真实性和完整性提供佐证。对照《实施世界遗产公约操作指南》，按照新的体例和最新研究成果修改完善申遗文本；编制《白鹤梁题刻申遗保护管理规划》，使申遗要件齐全；举办国际学术研讨会和国际巡展，扩大宣传影响力。

2. 实施白鹤梁题刻本体和保存环境的监测项目。白鹤梁题刻水下原址保护的特殊方式，在世界文化遗产监测工作中无先例可循，再加上对水下文化遗产监测数据、预警数据的采集和使用方面理解不够深刻，许多监测对象有待进一步梳理。相关部门应加快实施白鹤梁题刻监测预警系统建设，通过收集基础数据，分析文物本体、保存环境，日常管理的变化信息，研究各项预防性保护的限制性指标，为下一步保护管理制定较为合理的基础预警参数（图3）。

3．发挥白鹤梁水文遗产的价值，打造中国水文博物馆（国家水文遗址公园）建设项目，开展陈列展览的优化设计，改善白鹤梁陈列展示不充分和外环境局促的现状，满足游客水下原址原貌参观和对文化遗产内涵认知的双重要求。

4．深度挖掘白鹤梁历史文化价值、水文科学价值、书法艺术价值，结合科普宣传教育工作，以《保护水下遗产公约》共享和可参与性原则，提高公众在遗产研究保护工作中的参与度，加强对青少年的科普教育，实现可持续发展。

四、结束语

白鹤梁题刻原址水下保护工程是中国迄今为止参与单位最多、学者关注最广、技术含量最高的水下文化遗产保护利用工程，是中国文物事业从文物保护走向文化遗产保护的一个代表性案例。该工程在有限经费投入的前提下，实现了全世界首例水下文化遗产原址保护、展示和可持续发展目标，其运行管理经验将为同类文化遗产的保护利用提供借鉴。

重庆传统工艺振兴和传统手工品牌建设研究[①]

黄亚玲[②]

我国的传统工艺历史悠久、门类丰富，是中华民族智慧的集中体现。传统工艺品与人民群众的生活息息相关。各地区、各民族的服饰、器皿、家具等是当地人民的衣、食、住、行所必需之物，具有浓郁的地方文化特色和审美价值，其独特的地方传统韵味体现着当地人民深厚的思想情感。然而，目前传统工艺产品渐渐被机器化大生产背景下大规模制造的产品所替代，传统手工制作技艺越来越远离消费主流市场，与人民生活密切相关的手工制作技艺慢慢淡出了人们的视线。传统工艺市场日渐缩小，许多传统工艺变成仅供人欣赏或置于展厅的文化艺术品而失去了作为日常用品的意义。近年来，我国重视优秀传统文化的传承与发展，陆续颁布了振兴文化发展的相关政策。传统手工技艺的振兴需要使大量手工产品走向市场，这就需要从资源整合、人才培养和推广宣传等方面进行改进，使传统手工作坊向手工企业转型。传统手工品牌的建设是传统工艺振兴的重要一环。只有在实际生产过程中，才能真正保护和延续一种传统技艺。这意味着受保护的传统技艺必须参与创造当代社会财富的生产实践[③]。

①基金项目：重庆市社会科学规划项目“重庆传统特色手工艺协同创新培育模式与方法研究”（2017PY29）。原载于《重庆文理学院学报（社会科学版）》2020年1月第39卷第1期。

②黄亚玲（1985—　），女，重庆市人，重庆文化和旅游研究院助理研究员，主要从事文化产业、非物质文化遗产研究。

③吕品田．重振手工与非物质文化遗产生产性方式保护［J］．中南民族大学学报（人文社会科学版），2009（4）：4-5．

一、振兴传统工艺上升为国家战略

近年来，我国在推动文化产业和传统工艺美术方面出台了诸多政策和指导意见。1997年5月20日，我国颁布了《传统工艺美术保护条例》。2010年，国家11个部委联合颁发了《关于促进工业设计发展的若干指导意见》。2011年通过的《中共中央关于深化文化体制改革、推进文化大发展大繁荣若干重大问题的决定》提出了建设社会主义文化强国的目标和任务。2012年党的十八大报告再次重申了建设文化强国的战略决策。2014年5月，工业和信息化部出台了《关于工艺美术行业发展的指导意见》，全面推进行业转型升级。2014年7月，文化部、工业和信息化部、财政部发布了《关于大力支持小微文化企业发展的实施意见》，制定了给予包含工艺美术文化企业在内的小微企业具体扶持的政策。2017年1月，中共中央办公厅、国务院办公厅印发了《关于实施中华优秀传统文化传承发展工程的意见》，要求各地区各部门结合实际认真贯彻落实。2017年3月12日，文化部、工业和信息化部、财政部联合起草的《中国传统工艺振兴计划》已进入贯彻执行阶段，传统工艺振兴计划上升为国家战略。2018年5月，文化和旅游部、工业和信息化部联合发布了《第一批国家传统工艺振兴目录》，全国共计383个传统工艺项目入选。这些工艺项目涉及纺染织绣、服饰制作、编织扎制、雕刻塑造、家具建筑、金属加工、剪纸刻绘、陶瓷烧造、文房制作、漆器髹饰、印刷装裱、食品制作、中药炮制、器具制作等14个门类。传统工艺振兴计划上升为国家战略，这对传统工艺行业的发展来说是机会，也是挑战。

二、重庆传统工艺振兴现状

非物质文化遗产是文化，更是生活。非物质文化遗产是人们生活样式的动态延续，能够适应新的文化生态环境条件并获得人们的文化认同是它能够生存下去的必要条件[①]。近十年来，传统工艺相关项目作为非物质文化遗产保护与传承的

①胡惠林，王媛．非物质文化遗产保护：从“生产性保护”转向“生活性保护”［J］．艺术百家，2013（4）：19-25.

对象，得到政策、资金等方面的支持。同时，在非物质文化遗产保护的视野下，各类非物质文化遗产展示展演活动不断开展。不仅如此，传统工艺还在各类设计展及博览会中呈现，以“传统工艺”“民艺”等形式参加多种展览活动，为传统工艺的传承与传播起到了积极的作用。重庆市蜀绣、夏布织造技艺、梁平竹帘制作技艺、土家族吊脚楼营造技艺、梁平木版年画绘制技艺、荣昌陶器制作技艺、重庆漆器髹饰技艺、荣昌折扇制作技艺8个传统工艺项目入选《第一批国家传统工艺振兴目录》，全部为国家级非物质文化遗产项目，且都属于非物质文化遗产的传统美术和传统技艺类别。2018年6月，重庆市制定了《重庆市传统工艺振兴计划》，全面推进重庆市传统工艺振兴。

（一）非物质文化遗产项目的保护与传承

重庆现有的传统工艺资源丰富，分布广泛。重庆市现有国家级非物质文化遗产代表性名录项目44项，涉及的传统工艺项目主要是传统技艺和传统美术两个类别，共计有10项，占比为23%。其中，传统技艺类项目共计7项：分别是夏布制作工艺（荣昌夏布）、漆器髹饰技艺（重庆漆器髹饰技艺）、豆豉酿制技艺（永川豆豉酿制技艺）、榨菜传统制作技艺（涪陵榨菜制作技艺）、制扇技艺（荣昌折扇）、土家族吊脚楼营造技艺、陶器烧制技艺（荣昌陶器制作技艺）。传统美术3项，分别是梁平木版年画、蜀绣、竹编（梁平竹帘）。截至2019年6月底止，重庆现有六批次市级非物质文化遗产代表性名录项目707项，其中传统技艺268项，占重庆全市非物质文化遗产项目的37.9%。传统美术61项，占8.6%。在传统技艺类别中，有酿酒技艺、茶叶制作技艺、制盐技艺以及各类小吃饮食制作技艺172项，占传统技艺类项目的64.2%。与日常生活息息相关的“衣”“住”“行”“用”等相关的手工艺项目共96项。这96个项目和传统美术的61个项目共计157项，占项目总数的22.2%。这些项目在传统手工技艺中兼具实用性与审美性。在振兴传统手工艺的过程中，传统手工品牌建设是重点的研究内容。重庆的传统工艺项目主要原料来源为竹、木等，其中工艺类型最多的是各类木雕、竹编、彩扎、石雕、绘画等项目。这与重庆的地域特点与地理环境密不可分。这些项目是传承人传承核心技艺的土壤，是将传统工艺打造为地方特色品牌的基本条件。当然，非物质文化遗产的项目不能完全涵盖所有的传统工艺项目，但通过十余年的保护与项目挖掘，已在很大程度上反映重庆市传统工艺项目的基本情况。

（二）传统工艺品牌的文化产业示范作用

近年来，重庆传统工艺相关项目通过产业化发展，品牌知名度不断提高。调查发现，在重庆市的文化产业示范园区（基地）中，有11个企业有效利用传统手工技艺资源建设知名文化品牌（见表1）。在传统手工技艺方面，重庆市綦江农民版画产业发展有限公司和重庆壹秋堂文化传播有限公司已获批国家级文化产业示范基地。重庆壹秋堂文化传播有限公司依托荣昌夏布织造技艺这一国家级非物质文化遗产项目的核心技术，从原料加工到成品设计，与重庆市多家高校合作，从简单的布料到加工复杂的工艺品，涉及家居产品、服装、日用品、纪念品等多个方面，从苎麻、夏布织造衍生了一系列文创产品包括服装的开发，充分发挥荣昌夏布的文化、艺术和实用价值，成功成为在全国拥有一定知名度的手工艺品牌。不仅如此，依托重庆市荣昌区荣昌夏布和荣昌陶器两个国家级非遗项目，荣昌区建设荣昌陶文化创意产业园，依托国家级非遗项目，布局陶文化产品创作交易、旅游休闲体验等，使传统手工艺重焕生机；同时，申报了四个与荣昌夏布生产、创新、销售相关的文化产业示范基地。这四个文化产业示范基地分别是：2014年第六批国家级文化产业示范基地重庆壹秋堂文化传播有限公司（公司注册地为江北区），荣昌县美纶夏布加工基地，荣昌县易合纺织有限公司“荣昌夏布”产业基地，荣昌夏布非遗文化基地。这对传承巴渝传统文化、建立文化品牌具有积极的带动作用。同时，文化产业重点项目的认证也体现了传统工艺品牌建设的成效。巴渝尚品·重庆荣昌陶文化发展项目，以复兴荣昌陶濒危釉种和技艺、研发创意产品、打造陶文化产业基地为核心。年产15万张梁平竹帘生产展示传承基地项目以梁平竹帘创新开发为龙头，打造重庆重要的竹工艺品交易基地。綦江农民版画与布艺产品开发项目把渝派版画风情融入服饰、家居用品，扩大了产业化发展空间。

表1　重庆文化产业示范基地主要涉及的传统手工技艺项目

序号	级别	区（县）	获批年份与批次	园区（基地）名称	涉及项目名称
1	国家级文化产业示范基地	綦江区	2006年第二批	重庆市綦江农民版画产业发展有限公司	綦江农民版画
2	国家级文化产业示范基地	江北区	2014年第六批	重庆壹秋堂文化传播有限公司	荣昌夏布
3	市级文化产业示范园区	荣昌区	2015年第三批	荣昌陶文化创意产业园	荣昌陶器
4	市级文化产业示范基地	綦江区	2010年第一批	重庆市綦江农民版画产业发展有限公司	綦江农民版画
5	市级文化产业示范基地	綦江区	2012年第二批	綦江区印象版画有限公司	綦江农民版画
6	市级文化产业示范基地	万州区	2012年第二批	重庆谭木匠工艺品有限公司	谭木匠木梳传统制作技艺
7	市级文化产业示范基地	荣昌区	2012年第二批	荣昌县天运麻纺织有限公司	荣昌夏布
8	市级文化产业示范基地	城口县	2012年第二批	重庆山神漆器有限公司	城口漆艺
9	市级文化产业示范基地	垫江县	2015年第三批	重庆市垫江县翔龙工艺品有限公司	垫江角雕
10	市级文化产业示范基地	荣昌区	2015年第三批	荣昌县美纶夏布加工基地	荣昌夏布
11	市级文化产业示范基地	荣昌区	2015年第三批	荣昌县易合纺织有限公司“荣昌夏布”产业基地	荣昌夏布
12	市级文化产业示范基地	酉阳县	2017年第四批	酉阳县酉州苗绣、西兰卡普文化产业基地	酉阳西兰卡普传统制作技艺
13	市级文化产业示范基地	荣昌区	2017年第四批	荣昌夏布非遗文化基地	荣昌夏布

（三）传统手工艺人才以及高校资源

从传统技艺相关传承人和工艺美术大师方面来看，重庆市从事手工艺相关行业的人员规模不断扩大。重庆市公布了五批次市级非物质文化遗产代表性传承人，共计702人，其中传统技艺、传统美术两个类别中，市级代表性传承人共235人，占30%以上。重庆市国家级非物质文化遗产代表性传承人60人，传统技艺、传统美术相关国家级代表性传承人5人。重庆市工艺美术大师共计201人。从1979年到2018年，全国评选了七届中国工艺美术大师共计531人，重庆获得中国工艺美术大师称号的仅5人，不及全国的1%。目前在世的仅有重庆漆器髹饰技艺陈思碧、城口漆艺蔡泽荣、微雕技艺潘启慧三人（见表2）。

除此之外，依托重庆大学、重庆师范大学、重庆工商大学、四川美术学院、重庆文理学院等高校的文化与艺术相关院系和设计、美术、文化遗产、非物质文化遗产等学科培养了一批从事文化创意产业的学生，近年来投身于传统工艺相关设计、创意、运营等工作。

表2　重庆市中国工艺美术大师名单

序号	姓名	出生年份	技艺类别	获得中国工艺美术大师称号年份	获得称号时的年龄	备注
1	查文生	1928年	漆艺	1988年第二届	60岁	2003年去世
2	陈思碧	1924年	漆艺	1993年第三届	69岁	
3	柯愈勄	1949年	木雕	2006年第五届	57岁	2015年去世
4	蔡泽荣	1954年	漆艺	2018年第七届	64岁	
5	潘启慧	1949年	微雕	2018年第七届	69岁	

三、传统工艺振兴面临的主要问题

随着时代的发展，越来越多的手工艺品成为“艺术品”，实用功能减弱，在造型与外观上具有审美性，但是无法实际应用。在逐步推进传统工艺的核心技艺传承发展的基础上，如何让产品融入人们的日常生活、进入市场，是目前传统工艺发展必然面对的问题。这不仅需要产品具有较高的文化价值，更需要产品体现商业价值。目前，传统工艺的发展依然面临一些问题。

（一）规模化程度不高

目前，大部分传统工艺品生产依然依托小作坊、工作室进行生产制作，批量化、规模化、产业化程度不高。除了荣昌夏布、谭木匠木梳等几家规模较大的企业外，大多数以非物质文化遗产代表性传承人为核心、少数人帮扶且在项目所在地开展工艺品制作的方式居多。受加工方式的束缚，除了少数掌握核心技艺的人员具有较好的制作能力外，其他作品的质量仍有待进一步提高。

（二）市场定位有待提高

传统工艺品的主要消费人群在项目保护地主要针对当地居民，例如竹编、木器制品，主要的受众是当地的居民。工艺品多与当地民俗活动紧密相关，一般售价在几十元以内。另一方面，在人们生活水平逐渐提高的同时，部分工艺品在成为艺术品之后，工艺品受到文化层次、经济收入较高的社会“顶层”人士青睐，这些工艺品一般定价高，只有少数人能消费得起，例如一件刺绣、木雕作品价格上万元。这形成了消费群体的两极分化。然而，一般市场上中间层次的消费人群是最具有消费实力的群体，传统工艺品市场针对此类人群应该有更多的关注。

（三）品牌意识有待加强

品牌是人们对一个企业及其产品、售后服务与文化价值的一种评价、认知和信任。当品牌文化被市场认可并接受后，品牌才能产生市场价值。目前重庆绝大多数传统工艺生产企业还没有建立品牌意识，市场上的手工制品样式单一、缺乏独特性。例如，重庆大多数手工艺企业在旅游纪念品开发方面主要以重庆方言、索道、轻轨、火锅等图案进行创作，缺乏独特性。

四、对重庆传统手工品牌建设的思考

传统工艺品是产品，也是商品，自然离不开市场推广。这就需要加强品牌建设，整合地方优质工艺资源，改进设计，强化宣传传播，让传统工艺保持传统文化底蕴的同时融入时代内涵，走进人们的生活。要让大众目光凝聚在传统工艺品牌上，以适应今后社会对优秀工艺品牌的需要[①]。重庆在传统工艺保护过程中采取了很多积极、有效的措施。笔者认为，在传统工艺的文化品牌建设方面还可以继续探索更有效的途径。

（一）整合工艺资源打造文创品牌

传统工艺品在当代衰落最重要的原因是它与工业化社会生活方式逐渐脱离。传统工艺的保护需要通过整合地方优质工艺资源，将重庆相关联的传统工艺资源进行整合，提高传统工艺品制造能力。要建立以政府为主导、生产企业为主体、商业为桥梁、学校为基础的集政策、生产、研发和市场开发为一体的自主创新体

①李晓岑，朱霞．传统工艺与中国品牌［J］．自然辩证法研究，2017（2）：98-104．

系[①]。重庆的传统工艺编制、扎制、雕刻、造纸等项目与有地域特色的竹、木材料相关。在这些项目的发展过程中，更应当发挥地域优势，整合当地的优势资源，重点打造知名品牌。第一，提取重庆文化符号、地域特色，纳入有地方特色的传统工艺品设计；第二，整合重庆传统工艺行业或企业，共享资源，以整体性保护方式助推地域特色文化发展；第三，发挥重庆传统工艺龙头企业的带头作用，带动小作坊不断改进技术，提高技艺，提升整体水平。扩大有价值的、独特的传统工艺品的销售范围，是对这种工艺的有效保护方式[②]。要将重庆的非物质文化遗产保护与文化产业发展相结合，充分利用重庆高校的人才资源，推动重庆特色手工艺品牌建设，从蜀绣、夏布织造技艺、梁平竹帘制作技艺、土家族吊脚楼营造技艺、梁平木版年画绘制技艺、荣昌陶器制作技艺、重庆漆器髹饰技艺、荣昌折扇制作技艺8个重庆市国家传统工艺振兴目录项目入手，整合政府、高校、市场资源，建设在全国有影响力的传统工艺品牌，积极打造重庆文化旅游文创品牌。

（二）发展手工艺体验经济

传统工艺既面临保护的问题，也面临发展和创新的问题，关键是传统工艺如何与现代生活相结合、与时代相适应的问题[③]。在传统工艺振兴的大背景下，以传统手工艺为基础的DIY手工坊进入快速增长阶段，国内不少商场、购物中心出现了以手工制作课程为主要经营项目的手工体验空间及作坊，消费人群以白领阶层、学生等精神需求较高的年轻人为主。这些场地也逐渐成为许多公司策划商业推广活动、进行团队建设的场所。这种类型的手工坊有的以纯手工教学为主，如金工、木工、皮艺、纸艺、印染等，有的包含多种手工艺项目或课程，同时兼具展览、沙龙等功能，呈现出多元化发展的态势。近两年来，全国各大城市纷纷出现各种以手作体验为主的消费形式，深受青年人的喜爱，让他们可以从自主造物

① 张福昌．中国传统工艺产业的现状与设计振兴战略思考［J］．美与时代（上），2011（2）：9-15．

② 张建世，杨正文．西南少数民族传统工艺文化资源的保护［J］．西南民族大学学报（人文社科版），2004（3）：20-28．

③ 李砚祖．传统工艺美术的当代性与地域性——再谈传统工艺美术的保护与发展［J］．南京艺术学院学报（美术与设计版），2008（1）：5-9．

的过程中发掘自我的手作才华，提高审美水平。这是将传统手工技艺向大众普及的重要途径。在重庆也有一家以手作体验为主的文创空间。造物空间作为重庆首家以木作体验为主题的文创空间，2015年5月在毗邻四川美术学院老校区的黄桷坪铁路四村设立第一家店。造物主张“美由心生，物由手造”，以手作为题，借手作之美倡导慢生活理念，并力图将设计的主导权交还公众，通过工具、材料、技术的提供，让普通人也能做出独一无二的作品。除木作之外，还有金工、珐琅等手作内容，并持续与独立手工艺人开展合作，设立各类手作体验课程及系统学习课程。体验内容除了对普通用户开放外，也接纳企业用户的团建或聚会。除手作体验外，该造物空间还提供手作展演，与多个知名地产商均开展过现场活动。

（三）利用自媒体进行品牌推广

自媒体传播速度快，让传统工艺利用新媒体体现地域性审美特色，能更加迅速地扩大其影响，在展示传统工艺之美的同时让更多的人认识不同地域、不同种类的传统工艺，使传统工艺从民间走向更为开放的网络空间。这对品牌推广与知名度建设有重要的作用。在文化交流与产品推广方面，目前在重庆市传统工艺品牌中最为突出的是壹秋堂夏布坊。壹秋堂夏布坊建立了专门的网站、网络商城，还借助微信平台进行推广，同时加强对重庆荣昌夏布的宣传与展示，提高品牌价值，取得了较好的效果。自2017年起，抖音、快手等直播、推送了一些非物质文化遗产项目，让非遗项目重回大众视野。目前，重庆的非物质文化遗产项目将自媒体用于产品推广与营销方面还相对薄弱。这需要在实践中不断利用新媒体构建新的传播模式，充分利用新媒体进行品牌建设和营销。

五、结语

我国传统工艺资源丰富，在国家将振兴传统工艺作为国家战略之际，重庆需要认真梳理传统工艺资源现状，研究传统工艺发展面临的问题，运用地方资源优势推动传统工艺的发展，建立具有带头作用的知名品牌，发挥资源优势，使传统工艺真正发挥作用。重庆可以从整合工艺资源打造文创品牌、发展手工艺体验经济、利用自媒体进行品牌推广传统工艺三个方面着手，使重庆传统工艺获得更好的发展。

重庆历史文化名城保护存在的问题及其对策研究①

赵冬菊②

历史文化名城是指保存文物特别丰富，具有重大历史文化价值和革命意义的城市。历史文化名城最早由北京大学著名历史地理学家、中国工程院院士侯仁之先生，建设部著名城市规划专家、古建筑保护专家郑孝燮先生和故宫博物院明清史专家、档案学家和古建筑学家单士元先生三人于1982年提出，目的是为了保护历史上曾为政治、经济、文化中心或近代革命运动和重大历史事件发生地的重要城市及其文化遗产免受破坏。迄今，我国已公布三批次共135个国家级历史文化名城，重庆因历史文化遗产丰富而获得国家级历史文化名城的美称。重庆在获批国家级历史文化名城后，做了大量工作，但也存在一定问题，有必要进行梳理，并对不足的部分加以改进。

一、重庆历史文化名城的特点及其保护成效

重庆因特殊的自然地理环境和历史上三次建都、四次筑城、八次移民等长达3000年的历史而沉积了地域特色浓郁的巴渝文化，历史悠久的三峡文化，可歌可泣的抗战文化，热血沸腾的革命文化，爱国民主的统战文化，影响巨大的名人文

---

①基金项目：重庆市重大决策咨询项目“统筹推进重庆历史文化名城保护的关键问题研究”（2017-ZB13）。原载于《三峡论坛》2020年第6期总第352期。

②赵冬菊（1966— ），女，湖北利川人，重庆城市管理职业学院教授，研究方向：历史、文化、旅游等。

化，舍小家顾大家的移民文化，爱国忠贞的忠勇文化，与大自然抗争的栈道文化等诸多的文化，使其历史文化资源特别丰富，并于1986年被国务院批准为国家级历史文化名城。

重庆历史文化名城有其独有的特点。

一是历史悠久。从考古发现，我们在巫山发现的200万年以前的巫山猿人和在市区九龙坡发现的100多万年前的玉龙公园旧石器时代遗址，说明这里早在一两百万年前就有了早期人类的活动。到了公元前1027年，由于殷被周武王所灭，巴国建立，其治所江州，即今重庆，距今亦有3000多年的历史，不可谓不悠久。

二是资源丰富。除了自身为国家级历史文化名城以外，重庆还有1个市级历史文化名城、18个中国历史文化名镇、53个市级历史文化名镇、1个中国历史文化名村、45个重庆市历史文化名村、74个中国传统村落、9个历史文化街区、20个主城区传统风貌区、387处历史建筑、25908处不可移动文物（其中，市级文物保护单位381处，全国重点文物保护单位64处）、1482489件/套可移动文物，其中，仅重庆中国三峡博物馆就有91209件/套藏品。这些资源是重庆历史文化名城的先决条件。

三是类型多样。我国对历史文化名城分成七个类型，即古都型、传统风貌型、风景名胜型、地方及民族特色型、近现代史迹型、特殊职能型、一般史迹型，重庆因三次建都所形成的古都和特殊职能，因巴蜀特有的传统风貌镶嵌于各种文化遗产之中而形成的传统风貌，因多山、多水、多桥等特殊的自然地理环境和人文历史而形成诸多的风景名胜，因最早开埠、因成为战时陪都而积淀的诸多近现代史迹，以及其他因素留下的大量一般史迹，都无一不说明这座历史文化名城类型的多样。

四是地域和民族特色个性鲜明。从自然讲，这里山环水绕，城在水中，水在城中，地理环境独特。从人文讲，这里曾为巴文化的中心，东与楚文化相邻，西与蜀文化接壤，是民族杂居和聚居的典型，这种杂居和聚居迄今表现为以汉族、土家族、苗族、回族、满族、彝族、壮族等共计50个民族分散地杂居于此，以及土家族、苗族聚居于渝东南地区。因此，地域和民族特色的个性都十分鲜明。

这些特点使得重庆历史文化名城的个性突出，并在中国历史文化名城中，占有十分重要的地位，因而受到包括党和国家最高领导人在内的国家和地方高层领导的高度重视。与此同时，重庆市亦做了大量的保护工作。

一是出台了一系列地方法律法规的保护文件。为保护好重庆历史文化名城，重庆出台了一系列的法律法规文件。比如，《重庆市人民政府办公厅关于加强历史文化保护传承规划和实施工作意见》（以下简称“《意见》”）、《关于成立重庆市历史文化名城保护委员会的通知》、《重庆历史文化名城名镇名村保护条例》（以下简称“《条例》”）、《重庆市城乡规划历史文化特色保护规划导则（试行）》、《重庆市人民政府关于加强保护和利用重庆市优秀近现代建筑的通知》、《重庆市抗日战争遗址保护利用办法》、《关于加强历史文化街区、历史文化名镇、历史文化名村保护规划编制工作的通知》等地方法规，这些以《重庆历史文化名城名镇名村保护条例》等为主体的20余个政府规章及规范性文件，为重庆历史文化名城的保护提供了重要的法律依据。重庆在历史文化名城保护中因此有了规范的法律法规文本。

二是制定了保护规划，保护了一批项目。自重庆历史文化名城获批以来，经过努力，结合《重庆市城市总体规划》而制定并公布了《重庆市历史文化名城保护规划》《重庆市抗战遗址保护规划》，启动了开埠时的文物建筑维修与利用，以及北碚区金刚碑、南岸区龙门浩，江北区原亚细亚大班房、第十兵工厂，渝中区湖广会馆、东水门、白象街、十八梯、山城巷、燕子岩、飞机码头、马鞍山，南川区白沙镇，江津区塘河石龙门、会龙庄，大足区营盘坡、大佛湾、佛耳岩，合川区文峰塔，长寿区怀清台等一大批文化遗产的维修、整治、保护、开发、利用，包括对一批不可移动文物名录的公布及分别竖立保护标志牌的挂牌保护、档案记录、二维码身份识别等的保护措施，使一大批历史文化遗产得以传承和利用，得到了较好保护。特别是对一些重点文物，进行了重点保护，比如，将20处73个抗战遗址纳入“国宝”的重量级保护即是。

三是历史文化名镇、名村工作业绩突出。不仅申请并获批了18个中国历史文化名镇、53个市级历史文化名镇、1个中国历史文化名村（涪陵青阳镇安镇村）、45个重庆市历史文化名村、74个中国传统村落，而且对它们进行了保护和利用，如，沙坪坝区磁器口镇的保护和利用，就产生了较好的社会效益和经济效益。

四是建立了档案和数据库。为使历史文化名城保护更加完善，重庆启动了历史文化名城的档案建设和数据库建设，对历史文化名城相关资料的调查、认证、测绘、权属、保存状况等信息都建立了档案，并随着数字化建设而将历史文化名城的相关信息录入数据库中，使重庆历史文化名城的数据资料保存更加完善。

五是学术活跃，为重庆历史文化名城保护奠定了理论基础。重庆成为国家级历史文化名城以来，重庆历史文化名城专业学术委员会、重庆市城乡建设与发展研究会、重庆市城市规划学会、重庆市地方史研究会、重庆市历史学会等一批学术组织先后涉入重庆历史文化名城保护的研究，并出现了以何智亚、赵万民、吴元兵等为代表的一批历史文化名城专家及其成果，如何智亚的《城迹》和赵万民、刘柳、杨黎黎著的《赵长庚教授学术思想集》，赵万民的“新时期重庆历史文化名城保护工作的回顾与展望”“景观生态视角下城市湖泊型风景区的保护与利用——基于重庆长寿湖风景区保护规划研究”“城市更新生长性理论认识与实践”等论文，都为重庆历史文化名城做出了理论贡献，为解决重庆历史文化名城保护提供了理论的参考和解决现实问题的方案。

二、重庆历史文化名城保护存在的问题

重庆历史文化名城保护虽然取得了一定成效，但也存在不少问题。

（一）认识不足，顶层设计不够

重庆地处西部地区，多山多水多峡谷的自然地理环境使其经济相对东部地区显得相对落后。改革开放后，为了迅速发展经济，因此在很长一段时间内采取了以经济为中心的“文化搭台，经济唱戏”的发展模式，将主要精力放在了经济领域，文化成了为经济服务的附属，使得文化处于相对薄弱的环节而长期滞后。即便到了21世纪的今天，虽然国家提出了文化大发展、大繁荣的文化发展思路，但由于文化长期的被忽略，使得重庆历史文化名城中的历史文化保护意识仍然比较缺失，笔者调查发现，80%的市民缺乏历史文化名城的保护意识，甚至部分领导干部对历史文

化名城也缺乏敬畏之心，对历史文化名城保护缺乏保护意识的干部接近三分之一。在历史文化名城保护意识不强的情况下，在经济建设中，仍然突出经济而忽视文化，包括忽视名城历史文化，至今在一些上层机关及其领导人中依然存在，因而在其顶层设计中，历史文化名城保护往往成为被忽略的一块，笔者亲自走访名城委和多个文博单位，亦发现同样具有共性的问题，就是历史文化名城和其中的历史文化遗产保护喊得热闹，落实很难，究其原因，主要是没有从顶层设计上以足够的分量予以战略的定位和重视，因而在基层的具体工作中，时常显得无所适从。

（二）法制保障不力

无论是国家还是重庆市的法律法规，文件不少，内容不少，仅重庆市就出台了20多项法规性文件。但在现实中，法制的保障力仍然存在一定问题。首先是法律的操作性不强。比如，《文物保护法》第七条规定，“一切机关、组织和个人都有依法保护文物的义务”。但对文物的认定标准是什么，如何保护文物，保护文物的经费来自哪里，保护应达到什么样的程度，等等问题，都没有细化，使得在现实中难于操作。重庆某工程单位老板说：“我如果发现文物古迹，绝不上报。因为上报了我还要出钱保护，谁愿意做这种傻事？”有这种心理的人还不止一个两个，据笔者调查，60%的人不愿意在施工中将发现的文物古迹向上报告，半数以上的建设单位不知道施工中发现文物古迹后必须停工上报，待文物部门抢救性发掘任务完成后才能继续施工。其中的缘由，既有法律操作性不强，问题不明晰、不准确的问题，也有法律宣传不到位的问题。在地方法规中，也存在类似问题，比如，《意见》保障措施第二条规定：“市、区县政府将本行政区域内历史文化名城保护工作纳入国民经济和社会发展规划，保护资金列入本级财政预算。”里面没有历史文化名城保护资金在财政预算中的比例，一分钱抑或一亿元都算纳入财政预算，这个标准如何掌握，现实中操作起来有一定的难度。其次，执行力不足。比如，《文物保护法》第十五条规定了各级人民政府对各级文物保护单位应划定必要的保护范围，竖立保护标志，加注标志说明，建立完整的信息记录档案，并有专门机构或者专人负责管理。可我们在重庆市某区调研时发现，一些文物保护单位仅有一块牌子即仅有保护标识的案例不少，既没看到保护范围，也没看到有人前去管理，实际上处于自生自灭状态。这就是没有严格执行法律所致。在《条例》中，也有类似的问题，比如，第六条规定："城乡建设部门负责历史文化名城、名镇、名村、街区和传统风貌区的保护建设管理工作；指导历史建筑、传统风貌建筑的修复建设。"但从一些建设单位的操作情况看，不少建设单位基本上不懂这一条，说明城乡建设部门与具体的施工单位，以及文物单位未能有效对接，导致一些不懂文物法律法规的企业对文物的肆意破坏后文物部门才知晓，都是执行力不足的体现。

在这种法律法规不尽完善，执行力不足的情况下，工程建设中对文物的"建设性"破坏和以"保护"为名的拆旧建新和造假古董的"抢救性"破坏现象比较严重，前者如江北城在旧城改造中的"建设性"损毁文物的现象，使江北城的文化遗产几近消逝，后者如十八梯的整体拆除和重建，实际上都是违背法律法规的行为，对历史文化名城的影响不少。

（三）部门联动不够，协调机制不强

根据相关法律法规，国务院和地方各级政府是历史文化名城保护的主体或第一责任人，特别是国家制定的《历史文化名城名镇名村保护条例》第十五条的规定，国务院及国务院所属的住建部和国家文物局为最高层的主管历史文化名城保护的部门。在地方，地方各级人民政府是历史文化名城保护的主体。也就是说，上面的主管部门是中华人民共和国住房与城乡建设部（住建部）和国家文物局，上面出现了两个头。在地方，依据国家和重庆市的《历史文化名城名镇名村保护条例》，顶层主管是重庆市人民政府。重庆市人民政府下面设立了重庆市历史文化名城保护委员会（名城委），名城委负责全市名城、名镇、名村、街区等方面的工作。在《条例》第六条还规定了规划部门、文物部门和建设部门各自的不同工作职责。这些规定，看似比较合理，但实际上却存在各部门职责划分不够清晰、协调不够顺畅和联动机制不强等问题。比如，城乡规划主管部门在进行规划时，并没提到文物和建设部门该如何配合相关工作。实际上，历史文化名城保护中，哪些内容需要保护，并作出保护的规划，文物部门是最有发言权的，但却没有提及。在建设单位组织施工建设中，也没有提及文物部门，似乎三者之间没有关联，以至于在实践操作中，有时出现工作断裂无人管理等现象。缘何如此，就是部门联动不够，协调机制不强所致，没有统一有序的协调机制而使其中工作出现了空当，由此，历史文化名城保护中建立联动的机制显得尤为迫切。

（四）宣传力度不够，民众参与意识不强

历史文化名城保护不是某个人、某个单位的事情，而是全体市民的事情，与每个人都息息相关。可由于传统的文化与经济不对等的关系，以及人们过去物质的匮乏，生活的不易，普通老百姓只能将主要的精力放在吃喝拉撒等基本的日常生活上，在精神生活上除了看电影、看戏等传统的文化活动外，很少关心历史文化古迹的保护及与文化、旅游相关的资源挖掘和利用工作。即便改革开放后随着人们物质生活水平的提高而对文物或历史古迹有了一定的保护意识，但从整体上讲，如前调查和分析，对历史文化名城的历史文化遗产的保护意识仍然严重不足。为什么到了21世纪仍然会有这种现象，一个最根本的原因是政府的宣传力度不够，老百姓对历史文化名城或其中的历史文化遗产为什么要保护缺乏认知，因此出现了如鱼洞老街被破坏后再造假古董，以及渝中区储奇门羊子坝的药材公会旧址被老百姓挂满衣服、烟熏腊肉香肠，并在墙上乱拉电线，在地上乱扔烟头等事件的发生，就是政府缺乏宣传，老百姓缺乏认知所致。

民众没有认知，不知道历史文化名城的价值和意义，他们当然不会参与，因此有必要加强宣传，提高认识。

（五）经费投入不足

根据重庆市人民政府办公厅渝府办发〔2019〕105号文件精神，将在重庆历史文化保护传承中按照“一年抓抢救、两年有亮点、三年显成效、五年成格局”的工作目标，将“传统巴渝、明清移民、开埠建市、抗战陪都、西南大区”的特色充分展示出来，为此，必须紧紧围绕“乡村振兴”和“城市提升”两个基本面，开展资源普查、推进保护修缮、传承历史文脉、完善法规体系4个板块、26项重点任务、194个重点项目。这些工作要开展，这些项目要落地，没有资金支持不行。虽然该文件中提出“市、区县政府将本行政区域内历史文化名城保护工作纳入国民经济和社会发展规划，保护资金列入本级财政预算。”但未能细化，仍可能在

现实中被打折扣。市内某文物管理所所辖范围有100万人口，50多万平方公里的面积，但一年的业务经费不足10万元，基本的业务经费都不能保障，这也是造成一些文物保护单位仅竖立了一块牌子后即无持续跟进管理的重要原因之一。

三、统筹推进重庆历史文化名城保护的关键措施

重庆历史文化名城是先辈留给我们的文化遗产，是我们今天不断前行的动力，是重庆发展的软实力，具有极强的影响力和吸引力，其价值巨大，意义深远。针对重庆历史文化名城存在的上述问题，有必要及时采取措施予以改进。

（一）增强保护意识，加强顶层设计

重庆历史文化名城保护是重庆历史发展中的大事、要事，而不是可有可无之事，是必须想尽一切办法必须做好的事。因此，首先在上层必须有强烈的保护意识，高度的责任意识，甚至忧患意识。山东省聊城市、山西省大同市、河南省洛阳市、陕西省韩城市、黑龙江省哈尔滨市五个历史文化名城就分别因为在古城内大规模拆建、进行房地产开发、拆真建假、在历史文化街区违反规划大拆大建、在古城内成片拆建、破坏山水环境，以及搬空历史文化街区居民后，街区长期空置等而于2019年在全国被通报批评[1]，其教训深刻，重庆应引以为戒，不能马虎，对待历史文化名城保护，要像对待经济工作一样紧抓不懈，常抓不懈，要像绣花功夫一样绣好重庆历史文化名城保护的一针一线，一砖一瓦，做好每一个细节，同时把历史文化名城的保护纳入领导干部升迁和政绩的绩效考核之中，实行一票否决，使其心存敬畏之心，增强责任意识，做好顶层设计。特别是在目前“成渝双城经济圈”背景下，更应通过进一步的调研和成败得失的总结而做好顶层设计。一是对过去的工作深入调研，查缺补漏，对其不足部分迅速完善，形成政策文本和制度框架，并尽快落实。二是与成都方面合作，在“成渝双城经济圈”背景下做好合作共赢的制度设计，并签署有利于重庆和成都双方的战略合作协议。三是在新项目的开工建设中，尊重文化权和文化人，让文物工作者先行。提升文化、文物工作在历史文化名城中的地位，增强其话语权，力避文物的破坏

性。四是将历史文化名城保护纳入各级政府及其领导人的绩效与问责范畴。

（二）完善法律法规，加强法制保障的执行力

国家层面的法律法规，我们难以要求其修改或修订，即便能够修改或修订，也将是一个漫长的过程。但作为历史文化名城保护的地方法律法规，重庆有权力有资格进行及时修订和完善。因此，对于前述操作性不强、责任主体关系不明，易形成缺环或漏洞的不完善的法律法规，应在习近平总书记关于历史文化保护和推动长江经济带绿色发展重要指示精神的指导下，并结合“成渝双城经济圈”和重庆历史文化名城的实际，予以及时修订和完善，包括对多规合一的文件整合，严格维护历史文化名城保护规划的强制性内容，并在对部分旧城、旧镇、旧街、旧建筑、旧风貌和传统格局等的维修中，坚持“真实性”和“整体性”原则，既杜绝“建设性”破坏，也力避“保护性”拆除，使各级政府对历史文化名城的“保护性”拆除或重建有敬畏之心，使人们认识到此种行为是对历史文化遗产的严重破坏，是法律所不容。继而在各种规划和建设中，将拆真文物，造假古董的行为从法律的角度从源头切断。对于陈旧破烂严重而无完好材料的古镇、古街、古巷和古建筑等，亦应严格执法，严禁拆除重建，在尊重主体结构不被改变的情况下，由古建绘画专家绘出图纸，并由古建施工企业按原比例、原图纸、原材料修缮，最大程度还原其原风原貌，修旧如旧，等等内容，都应在法律法规中明晰出来，并强化其执行力，使重庆历史文化名城保护在法制的保障下不断前行。

（三）加强部门联动和协调机制的建设

重庆历史文化名城保护涉及多个部门，为避免上面多个部门的多头管理，而基层只有一个文化站或文化服务中心的头重脚轻现象，应对多个主体资源进行整合，建议将名城委从规划与自然资源局中分离出来，作为市政府领导下的管理重庆历史文化名城的单独独立机构，上对市政府负责，下对文物局负责，文物局在市政府和名城委的领导下开展工作，并负全责，以此避免和尚多了没水吃的状况。

名城委独立出来以后，并非与规划与自然资源局没有了关系，实际上的关系仍然存在。因为它是一个协调机构，当历史文化名城保护规划和整个重庆的城乡建设规划，乃至一些区县的规划，中间都有诸多的衔接工作，这些衔接工作，就是名城委的

工作职责，名城委在其中起协调、协商的作用。也就是通过名城委来协调规划与自然资源局、文物局，以及建设单位、负责安全的公安机关等部门的关系和工作。

为了使名城委能发挥出中心的协调作用，保证名城委与各部门之间，以及部门与部门之间的工作能有序开展，还应建立各部门协调的联动机制，即用制度来规范各部门之间的联动工作，包括重庆市规划和自然资源局做好历史文化名城保护的规划工作，重庆市住房和城乡建设委员会做好历史文化名城的建设工作，重庆市文物局做好历史文化名城的文物维护修缮工作，重庆市文化和旅游委员会做好历史文化名城资源的使用及与旅游的对接工作，公安机关协调好历史文化名城的文物安全工作等，并在其中用体制机制约束各方，以保证各方工作的协调有序。

（四）加强宣传，形成民众广泛参与保护历史文化名城的合力

发动群众来共同保护重庆历史文化名城，是保护重庆历史文化名城的最佳方法。过去由于公众对历史文化名城的了解不多而出现了认识不清等问题，因此，应通过各种媒体、知识竞赛和开展教育性、互动性的各种活动（如博物馆日、文化遗产日等）让公众参与，以此向人们宣传历史文化名城的作用和意义，从而激起人们对历史文化名城的记忆，提高人们对历史文化名城的认知，增强人们对历史文化名城的情感，包括幸福感、获得感和归属感。同时，通过在宣传和认知中，比如，在解惑答疑中对民众一定的奖励，激发人们对历史文化名城的保护热情，并鼓励他们制止对历史文化名城的破坏行为，使社会形成都来保护历史文化名城的氛围，形成社会保护历史文化名城的自觉、自律，从而既保护重庆历史文化名城，又改变“公众参与乏力”和原住民“缺乏话语权，社会归属感低”[2]的窘境，不失为有效的方法之一。

（五）加大投入

“巧妇难为无米之炊”，这俗语说明了金钱的重要性。重庆历史文化名城的保护亦如此，亦需要大量的资金注入其中。为此，建议：一是学习浙江等地对历史文化名城保护的投入机制经验。浙江非常重视历史文化名城和历史文化遗产的保护，并舍得花钱。早在2001年，该省仅用于“保护规划编制，历史地段整治及基础设施改造，文物古迹、历史建筑修缮等方面的费用就达4200万元”，杭州从

2004年开始，专项用于历史文化名城保护的经费就超过1.3亿元，不仅如此，杭州每年还能“从城市建设维护费征收额的3%提取作为专项文物保护经费”[3]。而重庆到2014年的历史文化名城保护经费才3000万元[4]，差额巨大，重庆历史文化名城的保护经费捉襟见肘。虽然有关人士曾向市人大提出“关于设立重庆市历史文化名城保护专项资金的建议”，列出重庆每年至少需要1.2亿元的历史文化名城保护经费的数额[5]，但未能落实。二是大力引进民间资本进入历史文化名城保护之中，对保护和利用历史文化名城有功的企业和个人采取奖励和税收减免等优惠政策，使其将资金投入历史文化名城的保护之中。三是加大人才引进及相关的经费投入。人才，尤其是高端人才在重庆历史文化名城中起着关键作用，可由于待遇等问题而难以留住高端人才。孙中山说：“治国经邦，人才为急。”人才是保护重庆历史文化名城的关键。但我们调查发现，重庆保护历史文化名城的人才严重不足，特别是高端人才比较匮乏，好不容易引进一个博士、教授，但由于待遇等问题而纷纷离开，建议政府给历史文化名城相关的人才提供更多更好的保障机制，包括人才培养和留置人才的拨款机制。四是通过招商引资等方式引进重点项目经费。根据前述《意见》所提出的两个基本面、4个工作板块、26项重点任务、194个重点项目和必须彰显“传统巴渝、明清移民、开埠建市、抗战陪都、西南大区”五大特色的要求，其中需要大量资金，资金从哪里来，除了国家一定的拨款外，建议通过招商引资，分别引进大项目、大资金，也是一个不错的选择。

此外，重庆拥有由2000多人组成的文物志愿保护者队伍，这支队伍经过多年的摸爬滚打，已总结了不少经验，做出了巨大贡献，其中不少人几乎达到专业水平。特别是他们有积极进取的态度和为文博事业做更多贡献的热情，我们应对他们的热情和贡献加以保护。但他们也有困难，比如，出门调研时的交通费、生活费、住宿费等基本费用都需要开支，建议政府财政予以支持。

四、结语

重庆历史文化名城是重庆发展的软实力，责任重大，意义深远，虽然我们已经做出了不少成绩，但也存在不少问题，要使重庆历史文化名城得以很好地保护和传承，得以走得更远，得以得到可持续的发展，就应立即采取措施，纠正这些不足，使重庆历史文化名城成为重庆响亮的名片而不断前行，这便是本课题的一大重要任务。

参考文献

［1］陈雄民．住建部和国家文物局通报批评5个历史文化名城保护不力城市，住房和城乡建设部国家文物局关于部分保护不力国家历史文化名城的通报［J］．城市规划通讯，2019（7）．

［2］张志，张雯毓．浅析旧城历史文化街区更新过程中的公共参与——以汉口历史文化风貌街“文创谷”腾退为例［J］．资源开发与市场，2020（3）．

［3］郭大军，杨毅栋，李荔．城市历史街区文化传承与创新策略初探——以杭州市拱宸桥历史街区保护为例［EB/OL］．https：//max.book118.com/html/2018/0415/161680282.shtm．

［4］保护历史文化名城名镇重庆市今年拟投资3000万元［EB/OL］．华龙网，http://cq.cqnews.net/html/2014-02/09/content_29702532.htm．

［5］赵芾．关于设立重庆市历史文化名城保护专项资金的建议［EB/OL］．http：//www.ccpc.cq.cn/home/index/more/u/jygk/id/213112/r/1.html.

重庆古城墙文化资源的开发与保护路径探究①

刘 琳 田 珊 任建娇②

一、前言

重庆城墙依悬崖而建，巧妙地利用了地势环境，在历史上起到了重要的战略防御作用。九开八闭十七座重庆城墙，围绕渝中半岛，气势雄伟壮丽。与众不同的城墙作为城市文化的一部分，鲜明地诠释了“山城”的特点。但1929年到1935年，重庆城门被逐渐拆毁消亡，现仅存东水门和通远门两座。

在城市健康发展的背景下，挖掘和延续根植于重庆城墙的文化显得极为必要和迫切。政府对古城墙的保护与开发力度也不断加大，1992年两座保存完整的城墙被列为重庆市的文物保护对象，2005年政府建成通远门城墙遗址公园，2013年重庆古城墙被国务院列为第七批全国重点文物保护单位。随着其他城门遗址不断挖掘，重庆城墙依旧代表重庆意识形态和人文风貌。在城市化进程中，通过对城墙的保护与开发，可以挖掘城市的精神文明，同时可以带动旅游业的发展，从而提高重庆人文旅游的质量，挖掘人们心中的城市记忆。

---

①原载于《重庆城市管理职业学院学报》2020年6月第20卷第2期总第78期。

②刘琳（1996— ），女，山西运城人，重庆工商大学社会与公共管理学院在读硕士研究生，研究方向：人口学。田珊（1995— ），女，贵州遵义人，重庆工商大学社会与公共管理学院在读硕士研究生，研究方向：人口老龄化。任建娇（1995— ），女，山西朔州人，重庆工商大学社会与公共管理学院在读硕士研究生，研究方向：组织社会学。

二、文献综述

城墙在古代意义重大，凡有城的地方必会修建城墙，古城墙的历史遗迹蕴含丰富的文化底蕴，值得做深入探究。现有研究主要集中在以下几个方面：第一，在城墙保护方面，由国家文物局出版的《中国古代城墙保护研究》一书是较早关于城墙保护与研究的论文集[1]；第二，城墙旅游开发方面，目前学者多以西安、开封、南京、北京等古城墙为依托，如徐若愚和火艳通过考察游客的需要及古城墙周边实际情况，提出要设计出识别性强、代表独特的导视系统[2]；第三，最近兴起的城市休闲互动的研究侧重将古城墙与城市公共空间、环城景观相结合，如西安城墙[3]、南京古城墙等[4]；第四，从城墙文化看，商子雍在《西安城墙的文化意义》中从西安城门的历史出发，强调了其沉淀的古老而丰富的历史文化和西安人的情感记忆[5]，张丹等则提出重庆城门遗迹未有效开发且文化内涵不清晰等问题[6]。已有研究主要集中在古城墙的保护利用、资源开发、文化价值等方面，且有关重庆城墙的研究相对较少，急需探索城墙如何在城市发展中得到更好地开放与保护，从而发挥更多价值。

三、重庆城墙历史概述

据史记载，重庆城墙曾有四次大规模的修筑史。关于历史上重庆城墙的初建，“原重庆博物馆历史学家董其祥先生考证，该城位于今渝中半岛最顶端，方圆不到一平方公里”[7]。三国时，江州都护李严开始建筑江州城，挖断城后佛图关，使江州形成孤岛，城墙面积扩展至两三平方公里。第三次是1239年嘉熙三年，据南宋邵桂子《雪舟胜语》描述，重庆城建成后，四门立四石，刻有“大宋嘉熙庚子，制臣彭大雅成渝为蜀根本”[8]。此后重庆知府余玠对城墙进行了加固，增开城门，形成九门结构。第四次是1371年明洪武四年，戴鼎垒石筑城，形成九开八闭的十七座重庆城墙格局。由《重庆府治全图》可见，城门一开一闭，相间排列，各具特色[8]。

朝天门：朝天门位于重庆半岛的东北尖角处，内有瓮城，属双层结构，是最雄伟的城门，作为长江、嘉陵江的枢纽，商业繁荣，此外，朝天门还承担着“迎官接圣”的重要作用。“据清代有关记载，朝天门建在江崖高处，门外是下到码头的长坡”，可见朝天门雄伟壮丽[9]。1927年，由于修建码头，将朝天门旧城门撤除。1949年“九二”火灾烧毁周围2 千米区域，朝天门便只剩城基墙垣。

翠微门：北距朝天门约600 米，据推测，翠微门最初修建是用于排水，城门被“堵死”，城内小巷之间原有沟溪。民谣“翠微门，挂彩缎，五色鲜明”[8]，是因为翠微门朝正东方向，是看日出的好地方。20 世纪初，兴起“拆城围、建码头”之风，翠微门随之消亡，1935年，重庆把坊厢改为联保，翠微门划入二区，归龙王庙管辖。

东水门：北距翠微门约200 米，没有瓮城的城门之一，是现存的两座城门之一。东水门是当时除朝天门外最大的商货码头，店铺林立，聚集八大会馆中的三所。

太安门：据考证， 太安门位于太平门北，距太平门约400 米，是一道闭门，其文献记载较少[8]。

太平门：太平门在重庆旧城东南方向，距太安门约400 米。两门之间曾集中重庆衙署，因衙署聚集，古时的报时由官府设立的鼓楼负责，故有“太平门，老鼓楼，时辰极准”[8] 的说法，曾是重庆的政治经济中枢。

人和门：位于太平门和储奇门之间的人和门，面对长江，是目前发现的唯一闭门，不通人车，仅作军事瞭望用，是明朝戴鼎大修重庆城所建，取“天地人和”之意，当年人和门旁边是古时重庆“市政府”。2012年1 月，人和湾某工地内发现一座老门洞，门洞位于明代人和门城墙底部，面向长江，城门洞属石券顶，专家推断该处为人和门。

储奇门：储奇门应算重庆城正南门，与临江门遥相呼应，是重庆重要交通连接点。抗战时期，原城门旧址修建有著名的“储奇门缆车道”。“储奇门，药材帮，医治百病”[8]，古时储奇门是重庆城药材集散之地，城门内街山货、药材字号、堆栈林立，不少全国知名老药号在此设仓库和店铺，至今，储奇门一带，依然是重庆市药材行业集中地。

金紫门：原有重庆镇总兵署，建于清康熙八年（1669），民国初为重庆镇守使署，是除东水门外另一座没有瓮城的城门，与储奇门相距不足150米，且两个城门均为开门。古民谣："金紫门，正对着镇台衙门。"[8]嘉庆时期是重庆镇总兵署所在地，民国时期是镇抚府，因重庆官府衙门集中此地而兴建。后因修建缆车道路，金紫门被拆毁。

凤凰门：明洪武四年（1371），明重庆卫指挥使戴鼎垒石筑城，依袭旧俗，因台设门，起名"凤凰门"。十八梯是旧时沟通上下半城的主要干道，从凤凰门入城，通过十八梯可达上半城。明代以来，凤凰门一直是重庆主要的回民聚居地，回民不食猪肉，喜食牛羊肉，于是凤凰门内的川道拐（现雷家坡立交桥）成了重庆最大的牛羊屠宰场。

南纪门：据推测应为《史记》所记载的熏风门，张钰与大将也速达儿曾战于此，南纪门外有可供大战的平坝，城门在1927年被拆毁。

金汤门：在重庆老城南纪门和通远门之间的半山腰，封闭已久。与其他闭门不同，金汤门不具排水功能。"固若金汤"的金汤门最为险要，城门外悬崖直到长江边，且以悬崖为墙，险要且坚固。金汤门内散落有天官府、体心堂、仁爱堂，金汤门处地荒凉，很少有人居住，仅有的商铺也是卖棺材，因此有"木棺材，大小齐整"传唱[8]。

通远门：在重庆老城的正西方，瓮门东北向，是古代重庆最重要的军事要塞，城门两侧建有炮台，历来攻守在此门，是唯一陆路开门，也是现存最为完好的城门。通远门外七星岗一带为"乱葬岗"，有大片的坟地，故有"看埋死人"之说。

定远门：闭门，地理位置险要，城墙外是悬崖，大多形成岩厦，内有"安乐洞"较为出名。1932年兴修七星岗至朝天门的中城经路，城垣遭拆围。

临江门：位于重庆城北的开门，是嘉陵江重要的水码头，有瓮城，城门与正门都朝北，在重庆有瓮城的诸门中是独一无二，这也与当地的地形有关。此城门最早拆除，1921年为修马路拆毁。

洪崖门：临江门东约400 米处是洪崖门，临江崖壁上有天然崖洞，叫洪崖洞，门因此洞得名，洪崖门建在洪崖洞上，此洞为旧时名胜，《巴县志》时定“巴渝十二景”有“洪崖滴翠”，并作《小记》以赞之，洪崖门曾是古战场，周围一带多悬崖峭壁，易守难攻[8]。

千厮门：曾是重庆最古老城门之一，1930年拆除城墙、修建码头，70年来历经改造，变化巨大。因位置临江且地势开阔平坦，商流汇集，货物以棉花为主，故有“千厮门，花包子，白雪如银”[8]之说。

西水门：在朝天门与千厮门之间，此门为闭门，又离千厮门极近，实际上并没起什么经济、交通或军事方面的作用。

四、重庆城墙的优势特征

（一）地理环境优越，依悬崖而建，与众不同

重庆以“山城”闻名，城市与山地融为一体，形成“城中山、山中城”格局。九开八闭重庆城墙雄伟壮丽而别具风格，堪称人类史奇迹。城门修筑利用天然的地理优势，围绕渝中半岛，渝中半岛恰被长江嘉陵江包围，形成天然的护城河，城门以悬崖为墙修建或建于悬崖之上，其走向大体呈等腰三角形，城外悬崖下是天然护城河长江与嘉陵江，本就难以攻破。城门进入城内还有一段较大陡坡，从城门往里看不见城中小巷，重庆城墙依托地理环境形成易守难攻之势。

（二）城墙格局独特，城门一开一闭，城多且密

古城墙一般规划整齐，四方围城。如陕西西安古城墙保存较为完整，主城门有长乐门、永宁门、安定门、安远门四座城门；北京城的城门较多，也仅有九座。而重庆城，光环绕渝中半岛的城门就有十七座，十七座城门分为九座开门八座闭门，有序地交叉排列，平均400 多米就有一座城门，相距最近的城门不足200 米。开门方便城内外沟通，起到安保、管理作用，城门外有陡坡，进城门后有几十步陡峭石梯，城门处形成类似瓮城的格局。重庆城的闭门，只有城楼没有门，主要用于军事防御和排水。开门和闭门都承担独特功能，保卫重庆城内居民。重庆城门九开八闭的格局，传说是应九宫八卦之说，真正的原因无史料可

证，建筑者建筑十七座城门的寓意值得考证，正因如此，重庆城墙也具有独特的研究意义。

（三）承担繁多的功能，集军事、政治、经济、生活于一体

古城墙的筑建大多以军事防御为主，城墙高垒设有护城河，用以抵抗外敌入侵。有的城墙具有政治意义，如北京紫禁城；有的城墙具有经济意义，如开封城等。重庆城墙兼具军事、政治、经济与生活意义。城墙建始用于军事防御，重庆城处川渝地区要塞，是兵家常争夺之地。历史记载的四次重庆城门修建均为抵抗障碍，依托重庆地理优势，背靠悬崖而建，城门易守难攻。自形成九开八闭的伟大格局以来，各城门承担了不同功能，民谣虽没有史书记载的可信度高，却是对其文化的直接反映。“大码头朝天门”“花包子千厮门”“广船开洪崖门”等都反映当时商贾云集、贸易繁华；“粪码头临江门”“菜篮子南纪门”“药材行储奇门”等，生活气息浓厚，可想人们聚集的情景；“较场坝定远门”“镇台衙门金紫门”可见达官贵人不少。十七座城门各有特色，城墙将渝中半岛环绕，形成不大不小的城池，承载着当时居民的全部生活。

五、重庆城墙发展的阻隔

（一）保存不完整，仅完整保存两座

在历史长河中，重庆古城墙巍峨矗立，保护着重庆这座古城。随着城市化发展，重庆要以崭新面貌迎接未来。20世纪三四十年代，重庆在大规模改造工程中将城门陆续拆埋。为更好发挥其交通优势，朝天门作为最大的码头被第一个拆除，如今朝天门主要为客运码头。太安门是重庆重要门户和通商口岸，后也被拆除。目前仅存较完整的两座城门为通远门、东水门。通远门被修建为通远门城墙遗址公园，通过雕塑等形式将城门文化保存下来。但仍有不足之处，古墙的维护修缮力度不够，破坏城墙历史厚重感，游客游玩增加环境负担，对城墙整体风貌造成影响。东水门虽被保护，但门上城楼不复存在，目前东水门还处在最基础保护阶段，未对其历史文化价值进行宣传，当地人也鲜少知晓。重庆城墙蕴含历史

底蕴丰富，后人和门、太平门、南纪门相继被发掘。但保存下来的确实不多，需要重视对城墙历史文化的开发。

（二）文化传承不足，城墙的记忆逐渐消失

自20世纪三四十年代城墙被拆除，重庆城墙就消失在人们的视野中，新一代居民对城墙文化记忆缺失。对内来说，城市文化是城市居民在心理、行为、情感上的认同体现，是作为凝聚力、归属感的存在，是团结城市居民，促进城市发展的必要。对外来说，城市文化代表城市形象，是城市对外竞争力的体现，也是对城市发展前景的综合评估，是城市发展优势的必要方式。作为城市名片的一部分，时代呼唤重庆城墙文化的开发与保护。目前重庆城墙的历史，可见史书记载或老城居民的民间传说，随着时间推移，如果城墙文化没有得到开发与保护，这些文化将消失在人们的记忆中。

（三）宣传不到位，未形成旅游品牌

重庆城墙的九开八闭格局不复存在，但很多地名保留城门名称。它代表着重庆的文化特色，是重庆市历史精神风貌的重要体现，城墙传承的文化依旧可以展示于后人。近年来，重庆旅游文化发展迅速，在自媒体推动下，人们借助微博、抖音等社交软件使重庆迅速走红。重庆成为网红城市的同时，城墙却没有顺势形成旅游品牌。重庆旅游业的发展缺乏有力的文化元素支撑，如重庆母城渝中区，很多人文旅游景点成为外地游客打卡的必经之处，各个景点文化丰厚、历史悠久，但景点较为分散，集中度低，难以整合发展，没有明确的旅游路线，重庆城背后的历史无以传载。城墙本是历史文脉的直接载体，却未形成渝中特有的旅游标签，未能为当地人文旅游品牌体系提供价值。作为“网红”旅游城市的重庆，对城墙文化的开发不到位，没有充分利用城市的资源优势。

（四）文化传达系统不完善，缺乏专业运营

城墙遗迹作为城市历史发展的重要见证，沉淀着城市文化和内涵。目前，重庆城墙遗迹处悬挂有简单的解说牌，部分地方修筑了特色雕塑，但缺乏完整的信息标识系统，没有组成专业的解说媒介，游客不能理解城墙蕴含的宝贵文化。加之年代久远，本地游客也不能确切理解重庆城墙内涵，导致城墙文化传承困

难[10]。城墙规划开发过程中，由于缺乏专业的人才和团队建设，城墙的保护没有引起重视，导致城市规划道路改造和破旧房屋拆迁加速城墙破坏。

城墙文化作为山城古老历史软文化的体现，是旅游发展必不可少的元素，对于促进重庆发展具有重要作用。由于城墙本身的不可再生，导致重庆城墙不断被破坏，没有得到重点保护的城墙不断被损坏，导致重庆城墙不完整，知名度也不高，很难吸引古遗迹研究专家学者的重视。

六、重庆城墙文化的开发利用

（一）借用3D 科学技术发展城墙文化

3D 技术的发展，能根据对古文物的记忆，将其以立体的形式展现。现国家博物馆、各省级博物馆已经通过3D 技术，游客可以在屏幕上对文物各个细节进行全面了解。重庆城墙历经千年，在20世纪的城市规划建设中被拆除，城墙的全貌已然不存，但其特点鲜明，沿着长江与嘉陵江，围绕渝中半岛而建筑，十七座城门密密麻麻而错落有致。重庆古城墙的历史记载很多，城墙的遗址也不断被挖掘，可以通过3D 技术等多渠道对城墙的全貌进行技术性恢复，力图将城门的地理优势、建筑风格、城内小巷展示出来；根据现有的古城墙资料，通过影视，制作一部重庆古城墙纪录片，以城门的兴建和拆毁为时间线索，纵横六百余年重庆历史，将古城门还原于人们视野。文化代表了整个城市的精神风貌，城门作为重庆文化的一部分，应该以更自信、更具魅力的形式展现给游客。

（二）利用文艺演出展示城墙历史文化意义

重庆城墙自秦时就有记载“仪城江州”，历史悠久，见证历史长河，蕴含丰富的文化底蕴。重庆城门九开八闭共十七座，修筑靠几朝几代人的努力，据民谣传说及史书记载，各城门的功能有所区别且特色鲜明。如今，城墙的全貌已然无存，但其文化内涵依旧不断传承，文艺演出可将过去的文化形象地展现，唤醒人们的文化记忆。文艺演出，靠演员形象的表演还原历史，“印象武隆”等印象系和“再见平遥”等再见系，都完美地再现了当时当地的文化历史，获得观众好评。根据重庆城墙的建筑历史及城门独特功能，编排舞台剧，将重庆城墙文化以可观可感的形式展现，展示重庆城市的风貌。

（三）开发城门小巷文化传递城市风貌

20世纪二三十年代，重庆城墙被陆续拆除，城墙逐渐消失在市民的生活中，如今市民对城墙的记忆消失殆尽。但城墙附近的小巷及以城墙为名的街道还为数不少，小巷内的居民对城墙历史口口相传，传承着城墙文化。对城墙文化的保护与开发，要特别注意原有保存至今的文化，小巷居民世代居住在城内，是城墙文化最直接的保护者。借鉴其他地方的开发经验，有关部门可以对城门附近的小巷、街道进行整体规划，或打造非商业化民俗街，展示特色文化的产业。通过可直观感受的小巷文化，维持市民的文化记忆，向游客展示重庆文化的特色。

（四）塑造城墙品牌建立城墙特色创意综合体

针对各个景点集中度低，难以整合发展，可依托城墙集中点，为游客设计明确的观光路线，形成一体的文化历史特色，将城墙打造成重要的文化标签。利用专业多语言标识系统，为游客提供便利详尽的解说，让游客随时随地详细了解城墙文化及文化内涵背后的重庆历史。在城市的道路交通导航系统中，加入重庆古城门的路标，在已消失的城门原址处，修建遗址纪念碑，或竖立标志牌，介绍该城门的历史，并通过图像资料展示该门状貌与周边环境。将重庆古城相关资料整理成图片文字，作为副刊随《重庆地图》赠送。通过建立游客参与体验区、建立主题服务设施、探索新型开发媒介阐述城墙文化。游客体验区可通过景观地标、城墙绘画、纪念小品、仿古建筑、最佳拍照点、纪念墙等方式为游客参与体验；新型开发媒介包括更加先进的宣传技术和开发路径，如通过影视拍摄取景、大型主题展会、城墙漫展等方式，让城墙文化得到宣传，进而被更多人知晓。

（五）引起多方位人才参与

针对重庆城墙现存特点，创意产业人才缺乏是制约城墙文化发展的重要因素，因此亟须一批具有文化创意、城市开发规划、特殊旅游打造的人才队伍。重庆市有多个中高等院校，重庆大学、重庆旅游职业学院、重庆交通大学等都有相关的研究基地，这为培养专业人员培养提供了平台。高校人才培养需要旅游、规划等部门重视，可以通过高校和相关部门的合作和交流，成立专门的研究小组，邀请高校教师、专家学者对城墙保护与开发提出意见和建议，打造城市发展与高校教育相结合的“产学研”一体化，积极推进相关政策制定，市政府与城市规划局联合制定相关保护规章制度，加强对古城墙的保护，增强人们的保护意识，大力推进新型旅游开发保护。

七、小结

城墙文化作为城市精神风貌的代表，是历史见证和民族精神的遗存，对后人解读历史和传承文化有着重要作用，城墙的开发和保护对整个重庆的文化内涵挖掘和文化传承有重要价值。在当今的城市建设中，应该重视城墙文化的恢复与发展，将其作为城市发展的亮点展示于世人。经过与全国比较典型的北京城墙和西安城墙对比发现，重庆具有独特的地形地势，城墙结构也比较独特，在军事防御中起到了易守难攻的作用。但重庆城墙的开发与保护力度缺乏，如今重庆的城墙文化没有得到足够的重视，导致人们的城墙记忆逐渐消失。本文结合实地调研结果，针对不完善的传达系统和专业人才缺乏现状，尝试进行新的路径探索，包括建立新型呈现方式、建立游客体验区、增加专业传达系统、引进人才参与等多种方式相结合，为重庆城墙开发与保护提供新路径。结合多种方式，建立新型媒介，通过文化创新、主题创新等方式挖掘城墙文化，把城墙作为重庆旅游和发展的重要品牌标签呈现出去，让更多人感受城墙代表的重庆文化内涵和外延。在政府和高校及各位专家学者的合作下，将城墙作为新的旅游特色，将会使重庆旅游更加创新和富有文化意义。

参考文献

[1] 魏正瑾，吴建民，龚良等．“中国古城墙科学保护研讨会”综述[J]．文物，2001（07）：93-96．

[2] 徐若愚，火艳．文化景观中导视系统设计的研究——以南京明城墙为

例［J］. 设计，2018（23）：55-57.

［3］ 董芦， 钟晓莉， 赵海燕. 西安城墙历史风貌保护与环城公园建设历程评介［J］. 风景园林，2012（02）：38-42.

［4］ 刘正平. 南京明城墙风光带规划［J］. 城市规划，2001（04）：65-69.

［5］ 商子雍. 西安城墙的文化意义［J］. 西部大开发，2017（10）：140-142.

［6］张丹， 姚琦. 文化创意旅游视角下重庆城墙遗迹开发研究［J］. 重庆与世界，2016（07）：68-73.

［7］李正权. 九开八闭重庆城［M］. 重庆：重庆出版社，2018.

［8］江义高. 九宫八卦与重庆城门［J］. 龙门阵，2005（1）：102-103.

［9］ 唐冶泽，冯庆豪. 老城门［M］. 重庆：重庆出版社，2007.

［10］ 张丹，姚琦. 文化创意旅游视角下重庆城墙遗迹开发研究［J］. 重庆与世界，2016（07）.

重庆市非遗传承人群研习研修计划培养模式研究[①]

侯振伟[②]　杨　林　张懿隆　刘运婵

一、非遗传承人群培养的意义

非物质文化遗产是民族文化艺术的瑰宝，具有丰富的文化艺术价值和经济价值。近些年来，随着中国经济的高速发展，工业化和产业化的生产发展模式对非物质文化遗产存续环境带来了巨大冲击。党的十九大报告明确指出，将“加强文物保护利用和文化遗产保护传承”作为夺取新时代中国特色社会主义伟大胜利的一项重要内容，提出“推动中华优秀传统文化创造性转化、创新性发展”的要求。要达到这些目标和要求，复合应用型技艺人才是关键，而高层次的教育培训是人才的重要保障。

二、非遗传承人群研习研修计划培养模式研究的意义

（一）根据《文化部中国非物质文化遗产传承人群研修研习培训计划》具体要求，不断提高非物质文化遗产传承人群的实践水平和传承能力，满足非遗传承的现实需要。因此，高校应发挥高校与非遗传承人群间的桥梁纽带作用，通过“非物质文化遗产传承人群研修研习计划”，依托重庆高职院校的差异化教学

---

①原载于《中国文艺家》2020年10月。

②侯振伟（1980—　），汉族，山东省新泰市人，研究生，研究方向：艺术学、非遗传承。

（高职院校注重实训、实操的办学特征），实施规模培训，以帮助非物质文化遗产传承人群提高文化素养、审美能力、学习能力，以及传统工艺设计、制作水平，促进传统工艺走进现代生活，振兴传统工艺，实现精准扶贫，达到“培训一人、带动一片”的目的。

（二）党的十九大报告指出，将“加强文物保护利用和文化遗产保护传承”作为夺取新时代中国特色社会主义伟大胜利的一项重要内容，提出“推动中华优秀传统文化创造性转化、创新性发展”的要求。随着人民对日益增长的美好生活需要，群众对非物质文化遗产的关注度持续高涨，因此开展“非物质文化遗产传承人群研修研习计划”是非遗传承人群提升文化自觉和文化自信的有效途径，在增强传承能力和保护水平方面具有重要意义。

“中国非物质文化遗产传承人群研修研习培训计划”作为《国家“十三五”文化发展改革规划纲要》的重要任务被提出，2018年4月提出的《中国非物质文化遗产传承人群研修研习培训计划实施方案（2018—2020）》，更加规范了研培计划的具体实施要求。此课题的研究可以为培训计划的顺利实施提供一定的理论支撑。

（三）本课题有一定的实践意义：（1）通过本课题的研究，我们可以不断地积累经验，深入了解把握相关非遗项目的特征、历史演变与文化内涵，进一步完善研培课程设置，不断拓展培训教学的质量和广度以及深度。（2）本课题的研究对于密切建立起院校与项目所在地的长期合作关系，包括建立非遗传承实训基地、田野调查基地有一定的指导意义，同时深化了校企合作的行业积淀，拓展了社会服务职能，使艺术院校与当地文化企业有了密切的联系，一定程度上促进了学院的学科专业建设，增强了艺术院校的文化传承及创新能力。（3）以“培训一人、带动一片”的培训理念，促进精准扶贫、带动地方经济社会发展，提升了学院的社会影响力。

三、重庆市非遗传承人群研习研修计划培养模式研究

（一）课程体系设置

课程设置依据“强基础、拓眼界、增学养”的教学原则，培养非遗传承人群

的艺术素养。研培工作可分为两个不同阶段。

第一阶段：采取在学院集中开展培训。以“强基础、拓眼界、增学养”为教学基本思路，聘请国家级传承人、省级传承人或领域内的专家、行业名师等多行业师资，为学员讲授技艺示范、技能基础、艺术素养。

整个课程分为基础素养课、专题讲座课、实践实训课三个部分。按照3:3:4的课时分配原则，其中基础素养课占30%、专题讲座课占30%、实践实训课占40%。建立微信交流平台，为学员提供持续的创新设计信息服务。建立学员班级“非遗微信交流群”，通过微信发布课程信息、教学安排、拓展非遗交流培训经验，即便是学员离校后还能继续保持交流。

第二阶段：属地培训。探索校地合作、校企合作、定点定向委培。该培训课程理念打破传统培训在高校集中封闭式培训的模式，将技艺实践课程带到院团、大师工作室等地点，实行定点、定向培训。一是在重庆文化艺术职业学院进行课堂教学、讲座、市内传统技艺传习所博物馆调研交流；二是到重庆市相关院团、大师工作室进行实践教学。

（二）教学方法

针对非遗传承人群的知识水平、认知能力和行为习惯，非遗培训采取讲授法、演示法、参观法这三种教学方法。

讲授法。针对专题讲座，邀请非遗管理者或非遗企业经营者，讲述国家对非遗制定的相关政策，讲述非遗从业人员的经历，起到沟通、交流、讨论的作用。

演示法。邀请国家级非遗代表性传承人，在教学时作示范性的操作，通过实际观察获得感性知识以说明和印证所传授知识的方法。使学员获得生动而直观的感性知识。

参观法。根据教学目的要求，组织学员前往校外场所——艺术馆、大师工作室、演出剧院、非遗手作卖场和其他社会生活场所，使学员通过对实际事物和现象的观察、研究获得新知识的方法。

（三）教学组织与实施

包括在前期调研及准备、学员遴选、课程设置、师资安排、教学设施配备等方面开展的具体工作。

1. 充分准备前期调研

前期调研论证环节深入重庆区县考察培训项目的生存环境和技艺环节，与传承人展开座谈，了解传承人群体的实际需求，以此来制定培训课程。初步确定方案后，报请重庆市文化旅游委非遗处，核定培训方向。

2. 高标准遴选学员

重庆市范围内非物质文化遗产相关项目普通传承人群，每期60人左右。具体包括：开设非遗项目类或相近工艺美术类别非遗项目代表性传承人所带的学徒；相关非遗项目企业（作坊）产业技术工人、从事相关工艺的从业者；各大高校，中小学教师；从事开设非遗项目类行业的社区居民、村镇农民。由重庆市文化旅游委通过委属各单位发布研培开班通知，由学院继续教育部和艺术设计系审核学员资格，发送录取通知。

3. 课程设置有的放矢

集体备课，因材施教；分类分班，个性教学。课程设置邀请传承人、非遗处处长、行业研究专家参加，采取集体备课的形式，明确教学思路，以规范培训教学管理，提高培训质量。结合学员构成和基础差异的特点，采取分类、分班、分层次、小组课、一对一实训指导。开设传统文化专题；非遗常识专题；美术基础课；各种实用设计专题课程强化学员设计意识。

4. 师资配备，结构互补

利用好校内师资力量，开拓校外专家资源。安排囊括“高校名师、非遗大师、传统技师、学院讲师、实训指导师”五类组合，与分类分班教学及相关课程设置有效结合。理论引领，实践指导；重非遗传承，又重市场引导；重传统技艺，又重现代理念。

5. 全程记录与新闻报道；立体宣传，扩大影响

充分利用电视台、报社、网站等主流媒体持续关注；学院官网报道；微信平台推广，对培训班的授课、参观、学员生活及作品创作等推送培训动态。多渠道推广；扩大非遗培训的社会影响力。

6. 学员跟踪回访情况，重点说明是否形成后续合作

研培计划作为高校与非遗传承人群的互动实践，密切了高校与中国优秀传统文化及民间社区文化传承的联系，促进了相关学科建设。培训结束后，应定期进行非遗回访工作，深入学员来源地和非遗项目所在地，考察非遗项目及当地文化，走访院团、传统工艺企业，访谈参训学员和其他传承人群。借助回访跟踪；聆听学员意见，总结培训得失，使回访工作作为检验培训成果的重要手段。实现以下几个目的：一是全面评估教学效果；二是深入了解把握相关非遗项目的特征、历史演变与文化内涵；三是进一步完善研培课程设置；四是探讨建立高校与项目所在地的长期合作关系，包括建立传统实训基地、田野调查基地等；五是对完善研培计划提出建议。

根据回访结果来调整后续开办的培训项目课程设置，积累经验。借助回访规划建设非遗实训基地，打造非遗产业孵化基地。有总结，有评价，为后续培训方案改进提供参考。

（四）构建合理教学评价体系

教学评价体系由形成性评价与结果评价相结合。

1. 形成性评价主要以培训期间的出勤、教学任务完成情况为主。综合培训期间的考勤、教师评价、带班教师评价这三部分构成，其中考勤占40%、教师评价占40%、带班教师评价占20%，构成该学员在培训期间的成绩。

2. 结果评价由结业展览和回访考核两部分构成。一是教学成果呈现上，期期都有结业汇报展。教学实施过程中，坚持以任务驱动提高传承人群学习的主动性和积极性，确保培训实效。各期项目在研发设计上，将传统技艺与现代审美理念相结合，进行艺术创作，这种过程体验，促使传承人群的思维、观念得以转变，思路得以拓展。因此，各期培训项目均设置了结业汇报展，充分展示了培训班学员一个月的教学实践成果。二是培训后回访注重点面结合，既关注学员个人的学习成效与后续发展，也关注从事与传统技艺相关的人群和社区。在个人层面上，重点了解他们在参培后的收获和转变，以及从事非遗传承事业的现状、面临的困难和对研培计划工作的建议。

总之，深入研究重庆市非遗传承人群研习研修计划培养模式具有比较重要的意义。

一是在理论层面上，运用高等教育理论阐述相关传统手工艺类文化传承艺术人才培养的必要性和途径，剖析社会急需艺术人才的特点，探讨传统与创新融合的应用型艺术人才培养模式的具体方案。

二是在实践层面上，将理论研究的成果应用于项目所在单位——重庆文化艺术职业学院及重庆区域具有开设同类专业的兄弟院校的教育教学实施中，并在实践中不断检验、校对理论研究成果，从而提升理论水平，对高职院校艺术人才培养起到指导作用，通过数字化教学平台推广到全民普及型艺术人才培养。

参考文献

[1] 宋俊华. 中国非物质文化遗产保护发展报告（2019）[M]. 北京：社会科学文献出版社，2020.

[2] 满珂. 非物质文化遗产：变迁·传承·发展 [M]. 北京：社会科学文献出版社，2018.

[3] 滕春娥，王萍. 鲜活的社会记忆：非物质文化遗产建档保护 [M]. 北京：社会科学文献出版社，2020.

[4] 侯振伟. 苗乡木蜡庄傩戏探析 [M]. 北京：中国文史出版社，2009.

[5] 王洪华. 重庆市非物质文化遗产名录 [M]. 贵州：贵州人民出版社，2008.

YISHU YANJIU
艺术研究

从谭盾的《武汉十二锣》谈中国音乐发展的问题

邹俊星[①]

2020年4月12日晚，来自15个国家的艺术家在上海、纽约、武汉三地共同演绎了谭盾作曲的《武汉十二锣》。演出通过抖音、微信、微博同步直播，7000万观众在线欣赏了谭盾新作《武汉十二锣》。悠远的十二下编钟声破空传来，如同历史深邃的回响。通过5G网络，这段来自湖北省博物馆的声音同步传到了位于上海的演出现场。著名作曲家、指挥家谭盾站在舞台中央，环绕着他的不仅有六面巨锣，还有多扇屏幕。

武汉铜锣在音乐界享有盛名。铜锣是最早进入西洋管弦乐队的中国乐器之一，武汉铜锣工艺独到、定音精准、音域宽广，是全世界交响乐团的必备乐器。十二这个数字则是中国文化的沉淀，十二时辰、十二生肖……十二是中国文化的图腾，是人类生命的密码。女高音吟唱的歌词“天长地久，万物和兮。天地与我，大焉为一”，来自老子的启迪，两千年前古人的智慧依然可以喻照当下。谭盾将这部作品描述为“声音的纪念碑年”，他把这段时间以来有关人生万物的思考尽赋其中。

以上说明整场演出玩够了形式和噱头，让笔者感叹世界音乐发展到今天，当调性已经瓦解，谭盾作品中的符号化能否使听众们真切感受到作曲家的意图，笔者还是抱怀疑态度。中国音乐发展究竟遇到哪些问题？

---

①邹俊星，重庆市文化和旅游研究院。

改革开放以来，中国音乐文化的发展日新月异，以戏曲和民歌为代表的传统音乐艺术登堂入室，从民间的田野中一跃至专业音乐学府中，演变成为具有中西结合性质的“民族声乐”；与此同时，80年代成了中国流行音乐的萌发期，在港台流行乐坛的严重影响下，中国内地迎来了流行音乐的春天。此后的发展局面正如我们所看到的那样，可谓“千树万树梨花开”。然而，在华丽的外衣披裹之下，是内部的种种动能与诱因，在看不到的深层环节中，没有光鲜亮丽的粉饰，而是外强中干的匮乏。我们并不能否定中国音乐发展所走过的历程和努力得来的成果。但我们必须正确面对当下所处的位置、水平，在有参照物对照的情况下形成客观的认知，这不仅仅是为了今天的基础牢靠，更是为了明天不在错误的道路上渐行渐远。

当代中国音乐发展之困境：民族化道路的困难重重。音乐的“民族性”指的是不同国家和民族在自身发展规律中所形成的音乐风格与特质，无论从外在表现或内部诱因方面都是具有特殊性的。且不说各个国家微观上的音乐民族性差异，中西方音乐的民族性方面就存在着巨大的反差。

从历史维度来看，中西方音乐所走出的道路是截然不同的。西方音乐的形态是建立在宗教文化、建筑特色、数学量化的基础之上。早在文艺复兴时期，欧洲的音乐发展就与毕达哥拉斯学派利用数学运算出的弦长定律紧密结合在一起，精确运算出的十二平均律结合了音乐的自然性与数学的科学严谨，形成了对于音准精确的把控。此后的发展过程中，欧洲音乐家在巴赫《十二平均律曲集》与具有标志性的赋格形态基础之上，形成了各种各样有关音乐的重大成果。在今天看来，无论是奏鸣曲、协奏曲或是结构宏大的交响乐或歌剧音乐，所有素材与元素的丰富全部有赖于一种严密的数学量化支撑，以及其民族精神中对于宗教和文化自成一派的理解与观念。中国的音乐形态则更多的是在自发且自由的环境中成长，与社会生产劳动和统治阶级的喜好，以及社会功能一同发展。

早在社会制度与等级观念刚刚萌生的时候，就已经产生了具有独特文化功能的礼乐制度。礼乐制度与雅乐形态的出现，其根源在于奴隶主阶层对于社会掌控的需要，也在于社会文明不够发达时所形成的一种思想认知与审美情怀。祭天祭地祭祖先，歌功颂德赞帝王，正是由于礼乐制度的明确与清晰，才使并不稳定的社会基础被划分为各种各样的等级，维系了国家的统一性管理。此后的中国音乐在礼崩乐坏之后形成了双向发展的道路，一方面，宫廷音乐有着自己独到的审美见解，根据王公贵胄的需要不断形成具有华贵气质的音乐体裁与作品，无论《相和歌》《清商乐》《歌舞大曲》《法曲》，都可看出宫廷音乐的气势恢宏；另一方面，民间音乐的发展在以农村文化生态群落为依靠的环境中缓慢孕育，在劳动与生活中出现了民歌、小调、劳动号子等极为朴实，但却掷地有声的民俗音乐类型。在音乐文化的缓慢积累过程中，并没有十分系统化与科学的音乐理论作为支撑，也没有雅俗共赏的音乐体裁在民间与宫廷得到同步的大规模推广应用。反而是以“润物细无声”的量化积攒，逐渐形成了巨大的音乐能量。与此同时，由于民间音乐散布在广大的文化田野之中，各个地域人民的语言、劳动方式、生活境遇、民族、习俗都不尽相同，使得音乐的色彩绚丽多姿，个性十足。

既然中西方音乐历史的差异如此巨大，那么在今天的文化环境中何以使二者殊途同归了呢？答案是：分歧依旧，无法合二为一。但是对于很多中国当代音乐人来说，却始终心猿意马，总奢望能够在别人的田野里找到自己的果实，打着民族化的旗号，在学习和临摹别人的成果。今天的音乐创作中，我们时常能够看到很多变了味道的中国创作。看似是中国化的主题内容，实则却是西方音乐体的移植或照搬照抄。看似有几样中国乐器融入其中，但创作者本身并没有置身其中，而是将自己看作一个西方音乐的代言人。有甚者更试图说服中国欣赏者接受一种“新式”的民族化音乐观念，以西方音乐的传统来养育中国岌岌可危的民族音乐。殊不知，正是音乐西方现代音乐对于中国传统音乐的冲击过于严重，才导致了中国民族音乐文化精粹的枯竭。

对于中国当代音乐创作而言，民族化逐渐成为一种困惑，失掉了对于传统音乐的情感与信心，民族音乐的自尊心荡然无存。我们不需要有名无实的民族音乐，也不需要传统乐器奏响现代乐曲，我们希望将民族音乐封存在传统中，封存在民族固定的审美逻辑，不要试图颠覆和改变，更不需要作为哗众取宠的工具。

当代中国音乐发展之挑战：与国际化接轨的道路崎岖。在民族化困境的同时，当代中国音乐创作中还有另外一种刺耳的声音，就是“伪国际化”。从音乐发展与传承的视角而言，不同国家与民族的音乐传承方式各有不同，使得音乐财富所遗留下来的精神也具备了不同的特质。

从音乐的教育传承而言，中西方的差距同样大相径庭。西方音乐文化的传承往复一向注重文字的作用，由于乐谱记录在整个欧洲的统一，从巴洛克甚至更早的时期开始，音乐家就通过乐谱与表情术语周密地记录着乐谱的内容，虽然于全世界其他国家的艺术家而言，语言与文化习惯截然不同，但是通过这些已被量化的音符，完全可以临摹这些作品，无论是几十年后或者几百年后。这使得欧洲音乐文化的教育与传承始终以文本为中介进行着代际传播。

中国的音乐传承与之相比，采用了一种更为抽象的“口传心授”。其原因主要在于以下三点：首先，中国的民间音乐多是由民间艺人收集整理与自成一派的，有些音乐风格甚至在每个村庄内都有不同流派。因此，音乐的创新无时无刻不在进行，其不稳定的特性决定了无法记录成为文本；其次，在中国古代历史上，中国民众有近八成是不识字的，因此在传道授业的过程中也很少形成文字或曲谱。虽然在中国古代的文本中不乏工尺谱等形式，但在民间音乐的传播中很少能够运用，口耳相传必然是民间音乐传播中最简单易得的方式；此外，口传心授是民俗音乐文化传播过程中逐渐形成的一种习惯。在中国的文化传统中，人与人之间的人际传播是很多知识传播的最重要手段，在音乐的传播中也逐渐形成了听与学的传统。

西方音乐传承的量化性结果，使其形成了古典、浪漫、民族等不同的艺术时期，并在此基础上形成了工业革命之后的现代音乐风潮，即便是今天的流行音乐同样是西方音乐厚积薄发的结果。用了二百多年的时间，流行音乐在工业时代的欧美国家逐渐形成，并从早期的黑人音乐，逐渐演变产生了蓝调音乐、爵士音乐、摇滚乐、R&B等多种多样的流行音乐体裁。这些积累不仅仅是现代工业打造出来的结果，同时也是几百年古典音乐所造就的音乐传统结果。美国流行音乐的受众在等待和广泛参与过程中，看到了伟大的“猫王”“老鹰”“U2”“迈克尔·杰克逊”等流行歌星。

当欧美的流行音乐传入中国的时候，正值20世纪80年代。此时的中国社会并未与国际接轨，因此也从未听到过流行音乐的声音。当流行音乐袭来的时候，国人封闭的内心豁然开朗，得到了前所未有的情感需求满足。与此同时，也开始了与国际流行音乐相互关联的学习、借鉴、模仿。经过三十多年的不懈努力，我们形成了自己的市场机制，形成了许多大大小小的唱片公司，形成了在华语乐坛具有影响力的内地音乐，也培养出了很多知名的流行歌手。这一切的成果我们都能够清晰地感知到，但从另一方面来讲，如此成果是否就可以与国际音乐环境相提并论，并驾齐驱？显然，我们几十年的成果与欧美相比，在流行音乐领域中还相距甚远，完全无法同日而语。其实，即便是在华语乐坛鼎鼎大名的歌星，在国际上的认知度也是极低的。我们所引以为傲的流行音乐作品大部分都是由欧美传来的曲风。比如：中国从80年代中期出现的摇滚乐，在欧美已经延续了近百年的时间；近十年所流行的R&B曲风，在欧美已经火爆了几十年的时间，也并不算新鲜。

当许多中国音乐人都觉得“扬眉吐气”的时候，我们似乎应该清晰地看到，中国的音乐符号还并没有在国际社会中占有一席之地。除了戏曲和民乐等这些最为传统的民族符号，并没有什么现代音乐成果值得炫耀和骄傲。

在今天的国际音乐舞台上，能够得到共识的无非是郎朗、谭盾、李云迪等寥寥几人，依靠的也是对于西方音乐的精准把控与运用。

而那些呼声很高的中国流行音乐成果和歌星，并没有走出亚洲，奔向世界。只能在华语乐坛找到自己的存在感。

因此，我们认为，距离“国际化”，我们的现代音乐道路还有很漫长的道路要走。即便我们在五千年的文明历史中有丰厚的音乐贮藏，即便我们曾经的音乐辉煌溅射了周边的许多国家与民族，形成了巨大的国际影响力。但是在现代文明与工业科技化进程的文化角逐中，我们显然处于一种被动追赶的地位，处于一种学习运用的阶段。也许是我们自古以来所形成的骄傲，使我们不愿意承认自己并非时代的主宰。但急功近利与国际接轨的虚张声势并不能带来实质性的进步，反而会使我们产生惰性，迷失方向。中国当代音乐的发展离不开全社会的共同努力，但在行动之初必须要保证认清自己所处的位置。中国音乐道路上的困境与挑战的出现，正是由于我们过激的发展欲望和急功近利的态度所导致。只有甩开这些华而不实的包袱，中国音乐才能够轻装上阵。

参考文献

［1］黄会林，尹鸿. 当代中国大众文化研究［M］. 北京：北京师范大学出版社，1998.

［2］沙莲香. 中国社会心理分析［M］. 辽宁：辽宁教育出版社，2004.

［3］王耀华，杜亚雄. 中国传统音乐概论［M］. 福州：福建教育出版社，2004.

［4］曾遂今. 音乐社会学概论［M］. 北京：文化艺术出版社，1997.

抗战时期陪都重庆的中外音乐文化交流[①]

龚永红[②]

20世纪30—40年代，法西斯引燃的战火在世界燃烧。1937年后，随着抗日战争的全面爆发，南京、武汉相继失守，国民政府迁都重庆。重庆由一个偏居于西南一隅的地域城市，一跃成为中国政治经济文化中心，成为反法西斯战争中国战区的战略指挥中心和支撑中国抗战的战略后勤保障基地。重庆音乐界积极融入抗敌救亡运动的热潮，通过音乐的纽带，加强与世界反法西斯国家和民族的交流。中国音乐从重庆走向世界，外国音乐由重庆进入全国，中外音乐文化以陪都重庆为中心，开启了广泛而深入的交流。这段历史同样波澜壮阔，同样是我国抗战史中不可或缺的一部分。近年来，胡雪丽、张倩的《抗战时期重庆的中外音乐交流活动探析》在一定程度上弥补了该项不足；艾智科的《抗战时期重庆反法西斯音乐的创作、会演及对外交流》也用部分篇幅介绍了中外音乐文化交流的内容。但总体上看，抗战时期中外音乐文化交流的历史还有待进一步梳理和挖掘，有关问题的研究还有待进一步拓展和深化。

一、战时重庆中外音乐文化交流的主要形式

（一）音乐演出

抗战时期，重庆汇聚了大批音乐家和音乐组织，各类专业音乐演出活动络绎不绝。据《新华日报》记载，各种音乐会演奏活动基本都演奏外国名曲。演出类

---

①原载于《重庆师范大学学报（社会科学版）》2020年第2期。

②龚永红（1976—　），女，重庆师范大学音乐学院副教授，硕士生导师，研究方向：声乐表演与教学研究。

型有声乐独唱音乐会，如1944年2月13日，辛瑞芳女士和马国霖连续3天举行独唱会，唱的都是中外名歌；1944年4月22日，国立音乐院声乐教授伍正谦在上清寺广播大厦举行个人独唱会，节目有舒伯特的《夜曲》《菩提树》和斯皮克氏的《走上胜利之路》[1]133。有器乐独奏音乐会，如1943年3月28日，王人艺小提琴独奏会在广播大厦举行，节目有《馥利亚曲》《协奏曲》《回旋曲》《慰藉》《圣母颂》《媚奴舞曲》《流浪者之歌》等，均为西洋著名作曲家贝多芬、韦伯、门德尔松等创作。有交响乐音乐会，如1941年5月31日，国立音乐院管弦乐团应中国电台之约，在火烧坡举行西乐音乐会。有的演出场景十分火爆，如1942年4月7日《新华日报》对中华交响乐团演奏会场景的记载："不到七点钟，会场中已经挤满了观众，有许多人还是从南岸黄桷垭赶来的，听众情绪的热烈，会场秩序的良好，都证明两年来由于各交响团的努力，一般听众对音乐的欣赏程度已经提高了。"[1]301演出也常吸引外国友人前来捧场，如1942年6月3日，中华交响乐团在嘉陵宾馆举行盛大音乐会，英国大使、苏联大使及各国军事代表团人员等300余人到场[1]90。1942年12月23日，重庆圣乐团（沙磁区各大学教授及学生组成）为庆祝圣诞节及为筹募男女青年会学生公社建筑基金，在重庆民众大剧院演奏，有《弥赛亚》《圣母颂》等世界名曲十八阕，各国使节均前往欣赏[1]84。1940年12月18日，中央大学基督教青年会为庆祝圣诞节，在南开中学大礼堂主办国际音乐会，参加演奏者有七八个国籍的人士[1]46。1940年12月27日，政治部音乐演奏会，苏联友人米海耶夫参加，演奏了亨德尔的《滴答的表声》等曲目[1]47。

（二）作品交换

音乐作品交换以报纸或期刊为主要载体。如《新华日报》经常刊登文章介绍外国音乐作品或直接刊登外国作品（见表1）；《音乐导报》相继刊发了《交响曲》《萧斯塔可维契的第七交响曲的演出》《管弦乐与吹奏乐所使用的乐器及其编成》《乐器常识讲话》《管弦乐名指挥家——托斯加尼尼》等文章。三大乐团的音乐家们也常在其他期刊上发表相关文章，如王云阶在《青年音乐》上发表《交响乐普遍化的新设施——史托考夫司基的伟大贡献》；黎国荃在《战地歌声》上发表《管弦乐及合唱指挥法》；张洪岛在《乐风》上发表《管弦乐组织之演变》等。苏联、美国等还直接将音乐作品作为礼物送给中国，如1940年8月31日，苏联对外文化协会将柴可夫斯基、莫索尔斯基、贝多芬、莫扎特、卡里尼古夫等所作全部交响乐谱赠予中华乐团[1]49。1943年2月2日，苏联将各民族歌剧曲谱、交响乐曲谱等大批音乐作品运到中国[1]120。1944年，美国副总统华莱士访华时将美国名曲赠送中国[1]137。

表1 抗战时期《新华日报》刊登的音乐作品

介绍作品或文章	作者或译者	文献来源
斯大林之歌	弗兰兹·扎波曲 米开尔·曼史词	1939-12-23·四版
歌曲在苏联红军中	亚利山德诺夫作 立波译	1939-08-17·四版
蓬勃发展的民族音乐	塔斯社莫斯科航讯	1940-07-17·三版
日本青年反战进行曲	歌词，东京进行曲调	1941-09-09·二版
我们生活在歌声里	列贝捷夫—库马奇词 布兰瑟曲	1942-02-23·四版
新生命的脉搏在跳动（歌曲集）	陈原译	1942-03-01·一版
苏联名歌集	陈原编译	1942-03-01·一版
图拉来福枪	S.Alymov词 A.Novlko曲 洛辛、海鹰译	1942-08-10·四版
两个雄鹰	乌克兰民歌词 马莎利金诺维奇曲 以沙可夫斯基改作 卢明译词	1942-08-29·四版
运动进行曲	V.Eebcdev—kumach词 I.Dunayeyaky曲	1942-09-09·四版
最后神圣的战斗	V.Lelev.kwnh词 M.Blanter曲 洛辛译	1942-11-02·四版
斯大林歌	依沙可夫斯基词 扑克拉斯曲	1942-12-23·四版
柴可夫斯基的第四交响曲	李嘉译	1942-03-24·四版
贝多芬的英雄交响曲	为中华交响乐团二周年纪念演奏会而作	1942-06-02·四版
关于肖斯塔科维奇的第七交响曲	立成	1942-08-29·四版
安魂曲介绍	焦菊隐	1943-01-14·四版
命运交响曲	贝多芬	1943-05-23·四版
未完成交响乐	舒伯特	1943-05-23·四版
周彼得交响乐	莫扎特	1943-05-30·四版

（三）理论交流

随着中外音乐文化交流日益深入，民众已经不满足于仅仅欣赏外国音乐，而是希望能得到更多关于外国音乐的理论知识。1940年1月创刊的《乐风》，致力于全面、通俗地介绍西方音乐理论知识，刊登了李抱忱的《音阶的科学》《唱名法检讨》，缪天瑞的《作曲练习》等大量理论文章。1942年1月，新歌剧《秋子》在重庆上演，轰动了乐界并引起媒体的热烈反响。《新华日报》陆续刊登《苏联战时之戏剧与音乐》《怎样建立新歌剧》《谈今后歌剧的路向问题》

《〈秋子〉再次演出评》等多篇关于歌剧创作及相关问题讨论的理论文章。其中，《怎样建立新歌剧》一文，作者夏白从中国第一部歌剧《秋子》谈起，对歌剧的形式、编制、表演等方面，较深刻地评析了如何吸收西洋歌剧艺术精华，如何打造具有“民族味”的中国歌剧艺术等问题。1941年，我国第一部民族歌剧《农村曲》上演，沈惠撰写观后感，对剧中加用西洋歌剧形式同中国戏剧的结合等进行深入评论。1942年，中央青年社研究演出世界名剧《浮士德》，请郭沫若、李长之谈歌德与《浮士德》。这一时期，报刊登载的重要音乐理论交流文章还有日本音乐家山根银二的《音乐社会学》和《唯物史观的音乐论》等，其中《唯物史观的音乐论》深刻论述了普罗列塔利亚（原指古罗马社会的最下等级，今指无产阶级）的音乐社会学问题。据不完全统计，从1938年到1944年，仅《新华日报》刊载与中外音乐理论探讨和交流的文章达20多篇（部分文章见表2），一方面普及了音乐知识，另一方面传递了音乐的力量。

表2　抗战时期《新华日报》刊登的音乐理论交流代表性文章

文章名	作者或译者	文献来源
蓬勃发展的民族音乐	转发塔斯社莫斯科航讯	1940-07-17・二版
音乐社会学论	［日］山根银二作　李嘉译	1942-02-10・四版
唯物史观的音乐论	［日］山根银二作　李嘉译	1942-03-11・三版
贝多芬与俄罗斯	［苏］G．Gmad作　李丽水译	1942-02-25・四版
柴可夫斯基的伟大与苦闷	［苏］G．胡波夫作　雨鲸译	1942-04-07・四版
柴可夫斯基的伟大与苦闷（续）	［苏］G．胡波夫作　雨鲸译	1942-04-25・四版
新舞俑与新歌剧	江上仙	1941-04-09・二版
苏联战时之戏剧音乐		1941-06-15・一版
从建立中国歌剧的路向问题谈到《秋子》的演出	潘刁农	1942-03-06・四版
怎样建立新歌剧	夏白	1942-03-07・四版
谈今后歌剧的路向问题	吴晓邦	1942-03-16・四版
音乐月中的一点检讨	更佚	1942-05-19・四版
动机的解释	狄克	1942-07-11・四版
论歌曲的练习	［苏］朱罗斯拉伏夫作　卢明译	1942-08-29・四版
怎样自我学习音乐	洛辛	1942-09-12・四版
国家典礼乐章的视奏	佚名	1942-04-12・四版
目前歌曲创作上的几个问题	马可	1943-04-05・四版
略谈美国音乐	荒芜	1944-06-29・四版

二、战时重庆中外音乐文化交流的主要载体

（一）广播

广播是当时传播声音信息较先进且运用最广泛的媒介，其在国际音乐交流方面，发挥了极其重要的作用。世界各国的音乐通过电波传到中国的千家万户，中国音乐也通过电波向外辐射。世界反法西斯国家和民族在广播传送的音乐声中相互支持，相互鼓励。

《新华日报》记载了当时重庆对外广播或转播外国音乐节目的部分信息。如1941年5月24日，渝华夏歌咏团在电台对本国及南洋广播演唱；1940年2月，成都华西大学等5所大学歌咏团80余人抵渝，表演了3场歌咏音乐会，并对欧洲广播。其中，与苏联和美国的广播交流最为普遍，据《新华日报》1940年5月29日报道，截至当日，仅莫斯科电台对我广播已达7次。据不完全统计，1938至1944年间，仅《新华日报》报道的我国对苏联和美国广播达32次，转播苏联和美国音乐节目达22次。

在当时，通过广播与国外进行音乐交流已持续进行，重庆的很多音乐演出都会同步向国外进行广播，广播的主体十分广泛，有音乐团体、高等院校、中小学校、歌唱家或演奏家个人等。1939年10月31日，中央电台转播苏联音乐，当日《新华日报》报道："这是特别为中国放送之音乐"。[1]30 1939年12月29日，中央电台转播苏联东方民族音乐。1940年5月14日晚，国立音乐院实验管弦乐团，第一次对美广播演奏，此后多次向国外广播。5月15日，教育部音乐教育委员蔡绍序对美广播抗战歌曲。5月16日，中央训练团音训班教官洪达奇女士对美广播抗战歌曲。1942年2月23日，喻宜萱教授在嘉陵宾馆举行女高音独唱会招待外宾及中苏长官，各项节目均播之全国及美洲。1944年4月9日，国立音乐院师生在广播大厦举行音乐大会，中央电台、国际电台同时播送；1945年4月12日美国总统罗斯福逝世，山城合唱团为纪念其对中国的伟大友谊，特邀音乐名流，于6月2—3日在广播大厦举行音乐会，同时向国内外广播。

（二）社团

在文化救亡的号召下，陪都重庆的文化组织、社会团体雨后春笋般涌现。这些社团组织大力开展救亡演出活动，推动了中外音乐文化交流。

1. 交响乐团

重庆的交响乐团经常为社会各界演奏世界音乐大师的经典作品，受到广大民众热烈欢迎。其中，中华交响乐团、国立音乐院实验管弦乐团、国立实验剧院管弦乐团（合成“三大乐团”）尤为活跃。

中华交响乐团，是马思聪等人和多个国际性文化协会于1940年共同在重庆发起创办的。该团成立以来，除致力于推动国内音乐运动及提高音乐水准外，并与苏联音乐文化界取得密切联络，以求沟通两国文化。中华交响乐团演奏柴可夫斯基的作品，成为我国音乐界演奏俄国音乐作品的开端。1941年秋，由郑志声接任中华交响乐团指挥，演出过贝多芬的《第七交响曲》、莫扎特的《第四十一交响曲》等。1942年政府教育部接管乐团，称为“教育部中华交响乐团”。为积极推行社会音乐教育，决定每逢星期日举行音乐会。《新华日报》记载了多次“星期音乐演奏会”情景，如：第一次，1942年4月5日，在嘉陵宾馆举行特别音乐会，并邀请各国使节；4月15日，在道门口银行业同仁进修礼堂举行“星期音乐演奏会”，演奏了贝多芬《第一交响曲》、韦伯《自由射手》、莫扎特《弦乐四重奏》等名曲。5月9日，第六次星期音乐会，演出了罗西尼《威廉退尔》序曲、古诺歌剧《浮士德》选曲、奥芬巴哈歌剧《霍夫曼之故事》、威尔第歌剧《茶花女》、比萨特歌剧《卡尔曼》等。5月15至16日，露天演奏两场。1943年5月29日，中华交响乐团定期演出苏联作曲家划时代杰作《抗战交响曲》。1944年5月6日，中华交响乐团庆祝成立四周年，江北新村学校广场露天演奏会，演奏了贝多芬《第七交响曲》、柴可夫斯基《第五交响曲》，歌剧《卡尔曼》等名曲。同时，中华交响乐团还向国外介绍了当时中国作曲家的作品。

“国立音乐院实验管弦乐团”于1939年3月在国立音乐院筹备期间成立，原名“实验管弦乐团”，之后便多次向国外播送音乐。1940年5月14日，该团首次对美进行广播演奏。7月20日，该乐团通过中央电台和国际电台同时对南洋侨胞播送音乐。1941年2月，该团归属国立音乐院，并更名为国立音乐院实验管弦乐团，顾毓琇任团长。据1944年4月5日《新华日报》刊文，国立音乐院为庆祝音乐节，对国内外广播三天。1944年4月30日，该团在巴蜀学校操场举行露天演奏会，免费为市民演奏世界名曲。

国立实验剧院管弦乐团，其前身是山东省立剧院弦乐团。抗战爆发后随国立实验剧院一道撤离山东迁往重庆，并改名为国立实验剧院。1940年，郑志声经冼星海介绍来到重庆，任国立实验剧院歌剧部主任。郑志声将弦乐团扩建为管弦乐团，并兼乐团团长及指挥。

三大乐团在中外音乐交流方面发挥了先锋作用，也引领了中国交响乐的发展水平。三大乐团多次联合成大型乐团演出，1941年3月5日至6日，国民政府教育部主办了三大乐团的联合演奏，这是抗日战争时期最隆重和最具规模的一次交响乐盛会。1942年5月19日《新华日报》这样评价："中华交响乐团及实验管弦乐团，他们集合了几十位音乐专门人才，不倦地把西洋音乐介绍给战斗中的中华民族，实在是伟大的贡献。"[1] 303-304

2．协会

文化协会往往以文化交流为主要任务。主要有中苏、中美、中英、中韩、中德、中法比瑞、中缅文化协会，中国国民外交协会、国际反侵略大会中国分会、全国音乐界抗敌协会、励志社国际宣传处等。这些协会常常举行音乐会、文化沙龙、对外音乐广播等活动。如《新华日报》1944年6月1日记载："中英文化协会响应献金运动，定于晚8时，假胜利大厦举行音乐歌咏大会，请斯义桂，英人郑鉴思等歌咏《蝴蝶夫人》等曲。"10月6日记载："中韩文化协会定于8日在邹容路举行会员大会，由孙科理事长主持，会后请中华交响乐团演奏。"在这些协会中，最活跃的是中苏文化协会。中苏文化协会于1935年10月25日在南京成立，孙科任会长，鲍格莫洛夫（时任苏联驻国民政府大使）等为名誉会长。1937年12月，协会迁到重庆，会址在渝中区中山一路162号。协会的主要宗旨是"把中国固有文化，以及新兴的抗战艺术作品，整理搜集起来，介绍到苏联去，把苏联方面的文化动态及文艺成绩，介绍到中国来"[2]。协会下设中苏音乐研究会，于11月24日成立，协会出版刊物《中苏文化》。1939年初，中共中央南方局在重庆成立后，中苏文化协会和《中苏文化》成为中共的重要活动阵地和对国际宣传的重要阵地。1942年5月15日，中苏协会在抗建堂举办陪都文化界五月国民音乐会。1943年2月1日，中苏文化协会在上清寺广播大厦主办陪都文化界二月份国民月会。中华全国音乐界抗敌协会于1938年12月25日，由盛家伦、贺绿汀等人发起成立，提倡音乐家深入抗敌前线、音乐为民族战争服务，积极主张并推动国际交流。1940年9月29日，中华全国音乐界抗敌协会向苏联发布了《中华全国音乐界抗敌协会致苏联音乐界书》，音乐界400多人署名，向苏联介绍了我国音乐的起源、发展等，重点介绍了抗战以来我国音乐发展及活动，进一步推动两国音乐互播、乐谱互换[3]。政治部抗敌歌咏团应中央广播事业管理处之请，灌制留声机片，第一次所灌之八个合唱歌曲航寄印度加尔各答[1]75。

此外，当时的国立音乐院及其幼年班、育才学校音乐组、重庆大学、教育部音乐教育委员会、国立礼乐馆、中国音乐学会、新音乐社、大同乐会、救亡歌咏协会等，都在推动音乐救亡和中外音乐交流中发挥了一定作用。

（三）报刊

抗战期间重庆创刊的音乐类期刊就有10多种，其中月刊有《新音乐》《音乐导报》《音乐月刊》《歌曲创作月刊》等；双月刊有《乐风》等，季刊有《乐风副本》等。音乐界人士依托这些期刊，开展音乐理论问题的研究、讨论，刊发一些介绍外国音乐及音乐理论方面的文章。1940年，新音乐社刊发《新音乐》月刊，主要办刊宗旨之一就是“接收世界进步歌曲及音乐译文，作为建立新音乐的参考”，并向大众介绍了世界各国的反法西斯进步歌曲[4]26。1943年，李凌主编《音乐导报》，主要介绍西方音乐，包括作曲家、管弦乐的写作与演奏知识等[5]21。《音乐艺术》则主要介绍国内外名曲及国内外乐坛大事，并普及音乐知识。其中刊登了《苏联音乐教育》《自修和声学》《莱茵河的挽歌》等文。《中苏文化》为中苏文协的机关刊物，1936年5月创刊，国民政府西迁后，《中苏文化》随协会迁往重庆。《中苏文化》为中国和苏联的音乐文化交流搭建了桥梁，中苏音乐家借此开办过“中苏音乐节交流之特辑”。

当时重庆的报纸有70多种，其中中共党报《新华日报》以每天6万多份的发行量远大于国民党党报《中央日报》每天1万多份的发行量，一度成为全国发行量最大的报刊。《新华日报》几乎每天都有涉及音乐方面的信息和文章，其中涉及大量中外音乐文化交流的内容，反映了抗战时期中外音乐交流空前广泛和繁荣。

三、战时重庆中外音乐文化交流的基本特征

（一）双向性

抗战以前，中国音乐诠释着以“和”为美、以“善”为先、以“无为而无不为”的艺术哲学，展示着特有的民族传统和东方智慧。抗战爆发，中国需要向世界传递我们抗战的决心和勇气，同时更需要倾听反法西斯国家和人民共同的心声，并争取他们的支持与同情。在这样的大背景下，西方音乐自19世纪以来对中国的几近单向输入和传播的状况得以改变，中国音乐迅速跨出国门，中西音乐文化实现了双向交流。1940年1月5日，中国艺展在苏联开幕，全苏对外协会特开会庆祝，《新华日报》将此评为“中苏文化史上的新页”。1940年，经国民党中央宣传部国际宣传处委托，由时任教育部音乐教育委员会教育组主任的李报忱组织实施，向全国征选了12首抗战歌曲，编译成英文版《中国抗战歌曲集/CHINA’S PATRIOTS SING》，其中包括田汉、聂耳创作的《义勇军进行曲》，冼星海作曲的《救国军歌》，麦新的《大刀进行曲》，吕骥的《中华民族不会亡》，刘雪庵的《长城谣》，贺绿汀的《游击队歌》，黄自的《抗敌歌》以及孙中山先生作词的《党国歌》等。编译工作得到了贺绿汀、刘雪庵等音乐家的支持，也得到了美英国际友人的帮助。这是中国人在本土上第一次主动有目的地用英文向国外传播中国音乐。这表明中国人不仅注重引进西方音乐文化，也注重把自己的民族音乐推向世界，为中西音乐文化的健康的双向交流起了一个良好的开端[6]。

中国音乐文化在这场文化交流中展示出独特魅力。一些中国歌曲深受外国欢迎。据《新华日报》1939年9月15日记载，苏联歌曲家、诗人克里曼迪克基马

夫、诗人哈诺夫、阿尔托森等将《义勇军进行曲》等15种中国抗战歌曲编译成俄文，并编制乐谱，有的制成留声机片广泛销售，备受欢迎。1945年1月27日，美国米高梅公司把赛珍珠小说《龙种》制成影片，其中采用了《义勇军进行曲》。荷兰外交官高罗佩被中国音乐文化深深吸引，他花费大量心血写成英文专著The Lore of the Chinese Lute：An Essay in Ch ' in Ideology，1940年出版，被誉为古代琴学研究领域的权威之作。高罗佩还翻译了嵇康（223—262）关于古琴的长赋，名曰《嵇康及其琴赋》，于1941年在东京发表。1942年，高罗佩以荷兰皇家大使馆秘书身份进驻中国陪都重庆，他聘请中国琴师指导自己弹奏《高山流水》等乐曲[7]119-121。

1943年，他与于右任、冯玉祥等社会名流组织“天风琴社”，专门从事中国琴艺研究。

（二）广泛性

抗战是那个时期中国乃至世界共同的主题，音乐文化交流体现了这一特点。官方机构、民间组织同频共振，中外音乐界同仇敌忾，音乐家、普通民众，都毫无例外地融入了抗日救亡的热潮。中外音乐文化交流融合，重庆民众在日常生活中经常受外国音乐濡染，以至于时任新华日报社副刊编辑的楼适夷对此提出了批评：“现在，大半歌咏还是不大容易懂得‘洋歌’，虽然歌的意义主要在它的有没得旋律，但歌词不懂也将失掉许多效果。”[1]171当国立音乐院学生演奏会结束后，曾有媒体批评说：“好像在德国听音乐会……”[1]304

战争给人们带来无尽的创伤，也冲击着孩子们的童年，中国和世界反法西斯国家的儿童们也卷入了救亡图存的滚滚洪流，儿童成为音乐救亡和中外音乐交流中一道沉重而独特的风景。他们用稚嫩的歌喉，充当着音乐文化的使者。1940年12月29日，中国孩子剧团向苏联全国播送音乐。据《新华日报》1940年12月28日报道，中苏文化协会妇委会邀请孩子剧团、巴蜀小学、育才小学的儿童，在国际广播电台举行对苏音乐广播，并在中国电影制片厂举行儿童音乐晚会，在渝苏联友人等各界人士应邀前来欣赏。广播的最后一个节目是合唱苏联最近流行的《中国之友》。冯玉祥夫人对苏播讲：“这一群小朋友都是从战地炮火之下逃难出来的，流离失所无家可归的难童，他们边流浪边学习，也养成了钢铁一般的意志。他们虽然幼稚，但坚强的歌声唱出愤怒，也唱出了感激，他们为正义而讴歌……”[1]51中国儿童和其他反法西斯国家的儿童之间，常通过音乐互诉战争的苦难和爱国的情怀，结成了深厚的国际友谊。1941年4月6日，苏联小朋友对我国播送音乐，庆祝当时中国儿童节（笔者注：1932年，国民政府确立4月4日为儿童节。“四四”儿童节存在了19年，1950年之后被“六一”儿童节所取代）；1945年1月5日，中苏文协儿童之家举行儿童联谊会，育才音乐组有节目演出，庆祝新年，苏联儿童也准备参加游艺节目[1]150。

战时的中国，战时的陪都重庆，以包容的姿态容纳了各国各地、各种风格的音乐文化。只要是反战的、进步的音乐人、音乐文化，中国重庆，都以宽广的胸怀，真诚地接纳并与之交流，其中也包括日本的进步音乐文化。1940年8月9日，中华交响乐团向反战日人献旗，该团演奏厅举行联谊大会，欢送在华日本人反战革命同盟西南支部工作人员，马思聪指挥演奏了《塞外舞曲》及其他独唱等[1]37。《新华日报》还陆续刊登了《日本青年反战进行曲》以及日本进步音乐家山根银二的《音乐社会学》《唯物史观的音乐论》等作品和文章。当时著名的新歌剧《秋子》，就是以日本一个真实故事改编而成，揭露了侵华战争不仅带给中国人民无比的灾难，也带给日本人民深重的痛苦。

抗战时期中外音乐文化交流不仅体现在后方，也体现在战场前沿。1938年，英国记者詹姆斯·贝特兰（James Bertram）遍访华北战场前沿地区，听到西方人熟悉的旋律，深感震撼：“……在高山峡谷间听到沙哑嗓音用各种方言唱出《国际歌》《马赛进行曲》以及苏联电影主题曲，是一种奇特的体验。”[8]44

（三）现实性

抗战时期音乐交流活动实际已经融入抗日救亡运动而成为其中的一部分，共同的敌人，明确的目标，使各国对外文化交流政策趋于一致。如美国，1938年开始在国际文化关系方面设立官方项目，向国外介绍美国的文化及生活方式，珍珠港事件后，文化关系项目被卷入战争，美国大力开展与中国的文化交流与合作，由于抗战的急需，文化交流的主要内容侧重于增强中国的抗战能力等[9]。当时的中外音乐文化交流，形式、内容都服务和服从于抗战的需求，打上了抗战的烙印。如中华交响乐团章程就明确规定乐团的宗旨为：“树立新中国音乐，介绍世界音乐并经常向国内外广播，增进国人对新音乐的欣赏兴趣及友邦对我之认识与同情，以求中西文化艺术之沟通”。[10]音乐交流、演出与抗日救亡运动紧密结合。如1943年12月19日，中华交响乐团定期举行公演，筹款赈济粤灾和印民。1943年4月1日，育才学校为筹集难童教养经费在道门口银行进修社举行演奏会。音乐交流还与劳军募捐、文化劳军运动紧密结合。如1942年3月26—28日，歌唱家蔡绍序在新运服务点大礼堂为筹募音乐教育号滑翔机，举办个人独唱会。1943年4月24日，国立音乐院为响应文化劳军，在北碚演奏两场。1944年6月1日，中英文化协会响应献金运动，在胜利大厦举行音乐歌咏大会，请斯义桂、英人郑鉴思等歌咏《蝴蝶夫人》等曲。文艺团体往往肩负着民族存亡的历史使命进行着沉重的音乐文化交流之旅。《新华日报》1938年9月24日和1940年5月13日记载，武汉合唱团于武汉撤退前，前往各国宣传演出，历时达1年零7个月，每至一地即举行戏剧歌咏公演，深得外地友邦人士资助、同情，所得捐献政府。

四、战时重庆中外音乐文化交流的意义

（一）为团结抗战发挥了重要作用

武汉合唱团在《为救济武汉被炸难民》一文中指出：“我们唱了一百个歌也不能直接赶走一个东洋鬼，但相信歌声是能够激发人类的感情的，我们希望能将大家隐潜着的热力，用我们雄壮的歌声，将它诱发出来，使每个人都能奔上抗战的阵线中……”[1]171音乐是没有国界的，音乐语言可以比其他语言更加直观和形象地将人们生活和感情真实地表达出来，且更容易让人理解和接受，更有说服力和感染力[11]。抗战时期，音乐联结了中国与苏、英、美等国人民的情谊，成为沟通彼此的桥梁，坚定共同的信念[12]。音乐化解了反法西斯同盟国家、民族之间的隔阂，凝聚了各国人民的心灵，是一切反法西斯国家人民密切团结的强大力量。抗战时期音乐文化的交流，为团结抗战并最终取得胜利发挥了重要作用。

（二）促进了音乐文化的相互交融

音乐文化交流，使中国的音乐从其他民族和国家吸取营养，迎来新的生机。

西方流行的歌剧、交响乐等音乐艺术在这一时期大量进入中国。聂耳、任光、吕骥、冼星海等一大批作曲家运用西洋音乐理论和技法创作出大量振奋人心的歌曲，唤起中国人对侵略者的仇恨与抵抗的决心，并推动了中国音乐后来的发展。如冼星海，将西洋作曲技法跟中国传统的音乐文化相融合，创作出《黄河大合唱》等脍炙人口的经典作品，将中国音乐文化推向了新的高度。同时，中国的音乐文化也跨越重洋，给其他民族和国家注入新鲜血液。抗战时期的中外音乐文化交流，在客观上促进了中国音乐文化走向世界，增进音乐文化的相互了解和认同，丰富了彼此，促进了各国音乐文化之间的相互交融。

（三）对我国音乐文化发展产生了深远影响

与国外音乐文化的交流过程，实际也是对中国国民进行西洋音乐文化熏陶和教育的过程。沈白在《关于“中交团”星期音乐演奏会》中提出：“如果能较实际的估计到重庆市民的这样音乐水平，做一个较长远的预算，从最初一步砌上去，使听众由浅入深，逐步提高对高深音乐的兴趣和修养，那对于音乐在中国发展的贡献，将为无比巨大。”[1]399这一时期频繁的、甚至常态化的音乐交流，将中国民众相对落后的音乐素养，逐渐向高深的方向引导和培育。随着音乐文化的深入交流，交响乐在重庆掀起热潮，音乐家们有意识地推广交响乐，并有意识地培养我国的交响乐人才。如1945年，经教育部批准，由国立音乐院院长吴伯超召集建立了国立音乐院幼年班，志在日后中国交响乐可以“与世界各国相提并荣”。幼年班成为中国第一个国家交响乐团中央交响乐团的建团基石；幼年班成员都成为乐坛泰斗，为中国交响乐的快速发展打下了基础。西方音乐的传入，也对中国古典音乐产生了一定冲击，西方音乐逐渐在中国人的音乐生活中占据了重要的位置。

参考文献

［1］李滨荪，胡婉玲，李方元. 抗日战争时期音乐资料汇集［M］//重庆《新华日报》专辑. 重庆：西南师范大学出版社，1985.

［2］秦孝仪. 孙哲先生文集：第二册上［M］. 台北：台北出版社，1990.

［3］中华全国音乐界抗敌协会致苏联音乐界书［J］. 中苏文化，1941（2）.

［4］编后［J］. 新音乐，1940.

［5］吴伟. 重庆抗战音乐活动［M］. 成都：四川大学出版社，2018.

［6］向延生. 李报忱与英文版《中国抗战歌曲集》［J］. 中央音乐学院学报，2007（4）.

［7］宫宏宇. 来华西人与中西音乐交流［M］. 杭州：浙江大学出版社，2017.

［8］何稼书. 国防音乐：抗战时期的军事音乐创作［J］. 贾亚娟译. 中华民国史研究，第2辑.

［9］杨雨青. 抗战时期美国对华“文化外交”——美国国务院中美文化关系项目初探［J］. 抗日战争研究，2011（4）.

［10］中华交响乐团. 关于请按月补助经费及检送中华交响乐团章程及经费预算书的呈函［A］. 重庆市档案馆卷宗，档案分类号J226，档号：0053-0019-00094-0000-002-000.

［11］王雯雯. 漫谈历史上的中外音乐文化交流［J］. 北方音乐，2016（10）.

［12］胡雪丽，张倩. 抗战时期重庆的中外音乐交流活动探析［J］. 音乐传播史话，2018（3）.

新文化运动中的美术思想论争对抗战时期美术的影响[①]

——从西方写实主义精神向中国现实主义美术的嬗变

黄剑武[②]

新文化运动是中国近代史上一次彻底的反封建文化运动，也是一次思想文化启蒙运动，作为新文化运动的组成部分的美术，同样是以反封建的探索进步道路为目标的。在中西文化碰撞和交织的历史背景下，新文化运动以讨论中西文化的优劣为开端，以救亡图存，拯救传统文化为目标，试图为民族文化复兴寻找出路和“良方”。中国思想文化界展开了长达14年（1915—1929年）的激烈论争，对抗战时期的中国美术发展产生了深远的影响。新文化主倡者们在高擎“文学革命”旗帜的同时，也举起了“美术革命”的大旗。传统美术价值与信仰因西方美术的强势输入，从被怀疑到被批评再到思考如何变革，经历了一个在中西美术观念认识上激烈论争和痛苦选择的过程。

随着西方艺术思潮的进一步涌入，西方各种艺术流派的纷争打破了中国文人画长期以来固守的局面，加上在改良派和革新派的号召和大力推动下，传统文人画被鄙视，崇尚西方写实之风盛起。陈独秀、蔡元培等知识精英，不仅承认西方美术的科学性，而且认为具有改革中国画的可行性，将其视为拯救“衰败至极”

---

① 原载于《美术大观》2020年第8期。

② 黄剑武，重庆市文化和旅游研究院（原重庆市文化艺术研究院）研究员，编辑部主任。

的中国画的"良方"。一批批学子开始先后到法国、日本等欧美国家留学学习西方绘画，他们从欧美带回各种艺术新思想在国内传播，古典写实主义、印象派、立体派、抽象派、超现实主义、达达主义等绘画流派相继开始在国内出现，纷繁复杂、多元并存，开始呈现出欣欣向荣、学术争鸣的新兴气象。

一、"科学美术"和改良中国画之论争

自1915年，持文化激进派主张的陈独秀等人，以《新青年》为阵地，发表了一系列文章痛陈东西方文化之优劣，力主全盘西化，认为不存在调和的可能性。杜亚泉以《东方杂志》为阵地进行论争，提出中西文化折中调和的主张，是最早提出中西方文化调和的人。一场旷日持久的影响深远的文化论争由此拉开序幕。后来章士钊从机理上阐释"新旧不可割裂"的新旧杂糅调和；张东荪借用生理学，提出社会的"突变"；陈嘉异强调以自然调和的普遍性；梁启超从重拾本国文明之信心和人类责任感；梁漱溟的"中国文化之复兴"等角度，就中西文化调和的认识问题上做不同程度的论辩，空前深入，为美术的"科学"论争做了前期的基础铺垫。新美术论争始于康有为和梁启超等变革中国传统文人画的呼声，康有为认为文人画没有前途，1917年康有为在《万木草堂藏画目》序文中指出"中国近世之画衰败极矣。"[1]梁启超则发挥了康有为的思想，提出"真美合一"以及"真美均源于自然"的主张，号召把美术表现和科学求真精神结合起来，寻找文人画的变革之路。1918年1月，吕澂在《新青年》杂志上发表《美术革命》一文，指出："我国美术之弊，盖莫于今日，诚不可不极加革命也。革命之道何由始？曰：'阐明美术之范围与实质，使恒人晓然美术所以为美术者何在，其一事也阐明有唐以来绘画、雕塑、建筑之源流理法……使恒人知我国固有之美术如何，此又一事也。阐明欧美美术之变迁，与夫现在各新派之真相，使恒人知美术界大势所趋……以美术真谛之学说而印东西新旧各种美术，得其真正之是非，而使有志美术者能求其归宿而发明光大之。'"[2]吕澂的观点在中西美术对照中体认中国本土美术之流弊，虽未言明美术革命的具体方法，但他坚信革命是大势

所趋，真理之所在，主张对传统的否定，全面输入西学。

新文化运动中的陈独秀针对美术革命提出了较为具体的主张，他在《美术革命答吕澂》一文中明确指出："若想把中国画改良，首先要革王画的命。因为改良中国画，断不能不采用洋画的写实精神……画家也必须用写实主义，才能发挥自己的天才，不落古人的窠臼……人家说王石谷的画是中国画集大成，我说王石谷的画是倪、黄、文、沈一派中国恶画的总结束。像这样的画学正宗，像这样社会上盲目崇拜的偶像，若不打倒，实是输入写实主义的，改良中国画的最大障碍。"[3]由此，文人画的笔墨程式和正宗地位被动摇，"四王"为代表的画坛受到冲击，倡导"民主""科学"的思想具体体现在了美术领域。陈独秀主张全盘西化，他的观点既反对复古，也反对中西融合。其提倡改革中国画之路，显然是以否定中国画，打倒中国画为前提，输入西方写实主义为目标的。

1917年8月，蔡元培在《新青年》上发表《以美育代宗教》一文，将美育视为自由进步的象征和人性的自我解放。1919年，蔡元培大声疾呼"文化运动中不要忘记美术""文化进步的国民，既然实施科学教育，尤其普及美术教育。"[4]这是"民主""科学"在美育上的具体化。时任北大校长的蔡元培提出的"美术代宗教"，并将"科学美术"提到"新教育之要纲"的高度，继而又提出"不可不以研究科学精神贯注之。"[5]他与陈独秀等人的激进态度有所不同，对中西美术持有沟通调和的温和态度。他提出"吾颇注意于新旧画法之调和，中西画理之沟通，博综究精，以发挥美育。"[6]他崇尚科学美术的精神，对美育工作者和美术家以极大的精神鼓舞，对五四新美术运动的兴起和发展起了推波助澜的作用。

1918年，徐悲鸿在时任北大校长的蔡元培的邀请下，出任北京大学画法研究会导师，1920年，他在北京大学《绘画杂志》上发表著名的《中国画改良论》一文，主张"艺术家应与科学家同样有求真的精神。"提倡"师法造化、师法自然"是改革中国画之路。此时的徐悲鸿虽已在法国留学，但已经成为新美术运动的重要推手。1932年，徐悲鸿为学艺青年所编的基础教材《画苑》中就写道："科学之天才在精确，艺术之天才亦然。艺术中韵趣，一若科学中之推论，宣真理之微妙，但不精确，则情感浮泛，彼此无从沟通。"把科学中的推论形象地比作艺术中的韵趣，宣真理之微妙。他表示“艺术以‘真’为贵，‘真’即是美。求真难，不真易。”“一切艺术有共同目的；追求造物之真理也。美术者，乃真理之存乎形象、色彩、声音也。”徐悲鸿认为艺术和科学本质都是一样，都是对客观之“真”的追求。徐悲鸿对艺术之“真”的科学追求落实在绘画上，体现出对象形象、色彩等方面的真实和精确表现，其实是对西方写实主义绘画精神的延续，是对陈独秀、蔡元培等人坚持的“科学”的具体化，对他们倡导的“美术革命”的坚持和发挥。

林风眠在中西美术的认识上，主张中西艺术调和的方式改革中国画。1926年5月，他在《东方杂志》发表《东西艺术的前途》一文，文中详细阐明自己的东西艺术调和论的观点，从“艺术之原始”和“艺术构成之根本方法”探讨“艺术是什么”，从情绪、情感的生发上讨论艺术的本源和本质。他认为“艺术是以情绪为发动之根本要素。”从历史角度，将东西艺术进行横向对比，分析其演变，总结其特征，比较出差异，形成长短比较和优势互补调和之观念。林风眠认为“艺术伟大时代，都是情绪与理性调和的时代。”理性与情感二者缺一不可、不可割裂，不可偏废。各自代表一极的东西方艺术有各自的艺术特征需要调和，才能产生世界新艺术。文章首先从艺术的本源上艺术是什么的根本问题，然后从东西方艺术互相对照中阐述各自的历史演变总结其特征，比较出差异，再论长短如何互补的问题。在当时，中西艺术二元论是认识东西方艺术问题的普遍思路，相比而言，林风眠的这一套东西方艺术调和理论论证比较深入，环环相扣，逻辑很完整，很具有说服力。

值得一提的是，具有“革命美术家”之誉的岭南画派高剑父。他认为中国画要吸收西画技巧来发展，并极力提倡对西方现代美术的广采博纳，主张“折中中外，融汇古今”之法，对中西绘画皆不排斥，但对于中西美术的特征和如何互补综合没有深入论述。他认为中西绘画的综合，可以是“首饰盒”，也可以是“杂烩汤”，“杂众味于一盘，可谓集各味之长，就会产生一种五味杂陈的美味。”[7]这种杂陈混合方式是一种概念式的综合，所言的中西融合之方法还比较表面。高剑父指出的“艺术要民众化，民众要艺术化，艺术是给民众欣赏的。”[8]却有着积极的现实意义，他极力推崇科学写实主义的同时，并主张生活化和大众化创作道路，和后来抗战美术的现实主义思想路线不谋而合，成为后来30年代左翼美术运动和中国现实主义美术的开端。

二、“美术革命”下的写实主义绘画和现代主义绘画

1918年2月，中国第一个新型的研究绘画艺术的美术团体——北京大学画法研究会成立，其宗旨是研究画艺，培养人才，倡导美育。1918年4月，中国第一所国立艺术高等学校——北平美术专门学校诞生，为中国培养美术专门人才。1919—1927年，又先后分别创办了上海专科师范学校、武昌艺专、南京艺专、苏州美专等几十所艺术院校，引进西方美术教育蔚然成风，大力提倡美育，发展美术事业。

中国的写实主义绘画技法基本源于欧洲，写实学派的几位重要人物徐悲鸿、吴作人、吕斯百、唐一禾、颜文樑等人，曾多留学欧洲，都是写实主义绘画的支持者和实践者。它不断吸透视学、解剖学、人体学、光学等成果发展和丰富绘画语言，用科学的观察方法，解剖的透视，光线与中国画融合，以写实主义改革中国绘画的风格建构。将“科学”落实到绘画领域，最有力的实践者和推行者是徐悲鸿。徐悲鸿于1919—1927年在法国高等巴黎美术学校留学八年，接受了完整的学院古典主义绘画教育，熟练掌握了西方写实主义的技巧与方法，为他回国后构建写实主义学派做了充分的准备。徐悲鸿一向具有“伯乐”精神，帮助和扶持了一些优秀的年轻画家，为后来的写实主义学派阵营补充了新鲜的血液。

在徐悲鸿帮助下，吴作人于1930年先后赴法国和比利时留学，师从最负盛名的写实主义画家巴黎美术学校西蒙教授和布鲁塞尔皇家美术学院院长巴思天（Alfred Theodore Joseph Bastien）。1936年吴作人应徐悲鸿函约回国任教，成为徐悲鸿写实主义学派的主力干将，推行写实主义绘画理念。在徐悲鸿鼓励下，颜文樑于1928年入国立巴黎高等美术学校劳伦斯画室学习。颜文樑“主张真实，先有真实后有美。”他把新文化运动崇尚科学的精神运用到艺术创作中，正如画

家所言“科学不是美，但艺术利用科学能产生美……画家不能不利用科学。”随后，同入新古典主义画家劳伦斯画室学习的还有唐一禾，他1930年赴法国巴黎高等美术学校，1934年学成归国，在其兄唐义精创办的武昌艺专任教并主持西画科教学，坚持写实主义教学和创作。得到徐悲鸿赏识与推荐的吕斯百，在1928年底被徐悲鸿推荐由福建省公派赴法国留学，于1929年赴法国里昂高等美术专科学校学习。吕斯百兴趣广泛，对崇尚写实的夏尔丹喜欢，对塞尚等现代艺术也比较着迷，后在徐悲鸿的劝诫下，主要致力于写实创作。“从里昂到巴黎，吕斯百投入精力最多的是学院中的那些基本功，在徐悲鸿为他奠定的写实主义艺术目标的基础上，向法国学院艺术的技术趣味和形式方面钻研，沉浸在唯美的学院传统之中。经历了从心慕夏凡纳的理想化的象征主义风格，到追随夏尔丹朴素的写实主义作风和同为写实主义一脉的印象主义画家西斯莱，并进一步关注，研究现代艺术流派诸家的形式与风格，如塞尚等人。”[9]1934年他学成回国，进入中大艺术系和苏州美专任教，成为写实主义学派的中坚力量。

在欧洲，在19世纪末20世纪初，随着印象派、野兽派、立体派、表现主义、达达主义等流派的兴起，古典写实绘画已经不是主流，基本结束了她最为辉煌的“黄金时代”。“美术革命”时期的中国美术，在主张“民主”“科学”的时代背景下，留学归来的画家从国外带来了欧洲各种艺术流派，形成了学院写实主义和现代主义绘画两个阵营的精神较量。写实主义绘画输入中国以来，被主张“民主”“科学”的革命派视为中国美术改革的“良方”，写实主义绘画适应反封建的民主革命大潮，因百姓的可识可辨可教化并被迅速接受和认可。

陈师曾、刘海粟、林风眠等人，认为表现情感是艺术的本质，艺术表现论是西方绘画的最新动向，才是现在的新趋势，文人写意具有表现的精神特质。显然，他们的美术主张是表现论而不是写实论。陈师曾曾确立文人画的价值观点，郑午昌、黄般芳肯定写意的主观精神，刘海粟则明确系统地阐述其表现论的观点。刘海粟通过借助西方现代主义的观念“艺术乃是自我表现”的思考方式，对照中国传统绘画，发现石涛和后期印象派精神相通，主要表现为三个原则，即“表现的而非再现也”“综合的而非分析者也”“有生命之艺术创作，期其永久而非一时也”，认为石涛《话语录》“其思想与今世的后期印象派的表现派者完全契合”。[10]刘海粟还从院体派角度，将宋代画院与西洋画院对照，指出误在于“供帝王和达官贵人的鉴赏，缺乏个人的主体性。”[11]而宋代画院多有工笔为主的写实手法的院体国画，刘海粟对宋代画院写实倾向的工笔画和西洋画院的批评其实是对写实主义美术的不认同，而对现代主义绘画认同。他们以西方表现论艺术作为参照，积极肯定文人画和传统国画中重写意重主观的艺术精神，具有一定的理论深度。陈师曾、刘海粟等人对表现论的认识虽然在当时具有一定的高度，也符合世界艺术发展的大潮流，但是与当时国内变革大潮和历史趋势不合，也未能和民众建立直接的关系，难以发挥宣传教育的作用，更未能为“美术革命”提供有效的精神“良方”。

相比写实主义学派而言，现代主义绘画在当时虽然未能形成阵营合力，但是拓宽了中国美术的风格样式和发展形态，为中国美术的发展增加了内容。1932—1935年间，以现代主义绘画为阵营的决澜社，共举办画展四次，直至解散。现代主义艺术阵营虽然短暂，但是却意义非凡，决澜社为中国现代主义美术的发展留下了浓重的一笔，也就此拉开了中国现代主义绘画的序幕。“决澜社没有达到‘宣言’所向往的目标，但它已掀开了中国近代美术运动新的一页，孕育了观念艺术的萌芽，是我国的美术发展进入了一个新历史阶段的标志。决澜社的确是一场带有遗憾的现代绘画的美术启蒙运动。”[12]

三、抗战时期新写实主义绘画向中国现实主义美术的嬗变

卢沟桥的枪声，终结了美术界写实主义和现代主义之争。学术界暂停了“为艺术而艺术”还是“为人生而艺术”，吸收西方写实主义艺术还是现代艺术的激烈争论，抗日救国成了时代的新的命题。艺术是战斗的，大众的，需成为战斗宣传的有力武器。“他们固守着欧洲写实主义艺术的传统，对于画室里模特儿的真实性，不能在质和量各方面都严格把握，可是社会的阶层关系，限制他们题材的范围，他们没有志愿跳出象牙塔的学院，转向于群众的新写实主义之路。因此，

他们只能彷徨地和其他画派相对立，左右逃不出上层艺术的范围。”[13]学院写实主义虽受到批评但没有被全部否定，作为一种技巧被抗战艺术家们认同，认为学院写实主义画家某些贡献值得肯定并可以继续发挥，新写实主义其实是给从欧洲引入的学院写实主义提出了转换要求，即写实主义如何与中国政治现实与文化传统进行对接，创造出具有时代性与民族形式的现实主义美术。沙扬在《新华日报》上发表文章，呼吁抗战中的美术家要以写实主义为方法，达到“新写实主义的境地”。[14]他们虽然在认识上有所差异，但是某些方面却达成共识，即新写实主义不只是一种技巧技法，而是一种创作方法和美术观。《新艺》第三、四合期上刊载了《谈新现实主义——论中国文艺科学化之道路》一文，对现实主义的基本特征进行了比较深入的概括。“第一，它是从现实出发的，它是根据‘反映论’的。第二，它是站在革命的立场上，以科学的思维方法与世界观来观察现实的，它自现实社会诸关系中、复杂矛盾中、发展中去观察现实的，把握了现实发展之规律。第三，它是战斗的现实主义，它不仅是认识世界，而重要的是改进世界。它不是现实的尾巴，而是‘站得比现实更高’……第四，它是有科学的创作方法的，而与其科学的世界观相统一的。”[15]文章阐明了美术的大众化、科学化、民族化的问题，是新写实主义理论在抗战时期的具体化、现实化。画家们大都接受这个观点，为共同抗战达成共识紧紧团结在一起。

归国后，徐悲鸿的绘画步入更加广阔的空间，他开始运用古典写实主义进行鸿篇巨制的创作，不少作品取材于经史，并采用了借古喻今的方式创作油画和国画。如徐悲鸿早期油画的代表作《田横五百士》（1928—1930）、《徯我后》（1930—1933），均是表现历史的主题性创作，与新古典主义精神遥相呼应。抗战期间，由历史人物则转为现实人物，开始向关注国内现实和战争形势，代表作有《巴人汲水图》（1937）、《放下你的鞭子》（1939）、《愚公移山》（1940）等。《巴人汲水图》是徐悲鸿随中央大学艺术系迁至重庆后，在沙坪坝看见一群农民不辞辛苦，登百丈台阶担水的情形，心生同情有感而作。《放下你的鞭子》也是关注现实关注人民的现实主义创作，该画根据同名话剧创作，表现街头演出的场景，具有戏剧性的情节，人物动态准确、表情生动。“徐悲鸿的创作思想是有了发展，首先是和现实生活直接联系起来了。”[16]当时的南洋筹赈会曾将这幅画印制成10万张明信片，在公众中流传甚广，其社会影响可见一斑。徐悲鸿欣喜“吾国因抗战而使写实主义抬头”的同时，战争扫荡“艺魔”，将写实主义定为一尊，他对中国美术的未来发展充满乐观的态度。

徐悲鸿受聘为南京中央大学艺术系教授，后因抗战迁至重庆，依然坚持“素描是一切造型艺术的基础”的造型方法和教学理念，确立了一套完整的造型艺术教学体系。训练中要求做到“以形为重，以行为先，世无遁形和位置得宜”的教学观点。他提出西画写实技法与传统笔墨相结合的国画样式，实施于教学和创作，为新中国国画立下“新七法”曰：“一位置得宜；二比例正确；三黑白分明；四动态自然；五轻重和谐；六性格毕现；七传神阿堵。”徐悲鸿的写实主义学派在执掌重庆中央大学艺术系期间得到巩固和扩充，写实主义学派阵营得到补充。

唐一禾在法国留学近五年，在并不时髦的劳伦斯画室学习，打下深厚写实功底。回国后，他在武昌艺专坚持写实主义教学，“反映民间的疾苦，传达全民的希望和力量”，是唐一禾对于中国社会现实确立起来的艺术信念。抗战时期，唐一禾适应着新的时代要求，以巨大的热情投入抗日救亡的宣传行列中，在繁重的教学工作之余，创作了《胜利与和平》《七七的号角》等，表现贫苦劳动者生活，充满人道主义关怀的作品。具有现实主义的创作是《七七的号角》（草图），这是唐一禾1940年为创作巨幅油画所作的草图，尽管此画没有完成，但从草图可以基本看出是一幅关注生活反映抗战的现实主义力作。图中学生组成的文艺宣传队走向街头，进行抗日救亡宣传的情景。他们举着旗帜，拿着土喇叭、锣鼓及演出用的道具和马灯，步伐坚定，精神抖擞，抗日情绪高涨。人物真实生动，形体塑造结实有力、明暗分明，衣着色彩和谐统一饱和而有变化，笔触干脆利落，展现了唐一禾坚实的写实能力。此时，唐一禾经过抗战的洗礼，俨然已经成为现实主义美术的战士，他用自己的作品为现实主义美术体系的构建做出最好的注释。

1930年，吴作人留学法国，进入了巴黎高等美术学校。后经徐悲鸿的帮助，他取得助学金，前往比利时布鲁塞尔皇家美术学院学习。在这里经过5年的艰苦训练，他打下了坚实的写实功底，在饱览西方现代美术的光怪陆离之后，更加坚定了现实主义的创作道路和入世的绘画观。1935年，在徐悲鸿的邀约下，吴作人回国并在南京中央艺术大学艺术系任教。抗日战争全面爆发后，吴作人随学校一起后迁至重庆。他呼吁艺术家走出象牙塔，以笔做刀枪。“艺术的动向是绝对地也是必然地跟随着社会在转移，同时转移着社会”。吴作人在抗战期间，积极参加抗日救亡宣传活动，他画了油画《搜索》（1938）、油画《防空洞》（1942年前后）、《不可毁灭的生命》（1942）、《空袭下的母亲》（1941）等反映底层人民形象和社会现实的作品。抗战时期吴作人的一幅重要作品是油画《防空洞》。1938年2月1日至1943年8月，日本对重庆进行了长达5年半的战略轰炸。为了躲避敌机轰炸而钻入防空洞在当时是常事，当时还曾发生过防空洞洞口被压塌，导致一千多人闷死在里面的惨案。吴作人创作的油画《防空洞》正是用写实的手法，从历史的角度记录了这样一个真实的事件。

1928年，司徒乔留学法国师从写实主义大师比鲁半年，花了更多时间在卢浮宫临摹达·芬奇、伦勃朗、米勒、杜米埃和莫奈等大师的作品，临摹使司徒乔大开眼界，并对西洋油画的构图、色彩和用笔等基本方法和技巧有了更加深入的了解和学习。尤其从米勒、杜米埃的作品中，他感受到了对乡土的向往和对生命的热爱，及对现实生活的关注和对黑暗社会现实的反抗。回国后，他把关注底层劳动者和同情贫困人民作为他主要的创作方向。他的写实作品《放下你的鞭子》具有代表性，该画是作者1940年在新加坡观看了中国话剧团名演员金山等演出同名话剧后创作的。画中近景人物造型准确，表情丰富生动，具有戏剧效果，激情迅速的笔触体现出画者娴熟的写实技巧，画面表现出强烈的愤怒情绪以及反抗精神，在抗日宣传中起到了激发斗志和鼓舞人心的作用。

常书鸿回国后，集中精力进行美术创作，创作了一批反映战事的现实主义创作，如回忆贵阳遭受敌机轰炸情景的油画《是谁炸毁了我们》，还有《日寇暴行录》《前线归来》《壮丁行》《湖北大捷》等。表现普通百姓生活的写生创作有《街头幼女》（1936）、《茶农》（1939）等。国立杭州艺专在南迁途中几经波折，几易校长，人事纠纷频繁，学潮再起，常书鸿愤然离校，另谋出路，和林风眠等人来到重庆，在重庆也无教职，倍感孤独郁闷。1943年教育部成立敦煌艺术研究所，常书鸿欣然接受该所筹委会副主任的职务，次年2月，他携带一行人从重庆出发，义无反顾地去了敦煌，去从事耗费大半生的石窟艺术保护、整理和研究工作去了，绘画创作较之前减少。

除上述各位，还有一批写实画家继续着他们的艺术实践。新写实主义更呼吁题材的大众化和现实化，强调艺术形式的民族化。在新的文艺要求下，画家们进行了积极探索，他们在批评声中，重新审视历练写实主义的思想、内涵和技巧，关注民生关注本土，创作出一大批关于抗战题材的作品。除此之外，还有孙宗慰的《流浪的女孩》，阳太阳的《战时归来》《女战士》，陈抱一的《流亡者之群》，王式廓的《台儿庄大血战》，李宗津的《战地医院》，高剑父的国画《东战场的烈焰》，关山月的国画《中山难民》《从城市中撤离》，“旅行画家”赵望云的《战斗之后》《修机场》，“战地画家”沈逸千的《牧归》《晋妇归宁》，李斛的国画《嘉陵江纤夫》等作品都是写实手法为主的现实主义抗战创作。

重庆抗战时期，写实主义将马蒂斯、塞尚等人视为“鸦片”“海洛因”之类毒品。现代主义绘画探索显得不合时宜，民众无法接受塞尚、马蒂斯等风格和流派，丧失群众基础和大众审美，被挤兑到时代的边缘。林风眠、刘海粟、关良、庞薰琹等少数几位画家在创作上采取了现代主义的创作实践，但他们的中西融合的光彩被徐悲鸿等写实主义阵营的光环遮蔽，趋于沉寂。1945年初，以原杭州艺专为主体的画家们在重庆中苏文化协会举办了“现代绘画联合展览会”。参加人员有林风眠、庞薰琹、方干民、关良、倪贻德、汪日章、周多、赵无极、丁衍庸、郁风、林镛、叶浅予、李仲生等13人，共展出83件作品。画展前言里写道：“不但要适合我们中华民族自己的需要，而且更希望能使现代中国绘画艺术与现代世界艺术合流。”表达了他们对民族对现代主义绘画的期盼和追求。这是画家们为现代主义绘画复苏的一次努力，然而由于写实主义绘画的主导地位和战事时局的各种缘故，这个展览并未产生较好的社会影响，未起到力挽狂澜的作用，也未能改变写实主义占据主导地位的美术格局，直至抗战结束。

如果说新文化运动的美术思想论争催生了写实主义绘画，那么经过抗战战火的淬炼，新写实主义绘画为写实主义绘画注入了新的内涵，并将其引到现实主义美术的航道之中。一方面，写实主义绘画阵营的补充，确立了表现现实的创作新向度；另一方面，写实主义绘画与社会、民众、民族艺术联系紧密，在大后方发挥了宣传、教育和动员作用。各种异见被“扫除”，新写实主义深入人心，获得民众广泛支持和认可。现实诉求力大为增强，确立了为大众而艺术，为民族而艺术的信念。正如徐悲鸿在《新艺术运动之回顾与前瞻》中所言，“抗战改变了吾人一切观念，审美观念在中国而得无限止之开拓。当日束缚吾人之一切成见，既已扫除，于初尚徘徊，今则坦然接受，无所顾忌者，写实主义是也。”

参考文献

[1] 康有为. 万木草堂藏画目 [N]. 中华美术报，1918.

[2] 吕澂. 美术革命 [J]. 新青年第6卷第1号，1918（1）.

[3] 吕澂. 美术革命 [J]. 新青年第6卷第1号，1918（1）.

[4] 孙常炜. 蔡元培全集 [M]. 台湾商务印书馆，1968.

[5] 蔡元培. 北大画法研究会旨趣书，1920.

[6] 高平叔编. 杜威六十岁生日晚餐会演说词 [M]. 蔡元培全集，中华书局，1984.

[7] 徐悲鸿. 中国画改良之方法 [N]. 北京大学日刊，1918-5-23.

[8] 高剑父. 我的现代绘画观 [M]. 岭南画派研究第1辑，岭南美术出版社，1987.

[9] 关红实. 在20世纪中国美术教育情境中的吕斯百 [D]. 博士学位论文，南京师范大学，2005：8-9.

[10] 沈虎编选. 艺术革命观 [M]. 刘海粟艺术随笔，上海文艺出版社，2001.

[11] 林风眠. 我的兴趣 [J]. 东方杂志，1936（1）.

[12] 黄剑武. “决澜社”——一场遗憾的现代绘画启蒙运动 [J]. 公关世

界，2018（10）.

［13］沙扬. 新写实主义与革命的浪漫主义［J］. 战斗美术创刊号，1939.

［14］沙扬. 新写实主义与革命的浪漫主义［J］. 战斗美术创刊号，1939.

［15］黄宗贤. 大忧患时代的抉择——抗战大后方美术研究［M］. 重庆美术出版社，2000：155.

［16］艾中信. 徐悲鸿研究［M］. 上海：人民美术出版社，1984：46.

从石窟造像中探寻唐代舞蹈风貌[①]

——以大足石刻为例

陈亚芳[②]

大足石刻位于重庆市大足区，建于唐乾元元年（758）。据《蜀中广记》中记载："大足县，唐乾元二年与昌州同置，取丰足之意也。"意喻"大丰大足"而得名。这块闻名中外的古代石窟瑰宝承载着佛、道、儒三教并存的宗教思想，存留着唐代舞蹈艺术的遗迹，传导着古代文明的变迁和改革。大足石刻起凿于盛唐，历经五代至南宋，历时两百多年完成，有大量宣扬宗教思想的典型性"佛、道、儒"三教合流造像群，丰富的观音造像、人物雕刻都凸显出晚唐的艺术风貌和宗教信仰。唐代歌舞是中国古代舞蹈史上最灿烂辉煌的篇章，大足石刻的凿建风格也深受当时艺术审美发展的浸入和影响，在石刻中不乏与舞蹈相关的造像内容，都是承载着唐代舞蹈风貌的代表性造像。

一、唐代乐舞典型性造像的呈现

唐代是古代舞蹈史上的鼎盛时期，刘青弋、王克芬在《中国舞蹈通史·隋唐五代时期》一书中提道："五十年间，战乱频起，特别是中国北部，几乎成了

① 基金项目：重庆市社会规划科学项目（2019YBYS156）。原载于《当代音乐》2020年第8期。

② 陈亚芳（1983— ），女，重庆文理学院副教授。

争夺政权的战场，只有南部中国比较安定。南唐等经济文化都比较繁荣，在乐舞方面多承袭唐制，但远不如唐代兴盛，在我国古代舞蹈发展史上，是一个承先启后的时代，是一个酝酿着巨大变化的时代，是一个传统舞蹈艺术从独立的表演品种，渐渐向舞蹈融入戏曲发展进程推进的时代。”唐代以乐舞机构为发展趋势，秦代建立的机制延续下来，从太常寺、教坊到梨园，采用了集中培养、专业传授的方式，将当时的音乐、舞蹈推上了一个新的台阶，发展水平迅速而猛烈。唐代舞蹈从表演、创作、编导、舞谱、舞图等多方面诠释了艺术的高水准，自由挥洒的舞蹈风格正是唐代开放、进步、强盛、宽容的时代精神体现，也反映出当时社会发展的盛世景象。大足石刻晚唐时期的凿建以观音、地藏合龛和阿弥陀佛胁侍观音居多，造像形态丰满圆润，气质浑厚，衣纹细密，薄衣贴体，从舞蹈发展的足迹追寻，具有典型的盛唐遗风。

第245号龛“观无量寿佛经变相”雕刻于晚唐，人物多达530余尊，器物460余件，龛内有筝、笛、笙、排箫、铜钹、琵琶、拍板、法螺、圆鼓、方响、编钟等诸般乐器，以彩带相束，悬于虚空，不鼓自鸣；池中造像正中坐莲菩萨两侧有两名舞伎，左侧人像折腰甩袖，微微屈膝；右侧人像蹁跹而舞，旋若转蓬；两人随着音律踏步，舞姿飞扬，流露出唐代女性的妩媚风韵，这场景正是展现了古代舞蹈艺术发展的最高峰。盛唐时期的宫廷乐舞气势华贵恢宏，与其繁荣富饶的经济发展有着莫大的关系。此龛表现场景繁多，展示器物丰富，不仅反映了唐代雕刻的高超技艺，同时呈现出唐代乐器、建筑、服饰、舞蹈等方面的重要表征。此龛所呈现的景象，不仅让我们联想到唐代宫廷乐舞场景，还让我们想起唐代莫高窟第220窟乐舞形象，两者皆有相似的表现形式和内容，但各有不同之处。莫高窟的雕刻更精美、细腻，突出表现人物的舞态风姿，重在个体舞伎的造型感打造；而大足石刻则以展现大型歌舞场景为主，凸显宫廷乐舞的表现形式，同时还歌颂道德伦理，从佛学引申 到极乐世界的各个阶层，表达了唐代民间百姓对美好生活的追溯和向往，与当时繁荣盛世的景象如出一辙，进一步印证了此龛造像中蕴含的典型性唐代乐舞风貌。

第9号龛“千手观音”凿建于晚唐时期，是巴蜀地域早期呈现的为数不多的飞天造像之一，其雕刻手法从北魏、杨隋遗风逐渐向盛唐乐舞转变，有着唐代典型性的乐舞形态。此龛正中位是千手观音像，造像慈眉善目，头戴化佛冠，身着天衣，双足踏莲，善跏趺坐于素面方形金刚座上，飞天造像在龛顶左右两侧。其中一尊飞天造像面目清秀，双臂微张，身姿略有舞蹈中松胯屈膝的态势；另一尊飞天造像眼眸微垂，双手轻放于胸前，身体呈倾斜状态，仿佛正准备腾云一跃而起。两尊飞天造像不似敦煌飞天造像精美、细致，色彩鲜艳，但是更接近民间女子的装束，肩上的彩带飘然远去，犹如别离故土的女子依依不舍，神态神情也更加含蓄、内敛，贴近生活中的女子模样。此龛中飞天造像展现出“送、摇、倾、垂”等舞姿动态，刻画出知书达理、修长纤细的身姿形态，其动势媲美唐代“健舞”的动态美，具备唐代风貌与宋代特色内外兼修之美，凝聚晚唐时期乐舞逐渐从宫廷走向民间，从艺术形态过渡到生活化。与敦煌壁画中的飞天造像有所不同的是，大足石刻的飞天更具生活化、民间化，虽然都是盛唐时期的产物，但由于地域不同，对艺术审美的要求也不同，所以形成了迥然不同的风格面貌。

二、唐代宗教艺术形态的初现

舞蹈与宗教自来关系紧密，远在原始人类的生活中，舞蹈既是崇拜活动，也是祈祷仪式。哈克洛克·埃利斯在《生命的舞蹈》中指出：“最初的舞蹈就是全人类的表现，因为所有人类都信仰宗教。”伊莎多拉·邓肯也说：“未来的舞蹈必将成为一种高级的宗教艺术……它所表现的是精神要求超越世界万物的崇高向往。”大足石刻犹如石壁上的艺术，每一龛造像都传递并衍生着唐代宗教文化的艺术形态和审美特征，从虚实相生中发展出物质与非物质特性，形象与想象并存，前者有限，后者无限。代表中国晚期石窟宗教艺术典型性的千手观音造像，是唐末时期的宗教摩崖石刻，以佛教题材为主，其规模宏大、艺术精湛、内容丰富，是闻名世界的古代石刻艺术。千手观音是人们“崇神化”的表现，通过塑造千眼千手的万能菩萨来解救苦难众生，寄托和依附着人们的宗教信仰。在佛教看来，只要虔诚地信奉千手观音，就有“息灾”“增益”“敬爱”“降伏”等好处。古往今来，人们依然对佛教文化有着浓厚的兴趣，特别是在艺术界，应运而生的舞蹈《千手观音》也让古代艺术走向现代文明，让宗教艺术更好地衍生、发展。

大足石刻与敦煌、云冈、龙门等石窟构成了一部完整的中国石窟艺术史，成为中国石刻晚期的宗教艺术典范，造像中“人像神化，神像人化”的鲜明特色，展示我国源远流长的中华文明和博大精深的佛教文化。袁禾在《舞蹈与传统文化》中谈道：“宗教孕育‘神’的概念，‘神’在本质上是虚幻的；舞蹈是一种虚幻的‘力’的意象，用其‘虚幻的力’形成的情感符号营造自己的意象，用身体符号传达‘神’的概念。”[①]第5号龛毗沙门天王像就是“崇神化”的代表造像之一。其身形高2.5米，宽0.83米，头戴高方冠，身披盔甲，腰佩利剑，其形态伟岸雄健，威严肃穆，刚劲有力，给人强烈的震慑力，可谓“神力”之像不可挡。传说毗沙门天王是古代君王祈求上天护佑而请战的神仙，带领千军万马杀敌四方，天王像不仅是被民间尊崇为守护神的神像代表，还是对帝王尊贵身份与政治权力的刻画。从天王造像威武雄健的身躯中，还能感受到唐代将领的军事之风，正如古代军队舞中“发扬蹈厉，声韵慷慨”“来往疾徐击刺”等将士风貌的体现。军队舞蹈崇神化的象征，代表着帝王至高无上的地位和尊崇，与古代舞蹈的发展史有着相辅相成的联系。天王像左右两侧各有金刚力士一名，面部狰狞、气势汹汹，代表着将士勇猛杀敌的杀伐之气，也是唐代佛教中被称为“末罗”的力大之人。金刚力士一片耿耿赤诚之心，让人不由联想到北魏奚康生的“力士舞”风貌：“及于折旋，每顾视太后，举手、蹈足、瞋目、颔首为杀缚之势。”[②]这段古籍中的描述，让我们仿佛看到了唐代舞蹈中的健舞形象，大气澎湃，刚劲勇猛……直到今天，在后人创作的舞蹈力士金刚中，我们还能够感受到其杀伐之势及威武之象。此龛中的毗沙门天王和金刚力士与佛教文化有着紧密相关的联系，体现政治权力和社会斗争的同时，也反映了唐时期对宗教信仰的依赖和崇拜，是唐代宗教艺术发展史上的里程碑。

---

①袁禾．舞蹈与传统文化［M］．北京：北京大学出版社，2011：206．

②北史·列传卷二十五部。

三、结语

在中华古代建筑宝库中，石窟寺、摩崖石刻造像已成为历史长河中精湛唯美的宝物，璀璨而夺目。这些蔚为壮观的造像，是艺术发展的根源和价值体现，也是无与伦比的民族瑰宝，它不仅反映了民族社会生活和民间信仰风俗，还为当代舞蹈艺术发展提供了弥足珍贵的素材。一大批渗透进了石窟佛教文化的舞蹈作品，如《大梦敦煌》《飞天》《千手观音》《手印舞》《金刚》等，都是通过石窟壁画的造像提取舞蹈元素再加工、提炼形成了作品，让大众能够直观地感受到石窟造像的魅力，栩栩如生，历历在目，让人叹为观止。石窟艺术不仅让我们追寻到先人的遗踪，了解到中国源远流长的历史及文化内涵，更对我们探寻古代艺术留下了宝贵的财富。本文通过对大足石刻典型性造像的研究，将历史长河中弥足珍贵的舞蹈文化展现在现代文明中，为后人创作、发展唐代舞蹈文化不断追溯，结合具有唐代乐舞、宗教艺术的造像内容进行分析、探索、查证，提取唐代舞蹈风貌在石窟中的表现形式及艺术特征，力求呈现其审美思想和审美情趣。

川剧在文化输出中的价值探索[①]

杨 琪[②]

进入移动互联网时代以来，传统戏曲行业遭遇了前所未有的危机。新生代年轻人的审美观、娱乐观、语言体系，都在被新媒体浪潮重新建构，人们越来越习惯在智能产品上获得快速而便捷的娱乐体验。剪辑明快、剧情跌宕起伏的影视作品，刺激的网络游戏，以及15 秒的短视频，成为年轻人的主流娱乐方式。而传统戏曲绵长而含蓄的表达方式，正在逐渐远离当代年轻人的娱乐生活。

与此同时，随着现代化改革进程的不断深化，中国也与其他国家和地区展开了密切的经济交往和频繁的文化交流。在了解世界的过程中，我们难以避免地经受着来自西方的文化冲击。西方发达国家利用媒体、影视、书刊、网络等多种方式，对我国进行文化输出和价值观渗透，为我国的文化安全带来了一定的考验。

随着经济全球化的不断深入，西方国家都在充分利用各种平台展现本国的文化和艺术，提升本国文化在世界领域中的影响力。这种外来的文化输出，虽然为我们了解其他领域的文化提供了绝佳的窗口，但同时也对我们的传统文化进行了相当程度的冲击。中华民族曾创造出光辉灿烂的文明，也为世界带来了无数的发明创造、文化符号，但我们不得不承认的是，我们的文化在当前世界范围内，是相对弱势的，在国际舞台上鲜少听到中国的故事和中国的声音。

---

①原载于《戏剧之家》2020年第30期总第366期。

②杨琪（1993— ），女，汉族，重庆人，硕士研究生，研究方向：戏剧戏曲学。

一、传统戏曲面临的冲击与机遇

中国的文化安全正在经受全球化的冲击，在这样的文化大环境下，本来就处于式微状态的传统戏曲，其发展形势更是相当严峻。以川剧为例，目前各大剧团都面临着名角儿稀缺、人才断层、新剧创作乏力、经费紧张等问题[1]，传承已经面临危机，对外的文化输出更是无从谈起。

我们已经处于全球化东西方文化交流的大时代，中国文化对其他文化的态度，向来是通达、包容、开放的。在五千年的文明史中，中国始终能够从其他文化中获得滋养，东西方文化的碰撞与交融，是历史的必然和大势所趋。但不能回避的是，自20世纪90年代以来，传统戏曲面临着全面的、整体的、深层次的行业危机。剧作家王仁杰曾悲观地谈道："一个吃着麦当劳，看着美国大片，唱着卡拉OK 的民族，是绝对不可能来为我们的中国戏曲做事情的，中国的传统文化如果不复兴，中国戏曲就不能复兴。"[2]一个民族的文化不是一成不变的，传统戏曲艺术也是如此，需要随着时代和社会的进步，不停地向前发展，这样才能成为真正有活力的艺术。

在吸收和借鉴西方文化的同时，国内的戏曲从业者也应该思考如何保护好我们的传统文化，让文明的瑰宝得以传承和发展。同时，要更加积极地推动我们的文化"走出去"，在东西方文化交流中，起到介绍中国文化、推广中国审美情趣的作用。大约在12、13 世纪，西方世界的民众首次大规模接触到了中国文化和中国戏曲，意大利商人、旅行家马可·波罗（Marco Polo）创作了著名的《马可·波罗游记》，又称为《东方见闻录》，其中记载了他在中国的所见所闻。该书在欧洲广为流传，也激起了欧洲人对东方世界的热烈向往。书中也提到了观看中国戏曲的场景，使得这种不同于西方戏剧的文化现象，引起了部分西方文化阶层的关注[3]。

到了15 世纪，东西方交流变得愈发频繁，中国戏曲和演员也正式出现在欧洲舞台上，西方人开始近距离领略中国传统戏曲的独特魅力。从17 世纪开始，欧洲文化阶层日益关注东方文化，有关中国的著作和研究在欧洲大量出现，中国的戏曲文化也为西方的戏剧艺术创作提供了新鲜的素材。比如英国的“英雄剧”中出现了取材自中国的剧目，意大利和法国的艺术家也经常以中国题材进行创作，在表演形式、舞台布景中，也借鉴了中国戏曲的手法。在这个时期，还出现了以中国故事为题材，使用中国戏曲的服装和道具，由西方人出演的中西混合产物——中国戏。18 世纪，欧洲掀起了推崇中国文化的浪潮，其中，对中国元杂剧《赵氏孤儿》的改编、评价、欣赏，影响尤为深远。

但即使是在中国文化输出的黄金时代，由于东西方观众文化习惯的巨大差异，中国戏曲仍然难以让西方观众完全接受。就连热衷于中国文化的伏尔泰等人，也对中国戏曲带有偏见：“中国文化在其他方面有很高的成就，然而在戏剧的领域里，只停留在它的婴儿幼稚时期。”对于中国戏曲的特殊表演形式，西方文化阶层往往认为动作较为夸张过火，也难以接受戏曲化的唱腔，而这些问题，在当下的文化语境中，暴露得更为明显，中国的许多年轻观众尚且难以接受传统戏曲的表现形式，对于文化差异较大的西方人而言，让他们了解传统戏曲的美学，更是困难重重。

跨文化交流中的难点，主要来自信息接收方对文化信息的理解难度。中国戏曲虚拟化、程式化、写意化的表演风格，不同于西方戏剧的写实主义。中国戏曲里大量的程式化符号，是多年来约定俗成的守则，让没有接受过戏曲艺术培训的跨文化圈层观众很难理解。在对外输出戏曲文化的过程中，我们既要认识到对外文化输出时遇到的障碍，也要努力克服跨文化输出中的困难，让东西方文化交融成为可能。

二、川剧在文化输出中的卓越价值

传统戏曲既是带有浓郁地方特色的文化产物，同时也是中华文化的重要构成者和体现者。其中，川剧是地方戏曲中影响较为深远、文化符号性较强、积淀较为深厚的一种艺术形式。

川剧起源较早，历史悠久，在国内的戏曲圈中拥有“蜀戏冠天下”的美誉[4]。1998年，川剧就曾作为“备选项目”，参加联合国“人类口头和非物质文化遗产代表作名录”的评选。2006年，经过国务院批准，川剧被列入中华人民共和国第一批“国家级非物质文化遗产名录”。2012年，川剧正式作为中国的“推荐项目”，向联合国教科文组织申报“人类口头和非物质文化遗产代表作名录”[5]。由于以往联合国教科文组织规定了每个国家每年只能申报一个项目，所以获得这个殊荣并不容易。川剧在成为世界级非遗的道路上前进，广大川剧人也任重而道远。

川剧的表演方式独具一格。以舞台表演为例，川剧的文小生风流俊朗，彰显着中国古典的“书卷之气”；武生则描绘着中国功夫，能获得国内外观众的喜爱；丑角则滑稽而不低俗，以丑见美。川剧成为既有丰富传统文化特色，又具备独特地域元素的表演艺术。

最突出的川剧符号，自然是“变脸”绝活。这种表演方式由演员的技艺和特殊的机关融合而成，具有极强的观赏性，能带给观众“视觉奇观”的震撼体验。因此，川剧“变脸”曾经在各大影视作品中登场，即使不了解传统戏曲的观众，也对“变脸”耳熟能详，曾经更是吸引香港明星刘德华拜师学习这门传统技艺。对于西方观众来说，这种带有浓郁东方色彩的表演艺术更是让人着迷。2014年，美国第一夫人米歇尔·奥巴马访华时，就曾经兴致勃勃地观赏了川剧表演，更是盛赞“变脸就像魔术一样”。

三、新媒体在川剧推广中的应用探索

川剧的传承与推广，有必要借助现代传媒的强大力量，在坚守巴蜀戏曲文化艺术精神的前提下，依托于各种现代化媒体，探索生存和发展的新道路。时下的新媒体通过移动互联网和智能设备等进行传播，打破了时间和空间的限制，辐射人群广，互动性强，更能吸引年轻人的注意[6]，这恰恰是传统川剧的推广中所缺失的。因此，新媒体为川剧的推广和传播提供了更广阔的空间。

以新媒体作为载体，可以让川剧的表演和欣赏不再局限于剧场中，可以让任何人随时随地地感受到川剧之美。通过微博账号、微信公众号、抖音短视频等多种方式，传播川剧理念，播放川剧表演选段，讲授川剧知识等等，不但可以惠及原有的票友，更可以吸引更多的年轻人观赏川剧，甚至加入川剧表演的大家庭中来。

除了川剧表演者的主动传播之外，我们也要鼓励川剧爱好者发表自己对川剧的看法以及学习川剧的文字记录、照片、视频，让川剧的潜在受众从单纯的信息接收者转变为拥有自主权的学习者、反馈者、传播者、创造者，这种良性的互动能让川剧在新时代的年轻人中扎根，也更有机会对外输出，让世界了解川剧、爱上川剧。

新媒体的出现，虽然对传统的媒体行业，如杂志、报纸、广播等造成了强烈的冲击，但这些新时代的传播模式，也让戏曲传播进入了新纪元[7]。川剧艺术与新时代的碰撞，有机会产生巨大的化学效应，为中国的文化输出创造出前所未有的机遇。

参考文献

[1] 李舸. 川剧艺术的“传”与“承”[J]. 四川戏剧，2019（11）：78-80.

[2] 邓运佳. “湖广填四川”与川、楚戏剧整合考（上）[J]. 四川戏剧，2010（05）：34-38.

[3] 陈伟. 西方人眼中的东方戏剧艺术[M]. 上海：上海教育出版社，2004.

[4] 杜建华. 20世纪川剧抢救与保护的经验及其意义[J]. 四川戏剧，2003（02）：8-11.

[5] 严福昌. 川剧艺术导论[J]. 四川戏剧，1999（04）：17-21.

[6] 张安华. 中国戏曲的新媒体化刍议[J]. 戏剧文学，2013（07）：89-93.

[7] 吕佳. 论新媒体视域下川剧的多元化发展[J]. 戏剧文学，2014（03）：130-132.

重庆川剧民间艺人群体的从艺经历研究①

谭斯颖②

川剧，是川渝地区最具代表性的传统戏曲类型，也是川渝地区最具地方性特色的文化标志。它于2006年入选我国首批国家级非物质文化遗产代表性名录。川剧的表演主体包括两种人群，一种是体制内的表演者，一种是体制外的表演者。体制内的从业者特别是有国家级非遗传承人称号的传承人以及获得“梅花奖”的表演者不乏社会关注。以成都大学的万平等为代表的研究者，过去五年对川渝地区的百多位川剧艺术家进行了大量的采访，为川剧艺术家群体积累了丰厚的口述史文献材料。但体制外的民间川剧艺人群体迄今仍然面目模糊。

2019年3月笔者所在单位承办了文化部委派的国培项目——重庆市第三届“川剧培训班”。这次培训班集合了目前重庆市各区县的川剧传承人以及重庆市民营剧团的代表人物。培训班的60个学员中其中20人为重庆市的民间川剧艺人。这20名民间艺人身份的学员是重庆川剧表演市场上目前最活跃的一群人，他们均是20世纪60年代的“60后”，这一现象引起了笔者的关注。与体制内的川剧演员相比，他们走过了一段怎样的从艺道路，这是笔者关心的问题。

---

① 基金项目：本文为重庆市社科规划项目“重庆市代表性公共空间的形态及其适宜性研究”（项目编号：2018QNSH44）和重庆文理学院人才引进项目（项目编号：2017RFY40）的阶段性研究成果。原载于《四川戏剧》2020年第9期。

② 谭斯颖，重庆文理学院讲师，四川大学文新学院在站博士后。

针对这两个问题，笔者利用培训的机会与目前活跃在重庆川剧表演市场的民间艺人龙群、叶晓玲、段小兰、李芳、许二哥等20人进行了几次座谈，并对其中几位演员进行了深入的访谈。①通过多次访谈，笔者发现这些民间艺人的个人经历与川剧改革开放四十年来的发展历程呈互为镜像的关系。

一、1980年代：川剧的复兴时期

1949年中华人民共和国成立后，川剧的发展历经了1950、1960年代繁荣，“文革”十年沉寂，1980年代复兴发展，1990年代萧条，21世纪开始逐步恢复正常。目前活跃在重庆市艺术表演市场的“60后”川剧民间艺人正是得益于1980年代初期复兴的这次机遇，为他们提供的接触川剧并接受川剧培训的机会。

1978年1月邓小平赴尼泊尔进行国事访问结束后回国，绕道成都进行短暂停留。当时的四川省领导询问小平同志想看什么，小平同志提出想看家乡戏的要求，连续三天小平同志在金牛宾馆看了12个传统川剧。这是自“文革”以来，中断了多年的传统川剧在川籍领导人的关怀下得以回归舞台。同年5月，正式恢复成都市川剧院，下设一团和二团，四川省现代川剧团更名为四川省川剧院。自此，川剧开始逐步正常化。1978年十一届三中全会后，国家处于百业待兴状态。国家建设的基本要求是物质文明和精神文明双管齐下，两手都要抓。发扬传统文化是当时从国家到民间的集体共识。戏曲界这时也迎来了春天。自1970年代末开始，四川省各区县为恢复川剧团，从中小学挑选了具有文艺天赋的学生进入各地川剧培训班学习。当时，重庆市作为四川东部区域也投入这场川剧复兴运动中。1982年7月，中共四川省委发出“振兴川剧”的号召，重庆市川剧院的当家花旦沈铁梅以及活跃在重庆市民间川剧市场的龙群川剧团、双碑民营剧团的大部分从业者都来自1979—1982年专业培训或短期集训班的学员。

“60后”的民间川剧艺人在这一时期开始结缘川剧。为了更真实还原他们进

①座谈会进行时间：2019年1—3月，地点：重庆文理学院文化遗产学院。

入川剧行业的机缘以及当时培训班的日常生活场景，下面笔者以口述史的方式进行记述。

龙群：龙群艺术团团长，51岁

“1979年，璧山县川剧团要重新恢复，我们县文化局的领导和川剧团团长到各大中小学来选苗子。那个时候我还不到11岁，嗓子好，长得也乖巧。当时还是计划经济时代，不像现在机会那么多，找到稳定工作是很不容易的事情，所以每逢国家单位到学校选拔特长生或尖子生，我们很多人都会去报名参加。川剧团招人这一消息公布后，有几百人排着队前来报名。最后我被选上了。尔后，我就和其他20多名考上璧山县川剧团的学员一同到重庆市的大渡口区川剧培训班去培训。重庆地区不同区县的川剧团在不同的培训地点进行集训。一个培训班总共二三十名成员，约1/3的学员学习乐器，约2/3的人学习唱腔和表演。学员们从进来后就开始领工资，待一毕业便可转正。在计划经济时代能吃公粮是很多人羡慕的事。我们学员平均年龄在11—20岁之间。学习表演的年纪不能超过15岁，否则身体柔软度就欠缺了，不好练功，所以学唱腔和表演的招进来的学员多是10岁到13岁；学习乐器的年纪稍长，但基本上不超过20岁。

“进来后，每天我们早上4点半起床，5点准时到江边练嗓子。练半个小时后回来刷牙洗脸，然后到课堂。第一堂课是练功。当时条件简陋，我们用长板凳压腿。练腿过后，然后练腰。翻跟斗是我们这些小学员最喜欢的，好耍。上午练功，中间夹杂文化课，文化课主要学历史，没有语文课。下午是表演课。表演课我们练习走台步、身段等。晚上9点宿舍关灯。每天都这样的生活，星期六、星期天休息。待毕业考试，培训班的学员能翻20个跟头，腿上“道板”半个小时以上才能算出师。对于我们这些表演班学员，毕业的大戏是演一出《白蛇传》。这出戏特别能考验旦角的实力，从“借伞”到“盗仙草”等桥段穿插闺门旦、花旦、武旦等不同旦角行当。年纪大一点，翻跟斗要吃力，所以这出戏比较适合年轻人演。当时13岁的我能唱能打、能文能武，老师对我的表演还是表示肯定的。现在我50多岁了，演这种文武全面的旦角戏还可以胜任，这要多谢那三年的童子功学习。”

李芳，川剧自由人，54岁

“我是1965年生人。1980年进入了大足县川剧团，那时我才15岁。我们那一代人是最不好找工作的一批人，正好赶上知青回城。读高中都要推荐，女孩子读到初中就算高学历了。我那时不到80斤，又瘦又矮，母亲担心我以后找不到工作。后来打听到大足川剧团在招生，所以干脆送我去唱戏。就这样和川剧结的缘。我当时在大足的艺校培训几个月就出来了。我们剧团当时有40多个人。女多男少，男生不到10人。我们团的年轻学员基本上都是以唱代学，我也是从实践中学会的川剧。”

龙群和李芳等人的口述反映了这样的历史现实：他们得以进入川剧团是川剧振兴背景下各区县川剧团恢复或扩编队伍的结果。这些“60后”的艺人们都是青少年时期进入了剧团。他们进入剧团的原因无一例外是为了端个“铁饭碗”。龙群回忆，“我进入川剧培训班就开始领工资了。刚开始，工资15元一个月，35斤粮票。对于青少年时期的我们而言，这是一笔不小的收入。”对于中国大部分的“60后”人群，一般家里有几个兄弟姐妹，尽早地出来工作养家糊口是大部分家庭的愿望。这些十几岁就考上川剧团并开始领工资的学员无疑是幸运儿。一来他们可以摆脱繁重的农业劳动，二来他们比同龄人更早地替家里减轻负担。

龙群和李芳代表的是那个时期川剧学徒的两种类型：一个是经过3年专业培训的，一个是经过几个月集训的。学习时间的长短在很大程度上取决于该区县川剧团所配给的资金。前者基本上是重庆主城区及附近区县川剧团招的学员，后者则多是较偏远的区县川剧团招聘的学员。对于短期集训出来的川剧演员，其基本功并不扎实，唱功是他们普遍的缺陷。现担任一家民营剧团团长的龙群直言不讳道，目前重庆民间川剧艺人能胜任旦角和小生角色的演员不超过10人。

好景不长，这些川剧团的小学员们没有想到他们的“铁饭碗”短短两三年后就被打破。因他们没有经过系统的文化课学习，从而导致知识文化层次较低，再加上没有经过其他职业技能的学习和实践，这些成了他们日后遭遇区县川剧团解散后长时间难以融入社会的因素。

二、90年代："火把剧团"的兴与衰

从某种程度而言，1980年代初的川剧复兴是建立在行政指令基础上的，并不具备市场基础，所以这也为1980年代中后期川渝地区区县川剧团相继解散埋下了伏笔。到了1980年代中期，没有一家川剧团不面临"断粮"的艰难处境。一方面，国家在改革开放初期国力尚弱，养这么多非物质生产的文艺表演单位是个负担；另一方面，观众越来越不买账，这其中很大一部分因素是"文革"八大样板戏带来的审美疲劳。"文革"期间，很多川剧老艺术家陆续过世，许多经典剧目随着他们的离去而自然消亡，导致剧目创作无法推陈出新，观众对于八大"样板戏"模式化的川剧表演已经失去了兴趣，演一场亏一场的现实处境，让川剧团难以维系。从1984年开始，川渝地区区县一级的川剧团先后解散。整个川渝地区在1984—1988年期间解散了100多家川剧团。一个川剧团平均30人的编制，也即当时几千名川剧团职工下岗。像前面提到的龙群是1985年离开璧山县川剧团的，李芳1986年离开了大足县川剧团。很多川剧演员离开川剧团时还未到18周岁。为了顺利转业，有的年轻演员甚至把年龄报高了两三岁。父母在单位上班的学员相对幸运一些，他们从剧团出来后可到他们父母的单位上班，当时的说法叫"接班"。而更多的学员不得不自谋出路。

所谓塞翁失马焉知非福，国营川剧团的解散反倒促进了民营川剧团的涌现。几乎与区县川剧团的解散同一时期，市场上出现了很多私人组织的剧团，这些自负盈亏的民营剧团当时被称为"火把剧团"。这些"火把剧团"的成员都是来自刚从国营剧团离开的川剧演员们。大多数"火把剧团"由一两个有经验的老乐师或老演员当领队，把年轻的演员们集合在一起，靠售票的方式维持剧团运营。1980年代初的川剧振兴实践使传统川剧重新回归四川人民的日常生活，这些实践活动事实上起到了一种潜移默化的市场培育效果。这为民营川剧团在1980年代末1990年代初带来了一度短暂繁荣的机遇。

李芳当时也是"火把剧团"其中的一员。她回忆道：

"大概是1986年左右，大足川剧团就解散了。我才20岁出头，除了唱戏啥也

不会。出来后，我到处找剧团帮人唱戏。80年代末90年代初各个民营剧团经营情况还比较不错，一场戏我们还能卖出去两三百张票。这个可能和当时人们文化娱乐活动不太多，电视机虽然不少家庭已经有了但没几个频道，手机还没有，所以我们还有生存的境地。

“1990年代初期，重庆市区自负盈亏的剧团至少有14个。那个时候我们这些‘火把剧团’经常能遇到一起，而且经常以戏比武，类似今天的歌手大赛，竞争好不激烈。记得有一次我们在国泰剧场演出，演出了三天。各个剧团拿出看家本领，在台上斗戏，那个场面真是热闹，台下的观众看得也过瘾，叫好声不断。后来就很难看到过这么精彩的场面了。

“火把剧团的热闹景象也只是持续了三四年。与市场荣衰息息相关的民营剧团进入到90年代中期，因观众的不断流失，很多小剧团在市场中被淘汰了。

“和重庆市川剧院那些体制内的专业川剧演员不同，市场对我们特别残酷。到了1994年，很多小剧团的票就卖不走了，我们日常的吃饭成了问题，所以这个时候我不得不改行。90年代中后期我到南方打过工，也做过小生意，生活过得一直很拮据。直到1998年我认识我的第二任老公，我才把川剧重新捡起来。

“我认为，1990年代是川剧最艰难的时期，国家不养，观众这时也不看戏了。我们这些川剧人日子过得艰难得很。转行吧，也不得行，学唱戏的人那么小就进入剧团，你说能懂什么。而且，接触了这行那么久，不是说放下就能放下的。我丈夫他也是搞川剧的，而且能编能唱，可以说是全能的人才。即便是这样的人，表演机会也是寥寥无几。”

李芳的这段口述反映了1990年代中期川剧在城市发展空间迅速萎缩的状况。川剧培训班的20位民间艺人的个人经历中，大部分川剧民间艺人1994—2005年都有过去南方打工或做点小生意的经历。如果联系中国当时的社会经济发展，李芳、许二哥等川剧民间艺人中途转行的经历不得不说与当时国企改革导致的“下岗潮”与很大关系。1990年代的“下岗潮”导致了川剧表演市场迅速衰落，同时也致使民间艺人在城市的生存愈发举步维艰。靠唱戏是没有办法在城市生活的，民间表演市场的衰败促使更多的艺人彻底转业了，剩下的极少数“戏疯子”不得不转换阵地。李芳和她丈夫离开了重庆，转去了四川省的龙台镇，原因是那里的生活消费水平比重庆低。

三、21世纪以来：小众市场才露尖尖角

进入21世纪，中国经济经过黄金十年（2000—2010）的发展成了世界第二大经济体，这为文艺市场带来了新一轮的发展契机。随着川剧市场的回暖，民间川剧艺人的经济收入也达到了个人的最好时期。从1980年代中后期一直以个体户身份坚持川剧表演的李芳感受尤深。

“我是2007年重新回归川剧表演市场的。从这一年开始，我们发现川剧开始赚钱了。在重庆走穴的第一年，我们夫妇俩表演一个几分钟的变脸和一个小品，商家给我们150元。每个月我们除去开支，能剩个两三千块钱，这是我们从事川剧以来第一次能攒这么多钱。我们感到很满足。第二年，我们的一场表演可挣到两三百元。从七八年前开始，市场突然火爆，一个变脸表演，最低起价都是600元。现在的行情变脸的均价在800元左右，逢房地产项目开盘，春节大商家搞活动，这些场合则多会给两三千元一次。特别是10月份到春节前这几个月，我们这批人都忙不赢，都需要相互帮忙，看谁档期有空就把机会介绍给他/她。这5年来，我和我丈夫从9月到春节前几个月，几乎没有一天得歇的。除了日常的商演，我们还接川剧进校园的表演任务。这3年的9—10月，我们平均每年进校园唱川剧100多场次，一天要跑两三场。我丈夫就是这么累死的，去年10月28日，他刚结束表演，突发脑出血，就再也没醒来。”

和李芳说的情况差不多，龙群、许二哥、段小兰等活跃的民间艺人也表示现在民间川剧演员的收入来源主要有三大块：一是川剧进校园项目，政府给的表演补贴；二是日常的商演活动；三是私人的红白喜事。川剧市场的旺季是9月至次年2月，这一时期，民间川剧演员进入了连轴转的工作状态。而近七八年则呈现出川剧表演供不应求的状况。据笔者了解，重庆地区较活跃的“60后”民间川剧表演者，近三四年来在川剧旺季期间的收入多在10万—20万元。

商演是这一时期民间艺人日常生活的一项主要内容。而他们的商演活动中，与其说是川剧表演，不如说是“变脸”专项表演。大部分“走穴”类型的民间艺人，接的商演活动百分之八十都是表演“变脸”。用他们的话说，是靠“变脸”项目养活自己，同时也养活川剧。以龙群为例，她经营一家民营川剧团，但靠传统川剧表演很难赚钱，不如短平快的“变脸”表演来钱快。为养这个剧团，她是周一到周五接商演活动，周末回自己的剧团排戏。她所在的沙坪坝剧场的固定观众多是退休老人，而老人往往消费能力和消费意识不足。用她的话说“经营剧团，运气好时略有盈余，保本就算不错，小亏是常态。”龙群以变脸来养活剧团的例子说明大众对戏曲的接受度仍然不高，大众市场仍需走一段漫长的道路。

四、结语

从龙群、李芳等民间川剧艺人的口述历史中，这些“60后”川剧艺人的从艺史可作这样的归纳：结缘于少年时期，失业于青年时期，致富于中年时期。他们的遭遇恰好对应的是改革开放四十年以来川渝地区不同阶段的政治、经济和社会文化的状况：1980年代初，“文革”以来沉寂的传统戏剧开始复苏，川剧此时告别了八大样板戏的范式，进入了正常的发展轨道。此时虽百业待兴，但国力尚弱，行政指令下的文艺复兴终究难抵市场的不买账，这直接导致了1980年代中后期区县级川剧团的解散。1980年代末，国营剧团解散的同时迎来了民营剧团的兴起。随着1990年代国企改革，各行各业的下岗潮到来，城市的民营川剧团也迅速萎缩。而在农村市场，只余老年观众的社会事实也致使在乡镇生存的民营剧团举步维艰。进入21世纪，重庆、成都两大城市成为西部地区经济实力最强的两个千万级人口大都市，民间川剧艺人终于迎来了他们从艺生涯经济收入最好的时期。但繁荣的表象背后也有隐忧，现在的民间川剧市场主体是“60后”们，这一现象折射的是川剧传承人队伍的青黄不接，值得反思。

沈铁梅与川剧《三祭江》[①]

——兼谈戏曲的传统与创新

魏 锦[②]

2018年6月6日，在由重庆市川剧院和香港八和会馆共同举办的“港渝名伶会演”中，戏剧梅花大奖获得者、“川剧皇后”沈铁梅为观众奉献了一出精彩绝伦的川剧《三祭江》。1988年沈铁梅曾以《三祭江》获得她人生中第一个戏剧梅花奖。30年后再次完整演出，十分难得。从年龄、气质上说，今天的沈铁梅更适宜饰演孙尚香这个角色。从嗓音条件看，由于运用了良好的发声训练方法，沈铁梅依然保持着“铁嗓子”的极佳状态，在“高、亮、脆、纯”之外，更增添了几分宽广浑厚。这场演出于观众而言，更似一场高规格的川剧演唱会。《三祭江》并不如川剧《金子》《李亚仙》等广为人知，但说它是沈铁梅的代表作毫不为过。同时，这出戏也是在川剧历史与声腔发展中不断磨砺、日臻完善的一出经典剧目。

一

《三祭江》是川剧传统折子戏。剧中，三国后期，关羽战死，张飞遇刺，刘备兵败后死于白帝城，刘备夫人、东吴郡主孙尚香在江边设灵祭悼，祭后投江自

① 基金项目：本文为重庆市社科规划项目“语音学视野中的沈铁梅川剧唱腔研究”（项目编号：2019YBYS143）和重庆市基础研究与前沿探索项目（重庆市自然科学基金）“基于实验语音学的川剧旦角声腔分析与建模”（项目编号：cstc2018jcyjax0101）的阶段性研究成果。原载于《四川戏剧》2020年第7期。

② 魏锦，副研究员，重庆市文化和旅游研究院文化发展研究中心主任，文化部2017年“千人计划”戏曲人才高级研修班评论班学员。

尽。这出戏情节简单，然感人之处，皆在孙尚香情真意切的唱腔之中。

清道光年间已有《祭江》的演出记录。从艺人传抄的《春台班剧目》[1]来看，道光十年左右在北京演出的皮黄艺人的擅演剧目就包括《祭江》一出。道光十九年（1839）叶调元写有《汉皋竹枝词》一卷，其中咏及楚调[2]，有诗云“风前弱柳舞纤腰，宛转珠喉一串调。情景逼真声泪并，祭江祭塔与探窑。”并注曰：此闺旦之大戏也。[3]可知至少道光年间，《祭江》是以皮黄腔演唱的、声情并茂的一出闺旦戏。经历了不同声腔、剧种间的流转传播，《祭江》在今天的京剧、秦腔、汉剧、徽剧、晋剧、豫剧、滇剧、同州梆子、河北梆子等剧种中均有演出，剧目名或称《孙尚香祭江》《别宫祭江》《别母祭江》等。川剧《三祭江》，得名于孙尚香祭的是刘、关、张三人，主要唱段分三段“一祭：祭刘备”“二祭：祭关羽”“三祭：祭张飞”，且三个唱段声腔殊异，因此称“三祭江”。

川剧《三祭江》早期为胡琴[4]剧目，即以皮黄腔演唱，约是随湖北汉调传入川渝的剧目，后经艺人加工演变，成为多声腔演唱的剧目。构成今日川剧的昆曲、高腔、胡琴、弹戏、灯戏等五种声腔大约在清乾嘉年间已盛行于川渝一带。其时，很多戏班由原来的单一声腔逐渐改为“两下锅”“三下锅”，即同班演唱多种声腔。有的剧目演出时，甚至采用几种声腔演唱。《三祭江》就是把胡琴、弹戏、高腔三种声腔融于一戏当中，因而《三祭江》在一定程度上也被认为是川剧多声腔合流的过程性表现。[5]

今天我们能够欣赏到的川剧多声腔剧目已经不多。《三祭江》能够流传至今、常演不衰，很大一部分原因恰是因为多声腔演唱已成为这出戏的一大特色。演

---

① 《中华戏曲》第二十六辑［M］．文化艺术出版社，2002．据考证，所录应为道光末年或咸丰初年春台班演出剧目。

② 其时楚调已是皮、黄合腔。

③ 廖奔．中国戏曲声腔源流史［M］．人民文学出版社，2012：178，179．

④ 川剧胡琴腔，即皮黄腔。据现有史料，胡琴腔约由湖北汉调或陕西汉中入川，在清乾、嘉年间已流行于四川（一说为咸丰年间）。

⑤ 中国戏曲志编辑委员会，《中国戏曲志·四川卷》编辑委员会．中国戏曲志（四川卷）［M］．中国ISBN中心，1995：57．

出时，演员身段表演不多，精彩之处就在于不同声腔演唱在剧中与主人公的情感及所要表现的人物息息相关、贴合紧密，因而演出效果非凡。《三祭江》里的孙尚香是典型的民间视野中的人物。她是雍容华贵的吴国郡主，因此以正旦应工。她是蜀主之妻，却遭遇夫死、家亡、国破，其情其状不可言说，因而悲情成为全剧的主要基调。她亦是蜀中百姓代言人，她不仅是在祭奠、追忆自己的夫君，更是在歌颂百姓心中的“正统”英雄、万民敬重的结义弟兄，因此她要在百余句唱腔当中，描画出三位英雄的形象，甚至敷衍出半部《三国》。从“三祭”所采用的主要声腔来看：祭刘备唱胡琴“阴调”。“阴调”亦称“反二黄”，是由二黄唱腔转入下四度调性形成的。二黄腔调本就婉转多姿，富于跌宕变化，反二黄板缓腔繁，行腔柔曼婉转，更有千回百转之慨，宜于摹写生死离别、肝肠寸断之情。祭关羽唱胡琴“西皮”，西皮较二黄腔调简约一些，色调更趋明快，行腔潇洒、爽朗、富有激情。祭张飞唱弹戏“苦皮”，川剧弹戏由梆子腔体系中的秦腔演变而成，节奏铿锵，气氛炽烈，苦皮则在这铿锵激昂中增加了悲切的调性，唱来“繁音激楚，热耳心酸”。这三种调式很适合孙尚香对这三个人物的宣叙，准确表达了孙尚香与三者的关系，以及三人本身的个性特征。这种声腔处理所达到的内涵和外延的和谐统一，与其说是声腔合流时期的偶然，毋宁说是川剧艺术家们的匠心创造。

《三祭江》声腔复杂，难学难唱，因此也是川剧中考量旦角唱功的大戏。在川剧史上，《三祭江》是不少名旦的代表剧目。清末民初川剧名旦浣花仙一生精研胡琴、弹戏，唱腔独具一格，川剧界素有“浣派”一说。《三祭江》正是浣花仙的拿手好戏。“浣派”传人白玉琼同样擅演此剧。1958年四川省川剧院研究室音乐组编写的《三祭江》（附曲谱）剧本，就是根据白玉琼的唱腔记录整理的。张慧霞、静环、竞华等亦擅演此剧。竞华是一位擅长创腔与表演的旦角演员，其声腔自成一派，她的《三祭江》也是独树一帜，别具一格。《中国戏曲音乐集成》所收《三祭江》曲谱[①]即依据竞华唱腔记录整理。在诸多名旦的不同演绎、

---

① 《中国戏曲音乐集成》全国编辑委员会，《中国戏曲音乐集成·四川卷》编辑委员会．中国戏曲音乐集成·四川卷（上册）［M］．中国ISBN中心，1997：582-586，687-692，768-774．

呈现与传承中，《三祭江》这出戏也获得了不断的延续与完善，展现着历久弥新的艺术活力与魅力。

二

今天我们得以从沈铁梅的完美演绎中感受到这出好戏的诸多精妙之处。

“三祭”为演唱的主体部分。一祭丈夫刘备，曲调旋律缓慢、深沉，沈铁梅的唱腔哀婉、悱恻，一唱三叹，如泣如诉，行腔细镂微刻。悲怆、哀苦、夫妻阴阳两隔之情全在时而高入云霄、时而细若游丝的润腔中流淌出来。二祭关羽，悲情略敛，曲风转而明快，沈铁梅着意增加了声音的亮度，行腔则如行云流水，激昂澎湃，声中可见云长高义。三祭张飞，声转激烈，刚柔相济，铿锵、顿挫中刻画出一个“忠直性儿躁”的张翼德。整段唱腔节奏跌宕，哀而不伤，婉转激越，具有悲壮色彩。沈铁梅的《三祭江》承传于竞华。竞华先生传戏时曾说，一祭当如工笔，二祭当如行书，三祭当如狂草。今天我们从沈铁梅的唱腔中获得的感受，果然恰如其分。

沈铁梅的唱腔往往先声夺人，唱《三祭江》尤其如是。三个唱段的每段起首便能使人凝神屏气，将观众带入主人公或悲或叹的情绪当中。一祭开唱“纸钱灰化蝴蝶随风飘荡”，字字带腔，起腔“纸钱灰”三字缓慢、沉稳，如诉衷肠，到“飘荡”时上扬放腔，及至轻吟一声“皇叔啊”，在“啊”上大段润腔，虽无一声悲音，但悲情已难自抑，一泻而出。二祭首句“遥望虚空（啊）暗祈祷”，纯净、空灵的声音又瞬间将观众带入太虚之境，仿佛整个宇宙都只有这个女子的哀哀祷告之声。而三祭起首“止不住泪珠儿点点双抛”，在“止不住”后插入的一段极富秦腔韵味的润腔“那咿呀——那咿呀——那咿呀——那咿呀——啊”，高昂激烈，不禁让人悲从中来、慨叹不已。看沈铁梅的《三祭江》既可使人沉浸于全剧悲叹斯人长逝、感慨英雄末路的氛围当中，又可随着铁梅的一字一声，字斟句酌、细细品味声中之情。

“三祭”之后的“投江”同样表现非凡。从采用的声腔来看，沈铁梅的《三祭江》是胡琴、弹戏“两下锅”。“投江”唱段不采用高腔，而是继续以弹戏演唱。其实，白玉琼、竞华的演出，就已经采用这种唱法了。我想这样的声腔处理，是经过艺术家深思熟虑和反复琢磨的。从整剧来看，皆以上下对句、节律齐整的板腔体演唱，声腔风格更为统一和谐。特别是紧承着“祭张飞”唱段的情绪与节奏，使全剧内在的力量感、情绪的延续性也都大大增强了。

纵然“投江”一段字句不多，却也精雕细琢、自成一格。几句之内，节奏数变，从［一字］到［二流］［垛板］，再到［三板］，以行腔、板式的丰富变化渲染出孙尚香既悲且愤、继而决然赴死、无限悲戚的心情，给全剧装上了一个干净利落、撼动人心的“豹尾”。

承前［一字］

孙尚香!孙尚香!

只哭得咽喉火冒!

要相会，要相会，

仙凡阻隔万里遥!

［二流］（紧拉慢唱）

君也死来将也亡，谁来扶保汉家邦?

眼望皇宫身下拜，三叩首拜别儿的母后娘!

［垛板］（快速）

非是你儿舍身死，哪堪国破家又亡!

白绣鞋——

［三板］

我脱在江边上，魂归西蜀自投江!

到“白绣鞋”三字，上承“哪堪国破家又亡”紧张、铿锵的节奏，并不换气，而在“鞋”字拖腔，后插入一段过门，由［垛板］转［三板］，在渐弱的锣鼓声中缓缓唱出“我脱在江边上”，此时纵有无限悲戚，赴死已是决绝，接着一段利落的过门后鼓乐息声，在静默中唱出“魂归”二字，便在“西蜀”二字放腔，其音响遏云霄，此时唯有几声琵琶伴奏，之后又再次静默，悠悠唱出“自投江”，锣鼓的最强音则随“江”而出，伴着孙尚香投入滚滚长江奏完这英雄悲歌、生命绝响。

沈铁梅的《三祭江》继承了传统唱段的韵味与精粹，同时也在精雕细琢中呈现出其自身卓越的艺术见解和她对当代审美特点的观照。

2005年，在中国艺术研究院召开的沈铁梅表演艺术研讨会上，魏明伦曾说：“沈铁梅在川剧的唱功上超越了有旦角以来的所有演员，超越了前辈。”此言不虚。沈铁梅在唱腔的旋律性、音乐性方面的确是超越了前辈艺术家。这一方面表现在她的唱腔音域宽广、旋律复杂、润腔丰富。马也先生评论沈铁梅的《三祭江》：“高处可穿云裂帛、直插霄汉，凄婉处如游丝细缕，百转千回。”[①]诚然如是。而这样旋律丰富的演唱来自于沈铁梅坚持不懈的声乐训练和对人物、唱腔的揣摩、设计。她在不断的训练中了解、熟悉自己的声音，知道自己的舒适音区、音域的上下极值在哪里，这样她可以游刃有余地驾驭自己的声音，何时高昂、何时哀婉、何时抑扬顿挫、何时一气呵成，无不拿捏得当，因此能准确而美好地用唱腔来表情达意、表现人物。据说，竞华先生在传授沈铁梅《三祭江》时，不仅倾囊相授，也曾根据沈铁梅的声音条件，为她设计新腔。对于最后一句“魂归西蜀自投江”，竞华先生专为她设计了在“西蜀”二字上的高音，她说：“铁梅，你声音好，这里一定要唱上去!”事实证明，沈铁梅的这一句演唱的确是悲声大放直上九天、悲情难抑一泻千里。因此，这不但是一段梨园佳话，可见竞华先生对爱徒的殷殷之情与无私精神，更足以说明艺术家在创作中精雕细琢、追求完美的可贵态度。竞华先生的精神与态度深深影响了沈铁梅，也促成了沈铁梅今天精益求精的艺术追求和堪称经典的艺术表现。说沈铁梅唱腔的旋律性、音乐性强，另一方面还表现在她唱腔音乐元素多元、兼容并包。《三祭江》本就是多声腔演唱，而沈铁梅的演唱往往在一种声腔当中还会添加一些来自其他剧种、乐种的演唱方

① 马也．重庆有个沈铁梅［N］．中国文化报，1989-1-8.

式，这些“俏头”也使得她的唱腔丰润多变、别有韵味。比如“纸钱灰化蝴蝶随风飘荡”这句，在“蝶”字的行腔上，沈铁梅用了京剧里小擞音的技巧，唱腔听来便就多了一分深沉哀婉，多了一点大青衣的味道。又比如祭张飞唱段，运用了来源于秦腔的弹戏演唱，既保留了秦腔原有的音乐元素，如那韵味悠长、情感炽热的润腔“那咿呀——那咿呀——那咿呀——”，同时又在恰当之处化用了河南梆子的行腔方式，比如“要相会啊仙凡阻隔万里遥”一句里“啊”的大段润腔，顿时使唱腔在热切激昂之外更增加了顿挫与铿锵的力量感。凡此种种，俯拾皆是。然而尽管沈铁梅的唱腔中有非常多元的音乐元素和技巧，但她都用得恰到好处、不着痕迹，画龙点睛，只此一点。并且无论化用哪种声腔技巧，因统一用重庆方言演唱、统一于一致的节奏韵律当中，听来既耳目一新又和谐熨帖。

沈铁梅的演唱是词情、声情、曲情的完美统一。戏曲演唱的基本功能是传情达意，这其实就是唱词语言功能的实现，也就是词情。在此基础上才谈得上唱腔的审美功能——声情和曲情。从小受到其父亲、著名京剧表演艺术家沈福存先生的熏陶和指点，沈铁梅的演唱非常注重吐字归音，字正腔圆，字音清晰，让每个观众都能听清她唱的是什么（这虽然是戏曲演唱的基本要求，但事实上现在很多戏曲演员并不能很好地做到这一点）。此外，强调演唱的语言逻辑是沈铁梅唱腔的另一个突出特点。演唱时她能够将重音、停顿等语言手段巧妙地与音乐手段相融合，比如她会在既有旋律内增加一些节奏的快慢变化、声音的轻重与高低起伏，这样不仅准确传达出唱词的逻辑重音、表意重心，同时也使得声与情紧密贴合在一起，声随情动，波澜起伏。这便有了声情和曲情。比如一祭唱段中，“起义师诛灭了乱臣贼党”，孙尚香的情绪从凄楚的“悲夫”渐渐转为骄傲的“赞夫”，相应地唱腔节奏也从“乱臣贼党”处逐渐加快；而“奴为夫有美味我无心去尝”到“无心”处则又悲从中来，放慢了速度，压低了音量，显得柔肠百结。二祭唱段中“误中了吕蒙贼的圈套”，“圈”字行腔延长，“套”则出字有力、收声干脆，从语言表达的角度来说，正起到了逻辑重音的作用，是对“圈套”一词的强调，之后稍停顿，蓄势唱出“我的二叔叔哇”，完整表达出对英雄屈死的无限惋惜。正是因为沈铁梅的演唱以语言表述的基本逻辑为前提，使观众感觉到她不仅仅是站在台上表演给你看，更像是在对着你倾诉；你并不是在欣赏她精湛的表演艺术，而是通过她的唱腔感受着她的悲苦、哀思。这种超强的“诉说感”，使得观众的注意力很难转移到别处。对着一个对你倾诉衷肠的人，你能不仔细倾听?你能抽身离开吗?板腔体声腔的曲情还涉及唱腔与配器伴奏之间的关系。川剧板腔体音乐的表现力相对曲牌体的高腔较弱。为了获得更好的伴奏效果，沈铁梅与乐队成员也进行了多种探索与尝试。此次演出，在胡琴的乐队建制中，除京胡、二胡、琵琶、大阮、中阮、笙外，还增加了月琴，以呈现明亮、有力度的音色，西式乐器只用了贝斯，强化低音表现力。这样就获得了更丰富的音乐层次。借鉴京剧“几大件”统一的伴奏方式，改善以往川剧中“跟腔”式的伴奏，使得伴奏音乐起到了更好的“托起”唱腔的作用，同时，充分利用不同器乐的特性，使器乐声也同样服务于人物的情绪渲染。伴奏声、唱腔声相辅相成，实现了“共情”，演出的表现力、感染力倍增。上文对“白绣鞋我脱在江边上，魂归西蜀自投江”的描述便是明证，此处不赘。

相比前辈艺术家，沈铁梅《三祭江》的演唱节奏整体加快。事实上，“明快”几乎是贯穿于沈铁梅所有演出的风格之一。这是沈铁梅从无数次剧场演出经验和她所理解的当代观众审美体验出发作出的调整。她认为，当代生活节奏快，从前缓慢、拖腔的演唱方式在今天容易使观众产生审美疲劳，观众会坐不住。以“祭刘备”唱段为例，沈铁梅比竞华先生的演唱节省了大约四分半钟。但这并不意味着沈铁梅的演唱就削弱了反二黄的柔曼婉转的韵味，恰相反，这段唱在沈铁梅口中变得更加千回百转、荡气回肠。因为她绝非一味求快，而是当快则快，当慢则慢。吐字发音快，宣叙陈情快，干脆利落，绝不拖泥带水。但在需要做腔、润腔的地方，需要慨而咏叹的地方，一字之腔亦可“上穷碧落下黄泉”，让观众大呼过瘾、掌声雷动。因而在整体加快的框架下，唱腔的快慢、高低对比更加鲜明，节奏、旋律的变化更加丰富、生动。与“明快”相得益彰的，还有“简约”。删繁就简恐怕是沈铁梅在这出传统戏上所做的最大“手术”了。沈铁梅这出《三祭江》简化了孙尚香出场的烦琐程序和讲诗；将孙尚香对关、张的三叩首改为一拜，这显然更符合人物身份与关系；删除了“二叔，你就死了哇，死得好苦哇”等“叫悲头”讲白，使人物情绪表达全部归敛于唱腔当中，我们认为，这是一种更加艺术化和现代化的表达。

三

与所有经典传统剧目一样，《三祭江》能够被一代代传唱，并不是因为有艺术家对其作出了大刀阔斧的“改革”和所谓的“创新”。从汉调进入四川的时间来看，《三祭江》在川渝的演出至少有两百多年历史。今天我们所看到的《三祭江》的面貌，并没有颠覆性的改变。《三祭江》之所以能成为历史上诸多名旦的代表作，在很大程度上得益于每一位擅演《三祭江》的川剧艺术家都通过虔诚地学习师辈而得到这出戏的真传，并将其内化为自己的演绎和诠释，使这出戏成为自己那个时代的经典。在诸多名旦的不同演绎、呈现与传承中，《三祭江》这出戏也获得了不断的延续与完善，展现着历久弥新的艺术魅力。戏保人，人保戏，戏曲的优良传承大抵就是如此吧。对于这出戏，沈铁梅所做的，同样是在悉心学习师辈的基础上，通过各种戏曲表演技巧、程式的化用、巧用，使演出呈现出更加完善、更符合当代审美的艺术特征。如果我们也将其视为创新的话，那么，用沈铁梅自己的话说：“创新就是完善，改革就是超越”，而“传统永远是艺术的母体”。

今日之时代热衷于对戏曲的改革与创新。之所以热衷，主要是源于对戏曲艺术过时、老化的忧虑，其心也拳拳。但在谈论改革创新之前，至少对于艺术自身的发展规律和什么是创新应该有清晰的认识。

文学艺术样式在其过程发展中有辉煌也有低谷，如同唐诗、宋词、元曲、明清传奇，各有其辉煌时代。今天赋诗、吟词、唱曲的人少了，但不意味着今时今日这些文学样式便丧失了其艺术魅力，也不意味着今时今日的人们都丧失了欣赏诗词曲的能力，那些脍炙人口的经典我们永远不会认为它过时。因此，如果说某些艺术在当今没那么流行了，就认为这种艺术老旧过时了，就否定其艺术形式与美学特征，如此改革和创新的逻辑前提是有问题的。一切文艺的革新应当以充分的文化自觉为前提，应该明确和肯定一种艺术在自身发展过程中形成的独特的表现形式、审美价值和优秀传统，也应当明确其在发展中还存在哪些缺失与不足。革新的目的只有一个，就是让“这一种”艺术得到更好的发展。当有人问到著名的梨园戏表演艺术家曾静萍对“创新”的看法时，她的回答与沈铁梅如出一辙：“我更喜欢用‘完善’这个表达”。我想这是优秀艺术家的共识。

有清一代，中国戏曲经历了声腔流布、花雅之争、“新声迭出”，乃至新剧种形成和剧种特色、流派风格固化，一方面呈现了戏曲艺术自身发展与不断“创新”的过程，但这种创新又始终是在戏曲这种艺术形式本体内完成的，无论何种“新声”、新剧种，都始终具备中国戏曲一般性的本体特征：韵律化、程式化、以歌舞演故事等。同时在不断发展“创新”的过程中，“新”的声腔、剧种又逐渐形成自身的风格、特点而固化下来，成为这种声腔或剧种的“传统”。从一种具体的艺术形式的发展来看，一代又一代艺术的传承者改善这种艺术中粗陋、不足之处，将不同时代人的理解、审美、技巧融入传统的艺术活动中，这便是所谓创新、发展。艺术的创新应该是基于其本身的艺术特色与规律的，是以保持其仍为“这一种”为前提的。正如马也先生所说，“新”虽然引人入胜，但那往往是人们把“新”与“好”、与“优秀”联系起来所赋予的新内涵。当我们把“优秀”理解为创新时，那么真正的艺术创新就离开了“形式革新”“花样翻新”的迷惑了。[①]

①马也．马也戏剧批评文选［M］．作家出版社，2008：84．

旅游演艺需按文化规律出牌

——以渝东南旅游演艺现状为例

周津菁　蒋长朋　吕霖枫[①]

在“文旅融合”的大趋势下，重庆的旅游演艺已经处于全面“试水”状态。在对渝东南旅游演艺进行调研的过程中，我们发现了亮点，不少问题也暴露了出来。本文将以渝东南旅游演艺为例，谈一谈旅游演艺的文化规律。

从社会发展来看，中国的旅游演艺是中国经济社会发展到一定阶段以后，广大游客从浅层观光到更高层面的精神文化需求的产物，也就是说经济社会的发展是旅游演艺发展的环境条件。从游客角度来说，旅游演艺的发展其实就是观光游览方式的一种转变，特别是历史文化等内容，它需要一种独特的解读，因而就创作了演艺这一手法演绎尘封的、历史的、抽象的文化内涵，进而加深旅游者的认识。

一、何为旅游演艺？

旅游演艺是以旅游景点的环境作为依托，以表现当地文化题材为内容而创造和呈现的舞台艺术作品，也有人称之为“旅游景观剧”。闻名遐迩的“印象”系列，就是典型的“旅游演艺”类型。这个舞台，多半具有当地旅游景点的“原

---

① 周津菁，重庆市文化和旅游研究院艺术研究中心主任，研究员。蒋长朋，重庆市文化和旅游研究院艺术研究中心助理研究员。吕霖枫，重庆市文化和旅游研究院艺术研究中心助理研究员。

图1 酉阳《梦幻桃源》演出剧照

生态性”。将“旅游景观剧”作为基本形态，学界对中国旅游演艺的诞生一般存在两种认识：其一是1982年陕西省歌舞剧院古典艺术团在西安推出的《仿唐乐舞》；其二是1995年中国民俗文化村推出的《中华百艺盛会》。创作排演《仿唐乐舞》的主要目的是接待来访的国外的国家首脑和政府官员，不具备旅游市场的商业行为，因此不是旅游演艺项目。然而，《仿唐乐舞》又具备旅游演艺主题明确、突出西安地方文化特色、注重高度文化娱乐性和欣赏性等特征。尽管说法不一，但是《仿唐乐舞》的出现，为之后的中国旅游演艺探索者提供了学习和借鉴的思路却是不争的事实。

1995年7月，深圳华侨城旗下的中国民俗文化村推出了《中华百艺盛会》，同年12月，世界之窗的《欧洲之夜》，为大型广场定时露天演艺之始。1997年，杭州宋城景区以主题公园室内剧场定点定时演出的模式推出了《宋城千古情》。此后，2001年张家界的《魅力湘西》、曲阜的《杏坛圣梦》，2002年丽江的《丽水金沙》，2003年昆明的《云南映象》，2004年北京的《功夫传奇》等相继出现。2004年，以《印象·刘三姐》为标志的实景演出开始登上旅游演艺舞台，随后引发实景演艺热潮，演出迅速扩展到全国各地，多种旅游演艺涌现，旅游演艺走向大众化、专业化、多样化，初步形成印象系列、山水系列、千古情系列三大品牌，构成珠三角、长三角、大西南（川、渝、云、贵）为重点的全国布局，形成了一批有实力的文旅演艺企业，其中民营企业居多。2015年以后，旅游演艺开始转型升级，从传统的“你演我看”的观演模式开始向场景、演员与观众互动的沉浸式进行，如《又见平遥》《寻梦牡丹亭》等。2018年，文化部和国家旅游局组建为文化和旅游部，2019年文化和旅游部发布了《关于促进旅游演艺发展的指导意见》，这是首个促进旅游演艺发展的文件，标志着旅游演艺正式作为一个新颖的文旅融合业态得到重视。

而在我们看来，我们不能只以“旅游景观剧”一种形态来定义旅游演艺。国内如苏州的昆曲，北京的话剧、京剧，安徽的黄梅戏都有比较成功的旅游演艺案例。国际上如百老汇的音乐剧，拉斯维加斯的太阳马戏团也都展示了舞台演艺与旅游之间的密切关系。它们有的是因旅游而支撑的戏剧产业，如背靠京味儿旅游的北京戏剧产业和依仗黄山旅游的安徽黄梅戏；有的是因专业戏剧产业的兴旺，而带动了旅游人口的流动，撬动了旅游经济，如国外的百老汇和国内的乌镇戏剧节。这样看来，摆脱“旅游实景剧”的局限，一般意义的舞台演出，如戏曲、话剧、音乐剧、舞剧等，都有可能成为旅游演艺的类型。关键看怎么打造和包装。这是我们的专业文艺院团都涉足旅游景区的基本认知条件。

图2　石柱万寿山景区

二、渝东南地区的旅游演艺

根据2018年发布的《武陵山区（渝东南）土家族苗族文化生态保护实验区总体规划》，渝东南地区的行政区划即重庆市黔江区、武隆区、酉阳土家族苗族自治县（以下称酉阳）、石柱土家族自治县（以下称石柱）、秀山土家族苗族自治县（以下称秀山）、彭水苗族土家族自治县（以下称彭水）共六个区县。该地区位于四川盆地东南部大娄山和武陵山两大山系交汇的盆缘山地，海拔高度大多为500—1000米，因气候温和宜人，山水资源丰富，自然生态环境良好，是重庆的旅游发展重点地区，也是早期开始布局旅游演艺的地区。其中，最著名的旅游演艺作品，印象系列中的《印象·武隆》就落户于此。

（一）实景演出

武隆的芙蓉洞、天生三桥、后坪天坑群是“中国南方喀斯特”的重要组成部分，已被列入全国第六处和重庆第一个世界自然遗产。《印象·武隆》就是结合武隆典型的喀斯特地貌特征，以真山、真水为舞台背景，以群众生产生活、民风民俗、历史人文和美丽传说为艺术素材，将武隆喀斯特世界自然遗产资源和地方特色文化融为一体的实景演出。

（二）剧场演出

酉阳桃花源景区演出的《梦幻桃源》是一部以《桃花源记》为主题的舞台剧，“以陶渊明笔下‘世外桃源’为主线，以酉阳的民族文化、历史文化、农耕文化为脉络，结合3D技术与全息投影技术，打造了一台以歌舞、非遗、

图3　酉阳桃花源景区

水火特效等多种元素为一体的旅游演艺作品。”①《梦幻桃源》的演出场所虽然位于景区以内，但并没有与实景融合，只是在景区里搭建的一个演出场地。

图4　土家歌舞表演

石柱的土家歌舞《天上黄水》是天上黄水大剧院的驻场演出剧目，也是重庆市第一个室内旅游演艺项目。天上黄水大剧院总投资1.2亿元，主体建筑共3层，设计理念为“日月同辉”，充分突出“天上黄水”的歌舞主题。“《天上黄水》是在借鉴了《宋城千古情》《云南印象》和《长恨歌》的基础上，打造的一台以石柱山水文化为‘点’，以土家儿女追求美好生活为‘魂’，以现代高科技舞台为‘景’的歌舞演出，主要通过石柱土家啰儿调经典代表作《太阳出来喜洋洋》为音乐主题，主要通过歌舞展示‘石柱’的由来，巾帼英雄秦良玉的故事，土家手工艺西兰卡普，以及土家咂酒习俗等内容。”②

彭水的室内实景剧《苗祖·蚩尤》用舞台剧的形式，展示了苗族的起源与发展，分为6个篇章，其中“涿鹿之战篇以刀兵舞展示数千年前炎帝、黄帝联合在今河北涿鹿县与蚩尤为首的九黎部落联盟决战的场面。西迁南徙篇则主要反映部分先民扶老携幼跋山涉水，走在凄风苦雨烈日霜雪里，向着南方心中的乐土走去的场景。盛世九黎篇则描绘了三苗人不忘先祖，尊崇着自然的恩赐，在神灵的护

①贵州旅游在线：http：//www.qz-travel.net/lysx/gn/201904/26734.html.

②重庆市旅游网：http：//www.cqslyw.com/newsview.php?id=6383.

佑下生养着自己的家园。”①

（三）其他演出

除上述较为大型的旅游演艺项目，渝东南地区还有以展示当地文化特色的其他歌舞、戏剧、曲艺、杂技等演出形式为主的综合旅游演艺节目。如酉阳龚滩古镇表演的民间杂要“上刀山”，桃花源景区的土家阳戏，彭水鞍子苗寨演出的苗剧，秀山的花灯歌舞表演等。石柱正在集结本土文化资源，挖掘秦良玉民间故事，打造新编土戏《秦良玉和马千乘》。

三、旅游演艺的规律及当下问题

（一）规律一：旅游演艺是观光的延伸，是旅游产业链的其中一环

旅游演艺行业是非常依赖于现成客流量的，与其说是一个独立的旅游项目，不如说是全域旅游或者文旅产业链之中的一环，很少有旅游演艺剧目能够脱离于一个整体的旅游环境独立生存。比如作为世界三大秀的“巴黎红磨坊”、拉斯维加斯“O”秀和“宋城千古情”。巴黎红磨坊100人的小剧场是夜巴黎的经典象征，是巴黎的一个景点，但是没有人会坐飞机去巴黎看完红磨坊演出就走。香榭丽舍大道、埃菲尔铁塔、卢浮宫和巴黎圣母院，这些才是去到巴黎的游客想要去且优先于红磨坊的地方。拉斯维加斯作

图5 《印象·武隆》剧照

① 中国旅游新闻网：http://www.cntour2.com/viewnews/2019/05/12/p4MXaq00Epvluz6xq4zj0.shtml

为美国的赌城，是远超于澳门的旅游胜地，“O”秀作为杂技的巅峰制作，更大的作用还是营造一种狂欢的氛围。《宋城千古情》尽管近些年名声大噪，但大多数人都是逛杭州、逛西湖的时候顺带去的。

武隆是渝东南地区中旅游发展起步较早的地区，是重庆旅游的一面旗帜。投资约2亿元的《印象·武隆》，依托武隆自身的游客量，配以印象系列的品牌加持，从2012年正式公开演出，到2019年12月，累计演出2400余场，实现门票收入3.5亿元。武隆地区自身的旅游资源十分成熟，除了坐拥原生山水文化资源，还有作为《满城尽带黄金甲》《变形金刚4》《爸爸去哪儿》《我们十七岁》《三生三世十里桃花》等影视、综艺作品的拍摄地，举办历年夏季的仙女山草原音乐节，连续举办16届并已成为国际顶级品牌赛事的国际山地户外运动公开赛等等，这些众多的“引流”项目，充实了《印象·武隆》游客的基础以后，8年时间也仅有3.5亿元的门票收入，在除去演出人员成本和设备折旧成本以后，能否盈利尚且未知。

因此，不论是世界三大秀这种顶级演艺项目，还是印象系列中的《印象·武隆》，没有一个能够脱离景区环境而独立生存，应该说它们紧紧依附于景区。

对于这个观点，通过游客转化为观众的转化率就可以印证。据道略演艺数据，深圳、厦门观众不足游客的1%，杭州、张家界、桂林观众为4%，峨眉山观众为7%，拉萨是5%，阿坝州是10%，三亚是14%，世界上这个数值最高的是纽约百老汇的23%。也就是说，游客人次不等于观众人数。过去旅游演艺项目与旅行社合作，是观众来源的主要渠道，但旅行社要分成，司机也要佣金，通过网上订购OTA也要抽成。散客时代下，旅行社的代销渠道日渐萎缩，景区演出几百元的票价又把大量的散客拒之门外。

旅游产业发展成熟的武隆地区尚且如此，其余5个相较于武隆，旅游发展稍弱的渝东南地区则可想而知。所以，对于希望通过旅游演艺来引爆旅游业态的美好愿景，实现起来或许尚需时日。如果没有一个有效的游客滞留环境，旅游演艺会因为其高昂的运营成本和投资额度而盈利困难。也就是说，妄图在一个游客滞留能力弱的地方用旅游演艺来增加游客黏度，无异于痴人说梦。

（二）规律二：坚定“本土文化自信”，文化高度决定传播力度

渝东南目前的旅游演艺暴露出一些问题：一是某些景区在打造演艺项目的过程中，缺乏对本地文化资源的科学调研，为了吸引眼球，个别地方甚至存在臆造文化内容，“编造文化IP”的情况；二是对本地文化的本质理解不够深入，打造方式还较为粗放：旅游景区不是文化的博览园，也不是传说故事的集中讲解地。三是有的景区在设计具体项目时，思想上还应进一步放开，目前还存在对地域文化狭隘化理解的情况。旅游演艺的实质是对“文化”的旅游，是对“地域文化艺术”的旅游。因此，坚定对本土文化的自信心，是一切工作的基础。不仅要把这样的自信心放在理念上，更重要的是要放在对利用文化，打造文化的操作过程中。自信心的体现需要符合文化规律，符合科学方法。

文化是从土地中生发出来的，不是牵强附会，不是臆造出来的。求真务实，充分挖掘本土文化，才能让文化和旅游相得益彰。武隆白马山曾经发生一场战役，为解放重庆及全川打开了通道。酉阳龚滩古镇大约1800年历史，是川盐古道上重要的集散地。濯水古镇是渝东南地区最负盛名的古镇之一。洪安是沈从文笔下《边城》的原型。此外，石柱万寿山、彭水阿依河等等，渝东南地区有着非常厚重的历史。武陵山区的高山峡谷相间，崇山峻岭横生。险象环生的自然环境下，生活在那里的人们怎么能没有动人的故事？怎么不值得被歌颂？遥想历史，巴盐古道上有多少热血男儿埋骨他乡；万寿山上，秦良玉是如何在悬崖峭壁上建起一座精神堡垒；白马山战役是怎样的艰难险阻。这些都是值得被歌颂的，都是值得被书写的。

艺术作品需要适合当地土壤，否则就会出现不接地气，曲高和寡的毛病。舞台艺术创作需要求真务实，需要感同身受，需要悲天悯人的情怀。艺术是真善美的统一，首先是要真，如果艺术失去了“真”，那就是假大空。渝东南地区天然地不缺乏故事，不缺乏文化，不必牵强附会，不必胡编乱造，更不需要为了迎合一些“时尚的噱头”，而臆造“文化IP”。而是需要静下心来发掘故事，打造文化。

同时，坚定文化自信，还表现在对艺术作品传播力的自信上。我们的确可以做一次“高度决定出路”的尝试。

很多时候，我们讨论的话题都集中在如何让“专业艺术走进景区，提升景区

文化内涵”。诚然，这是一种可行的方式，不过我们更需要解放思想，不要局限在如何让文化、让艺术走进景区，更需要让景区文化先走出去。

有两个文艺作品可以给我们启发。一个是晋朝的陶渊明写作的《桃花源记》，另一个是沈从文的小说《边城》。很多人都是因为这两个作品，对它们相对应的旅游景点产生了浓厚的兴趣。这是一种“未见其人，先闻其声”的效应。这样的作品创造就是让文化先于景点走出去的典范。文学让我们对于景区产生了想象空间，让我们对于景区有了向往。很大程度上，它增加了我们到实地去旅游，目睹当地风土人情的心理动机。再如《白鹿原》这样一部名作，让该地成了一个景区。再如《卡萨布兰卡》这样一部电影，让很多电影迷，对于卡萨布兰卡这座城市产生了联想。再如《从你的全世界路过》，确实给重庆带来了不少的网红景点。诚然，我们所列举的都是舞台演艺之外的艺术形式，那么我们能否深入挖掘景区的文化，创作一部思想精深，艺术精湛的舞台剧呢？舞台艺术相比文学、电影来说，它的传播范围相对小，传播受众少，这是毋庸置疑的。另一方面，一部精品力作是不可多得的，需要花大量的精力去打磨。但是，我们可以在力所能及的范围内，把文艺院团剧目建设和景区文化打造工作结合起来，做深远

图6　彭水蚩尤九黎城

的创作计划，努力做出优秀的作品。与其汲汲于送短频快歌舞节目下景区，还不如深谋远虑，为景区文化制作高规格剧目，“面上跑”“多而不精”，终将收效甚微。景区也可以主动出击，与院团之间达成长期文化创意计划。

文化是景区隐性的财富，需要解放思想，把眼光放得更长远，具有跨越区域的宽大视野，才能触摸到景区的文脉，发掘它的精华。景区文化不应当被狭隘地局限在景区本身的地理空间范围内，因为景区不仅是地理空间，更是文化空间。当我们决定去卡萨布兰卡的时候，不仅指的是某个具体的景点，而是去游览一座城市。这座城市已经不是一个地理空间，而是文化空间。当我们去游览桃花源的时候，它已经不是一个单纯的物理空间，它是一种文化空间。在景区同质化的现状面前，什么才能让景区脱颖而出，我们认为是景区所蕴含的文化符号。打造景区文化建设的时候，要放开视野，不仅要打造景区物理空间范围内的文化，而且要注重文化空间的打造。而文化空间的打造，需要的恰恰是艺术作品，而且是思想精深，艺术精湛的艺术作品。这样的艺术作品，需要时间、需要精力、需要扶持，更需要把眼光放长远。

（三）规律三：彰显剧目独特生命价值，旅游演艺项目需要“适配”

在旅游面前，本就没有什么高雅与通俗之分，只有合适不合适的差别。在这样一个追求创意和突破的年代，没有一种艺术形态是被镶嵌在都市大剧场的镜框舞台上，也没有一种艺术形态注定只能被捆绑在广场上。每一件艺术作品都是独立存在的，它虽然隶属于自己的艺术形式（比如剧种），却也可以突破自己的固有形态，去适合新的舞台环境。目前，专业文艺院团作品的基本特点是：自成演出体系，剧目或节目是针对剧场的舞台环境而打造。当院团想要向旅游景点推出自己成套的演出作品时，就会遇到因环境不适应而难以落地的问题。即使落地，游客是否会对这些与旅游目的有差异的节目埋单？因此，专业艺术院团要向旅游景点推出自己的作品，有两条路可以走：第一，根据旅游地的特色题材，打造具有旅游文化IP价值的剧目，这种具有针对性的剧目创演方式，能比较准确地契合旅游地的特色、格调和氛围。应当说，“旅游景观剧”是这条思路中的一种戏剧类型。第二，可以针对旅游地的特点，对院团已有的剧目进行包装，再根据旅游景点的实际情况进行调整上演。有一点非常重要：我们向景点推出的是剧目而不是剧种，因为每一个剧目都有它独特的生命价值和调性。例如，俚俗热闹的川剧《滚灯》或“变脸特技”，较之于雅之又雅的昆曲《游园》更适合于厅堂伴餐演出，而《游园》在苏州园林中的实景演出，则是琴瑟和鸣，“情”“景”辉映。而在同一种艺术形式中，某一些剧目适合某项旅游演出，另一些剧目可能就不会适合，任何一种艺术形式都有很多表现形态，它不是铁板一块。例如，歌曲有悲曲也有喜曲，戏剧有悲剧也有喜剧。新创剧目，选择剧目和改造剧目，都是细致的调查、创意和适配的过程，即寻找具体剧目的主题、内容和具体呈现形式对旅游环境的适应性。有的景点清秀典雅，宁静致远；有的景点五光十色，光怪陆离。景点风格千差万别。旅游地具体的硬件条件也不可能整齐划一。那么旅游演出的风格和形式也必然千差万别。在文旅融合的环境下，创新的含义是：在恰当的主题设计下，让一个特定的舞台艺术形式能适应于新的演出环境而做出技术调整——吸纳和融合他种艺术类型的某些技术——综合创意显得顺其自然。因此，能否打造出具体的适合于旅游演出的剧目或节目，比我们纠缠哪些艺术形式适合“旅游演出”，哪些种类不适合“旅游演出”更重要。创意，是为了体现独特剧目或节目在特定旅游文化中的生命价值。

四、结语

在坚守高度文化自信的基础上，我们要利用传统文化，借鉴先进艺术理念，认真研究旅游产业的运行规律，在更广阔的天地中讨论旅游演艺这一时代课题。文化自信不是标榜文化的口号，而是打造和传播文化的方法。独特的地域文化被放置在合适的平台上，就具有了更加高远的价值。优秀的旅游景区让自己成为世界性的旅行目的地，而优质的旅游演艺作品应当是人们了解这个目的地的“迅雷”“共鸣”和“回音”。说到底，旅游演艺是一种文化：做文化，唯有脚踏实地，才能有所收获。

步入当代的巴蜀目连戏[1]

王国彦[2]

2018年8月24至25日，时值中元节气，由中国艺术研究院宗教艺术研究中心、中国艺术研究院戏曲研究所主办，中国昆剧古琴研究会协办，文化和旅游部非物质文化遗产司、星云文化教育公益基金会、恭王府博物馆特别支持的“中国目连戏展演”在北京恭王府大戏楼举行。这次演出汇集了泉州提线木偶戏、安徽马山目连戏、莆仙戏、川剧、绍剧（调腔）、祁剧、新昌调腔、弋阳腔7个声腔8个剧种，展示了《四将开台》《上寿》《追荐功果》《劝姊开荤》《大开五荤》《女吊》《花园罚誓》《调无常》《过奈何桥》《叩地狱门》《地狱见母》《盂兰大会》12个目连戏折子的精彩片段，成为一次多声腔多剧种目连戏的集萃展演。演出进行了两天，为同一台剧目，笔者有幸到现场进行了观摩，也是有生以来首次感受到了目连戏的魅力所在。12个折子戏虽然远未达到郑本《劝善记》100多出的规模，但是从剧目的安排来看，基本是按照目连救母故事的剧情线索来设置的，其中绍剧《女吊》和新昌调腔《调五常》为连台本中插入的小戏，也称作“花目连”。

由不同剧种的目连戏拼接而成的一台演出，别出心裁，既遵循了目连救母的情节推进，保留了目连戏中最为精彩的出目，又能看出不同地方剧种目连戏

---

① 基金项目：本文为2018年重庆市社科项目《巴蜀目连学源流研究》项目阶段性成果。

② 王国彦，重庆市文化和旅游研究院助理研究员。

的特征和差异，如福建的泉州提线木偶戏和莆仙戏佛教色彩极为浓厚，演出中有大段的经文念诵环节，提线木偶动作的精致和流畅以及莆仙戏的木偶身法给人留下极为深刻的印象。安徽马山目连戏的演出队伍是由当地的农民组成，农忙时种地，农闲时演戏。马山目连戏展现了徽派目连的古韵，保留了许多原生态的内容。祁剧目连带来的是《过奈何桥》和《盂兰大会》，演出的人员基本功过硬，行当齐全。尤其是在《过奈何桥》一折中，刘氏唱做并重，声泪俱下地唱出“恨多怨多”的［青水令］和“如今到此独木桥危桥，有苦难诉”的［半云飞］高腔曲牌，同时要在高架独木桥上完成“大劈叉”“前滚翻”“金鸡独立”“三起三落”等高难度技巧。饰演刘氏的女主角是湖南祁剧团的青年演员，还曾凭借祁剧《目连救母》中的精彩演出夺得了第25届全国戏剧梅花奖。绍剧（调腔）《女吊》演绎少女玉芙蓉因家境贫寒，父母冻饿双亡，无钱埋葬，被逼卖入勾栏。因不堪鸨母毒打、嫖客欺凌，投缳自缢。魂魄不散，每晚出现，感叹身世，愤怒呐喊，立志复仇。鲁迅先生在《女吊》一文中誉之为“一个带复仇性的，比别的一切鬼魂更美，更强的鬼魂”。那一袭殷红的水袖，凌厉的水发，刺耳的调腔音乐让人炎炎的夏夜中背脊发凉，汗毛竖立。

川剧目连演出的是《大开五荤》，又作《刘氏四娘开五荤》，原定于由四川省川剧院演出，但因为接到临时的重大演出任务，改为四川庞氏文化传播有限公司民中川剧团演出。《大开五荤》讲述的是刘氏四娘在金奴、李狗的唆使之下，杀生开荤，大摆筵席的情节，其中以猜谜的方式报菜名的情节充分展示了巴蜀地域的饮食和民俗文化，而节奏明快、气氛热闹的川剧锣鼓代入感很强。这个折戏的演出内容与1993年绵阳召开的国际目连戏研讨会上现场演出的《大开五荤》相同，已经经过了精心的舞台编排。

展演结束后还召开了专题研讨会，邀请了部分国内戏剧研究的专家各抒己见。从与会专家以及参演的各个艺术团体代表的发言来看，目连戏的存续现状不容乐观，目连戏的整理和保护仍需要充分的关注和努力。时代变迁，社会环境也发生了翻天覆地的巨变，从封建时代绵延而来的目连戏的思想主旨似乎与当代社会已经有些格格不入了。恭王府的目连戏展演是一个非常小范围的演出，并没有作公开的报道，组办者们也有很深的隐忧，展演活动的举行筹划已久，历经重重阻挠，耗时三年终成圆满。那是因为社会上仍有很大一部分人士对目连戏的认识有限。在接受邀请观演的中间，有一些身居高位的政界人士无法忍受舞台上的神神鬼鬼，愤而离席。在社会舆论的影响下，舞台演出中的神鬼角色成了敏感的内容，以神鬼、因果为主体内容的目连戏则因触犯了这一敏感的界限而被束之高阁。因此，步入当代的目连戏不可能再出现昔日广传盛演的局面。

目连戏有没有必要恢复、重排、传承？戏剧专家、文艺工作者们分作两派，各持己见。一类认为事物消亡，必有其遵循的自然规律，无须挽留。目连戏已经无法适应于当代社会的理念，当让其自生自灭。一类则认为目连戏是中国古老戏剧的“遗存”，应该尽其所能整理、保护，不仅会对戏剧研究产生重大启发，也要积极运用新的思想让它在新的时代产生新的意义。更严峻的现实是，即便现在全力挖掘和恢复演出，也是非常困难的事情。目连戏已经面临断代的现状了，以新中国成立为时间节点，最后一代了解和演出过目连戏的老艺人都已过耄耋之年，很多都已经离世，在世的老人们也很难完整而清晰地回忆出完整的剧本和演出形态。目前全国能演出目连戏的地区主要包括福建、湖南、安徽、河南、浙江、江西，主要以非物质文化遗产保护为依托开展资料的整理、保护，剧目的重排以及艺人的传承，但据这几个省参与具体保护工作的文化工作者来说，工作的开展举步维艰。

较之上述几个地区，当代的巴蜀目连戏缺乏官方的关注和保护，因此在申遗的过程中困难重重。但目连戏是否完全在巴蜀民间销声匿迹，也未可知，仍需深入的考察。但相较于目连戏全盛时期，巴蜀民间演剧的生态已经发生了翻天覆地的变化。社会体制的变革，人们思想意识的剧变，迎神赛会的演剧场合基本消亡了，目连戏曾经赖以生存的土壤没有了，这似乎是一种难以抗拒的命运。当代的巴蜀目连戏走向了两极分化的形态。

一方面，目连戏的内容在民间的傩仪中有所保留。在一些偏远地区的丧葬仪式上，法师代替亡者的家属装扮为孝子目连去地狱寻母、度母是很重要的一部分。这是对目连戏仪式部分的保留，也是对目连救母孝义的一种传承。在重庆民间祭祀仪式中，有一种救拔亡魂济度西天的“过桥”，这种过桥仪式分为两种：一种是超度男性亡魂，名为“过金刚桥”；另一种是超度女性亡魂，名为“过血河桥”。以“过血河桥”为例，仪式由两名法师完成。其中一名站坛法师头戴佛冠，身披袈裟，装扮作孝子目连。在仪式的演绎过程中，他将代替亡者的子女去地狱寻母，并将亡魂带出地狱，超度升天。另一法师着便装，先后装扮奈河桥守桥将军，以及东方风雷地狱、南方火车地狱、西方金锤地狱、北方寒冰地狱、中央无间地狱的狱官。仪式的运演过程主要包括请赐锡杖、明珠，营造血河桥梁，奈河桥头说情由，五方地狱寻母，血河地狱救母，送母过桥往西天等情节。在仪式进行当中，既有站坛法师通过唱颂的方式讲述目连救母圣绩、地狱当中阴森恐怖情景的说唱环节，又有两名法师以对话和肢体语言演绎故事的戏剧表演。整个仪式以送母过血河桥为关键，由站坛法师带领孝眷端灵位，持引魂幡相随，先后要过上品金桥、中品金桥、下品金 桥。血河金桥过完，将桥上的幡伞、拐钱焚化，鸣炮。法师们唱化财赞，三震清音，过桥的仪式才算完满的结束。仪式通过上述运演目连救母的程序，表达对逝者的尊重和哀思，寄托逝者能借此超脱，早登极乐的美好愿望。

另一方面，目连故事仍在舞台上流传。目连救母的故事仍然感动着世人，剧作家们也从不同的角度，用现代的语言和价值去解读和重构目连故事，创作和改编了一批川剧目连的新剧目。这些剧本淡化了祭祀仪式和宗教色彩，转而化身为批判现实的世俗戏剧。

较之孝子目连为救母游遍地狱、感天动地的孝行，当代的编剧们似乎更加关注刘氏四娘多舛的命运和坚韧不屈的抗争精神。在新编的几个目连戏剧目中，著名剧作家徐棻的《目连之母》，谭愫、刘少匆、严淑琼的新编川剧《刘氏四娘》，青年编剧周津菁的《连木》都将戏中的主角设定为目连母亲刘氏四娘。1993年，川剧旦角演员刘芸曾凭借《刘氏四娘》的精彩演出夺得了梅花奖。

徐棻的《目连之母》完全脱去了宗教的外衣，具有很强的反叛意识。剧本分为八个段落，主要人物有刘氏四娘、傅罗卜、李华君、金奴、菩萨、傅相、益利，次要人物有堂倌、四鬼、和尚及男女仆人。与传统的目连故事相比，增设了李华君这个新的人物。李华君是刘氏四娘的表弟，常住于傅家。傅相去世后，李华君协助刘氏料理家务，悉心照顾。刘氏病重六载，得一偏方，须以男子胸口的一块肉为药引。李华君对李氏一往情深，愿以尖刀剜去胸口血肉为刘氏治病。刘氏四娘原本是大家闺秀，嫁入傅门之后，深受傅家影响，常年吃斋把素，简化了物欲，也淡化了情欲。对李华君的一番情谊，她虽有动容，却不敢接受，心中始终遵循着“在家从夫、夫死从子”的祖训。当她来到寺庙中探望出家的儿子傅罗卜，苦苦哀求儿子还俗回家。母子虽情深，傅罗卜却严词拒绝，告诉母亲：“出家之后，便不再有家。”刘氏心灰意冷，一怒之下要与儿子一刀两断，从此孑然一身，昏沉沉地离开了。在金奴的唆使之下，刘氏违誓开荤，是对现实的彻底绝望。她曾潜心向佛，但丈夫死了，儿子出家了，只剩自己孤苦伶仃。于是，她决定“把佛堂撤了，供品摔了，香蜡灭了，神像丢了。还要把这家饭馆的师傅请去做菜。开五荤！办酒席！全家上下打牙祭！”不仅如此，她决定摆脱世俗的束缚，接受李华君追求，与之建立幸福的家庭。这样的剧情设置颠覆了郑之珍本《劝善记》所推崇的“忠、孝、节、义”之“节”，而强调了人性的回归。作者以刘氏四娘的自述表明了自己的观点，也塑造了不同于以往目连戏中刘氏四娘鲜明的个性。“刘氏我乃人一个，命运不济也要争，还我真情和本性。”剧中的神、鬼也脱去高人一等的属性，同凡人一样，具有贪图钱财、假公济私的弱点。刘氏开荤、再嫁，胆大妄为，被鬼使捉拿到阴间受苦。傅罗卜前去救母，劝说母亲立下字据，诚心悔过，答应来世投胎为女，定要吃斋念佛，守寡尽节，以补今生之过。刘氏却怒斥人鬼清浊难分，宁愿入铁围城中受刑，绝不悔改。全剧在刘氏被鬼使拖入铁围城，傅罗卜央求母亲悔过的哭喊声中结束了。故事一改传统目连戏“母慈子孝”“全家团圆”的美好结局，以傅罗卜无力救母，刘氏堕入铁围城的悲剧结尾，无情地鞭挞了残酷的现实。编剧徐棻先生表达了传统社会中女性命运的深切同情，以及对刘氏四娘为代表的敢于坚持自我、反抗权威的女性的欣赏和赞颂。

谭愫、刘少匆、严淑琼的新编川剧《刘氏四娘》同样以刘氏四娘为主角，塑造的是一个不惧世俗眼光的伟大母亲形象，着力描摹的是母子之间的深情。

傅相去世后，儿子傅罗卜亦身染沉疴，命悬一线，唯以狗肉为药引方能治病。刘氏四娘深知杀生开荤的罪孽，却为了救儿性命，甘愿承当身堕地狱的后果。“为救儿只得言行悖，为救儿只得越法规，为救儿不怕遭谤毁，为救儿甘冒天下大不韪。”然而，杀狗救儿之事败露之后，刘氏遭到家族和世人的唾弃，甚至遭到了儿子的质疑。刘氏四娘心中愤恨，于是借请罪开斋之名宴请僧尼大开五荤，以回敬这世界的伪善与恶意。哪怕遍历地狱受尽酷刑也从未悔过，“为什么母救儿子反有罪？为什么夫妻之情冷如铁？为什么上天不察罚弱者？为什么治罪不问皂与白？……来生若往阳世去，要把那虚假伪善全都揭！”“刘氏回煞”是川目连中非常有名的一个折戏。从前川北有个老艺人叫作刘丁丁，在“回煞”中所作的啃蜡烛令人叫绝。在新编川剧《刘氏四娘》中“回煞”一折摒弃了老戏阴森恐怖的气氛，将目连母子之间的深情表现得淋漓尽致。此时的刘氏面目已不复从前“如黛秀眉成刀刃，含情杏眼变铜铃。桃腮黄得如油浸，柔发怎会直伸伸？”她担心这般模样会吓到儿子，只得暗中为儿整理衣衫，默默地为儿祈福。当儿子目连真心向母亲忏悔，请求母亲的谅解时，刘氏将儿拥入怀中，细心叮咛，表现了一位母亲对儿子无私而真挚的爱。最后鬼卒强行将刘氏拖走，母子分离，肝肠寸断。川剧《刘氏四娘》的结尾与老本也有所区别，刘氏四娘虽得到了救度出离地狱，却因天庭的惩戒变为了一只金毛狮子狗。儿子目连救母有功，本应封为九天十地总管诸部仁寿大菩萨，却放弃了天庭的封号，选择了常伴母亲左右。刘氏终究没有得到彻底的救赎，却得到了儿子的敬重与爱戴。剧中的傅相虽已升天成神，却冷漠无情。倒是阴间那些鸡脚神、鬼卒对刘氏的遭遇寄予了深刻的同情。

“戏剧艺术的职业化越强，其表演的戏剧形态越成熟、越单纯。反之，戏剧艺术的职业化越弱，其表演的戏剧形态越多元，越呈现出诸技并奏的状态，呈现于两极的则是官方和基层民众。”

进入当代，巴蜀傩戏中通过目连救母情节的仪式运演表达亲属对逝者的哀思和早登极乐的祝愿；而舞台上演绎着的目连救母故事，则淡化了仪式的内容，浓墨重彩地以戏剧的情节描摹人性，讲述故事，鞭挞现实，感染世人。

后 记

《重庆文化研究》年卷自出版以来，在社会上获得了广泛的好评，并引起了较大的社会影响。为了进一步促进我市文化旅游研究工作，展示文化旅游研究成果，更好地发挥研究成果的积极作用，重庆市文化和旅游研究院于2021年初，继续策划编辑出版《重庆文化研究》（2020年卷）。主要选收重庆地区专家学者2020年在公开期刊发表的文章，兼收少部分内部刊物发表的文化旅游研究的优秀文章。2020年卷于2020年1月起征稿，得到了全市各高校、文化单位以及广大文化旅游工作者的大力支持。截至11月底，共收到文化艺术研究稿件200余篇。部分文章入选作者因地址变更无法取得联系，请见刊与我们联系以便赠送样书。

对于编辑工作，我们在上卷的基础上，继续完善了几个遴选标准：注重文化艺术各门类平衡，优先选入核心期刊发表的文章，优先选收具有学术前瞻性的文章，优先选收具有现实意义的文章。据此，入选文章51篇，70余位作者，近50万字。分为宏观文化、巴渝文化、公共文化、文化产业、文旅融合、文化传媒、文化遗产、艺术研究等部分。由于时间仓促，难免疏漏和存在不足，敬请批评指正。

2021年8月